当代俄罗斯语言学理论译库
北京市科技创新平台项目
俄罗斯叶利钦基金会资助项目
总主编 刘利民　主编 杜桂枝

РУССКИЙ ЯЗЫК

новое о его грамматическом,
лексическом и смысловом строе

俄语新论：
语法·词汇·意义（下）

〔俄〕Н.Ю.什维多娃 著

宁琦 译

著作权合同登记 图字：01-2011-1991
图书在版编目(CIP)数据

俄语新论：语法·词汇·意义（下）/（俄）Н.Ю.什维多娃（Shvedova N.Y.）著；宁琦译.
—北京：北京大学出版社，2011.3

（当代俄罗斯语言学理论译库）

ISBN 978-7-301-18742-5

I. 俄… Ⅱ.①什…②宁… Ⅲ. 俄语—研究 Ⅳ. H35

中国版本图书馆CIP数据核字（2011）第055904号

Н.Ю.ШВЕДОВА

РУССКИЙ ЯЗЫК: Избранные работы

(РУССКИЙ ЯЗЫК: новое о его грамматическом, лексическом и смысловом строе)

© Н.Ю.Шведова, 2005
© Языки славянской культуры, 2005

书　　　名：	俄语新论：语法·词汇·意义（下）
著作责任者：	〔俄〕Н.Ю.什维多娃　著　宁　琦　译
组稿编辑：	张　冰
责任编辑：	李　哲
标准书号：	ISBN 978-7-301-18742-5/H·2790
出版发行：	北京大学出版社
地　　　址：	北京市海淀区成府路205号　100871
网　　　址：	http://www.pup.cn
电　　　话：	邮购部 62752015　发行部 62750672　编辑部 62759634　出版部 62754962
电子邮箱：	zbing@pup.pku.edu.cn
印　刷　者：	河北滦县鑫华书刊印刷厂
经　销　者：	新华书店
	787毫米×1092毫米　16开本　25.25印张　410千字
	2011年3月第1版　2011年3月第1次印刷
定　　　价：	56.00元

未经许可，不得以任何方式复制或抄袭本书之部分或全部内容。
版权所有，侵权必究　举报电话：010-62752024
　　　　　　　　　　　　电子邮箱：fd@pup.pku.edu.cn

西方语言学研究相比，俄语语言学理论研究尚缺乏系统性、本源性和宏观整体性，许多语言学理论的引介或者通过第三种语言翻译过来，或通过二次评价传入，致使俄罗斯语言学理论研究显得支离破碎，或者说只见树木不见森林。究其根源，就是在我国的俄语语言学理论研究中缺乏系统、宏观的本源性、整合性研究，而理论研究的缺失与偏误必然会影响和阻滞整个学科的进步和可持续性发展。

如此局面的形成，作为俄语工作者的我们深切感受到的不仅仅是愧疚，同时还有一份不可推卸的责任。要全面了解俄罗斯语言学理论的发展和现状，把握其精髓，必须对俄罗斯语言学理论宝藏做本源性的开掘，必须对语言学理论的精品做系统的直接译介和潜心研究，让人类文化的这一块宝贵财富不仅能够哺育圣·西里尔的后人，也为中国的语言学者所共享，也为丰富中华语言和文化发挥作用。

基于这样的理念和目标，杜桂枝教授主持申报了北京市科技创新平台项目，精选了九位当代俄罗斯语言学著名学者的理论代表作，邀集了国内俄语界相关领域理论研究造诣较深的学者，担纲翻译及研究工作。毋庸置疑，这是一项颇具挑战性的巨大工程。

我们说，这项工程是一个创新性的大胆尝试，因为这是一项史无前例的工作：自中国开办俄语教育300余年以来，虽然有过个别的俄语语言学理论著作的翻译引介，但如此大规模地、系统地、有组织地进行翻译和研究，在我国的俄语教育史上尚属首次。

我们说，这项工程是一种可贵的无私奉献，因为在当今的学术氛围下，在当今的评价体系中，每个人都清楚，学术著作的翻译几乎不具学术"价值"，甚至是一些人回避不及的"辛苦"。然而，我们邀请到的每一位学者都欣然地接受了这份几近无酬又"不增分"的"低性价比"的"纠结和折磨"：缘于一份浓郁的俄语情结，期待的是自身理论的升华和自我价值的超越，为的是先进的前沿性俄语语言学理论的传播。

我们说，这项工程是一份默默耕耘的艰辛劳作，因为这九位俄罗斯语言学家都是各自研究领域的顶级学者，这些代表作中的每一部几乎都是作者倾其一生的研究成果之集成。没有对该学者的深入了解，没有对其多年研究脉络和方法的把握，没有对其理论、概念和相关术语的理解和领悟，要想完成这一翻译任务是根本无望的，译者在其间的艰辛可想而知，其中的付出不言而喻。

我们说，这项工程是一个庞大而艰巨的综合项目，因为这一工程涉及语言

总　序

　　俄语语言学理论研究在世界语言学中一直都占有重要的位置。从18世纪的罗蒙诺索夫到20世纪的维诺格拉多夫，从历史悠久的喀山学派到著名的莫斯科语义学派，俄罗斯产生和培养了一批批颇有影响的语言学家。他们一代代传承着语言学研究的优良传统，以敏锐和细腻的语言感悟，用完全不同于西方的研究方法，在斯拉夫语言的沃土上开垦和耕耘，建立起许多独特的语言学理论，收获着令世人瞩目的成就。

　　将俄罗斯语言学的发展变化置于世界语言学的大视野中做个粗略比照，便不难发现，在世界语言学发展的每一个历史转折时期，每当有新的思潮和范式涌现，俄罗斯语言学界都会同期出现伟大的语言学家和语言学理论，譬如，与索绪尔站在同一时代语言学制高点上的博杜恩·库尔特内；可与乔姆斯基"转换生成模式"并肩的梅里丘克的"意义⇔文本"语言学模式；20世纪80至90年代，当西方语言学界在为乔治·莱考夫的以解释学为中心的认知语言学新范式欢呼雀跃时，解释学方法早在1974年出版的俄罗斯语言学家阿普列相的《词汇语义学》中便得到了详细的论述和应用，这一方法在俄国的许多语言学家，譬如博古斯拉夫斯基、什梅廖夫、沙图诺夫斯基等的语义学研究中都已广泛应用与发展；进入21世纪，帕杜切娃进行的"词汇语义动态模式"研究震撼和颠覆了传统语义学理念，她进而提出的"动态语义学"理论更是让人耳目一新。由此，可以不夸张地说，俄语语言学理论研究一直是与世界语言学的发展律动保持着同一节拍的，在个别时期或个别领域有时候甚至是领先一步。当代许多著名的俄罗斯语言学家的思想都具有国际领先水平和前沿性，俄语语言学理论是当今人文社会科学中极具价值且尚待努力开掘的一方富矿。

　　然而，由于种种原因，我国语言学界对俄罗斯语言学研究的发展历史和目前的理论水准缺少应有的关注，对俄罗斯语言学取得的成就了解得较少，致使俄罗斯语言学领域中的许多重要理论和先进思想没有得到应有的传播。中国语言学界并没有真正地全面了解和学习到俄罗斯语言学理论研究的精华，未能在实质上分享到俄语学先进理论的成果。

　　中国当代俄语语言学理论研究真正兴起于20世纪80年代，发展在改革开放和中苏关系正常化之后。虽然目前呈现出蓬勃发展的良好势头，但与我国的学的各个领域:句法学、语义学、语用学、词汇学、语言哲学、语言的逻辑分析、逻辑语义、功能语言学、社会语言学、心理语言学等等。面对语言学理论林林总总的学科,站在语言学前沿理论的高端上,体验着俄罗斯语言学家的思维脉动,感受着学者们思想的敏锐和理论的深邃,这无疑是对语言学大千世界的一次鸟瞰,此时此刻无人敢言内行。因此,在制定翻译计划和领受翻译任务时,我们有约在先:每一位翻译者应对所翻译著作全文负责,力争使自己成为各自领域中的专家、内行。

简言之,这是一项有责任、有分量、有难度的大工程。有人说,翻译是一门艺术。其实,学术著作的翻译更是一门特殊的艺术。在走进艺术殿堂的行程中,要经历崎岖与荆棘,需要努力跋涉,要不断地克服困难,不停顿地向着目标艰难攀登,才有可能摘取艺术的皇冠。也曾有人形象地比喻:翻译是"带着镣铐起舞"。如果说一般语言翻译的镣铐尚是"舞者"可以承受之重的话,那么,学术理论著作翻译的镣铐对译者的考验、束缚更让"舞者"举步维艰,即便使出浑身解数,也未必能展示出优美的舞姿。所幸,中国的俄语界有这样一批知难而进的学者,他们不畏惧这副沉重的镣铐,心甘情愿地披挂在身,欣然前行。当我们亲历了艰难起舞的全过程,当一本本沉甸甸的译稿摆上案头,我们会释然地说,无论舞姿是否优美,我们尽心,也尽力了。

当我们即将把这样一套理论译著奉献给读者时,心中仍存一份忐忑:毕竟这是俄罗斯著名语言学家的理论代表作,毕竟民族间语言与文化差异的存在、某些术语的无法完全等译,会给译文留下些许的遗憾,难免会有不够精准的理解、表述和疏漏之处。在此,真诚地欢迎语言界同仁和广大读者提出意见,同时也真诚地希望给"带着镣铐的舞者"们多些宽容和鼓励。

再谈一些技术性问题。

1. 我们所选的九位俄罗斯语言学家代表着语言学不同的方向和领域,各自都有独特的研究视角,独特的研究方法和独特的语言表述风格。因此,我们不力求每部作品在形式、风格乃至术语上都一致,而是给予译者相对的独立性,以此保证每一部译著的完整性、统一性和独特性。我们希望读者在不同的译著中,除了能读出原作者的风范外,还能品读到译者的风格。

2. 对于国外学者译名的处理问题,我们采用了如下原则:①对在我国语言学界早已耳熟能详的世界著名学者,沿用现有的译名,如索绪尔、乔姆斯基等;②对西方的语言学家、哲学家等,采用国内学界已有的译名,尽量接轨;③对俄罗斯及斯拉夫语系的学者,我们按照国内通行的译名手册的标准翻译,同时兼顾已有的习惯译法。

3. 关于术语在上下文、前后章节中的使用问题,我们的基本原则是:在准确把握原文意图的前提下尽量一致,前后统一,减少歧义;同时又要考虑作者在不同时期、不同语境下的使用情况做灵活处理,术语的译文以保证意义准确为宗旨,以准确诠释学术理论思想为前提,随文本意义变化而变,因语境不同而异。

4. 为保持原著的面貌和风格,在形式上遵循和沿用原著各自的行文体例,没有强求形式上的统一,因此,即便是在同一本译作中,也会有前后不一致的情况。

5. 鉴于篇幅问题,个别著作的中译版分为上、下卷出版。

最后,由衷地感谢北京市教委,为我们搭建了这样一个坚实的大平台,使诸多俄语学者实现了为俄语学界、为我国语言学界做一点贡献的愿望。

本书的翻译出版得到了俄罗斯叶利钦基金会的支持和帮助,在此表示衷心感谢。

我们还要感谢北京大学出版社对本套译库出版给予的大力支持。

唯愿我们的努力能为我国的俄语教学与研究,为我国语言学的整体发展产生助推和添薪作用。

总主编 刘利民
2010年12月

作者简历

1916年生于莫斯科。1935年毕业于莫斯科中等翻译技术学院(后更名为外国语学院)英语部。1935年至1936年在莫斯科中央电报局担任翻译校对员。1940年毕业于莫斯科国立师范学院俄语语言文学专业。1940年至1944年曾在摩尔多瓦教师学院及摩尔多瓦国立师范学院(战时——在摩尔多瓦苏维埃社会主义自治共和国捷姆尼科夫市)担任讲师。1946年研究生毕业后,在维诺格拉多夫院士的指导下通过题为《俄语长尾形容词述谓语用法的产生与发展》副博士论文答辩。正是从这时起开始了在苏联科学院俄语研究所(不同时期曾与语言研究所有分有和)的工作。1958年通过了题为《俄语口语句法学。简单句的结构》博士论文答辩。60年代和70年代,一连数个学期在莫斯科大学语文系讲授"俄语句法学"理论教程并主持讨论课。1964年被授予教授称号。1984年当选为苏联科学院通讯院士,1997年当选为俄罗斯科学院院士。在俄语研究所曾先后担任初级科学研究员、高级科学研究员并(从1961至1989年)担任俄语标准语史研究室(1970年改组为俄语标准语历史与语法研究室,1986年又改为现代俄语语法与词汇学研究部)负责人。从1966年起历时15年担任隶属国际斯拉夫学者委员会的国际语法委员会委员。

发表170多篇有关俄语标准语史、语法学、词汇学、词典学、词理论、俄语学科史等方面问题的学术成果。在最近四十年间(1964年奥热果夫去世后)一直从事单卷本《俄语词典》的编写工作(第9版至23版的编辑和增补),并于1990年作为该词典的合作者被俄罗斯科学院主席团授予普希金奖章。从1991年起单卷本俄语词典作为两个作者——奥热果夫和什维多娃——的著作出版发行(《俄语详解词典》1—4版,1991—1997年)。目前担任俄罗斯科学院主席团顾问并主持重大科研项目《从语法和词汇体系、语法和词汇语义、篇章规律相互作用角度出发的俄语结构—功能描写》。

我的学术观点的形成和对语言科学任务的理解首先要归功于维克多·弗拉基米洛维奇·维诺格拉多夫院士以及整个祖国经典语言学传统。

Н. Ю. 什维多娃

作者的话

本书收录的是作者最近四十年来发表的学术成果,主要涉及俄语语法(首先是句法)问题、词汇问题、语法和词汇的相互作用、词典学、语言意义和涵义、信息类型学。当然,把这些研究成果(连同其他没有纳入本书的研究成果)集成一部章节前后紧密相联系的学术专著也是可以的。但是,首先,这将需要大量的时间,而笔者的时间已所剩不多。第二,这一点,可能也是最主要的一点——在我看来,读者也许会有兴趣直接"沉浸于"那些年代,那时对所有这些问题都曾进行过热烈的讨论、激烈的辩论,当时提出的很多结论都曾引起过反对和争论;关于句子聚合体系及其形式和正规体现问题、关于全句限定语问题、关于句子语义结构问题、关于语言指示系统问题、关于信息类型学问题等都曾有过类似的经历。面对本书的内容、某些文章和所选的研究课题时,读者就会变成语言学辩论的参与者,直接地,去亲自比较各种不同的观点,发现各种不同观点和结论的令人信服的方面和薄弱的方面。

从另一个方面看,了解收录于此、涉及俄语语言学各种不同问题的不同年代的研究成果可以使读者信服,所有这些研究成果是用统一的研究方法将它们联结在一起的。这一方法可以简短地用"从形式到意义的方法"来表达,无条件地接受和主张有关形式本身始终是有意义的论点以及最微小的形式差异也总是伴随着哪怕是个别的、有时是难以察觉的意义差异的论点。这个源于祖国语言学经典传统的论点曾经遭遇到(而且,遗憾的是,至今仍然遭到)激烈的,有时甚至是具有攻击性的反对者,他们在大量肤浅的文章里以"从意义到不知所终"的论点与"从形式到意义"的论点相对抗。

在这本书里,在其全部章节中,读者将追随研究者的道路——作为绝对最早参与构建这些或那些语言意义的研究者认为形式和意义不可分割并致力于认清形式的本质。同时,笔者严格遵循有关语言符号不对称二元论的经典论点以及据此论点在研究材料过程中得出的全部结论。读者会发现,无论是在涉及语法、还是涉及词汇学和词典学的著作中,还是在专门探讨口语特殊结构的章节里,还是在词的语义结构问题、词典学的现实理论问题的解决中,作者都始终如一地遵循着这一科学方法。

研究作为自然系统的语言的词汇组成,描写(在多卷本集体成果——《俄语语义词典》中)该系统的所有方面——考虑到其形式、结构特征的各种类别——使笔者得出在这个系统内部存在完全确定和闭合的、本身带有指示功能的词的类别的重要结论。语言指示系统作为双部形式化的词汇"小系统",是贯穿语言所有层次并形成语言意义体系的普遍语言意义载体。对语言指示系统的详细描写明确了语言意义是一个形式化范畴的定义。在此得出的成果自然而然成为探索表意词典——这是一部之中所描写单位是存在和体现在严格限定的语言意义系统中的某些语义总和、综合体的词典——新构想的原因。

很显然,这本书中无法反映多年来我每天都在从事的单卷本俄语词典编写工作,这项工作在担任词典责任编辑的奥热果夫去世之后(1964)马上开始,并在历时近四十年对它的词条进行补充和深化之后,最终形成了两个作者的合作成果——《俄语详解词典》(1—4版,1992—2001)。这部词典的容量几乎增加了一倍,集词及其形式使用的规范化任务与词的语义结构、词的意义系统描写于一身,这种描写符合它们的现实状态并且反映当前已经发生和正在继续发生的词汇学方面的变化。

多年从事编辑一系列论文集和其他研究者的学术专著的工作也占用了我许多时间和劳动,同时作为作者还参与和编辑了大量的集体创作,首先是1970年的语法、1980年的两卷本科学院语法、1989年的语法和多卷本《俄语语义词典》(1—3卷,1998—2003于莫斯科出版,尚有后续出版)。对所有这些工作我都是怀着极大的热忱和责任感来完成的,是它给予了我机会,使我不仅能够同著名的学者,而且能够同年轻的研究者——我的学生们一道工作。

尽管我的道路并不平坦,但我仍然认为我的学术命运是幸福的,并对所有与我同行在这条道路上的人怀有深深的感激。

目　录

句法中的词

作为18—19世纪俄语标准语句法发展史研究问题之一的词汇限制问题 …… 1
从18—19世纪俄语标准语中的性质二格的历史谈起
　　（论句法中的词汇限制问题）………………………………………… 9
俄语口语中作为句子语法意义成素的感叹词 …………………………… 35
论俄语对话言语研究：重复—语句 ……………………………………… 46
关于词组系统中的分析结构（由核心词操控的搭配）…………………… 71
用于词的句法联系的词的范畴特性 ……………………………………… 88

语言的词汇系统·词·词在词典中的描写

论包含于词中的积极潜能 ………………………………………………… 102
建构词的多角度描写的上下文类型 ……………………………………… 110
作为俄语词汇系统主导的动词 …………………………………………… 119
俄语动词的词汇分类（以捷克语义—成分分类法为背景）……………… 124
词汇系统及其在详解词典中的反映（人称代词的类别）………………… 138
词条的矛盾现象 …………………………………………………………… 148
《俄语语义词典》研究中所取得的理论成果 …………………………… 153
作者还是编者？（关于词典学家的责任）………………………………… 169

语言指示系统·语言意义

代词与意义（俄语代词类别及其所揭示的意义空间）…………………… 173
　　第一部分　作为语言意义结构基础的代词系统 …………………… 175
　　第二部分　初始代词、它们的微系统及其意义潜能 ……………… 209
　　结语 ……………………………………………………………………… 281

关于动词быть ·· 283
俄语指示形式сделано及其所表示的报道类型 ···················· 296
以语言指示单位为基础的报道类型描写尝试（делать — делаться — иметь
  место — каково） ·· 305
关于意义交点的两则札记 ·· 337
俄语表意词典的理论构想（节选自《俄语表意词典纲要"人的世界与周围世界中
  的人"》） ·· 349

参考文献 ·· 357

作者学术成果编录 ·· 374

人名索引 ·· 390

附录　《代词与意义（俄语代词类别及其所揭示的意义空间）》附表
　　　　俄语指示系统基本单位图示表 ·························· 393

句法中的词

作为18—19世纪俄语标准语句法
发展史研究问题之一的词汇限制问题

1. 对新时期标准语句法体系历史的研究包含着一系列与俄语语法体系发展的总体特点和速度相关的特殊困难。对该研究任务可以有不同的理解。一方面，它可以是传统上提出的对单个结构或者一组结构的历史的研究。但是，在给自己提出目标要在较短且接近当下的时间里研究清楚结构的历史之后，研究者常常面对句法结构本身缺少某些变化的事实，当然，这是以非常缓慢的语法体系变化为条件的。因此，对单独选取的范畴的历史进行研究的传统方法，作为个别和独立的对象，在此并不适用。尝试研究处于相对固定（但不稳定）的句法和语义相互关系之中的整个结构组的发展变化将是一个更加合理、并经得起历史检验的方法。这将是一个重建相互关系发展史，重建语义在使用上、存在环境中和相关句法现象修辞色彩方面变迁的历史过程的尝试。在此展现出广阔的研究视野。相互关系系统比结构形式本身更加容易变化。这些系统本质上就应该是历史研究的对象：它们正是处在经常变化和发展之中的历史句法现实。

2. 但是如果这个或那个句法结构形式在最近两百年的时间里没有发生过外部变化，那么是否意味着，在过去的时间里它没有任何内在的演变过程，内部没有发生任何变化？这样的结论未免是片面的和不可信的。问题在于，除了形式本身的变化之外（当它们存在时），除了与其他结构类型的联系和相互关系方面的变化之外，在使用上、存在环境中、在句法结构的变化过程中经常发生内在的结构功能条件的变化，即句法结构和能够填充该结构的词汇材料之间关系的变化。这些关系在变化，而且这些变化常常在整体上对模型命运产生决定性的影响。

众所周知，许多词组、单部句、谓语类型都受到自身词汇填充能力方面的限制。这不是指那些与言语内容、词的意义组合的不可能性相关的限制，词的意义组合的不可能性是直接以现实组合的不可能性为前提的。作为结构因素之一的词汇限制，本质上作为结构的独特标志，具有其他纯语言的根源和原因，而且揭示这些原因是一项特殊的任务，这一任务大多数情况下只有在专门的追根溯源之后才能得以完成。

句法中的词汇限制并非一种。一方面，整个能够参与这个或那个结构构成的词的范围可能是受限的，即本身包括一个数量有限的词汇系列。比如，那种由无人称动词本身（вечереет, рассвело 等）构成的无人称句类型的词汇限制特点就是如此。能够填充这种结构的词的组成方面的变化，在此情况下无论如何也不属于结构本身的发展过程，而只属于词的相应范围的发展过程。因此，19世纪俄语标准语特有的由人称动词系列向无人称动词类的转变与相应的句法结构发展过程没有关系；比较：«День светает» (Крылов, Лиса)；«День уже вечерел» (Лажечников, Последний Новик)；«Твой вечереет век» (Батюшков, Тибуллова элегия)；«Вечереет жизни день» (Ф. Глинка, Судьба Наполеона)；«Уж день прохладно вечерел» (Жуковский, Суд в подземелье)；«Сердце вечереет» (Вяземский, Ты светлая звезда)；还有：«Нам молодость везет» (Грибоедов, Кто брат, кто сестра)；«Счастье везет» (Некрасов)；«Смеркается много звезд» (Помяловский, Молотов) 等。

另一方面，更为常见的，确属一定结构类型的词的范围本身并没有狭隘的界限；然而远不是所有这样的词都可以用于构成这一结构。此种类型词汇限制的例子有无人称句，其主要成分由名词第一格与动词不定式的组合表示。进入名词范畴的词实际上不可计数；但是可以参与构成上面这类无人称句的只有几十个抽象名词，它们具有最概括的、客观上已知或主观上暴露出来的状态语义或可能性和必要性语义 (Сейчас не место и не время об этом говорить; Не дело тебе здесь оставаться; Велика вещь возить или пахать!; Написать «Выжигина» не штука; Ей не след выходить замуж; Срам смотреть; Просить для меня нож; Твоя воля их принять или не принять; Грех тебе будет не заехать 等)[1]。正是这种特殊用法使有理由将这些名词、特别是经常用于这类结构的名词 (охота, грех, лень, пора, время 等) 中的一部分划入——尽管在我们看来论据不够充分——"状态范畴"。其他例子还有由代词 что 和仅有的几个抽象语义名词或范围狭窄的性质形容词二格组合构成的无人称句 (Что пользы по свету таскаться!; Что общего меж нами!; Что мне лестного быть членом

---

[1] 当代读者觉得特别的例子都摘自18—19世纪作家的不同作品（参见《Из истории родительного квалитативного в русском литературном языке XVIII — XIX вв.》一文中的作者名单）。

клуба!; Что прибыли любить!）。

3. 对不同句法模型填充起作用的词汇语义限制从历史发展上看是不断变化的。这些变化中体现着结构的内部演变过程。重要的是要特别指出，这些变化并不是自发产生的，而是该结构与其它结构相互关系发生变化的结果：这些相互关系的变化和词汇限制的变化常常构成统一的历史进程的两个方面。例如，带有含系词есть的名词性谓语的双部句（Театр есть училище нравов; Жить долго есть терять милых）在很长一段时间内都处在与同义的无系词结构的积极相互关系之中，而在18末和19世纪，尤其是在19世纪的下半叶，——与带有新的或已然活跃起来的系词вот, это, значит, это значит, это есть, является的结构处于积极的相互关系之中。无系词结构和带新系词的结构是明显占上风的范畴；带есть和суть的结构则急剧缩减。但是这远非单纯的数量缩减。如果在18世纪和19世纪上半叶带系词есть和суть的谓语还可以用语义截然不同的名词表示——既可以是抽象名词（Вероятность не есть доказанная истина），也可以是具体名词（Граф есть внук бывшего датского министра），还可以是专有名词（Автор пьесы есть господин Бульи），那么19世纪下半叶以及再晚些时候，这一结构的组成中几乎只留下抽象语义名词。随着时间向当代的推移，这一趋势得到持续发展并且变得越发明确。因此结构使用的缩减往往带来结构词汇填充可能性方面的限制。

总的来说，在19世纪俄语标准语词汇语义限制的变动中可以捕捉到一个总的趋势，这一趋势或可归结为词汇填充可能性的进一步缩小（在已有限制之处），或可归结为在先前结构具有任意或不加限定的广泛词汇填充之处开始出现词汇语义限制。所谓性质二格的发展沿革情况可以作为一个令人信服地证明这一趋势的例子。

18世纪——19世纪上半叶的俄语标准语中由名词二格与不可切分的一致关系词的组合构成的词组无论是在定语、还是在谓语的使用方面都发挥过积极作用。虽然这样的组合也曾在某种程度上受到来自名词方面的词汇限制，但是它们构造的可能性仍然相当广阔：它们之中可包括与类别、范畴、组别概念有关的词（какого сорта, низшего разряда, разного разбора, обоего пола, лифляндской породы, не нашей нации），与尺度概念有关的词（равной толщины, разного веса, крошечного роста），与年龄、颜色、外部或内部特征、属性、性能概念相关的词（особливого сложения, устройства, красивого лица, недурной наружности, замечательной красоты, отменного сложения, хорошего свойства, благородных качеств, разных добродетелей），与智力和心理素质、思维方式、行为方式概念相关的词（иного мнения, тех же идей, таких мыслей, буйного характера, темперамента, недалекого ума, простого обхождения, сурового нрава），与时期概念有关的词（не нашего века, двенадцатого века），与动作概念相关的词（его сочинения, своего засола, моего печенья），以及一系列由材料（черного дерева, красного сукна）或地点概念（нашего уезда, полка, здешней семинарии, обители）统合起来的表示具体一事物意义的词等。一部分这样的组合与其他形式的组合没有功能—语义上的相关性，另外一些则具有这样的相关性。与语法相关性的改变、其它类型组合取代二格形式组合的过程复杂地交织在一起的是带有性质二格的结构的词汇填充可能性的缩减过程。整个19世纪，相对局部意义、区分意义和具体—事物意义的词在这些词组组成中的使用急剧减少。

  这一趋势得以持续下来而且在某种程度上甚至十分明显是因为，与其他词组没有相互关系并因此稳定地保留下来的词组的基本组成正是由普遍概括意义、非具体—事物意义的名词参与构成的（比较：необыкновенной величины, какого роста, первого сорта, высшего разряда, лучшего качества, скольких лет, какого цвета 等）。这样一来，接近19世纪末期时已经完全消失或使用急剧减少的词组有带有具体动作意义的动名词（根据相应的动词）的词组，之中的一致关系词由物主形式承担（фарс Гетева сочинения; дом твоего построения; пироги ее печенья; цветы нашего сажанья; картины его рисования）；带有表示具体特征并在构词上与相应的形容词相关的名词的组合（человек сердечной доброты, примерной аккуратности, увлекательной любезности, решительной неустрашимости, необычайной понятливости, беспримерного высокомерия）；带有指称具体特点和外部特征的名词的词组（офицер сурового лица; девка немецкой талии; старушка набожной физиономии; блондин греческого профиля; мужчина изящных форм）；带有具体—事物意义名词、与带前置词 с 的第五格形式的组合（рудники удобного металла; платье модного узора; стихи доктилического окончания）和带前置词 из（стаканы моего буфета; фрукты собственных оранжерей）的二格形式的组合等类似的词组。这些变化的结果就是将带有千篇一律、不断重复的词汇填充形式的二格词组在语言中固定下来；这些词组里继续加入不同语义（参见上文）的名词，但是它们结合在一起是因为其意义是概括的、似乎是非区分性的——这

与带有狭窄、确定和表示具体—事物意义的词相反。

在相关形式发展的影响下,结构的词汇界限缩小的另一个例子便是无系词的第五格谓语类型,它在19世纪遭受了连续不断的词汇限制并以其使用仅以非常狭窄的词汇填充可能性为条件的形式保留到现在。在18世纪下半叶——19世纪初,无系词第五格名词谓语类型的使用比19世纪末、尤其是比现代俄语中要广泛得多。这一结构的使用以下列词汇限制为前提。常用的结构有:1)带有 доказательство, причина, вина, препона, порука, залог, пример, утешение, наказание 等抽象名词的结构(Самые те права препоною к тому, чтобы...; Причиной богатства его тайная связь; Пребывание ваше в Перербурге для меня ясным доказательством того, что...; Ваши правилы для меня порукою вашей твердости; А мне так песни утешеньем на старости моей; Это право в его руках слепым орудием прихоти; Жизнь ему казнью);2)带有表示主体(通常是人)的时间状态、用途、功能、外表和行为方面特征的词的结构:Я уже три дня свидетелем ее добронравия; Я снова на несколько дней затворником; Но это ли честолюбие надежным вожатым на пути почестей?; Не думай, что я побудителем ее ревности; Я здесь твоим проводником; Зачинщиком ли он нового у нас поэтического языка?; Что это вы франтом таким?;3)带有称名工种、职业和职位的词的结构:Он советником посольства; Самый тот, который ныне у нас портным; Послом там г-н Булгаков; Как все переменилось ныне во Франции! Дессен капралом! Дессен в мундире!; Все лучшие люди в городе членами клуба; Директором вод Новосельцев.

众所周知,在所研究时期中第五格谓语类型与第一格谓语类型积极地相互作用。对于无系词结构来说,第五格受限和第一格谓语在第一格无系词类型普遍活跃的影响下明显占据优势这一点得到证实,这是由于带有 есть, суть 的系词结构的弱化以及非常大量的使用第一格谓语类型的情况完全没有与第五格相关的用法。在19世纪无系词第五格谓语类型,在总体数量降低的同时,使用方面呈现出结构词汇填充可能性的进一步缩减。这种减少表现如下:1)在第一组(带有抽象意义)词中 причина, вина, порука 等词的使用稳定地保存下来,比其他使用过的并变成功能个性化词形的词更为常用;2)为表达时间状态、功能、外表和行为,只有几个词保留下来第五格形式的固定使用:он молодцом, франтом, щеголем; он свидетелем;3)表示工种、活动时只在称名本身职务、职位的地方保留下来第五格(Она здесь учительницей; Я тут комиссионером винокуренного завода)。因此，无系词的第五格谓语类型在19世纪末实际上是个句法范畴，不仅从自身词汇填充可能性角度看是不自由的，而且所受限制达到实质上只是涉及个别几个允许这种句法使用的词的程度。正是和这些词一起，该种词汇填充中，仍在使用无系词第五格谓语形式，并从当初能产的句法样板变成词汇闭合的特殊性质结构。无系词第五格谓语形式的命运，与我们前面所研究的带有二格的组合的命运一样，是结构功能化的内部条件发生变化的明显例子，这些变化可以导致相应结构本身的形式性质的变化。

4. 19世纪俄语标准语的不同句法结构发展历史中出现各种不同的词汇限制变化过程。在一些情况下这些过程表现为在保留所有参与这个或那个结构的词的语义组的条件下缩减发生在这些组别内部，即进入更加广阔的语义范围的这个或那个词汇—语义序列的词失去了成为该句法样板组成中的结构要素的能力。这样一来，例如，在带有性质二格的组合中，正如我们已经看到的那样，能够进入这些组合的、表示外部特征或外貌特征的词的语义组已经缩减，靠削减表示外貌、面貌的个别具体特征的词。其他情况下限制表现在能够在某个结构组成中发挥功能作用的词的语义组本身数量在减少。当整个抽象语义词组（一些具体的词形除外）实际上已经丧失进入相应句子类型的能力时，前面对其特征已经进行过简要描述的无系词第五格谓语形式的发展沿革（情况）可以用作这类缩减的例子。有时已经脱离过去语言状态的限制，在我们面前以形成不可分割的组合告终。因此，现在使用的делать что-нибудь из-под палки起源于19世纪初还十分活跃的、带有前置词из-под的词组类型，表示"来自强制性措施的行为结果"：делать что-нибудь из-под страха, из-под побоев（参见沃斯托科夫，Русская грамматика）。在其他情况下可以说在语言中保留下来的只是曾经活跃的句法结构的个别词汇残余。在这方面18—19世纪标准语中副动词的谓语功能的发展沿革（情况）是很典型的。我们知道，这一时期这种功能已经是残存的功能且使用极其有限。然而在18世纪末——19世纪初的叙事散文、记叙文中（而在私人书信里还要更晚）表示状态的副动词谓语，如果没有规范记录下来的话，则在任何情况下都不是例外：Много снегу напавши; Площадь вся заросши лесом, «Лед весьма был стеснившись» (Мордвинов, Записки); Церковь вся осевши в землю; Мы были приставши в трактире; Флот был забежавши в Унскую губу (Челищев, Путешествие по северу России); Бабушка была нагнувшись (Болотов, Жизнь и приключения...); Нос и уши побелевши и распухши (Измайлов, Евгений); Итальянец был спрятавшись (Зотов, Замок Сен-Жермен); Рожи у Григория и Ивана вдруг становятся

насупившись (Гоголь, Лакейская); Петрович был совсем заспавши (Гоголь, Шинель); Я был уже пришедши (Бутков, Петербургские вершины); Старая девица-барышня была обнаживши костлявую шею (Писемский, Боярщина) 等。这种使用在19世纪上半叶已经急剧减少；只有一种形式——выпивши稳定保留下来，它具有修辞色彩且明显表现出脱离相应动词聚合体的趋势。在我们面前——处于本身最后阶段的词汇限制：句法样板作为潜在的能产样板（功能）已完全消失，保留下来的只有它在唯一可能的词汇填充时偶然形成的残余碎片（比较，俗语не жрамши）。

可以称之为"词汇例外"的是一种特殊的限制形式：各种可以参与构成这个或那个句子的词的语义组总量之中，一些组别在成语化之前开始受到严格限制或者完全丧失在该结构组成中发挥功能作用的能力，——在保留住所有其他组的活跃程度的条件下。例如，在一些前置词—格组合的谓语功能作用方面就存在这样一些词汇限制。在这个意义上非常典型的是带有前置词в的第六格形式表示的个别名词组合的命运。这些组合曾经自由使用并且还在继续用于谓语性功能，用以表示截然不同状态：处在某个人群(был в кучерах, в солдатах)，外部状态(все в движении, в пыли)，内部状态(он в удивлении, в гневе)等等。19世纪末以前这些持续自由发挥功能作用的广泛组合中，首先，几乎完全排除表达疾病状态的组合(Дети в скарлатине, в коклюше; Я в насморке; От ваших советов он будет в чахотке; Ты совсем в лихорадке)；其次，急剧缩减表达情感状态的组合的使用(Воображение мое было во всей своей бурной стремительности; Он в печали; Ты, кажется, в смущении; Я был весел, в удовольствии; Он в раскаянии; Я в тех же мыслях; Все арабы в торжестве; Она была в рассеянии, в беспокойстве, в заботе, в сокрушении, в нервах; Я не в бешенстве и не в преувеличении)。从19世纪中叶开始，限制后面这些组合、稳定其词汇填充的趋势就已明显开始出现；19世纪末期最常使用谓语意义组合来表达内部状态，首先，是与称名强烈的内心感受的词的组合(он в изумлении, в смятении, в восхищении, в восторге, в бешенстве, в негодовании, в отчаянии等)，其次，是要求不定式的组合(я не в силах, не в состоянии, не в праве молчать)。正如对其他类型的词汇限制那样，"词汇例外"与相关结构的胜出相联系（比较：Он в скарлатине — у него скарлатина; Они в торжестве — торжествуют等）。对带有前置词без的第二格组合而言，类似的过程也可以出现（比较：逐渐从这些结构范围中将表示内心状态的组合排除出去：Я сделался без ума, без памяти; Дама к нему не без склонности; Они были не без сведений; Вздор твой не без истины; Мне будет разговор тогда без наслажденья; Он стал без всякой терпимости, без малейшего снисхождения или сострадания）。

5. 词汇—语义限制的发展通常导致结构词汇填充可能性的缩小，这种缩小实质上是在消除作为活跃、能产的句法结构模式的结构。这种模式对于内容上最为多样、即有大量词汇变体的报道或报道的组成部分而言不再是语法结构。严格意义上讲该词的模型（样板、类型）不再存在。取代模型出现的是新的语法特性、特殊的结构类型，受一定形式限制的词汇填充可能性是其存在的必要条件之一，即最终的形式要素之一。如此构成的占据能产样板和成语之间中间位置的结构形成一个可数的序列，是一个需要特别研究方法的语言特性。这种类型的结构是词汇上自由（或相对自由）、因与意义相同或相近的其他结构相互作用而改变自身形式化程度和性质的结构的长期历史发展的独特产物。自然，在语言系统中将如此形成的词汇上有限的结构或闭合结构进一步功能化的规则是不同于只知范畴限制、而非词汇限制的语法样板的功能作用规则。它们可以建立自己与其他结构类型个性化的联系和相互关系，可以出现这样或那样的修辞色彩；在把词置于该词聚合体界限之外、有时还会将词置于该词的语义结构之外时，词的常规功能作用以一定的形式作为词汇上受限制的结构的构形成分——尤其是在可用词汇范围非常窄的条件下——也能够给这个词形本身留下自己的痕迹，

对作用于填充词汇上闭合或非能产的结构的词汇—语义限制特点的变化研究，如同对这些限制的结果的研究，应该成为研究这种结构本身历史的不可或缺的一部分。'研究语言句法体系历史的语言学家，应该详细了解不断变化的结构存在条件，它们在语言发展的一定阶段不仅限制结构功能化的可能性，而且最终对结构本身的命运及其在相关句法—语义相互关系中的地位产生决定性的作用。

1960年

从18—19世纪俄语标准语中的性质二格的历史谈起
（论句法中的词汇限制问题）

所谓的性质二格与必需的一致关系词的名词性无前置词组合，既可以发挥谓语也可以发挥定语的作用——这是所有东斯拉夫语以及其他斯拉夫语所熟知的结构：它在古代文献、民间文艺作品、文学作品和口语中都有所记录（见 [Востоков 1838: 251; Глаголевский 1873: 25; Потебня 1899: 190-192; Тимченко 1913: 128-129; Карский 1956: 408; Шапиро 1953: 164]）。将所有这些结构无条件地归入它们是从法语中借来的句法结构的理由未必充分（见 [Булаховский 1939: 15; 1954: 270-271]）；罗蒙诺索夫还将它们看作是规范化的俄语标准语结构："在称赞或斥责之前必需的名词要求第二格：человек превосходного остроумия; младенец слабого сложения" [Ломоносов 1952: 557]。很能说明问题的是，希什科夫在自己的《对新旧俄语文体的论断》中援引这个结构举例说明正确的、纯俄语的词语用法："……дух这个词的意思是什么？第一是无形体的生物……；第二是精神属性，例如：муж твердый или твердого духа..." [Шишков 1824: 43]。

18世纪末——19世纪上半叶的俄国散文中这些组合整体上讲是没有修辞—体裁方面的限制的[1]；它们自由地用于表达相当广泛的意义，即：对人的内在特征、性质、行为、性格方面的特点描述（человек редких достоинств, веселого нрава, посредственного ума, тихого характера, доброго расположения, счастливой памяти, большой учености）；外表、身体特征方面的特点描述（она была

---

1 文中所援引的作家有：Баратынский, Белинский, Бибиков, Боборыкин, Болотов, Боткин, Бунин, Буслаев, Бутков, Васильев, Вельтман, Вяземский, Герцен, Гоголь, Головнин, Гончаров, Грибоедов, Григорович, Державин, М. Дмитриев, Добрынин, Достоевский, Дружинин, Жихарев, Жуковский, Завалишин, Загоскин, Златовратский, А. Иванов, Измайлов, Карамзин, Короленко, Крылов, А. Кутузов, Кюхельбекер, Лажечников, Лермонтов, Лесков, Ломоносов, Марлинский, Менделеев, Мельников-Печерский, Михайловский, Мордвинов, Нарежный, Нащокин, Некрасов, Никитенко, Новосильцев, Озеров, Павлов, Писемский, Погорельский, Помяловский, Пушкин, Пущин, Радищев, Рикорд, Рылеев, Рычков, Салтыков-Щедрин, Свербеев, Сенковский, Славутинский, В. Соллогуб, Станицкий, Станюкович, Стасов, А. К. Толстой, Л. Толстой, А. Тургенев, И Тургенев, Гл. Успенский, П. Федоров, Фет, Фонвизин, Храповицкий, Челищев, Чернышевский, Чехов, Чулков, Шаховской, Шишков, Щербатов, Эртель.

чрезвычайного пригожества, редкой красоты, почтенной наружности, высокого роста, отменного сложения, приятного лица, посредственной толщины）；思维、观察方式方面的特点描述（мы с тобой одних мыслей, взглядов, противоположного мнения）；出身方面的特点描述（человек знатной фамилии, царской крови, лакейского происхождения）；与党派、宗教、流派、民族、人的团体的关系方面的特点描述（он не вашего закона, другой нации, противоположной партии）；社会地位方面的特点描述（хотел быть бригадирского чина, важного сану, невеста купеческого состояния）；年龄特点的描述（он еще юных лет, глупого возраста）；对事物的内部特征、性质方面的特点描述（подарок невеликой цены, ливень неслыханной ярости, письма разного содержания, табак невероятной крепости）；与其他事物、人、行为的关系及该关系的结果方面的特点描述（пятаки не нашей чеканки, рудники удобного металла, картина твоей работы, рыба ночного улова, фрукты собственных оранжерей, вино здешней разливки）；外部特征方面的特点描述（покои разной меры, зал огромной величины, местоположение примечательной красоты, гора необыкновенной крутизны, платье модного узора）；材料方面的特点描述（воротник чернобурых лисиц, кафтан алого сукна, пюсового бархату, вино собственного винограда, стихари разных материй, серого камлота）；对人或事物在颜色方面的特点描述（глаза серого цвета, радужных цветов косынка, собаки всех мастей, белой шерсти）；与时间有关的特点描述（американцы колумбовых времен, человек прошлого века, кампания двенадцатого года, Париж того времени）[1]。尽管构成这些组合的名词范围相对广阔，它们构造上的可能性仍然受到词汇方面的限制（见下文）。

  18—19世纪俄语标准语中这些组合无论是在定语功能上还是——主要是——在谓语功能上的使用都逐渐缩减。本文的任务——说明带有性质二格的组合在总体上使用减少的基本趋势，主要是它们在谓语功能作用方面的变化[2]。

---

  1 在东斯拉夫民间言语中构成这种组合的可能性，显然，更加广泛和自由，比较季姆琴科 [Тимченко 1913: 128-129]所举的例子：**Великого роду, а псього ходу** (Етногр. збірник, XXVII, 15); Был Даніил барзо **великой науки и милости** от самого небеснаго Бога (Пам. укр. мови и літ., I, 312); Ой той же та козак Зарвай, а він **бистрого ока** (А. Метлинский. Народн. южнорусск. песни, 451); Тоты звѣрьки слѣпы суть а **такои злои ѣди,** если бы кого оукусило, то ся нѣколи не загоить (Пам. укр. мови, III, 69); Зеленая явориночка, Чом ти мала — невеличка? Чи ти **росту невеликого?** Чи **коріння неглибокого?** Чи ти **листу неширокого?** (Метл., 156)等。

  2 对这些组合的定语功能作用方面问题的专门研究不是本文的任务。

* * * * * * * * * * * * * * *

对带有性质二格的组合的命运产生决定性影响的是这些组合是否存在**与其他类型组合的正规的功能—意义相关性**。在存在这种相关性的那些情况中，即当所研究的组合处在一系列与其他意义相同或意义和功能上相近的结构中时，——在那里带有第二格的组合之中存在特殊的变化。在带有性质二格的组合并不具有功能和意义上相对应的其他形式组合的那些地方，——在那里它们实际上成为固定的常用组合，而且整体上没有本质的改变。

不具有与其他类型组合的相应关系并因此固定使用并一直持续使用的组合，是由下列语义组中的词共同构成的[1]：

1. 与具有范畴、种类、品种、变体、等级意义的词共同构成：первого сорта, различного разбора, средней руки, особого рода, низшего разряда, другой марки, всевозможных видов, высшего порядка, высшей степени, нового типа, особого калибра, той же категории。 Голова у него **малой руки** и притом деревянная (Чулк., Пересмешник); Парижские цветочницы **одного разбора** с рыбными торговками (Карамз., Письма русск. путеш.); — Однако дочери мои, позвольте сказать, не **такого разбору**, чтоб можно было над ними смеяться (Погорельск., Монастырка); А кахетинское здесь прекрасное... разумеется, не то, что в Грузии, однако **лучшего сорта** (Лерм., Герой нашего времени); Немецкие шарманщики **бывают двух родов** (Григорович, Пб. шарманщик); Его формализм **был второй степени**, но столько же скучный, как и все прочие (Герц., Былое и думы); Все они (произведения) **бывают** ныне **одного и того же рода и вида** (М. Дмитр., Мелочи из зап. моей памяти); Импровизация эта **бывала**, конечно, не очень **высокого музыкального калибра** (Стасов, Училище правовед.).

2. 与具有质量、性质、价值意义的词共同构成：отличного качества, не грубого свойства, не равной цены, соленого вкуса, разных достоинств, такой же доброты («качество» 之义), одинаковой сущности, юмористического характера («свойство», «качество» 之义)。 Подарок сей **невеликой цены**

---

1 不言而喻，这些组的内部的词汇变化和转移、使用的减少或个别包含在它们中的词的退出都与作为句法范畴的相应组合的前途命运无关。

(Чулк., Поздравл. с новым годом); Мозг ваш **не может быть такой же доброты**, как мозг потомков великого Магомета (Крыл., Каиб); Но Полянский, при остром уме и познаниях, **был свойства горячего и неуступчивого** (Добрынин, Зап.); Правда, что картины его **не равной цены**, последние несравненно превосходнее первых (Карамз., Письма русск. путеш.); Кроме упомянутых картин Рубенса, их около двадцати в Дрезденской галерее: они не **одинакого достоинства** (Кюхельб., Отр. из путешествия по Герм.); [София] **Чудеснейшего свойства** Он, наконец: уступчив, скромен, тих (Гриб., Горе от ума); ...теоретическое объяснение «небесных тел, которые **должны быть одного начала и одинаковой сущности** с земными» (Телескоп, 1831); Все мяса, рыба — **отличного качества** (Гонч., Фр. «Паллада»); Колодцы оказались **солонковатого вкуса** (Тург., Отцы и дети); Вообще — все письмо **самого лестного и ободряющего свойства** (Короленко, Письмо к А. С. Короленко, 18 июня 1892).

3. 与具有形状、尺寸、分量意义的词共同构成：громадного размера, средней величины, разной меры, высокого роста, равной высоты, ширины, толщины, такого же объема, особого покроя, античных линий, старого фасона, круглой фигуры («форма» 之 义), странной формы, большого формата, тяжелого веса。 Между сими [реками] находилась одна, которая **была довольной** и **сажен до двадцати простирающейся ширины** (Болотов, 1); Гердер **не высокого росту**, посредственной толщины (Карамз., Письма русск. путеш.); Японцы помучили нас часа два вопросами: **какой фигуры** этот флаг, велик ли (Головнин, Зап.); Первенствующие лица, явившиеся на сцене его, **были размера исполинского, героического** (Вяземск., Фонвизин); Он **бывает всех ростов, возрастов и объемов**: мал и высок, толст и тонок, стар и молод (Сенковск., Человечек); Их руки и ноги — **формы совершеннейшей** (Ботк., Письма об Испании, Соврем., 1847, дек.); Ни один заряд **не был того веса**, который означен был в «Руководстве» (Л. Толст., Севаст. в авг. 1855 г.); Дом **был огромной величины** (Дост., Идиот); ...Этот жилет **французского покроя** (Г. Усп., Нравы Растер. улицы); У нее хороший рост, ...бюст **ласкающих античных линий** (Боборык., На ущербе).

在一些情况下带有该语义组词的组合与相应意义的形容词相互关联（высокого роста — высокий 和 высок ростом, большого размера — большой, тяжелого веса — тяжелый等），或是在谓语功能上与所属结构相互关联（они одинаковой высоты и веса — у них одинаковая высота и вес）。然而该语义组整体上并不具有正规、系统的相互关系，第一，是因为不是所有词都允许这种相互关系（试比较，例如，带有词语величина, мера, объем, фасон的组合缺少与形容词的直接相关性），第二，是因为这种相互关系常常只能出现在谓语功能上，而非定语功能上（试比较像 он высокого роста — у него высокий рост的相互关系）。因此，对具有形状、尺寸、分量意义的词的组合而言用其他结构来替代不具有规范性。一方面是由于缺少这种正规的相互关系，另一方面是由于带有性质二格的组合的大量使用，是以在语言中固定保有整个组合组整体为条件的。

4. 与具有年龄意义的词共同构成：средних лет, одного году, двух месяцев, глупого возраста。 Он **был** в глубокой старости, **лет восьмидесяти** (Нащокин, Зап.); ...до возраста сына своего от нее рожденного, который **был** тогда **одного году** (Рычков, Опыт Каз. ист.); **Каких** ты **лет** тогда **был**? (Добрынин, Зап.); По летам он уже **был годков двадцати** (Вельтм., Саломея); Мальчик **Илюшиных лет** (Л. Толст., письмо к С. А. Толстой, 15 июня 1878).

此处，像在前一组中一样，谓语功能作用条件下存在该组合与带有第三格主体的静词句的相互关系（он был сорока лет — ему было сорок лет）。但在定语功能上固定相互关系的缺少，以及带有性质二格的组合具有补充的语义可能性（比较，例如，用重新排列组成成分的方式表示大概的意义：сорока лет — лет сорока）决定了带有含年龄意义的词的组合在语言中固定保留下来。

5. 与词语 цвет, краска («цвет»之义), масть, колорит, оттенок 共同构成。Потолок от долговременности даже потемнел и **сделался кофейного цвета** (Болотов); Лошади... точно хороши: **большого роста**, одна в одну, **рыжегалой, так называемой розовой масти** (Жих., Зап. совр.); От пояса к низу платье было в обтяжку; каждое **особливого цвета** (Рикрод, Зап.); Муслины, атласы, кисеи были **таких бледных модных цветов**, каким даже и названия нельзя прибрать (Гоголь, Мертв. души); — Мы сами с усами, хоть и **не одной с тобой масти** (Славутинск., Читальщина); Зеленя **стали такой яркой, зеленой краски,** какой не найдешь у Аванцо (Л. Толст., письмо к С.

А. Толстой, 9 апр.1882). 定语意义的使用：В национальном костюме, часто богатом, но всегда **цвета яркого**, предпочтительно **алого** (Погорельск., Монастырка); Картины **такого же колорита** (Писемск., Тысяча душ); Бородка **рыжеватого оттенка** (Боборык., На ущербе).

带有цвет, масть等词的组合在句子中可以与指出颜色特征的形容词相关：зеленого цвета — зеленый等。然而这种相关性不能存在于形容词非单义、颜色意义不是其基本意义之处，比较：песочного цвета, телесного цвета, крапивного цвета, небесного цвета, кирпичного цвета, огненного цвета, кофейного цвета, каштанового цвета, казенного цвета, дикого цвета, радужных цветов等。在所有类似的情况下带有第二格的组合与形容词都不具有同义相关性。为此带有цвет, масть的这一类组合得以整个保留下来。

6. 与具有大小不确定的团体意义、某事物（通常指人）的集合意义的词共同构成：скифского племени, разных наций, немецкого народа, дворянской породы, графского рода, купеческого состояния, простого звания, другого поколения, высокого круга, деловой сферы, смешанного общества, большого света, низкого класса, фламандской школы, дорического ордена, обоего пола。Баварский крестьянин мало разумеет мекленбургского или браденбургский швабского, хотя все **того же немецкого народа** (Ломон., О пользе книг церк.); Сей человек **не простого роду** (Чулк., Пригож. повариха); Тогдашний Казанский царь назван Алехом [мнится Алей-Хан] Абрегимовым; но **того ль или иного был** он **отродия**, сего в описании не показано (Рычков, Опыт Каз. истории); Нынешние города Казани обыватели **не того** уже **роду и языка**, о которых объявляет сия история (Там же); Он был царской крови, от роду царей Золотой Орды, **поколения Токтамышева** (Там же); Предки наши **были знатной татарской и княжеской породы** (Болотов, 1); Он **был одной нации** со мною (Карамз., Письма русск. путеш.); Предки наши славяне **были** конечно **Скифского племени** (Карамз., Изв. о Марфе Посаднице); Более всего берегись досадить женщине, **сколь бы низкого состояния** она тебе **ни казалась** (Крыл., Похв. речь в память моему дедушке); Орловский — **фламандской школы**, но кто русее его в содержании картин? (Вяземск., письмо к А. Тург., 19 дек. 1819); Ты **роду-звания большого** (Баратынск., Бал); Сам я **породы Царской**, весьма

на земле знаменитой (Жуковск., Война мышей и лягушек); — Кто она такая? — Саломея Петровна Яликова. — **Большого круга?** — **Большого** (Вельтм., Саломея); — «**А какого звания?**» — Мой отец, говорит, мещанин (Некр. и Станицк., Три стр. света); Она слишком для этого молода и слишком **большого света** (Писемск., Тысяча душ); И вышло так, как будто он и **не был мещанского рода** (Помяловск., Мещ. счастье); **Общества** он **был смешанного**, разумеется, во всяком случае, «**тузового**» (Дост., Идиот); Я, если смею так выразиться, **священнического поколения** (Тург., Дым); — А потому, что я простой человек! **Простого звания** (Гл. Усп., Разоренье); — Они, зничит, **боярского роду?** — Боярского, говорит, или не боярского, а уж порода такая (Короленко, Чудная).

该组的一些组合，正是那些与称名或多或少确定的集合意义的词一起构成的组合，允许与带有前置词из的组合发生关系（见下文；例如：мещанского звания — из мещанского звания, бедного класса — из бедного класса等）。但实际上这种正规的相互关系并没有能够得以确立，似乎是因为那些之中集合的不确定性将唯一来源于该集合的想法排除的组合的反作用（试比较：знатной породы, женского пола, германской нации），以及受到基本意义方面相近的带有其他语义组的词的组合的影响，在这些语义组中不可能存在这种相互关系（例如：царского рода, породы 和 царской крови, мещанского рода, звания, состояния 和 мещанского происхождения，参见下一组）。

7. 与具有出身意义的词共同构成：плебейского происхождения, знатной природы, благородной крови。 Скажу вам, любезный приятель, что я **природы татарской**!(Болотов, 1); Можно отгадать, что он **благородной крови** (Крыл., Похв. речь в память моему дедушке); Между европейскими турками весьма немногие **происхождения оттоманского** (Атеней, 1828, 16); Ряд древних греческих богов... **были древнефиникийского происхождения** (Телескоп, 1831, 2); Шарманщики в Петербурге вообще **бывают трех различных происхождений** (Григорович, Пб. шарманщик); Молотов **был происхождения темного, мещанского** (Помяловск., Мещ. счастье); Вы не даром **одной крови** с Анной Сергеевной (Тург., Отцы и дети); Полагает, что самый карьеризм — **либерального происхождения** (Вестн. Европы, 1890, IX).

8. 与具有社会派别或宗教信仰意义的词共同构成：христианской веры, разных исповеданий, католического закона, другой религии, не того направления。Жители города Архангельска хотя и **христианской веры**, но **разных исповеданий**: природные россияне православные и раскольники, чужестранцы лютеране и кальвины (Челищ., Путеш.); Две немецкие кирки: одна **реформаторского закону**, деревянная, другая **лютеранского закону**, каменная (同上); ...забыв, что мой гасконец **католического исповедания** (Жих., Зап. совр.); ...от кочующих разных в областях Российской империи народов, **какого бы** они **закона ни были** (Бибиков, Зап.); Народонаселение Вадтского кантона большею частию **протестантского исповедания** (Соврем., 1847, V); — Спросишь его: **какой** ты **веры**? — Он тебе отвечает: **старой** (С. - Щ., Губ. оч.); — Ага! — подумал я, — вот ты какая, характер объявляется, **нового направления** (Дост., Кроткая); Ретируется, признаваясь, что он **другой религии** (Короленко, письмо к А. С. Короленко, 19/31 июля 1893).

9. 与具有时间期限意义的词共同构成：нынешнего века, прежней эпохи, колумбовых времен, одного времени, двенадцатого года, прошлого столетия。Вот отчет настоящего и предположения будущего. Все это не очень цветно, но цветы — **не нашего века** (Вяземск., письмо к А. Тург., 22 фев. 1819); — Может быть, даже вы знакомы по университету? Судя по летам, должно быть **одного времени** (Писемск., Тысяча душ); Ну, да этот вопрос **недалекого времени**, так как, вероятно, еще зимой я буду в Петербурге (Короленко, письмо к М. М. Стасюлевичу, 20 ноября 1892); Большая была старуха, вся какая-то темная. Панева — **чуть не прошлого столетия**, чуньки — покойницкие (Бунин, Ант. яблоки).

除了上面所列举的语义组词外，在带有性质二格、但不具有与其他形式组合的正规功能—意义关系的组合中还应包括(a)个别语义上多少有些抽象的词（высокой жизни, религиозной морали, подобного стиля, византийского пошиба, особенного устройства, хорошего тона, последней моды, изрядной живописи, древней печати, худого тиснения, новейшей пропорции, вашей руки, европейского искусства, необычной архитектуры）和(b)个别具有具体意义、用以表示该词广义上的拥有者的词（одного родителя, того же царя, другой компании, не здешнего мира等).

(a) У попугаев и параклиток язык **подобного сложения** человеческому (Храповицк., Древн., 24 июля 1785); Были мы с нею **одного ремесла** (Чулк., Пригож. повариха); Она была хотя обветшалая, однако щеголиха. Лицо ее **было самой древней печати и худого тиснения** (Чулк., Пересмешник); Прочие списки **такого же штиля** и содержания (Рычков, Опыт Каз. ист.); Они почти все **жития старого**, да крайности покоренные своим начальникам (Щербат., Статистика); Они (гусли) **были... особливого сложения** (Болотов, 1); Платье мое **самой последней моды** (Крыл., Почта духов); — Да и надпись, кажется, **женской руки**! (Нарежн., Росс. Жилблаз); Только в лирике слышно русское наречие и русские имена; все прочее — **всех цветов** и **всех голосов** (Вяземск., письмо к А. Тург., 19 дек. 1819); Иконостас вызолочен; образа все **греческой живописи** (Отеч. зап., 1839, VII); ...Письма мои **были известной страсти**, из чего вышла новая беда (А. Иванов, письмо к Гоголю, 1847); Точность, красота резца и миловидность рисунка **были высокого искусства** (М. Дмитр., Мелочи из зап. моей памяти); — Разные есть документы-с, все **вашей руки-с** (С.- Щ., Губ. оч.); Нашли и шкатулку с пропавшими деньгами; **была** она железная, **английского устройства**, с секретрым замком (Дост., Идиот).

(b) Картины в сем дворце также **великих мастеров** (Фонв., письмо к Ф. И. Фонвизиной, 7/18 дек. 1784); — Дочка ваша, тоже могу сказать, весьма приятная девица... Конечно, **одного родителя** (Златовратск., Устои); — Или мы не того же царя? (Короленко, В голодн. год).

范围相当广泛的带有性质二格的组合都是如此,它们由于与其他类型组合不存在稳定的相互关系而被固定地加以使用。总体上为它们明确划定相当确定的词汇填充可能性的界限。而且如果能够讨论这些组合在18—19世纪标准语中的某些发展趋势的话,则这是模型与填充模型的词汇材料之间的关系的变化。如前所述,所描写的组合的基本特点是——从名词方面看——固定和重复的词汇填充(比较:какой формы, величины, толщины, какого цвета, размера, роста, сорта, веса, фасона, скольких лет, какого рода, вида, какой веры, нации, какого свойства, происхождения等)。这样的组合曾经大量、经常地使用,随处可见,而且这种词汇上的狭限与非常广泛的使用相结合将它们置于独特的固定构成状态。而且这种状态因基本交际负荷在此常常由一致关系词来承担而不断得到加强。从前面所能看到的正是这种带有性质二格的组合的成素间不均匀的功能分布。这里还有一些典型例子。Ф. О. [Федор Орлов] не так умен, а А. О. [Алексей Орлов] совсем **другого сорта** (Храповицк., Дневн., 30 мая 1786); Ломоносов **был иного покроя**. С ним шутить было накладно (Пушк., Путеш. из М. в Пб.); Разговор **был такого рода**, что мог продолжаться до бесконечности (Лерм., Кн. Лиговская); Стол, кресла, стулья, все **было самого тяжелого и беспокойного свойства** (Гоголь, М. души); У моей матери характер **был такого сорта**, что на нее сильно и благотворно действует всякая нравственная поддержка (Чех., письмо к М. П. Чехову, 10 мая 1877). 定语用法：шляпа очень **небогатой руки** (Новосильцев, письмо к Г. Р. Державину, 16 апр. 1774); люди **благородного сорта** (Добрынин, Зап.); глупцы **разного свойства** (Вяземск., Фонвизин); Приходы же и расходы, остаток денежной кассы, бумага **разного звания**, печатные книги, материалы, инструменты и вещи записываются в шнуровые книги (Устав имп. СПб. Академии наук, ЖМНП, 1836, 9, I); изба **средней руки** (Фет, Воспом.); радость **высшего порядка** (П. Федоров, Соловки).

带有不断重复的词汇填充的组合构成了我们所研究的带有性质二格的结构的基础部分,而且正是它们稳定地固守在语言中。很有代表性的是,之中含有不很正规但很稳定地用于这些结构组成的名词的组合在19世纪表现出明显缩减和逐渐消失的趋势。在此意义上带有非正规用于其组成的、语义抽象的名词的组合的命运是非常能说明问题的(见上文)。接下来到19世纪60—70年代它们还或多或少地使用,而之后继续使用至今的主要是已经成为固定的、半成语化单位的那些组合：хорошего (дурного) тона, последней (новейшей) моды, высокого полета, нового пошиба, подобного (известного) стиля, гражданской архитектуры及其他一些组合。因此,这里存在对填充样板的词汇手段的集中、压缩,而且这些组合整体上沿着稳固带有范围狭窄、形式单一的词汇组成形式和放弃带有那些不很正规地用于其组成的词的组合的道路向前发展。

与此同时带有性质二格的组合本身是能产的,而且它们的构成也不是没有增加的。这是一个活跃的句法样板,而非可以计数的刻板公式集合,随着相应语义的新词(或新的意义)的出现它们能够自由且自然地成为这种组合的成素这一事实已经明确无误地证实了这一点。试比较：相对较晚固定下来的带有 характер("性质、品质、特点"之义), тип("事物、现象的已知组别所对应的样板,变种"之义), сфера("环境、社会环境、状况"之义), порядок("方式、方法"之义), направление("社会潮流、运动、派别"之义), класс("社会团体、社会组成部分（阶级）"之义), категория("同一类事物的类别"之义), марка("等级、质量"之义)的组合。Люди **низкого класса** (Гоголь, М. души); Люди **практической сферы** (Герц., Зап. одного молодого чел.); Она врывалась среди речи или с анекдотом или с дельным замечанием, но дельность которого была **низкого порядка** (Герц., Былое и думы); Тогда уж не будет этого отдельного типа, потому что все люди будут **этого типа** (Черн., Что делать?); Облик его был не **русского типа** (Сверб., Зап.); Он, говорит, западник... Мы **не того направления** (Боборык., Китай-город); И недостатки, и совершенства у всех трех общие, или, по крайней мере, **одной и той же категории** (Стасов, О знач. Иванова); Шампанское **другой марки** (Фет, Воспом.); Впечатления **религиозного характера** (П. Федоров, Соловки).

在使用带有性质二格、但不具有与其他类型组合正规的对应关系的组合的同时,18—19世纪的俄语标准语中发挥功能作用的还有那些**纳入一直发挥作用的相关结构系统中的组合**。根据其相互关系的特点划分出这些组合的四种类型：1)与副词—形容词组合相关联的组合;2)与人称动词或形动词—名词结构相关联的组合;3)与带有前置词с的五格形式的形容词—名词组合以及"所属结构"相关联的组合;4)与带有前置词из的二格形式的形容词—名词组合相关联的组合。所有这些组合在19世纪无论是在使用方面,还是在词汇填充的规范方面都发生了本质上的变化。

1. **与副词—形容词组合相关联的组合**。在名词与必需的一致关系词的二格组合中根据构词和语义特征明确区分出带有由性质形容词(或构词上与它们在词根词素上相互关联的词)派生、表示内部或外部特征、性质、品质的名词的组合;与这样的名词搭配形容词通常表示尺度、特征等级或对特征的评价: снежной белизны, достопочтенной древности, неограниченной мнительности, неподражаемого милосердия, редкой основательности, нестерпимого высокомерия, победоносной силы, неслыханной ярости, чудесной красоты, огромной тучности等。18世纪下半叶——19世纪上半叶的标准语中这些组合都还一直在使用。Женился на его дочери, о которой

сказуется, что она **была чрезвычайного пригожества** (Рычков, Опыт Каз. ист.); Но, подошед ближе, удивишься, какой они [ангелы] величины и **огромности** (Фонв., письмо к Ф. Н. Фонвизиной, 7/18 дек. 1784); Сей человек, имеющий впрочем разум, **был беспримерного высокомерия** (Фонв., Чистосердечн. призн.); Сей город, если бы был лучше укреплен, то **мог бы великой важности быть** (Щербат., Статистика); В тогдашнее время унтер-офицерские и сержантские чины в гвардии **были великой важности** (Болотов,1); Однакож вообще хор наш не был **удивительного совершенства** (Добрынин, Зап.); Был... необыкновенно умен и **такой сердечной доброты**, что невольно привлекал к себе любовь всех его знавших (Жих., Зап. совр.); Решительно ничего хмельного в рот не берет, **примерной аккуратности** и самый попечительный отец семейства (同上); Какой-то муравей **был силы непомерной** (Крыл., Муравей); Дело **такой важности**, а я не намерен отвечать за других (Нарежн., Росс. Жилблаз.); Все, что пишется в неаполитанском парламенте, **удивительной силы** (Вяземск., письмо к А. Тург., 7 янв. 1821); Последние две или три главы — **ужаснейшей и величайшей красоты** (Вяземск., письмо к А. Тург., 20 окт. 1818); Хотя от природы я и **не решительной неустрашимости** (Вяземск., письмо к жене, 24 авг. 1826); Он хорошо говорит по-русски; я заставил его учиться грамоте. **Понятливости необычайной** (Марл., Аммалат-Бек); Она [гора] **крутизны необыкновенной** (Отеч. зап., 1839, VII); Ростом небольшой, но **такой дородности**, что глядеть на него весело (В. Соллогуб, Тарантас); Скажите Мельг[унову], что Haxthausen'а 3-й том **глубокого интереса** (Герц., письмо к М. К. Рейхель, 17 сент. 1852); Табак у него **был крепости невероятной** (Герц., Былое и думы); Наши споры и ссоры в Покровском иногда **бывали полнейшего комизма** (同上); Лицо его **было** еще **замечательной красоты** (Л. Толст., Детство); Перчатки палевые, жилет кашемировый, **пестроты ослепительной** (С.-Щ., Губ. оч.); Он угадывал, **какой силы** ее решимость (Дост., Идиот); В белых перчатках с утра, фрак — **красоты обаятельной** (Будильник, 1865, 9 [Д. Минаев]).

这些组合处在与副词—形容词组合积极、正规的相互关系中：чрезвычайного пригожества — чрезвычайно пригож, чрезвычайно пригожий; какой огромности — как огромен, какой огромный; беспримерного высокомерия — беспримерно высокомерен, беспримерно высокомерный; непомерной силы — непомерно силен; глубокого интереса — глубоко интересен等。副词—形容词组合一直大量地使用着并且实际上没有任何词汇限制。在这种相互关系中带有性质二格的组合是明显被压制的形式，一是因为它们完全属于一个相对狭窄的范畴，二是因为这个范畴在词汇上是受限的。19世纪下半叶的标准语中所描写的这种带有性质二格的组合的使用情况明显缩减。但这不只是数量上的缩减。在减少这些组合本身使用的同时还出现了包含其中的词汇材料的"干缩"——构成组合的词素集合本身的急剧收缩。这里首先需要指出，确实存在带有相对具体意义的词的组合的消失趋势。现在带有表示性质[1]或一定性格、行为特点的名词的组合已十分鲜见（见上文18世纪——19世纪初期常见的带有высокомерие, основательность, аккуратность, честолюбие, неустрашимость, мнительность, понятливость等词的组合）。当前保留有限使用的是带有сила, красота, белизна, крутизна, яркость, важность等词的组合。И на шее твоей ожерелье —Погодила б ты им щеголять! Пусть оно **красоты идеальной**, Пусть ты в нем восхитительна, но... (Некр., Балет); Руки у него красивые, **замечательной белизны** (Тург., Лит. и жит. воспом.); Знаешь ли, какой вопрос **самой огромной важности** в здешних местах? (Эртель, Гарденины); Это «новые люди», если сказать правду, **были**, за некоторыми исключениями, **новизны** очень сомнительной (Короленко, В голодн. год.). 用于限定意义：скатерть **ослепительной белизны** (Фет, Воспом.)。

非常重要的是，有别于与其他形式组合没有功能意义相关性的组合，类似замечательной белизны, ужасной силы, редкой красоты等的组合本质上已经丧失能产的句法样板的属性：保留下来的形式作为一系列带有必须不可扩充的词汇集合的结构发挥功能作用。由此在语言中出现特殊的句法属性，在能产的模型和固定为成语性质的组合之间的过渡形式。

2. 与人称动词或形动词—名词结构相关联的组合。大约到19世纪中期多少还正规存在着由具有动作意义的动名词与具有物主意义的一致关系词共同构成的组合：твоего рисованья, Гетева сочинения, сестрина печенья,

---

[1] 比较在列夫.托尔斯泰给妻子的信中：Покупка эта **выгодности баснословной**, как и все покупки здесь (8 июля 1871). 在斯维尔别耶夫的《笔记》中：Роста он был огромного, **худобы** в теле **редко встречаемой...** (т. II, стр.59).

собственного приготовленья, нашего мастерства, своего изобретения, моего изготовления等。Сказал воеводе, что кант **моего сочинения**, а не архиерейского (Добрынин, Зап.); Царские двери в нашей приходской церкви, в селе Русятине **были его построения** (Болотов,1); Признаюсь, что эти прекрасные правила **не моей выдумки** (Крыл., Мысли философа по моде); Все пиесы, означенные в «Зрителе» буквою Х, **его сочинения** (Вестн. Евр., 1802, V, 19); Я читал написанные им стихи, не ручаюсь, чтоб они **были его сочинения** (Жих., Зап. совр.); — Вы любите цветы? ...Люблю, это все **моего сажанья** (Некр. и Станицк., Три стр. света). 用于限定意义：календарь **своего сочинения** (Измайлов, Евгений); пироги **ее печенья** (同上); картинки **своего рисованья** (Гоголь, письмо к матери, 24 апр. 1825); фарс **Гетева сочинения** (Герц., Зап. одного молодого чел.)。

这种类型的组合，第一与具有完成时意义动词的人称动词结构（谓语：его сочинения — он сочинил, моего сажанья — я сажал, его рисования — он рисовал），第二与同样也具有完成时意义的被动形动词形式的形动词—名词结构（谓语：этот фарс его сочинения — им сочинен, картина моего рисования — мною нарисована），第三与带有长尾被动形动词的形动词—名词结构（定语：его сочинения — им сочиненные, моего сажанья — мною посаженные 等），第四与带有который的有限结构（定语：фарс его сочинения — фарс, который он сочинил, который им сочинен）存在正规的相互关系。在这个复杂的相互关系系统中带有第二格的组合，在词汇上受到限制并且与逐渐缩小的句法范畴相关，明显地让步于当时大量积极使用着的带有人称动词或形动词的组合；19世纪下半叶这些组合很明显地在逐渐减少。非常典型的是，像上一组已经消失的组合（беспримерного высокомерия 等）一样，这是带有意义更加具体的词的组合。

在构词联系和概括语义方面依附于所描写的带有纯动名词的组合的是其中一致关系词不一定具有物主意义，而名词本身也不直接表示动词所述行为的组合：хорошей работы, местного изобретения, иноземной отделки, первого издания, ночного улова, своего запаса, закола, размола, прошлогоднего соления, старого закала 等。Сумский острог стоит над рекою Сумою, городок деревянный, **старинного строения** (Мордвинов, Зап.); Неужели картина сама о себе не сказывает, **чьей** она **работы**? (Фонв., письмо к Ф. Н. Фонвизиной, 7/18 дек.

1784); Убогий этот дом Василий Климыч Злов с большим раченьем своим построил иждивеньем. И нищие в дому **его** же все **трудов** (Крыл., Убогий этот дом...); — Покажи-ка бутылку; **здешней разливочки**? (Вельтм., Саломея); — Вот это изрядный табак! Верно, **нового привозу** (同上); Душа его **была не такого закала**, чтоб наслаждаться тихой любовью и скромной дружбой (Писемск., Тысяча душ); Правда, и попугай-то особенного свойства и **отличной выучки** (Искра, 1859, 8); — Почему вы узнали, что это венчание **трудов отца N**? (Леск., Русск. тайнобрачие); Медный лоб тоже справедливо говорит, что он **отечественной фабрикации** (Михайловск., Медн. лбы и вареные души); Я желал бы, чтобы ты была такая же существенно хорошая, как она; но хочется, **чтоб ты была** (как оно и есть) **более тонкой работы** и с большими умственными интересами (Л. Толст., письмо к С. А. Толстой, 10 дек. 1864); И ей все московские **показались** такими устарелыми, **своего домашнего изделия**, рядом с этим «европейцем» (Боборык., На ущербе); — Парень как будто не дурак... **Заграничной выделки**, между прочим (Горьк., Фома Горд.). 用于限定: **трудов своих** ложки (Добрынин, Зап.); столповая **греческого распева** (同上); столовая часть **прочного заведения** (同上); образ **старинной работы** (Измайлов, Евгений); стихи «**собственной работы**» (Лажечн., Лед. дом); песня **собственного сочинения** (Писемск., Тысяча душ); образа **новой иконописной работы** (Боборык., На ущербе); килька **ночного улова** (Фет, Воспом.); мука **своего размола**, кушанья **сложного приготовления**, солонина **прошлогоднего соления** 等。

对这些组合而言与动词和形动词结构的相互关系不是正规的, 具有独特的特点, 因为一致关系词在此本身不一定指示主体, 而名词本身作为动作名称也不直接与动词发生关系。由相当有限的名词集合参与构成的这些组合在我们所研究的这个时间段中一直在使用。它们之中很多都获得固定表达的特征（ручной работы, топорной работы, старого закала; 以及带有размол, закол, засол, улов, привоз, разлив等名词的组合在某些情况下获得近似于术语的固定用法）。

3. 与带有前置词 с 的五格形式的形容词—名词组合以及"所属结构"相关联的组合。18世纪下半叶——19世纪初下列类型的相互关系积极活跃: он такого мнения, недалекого ума — с таким мнением, с недалеким умом — у

него такое мнение, недалекий ум; эта девица красивого лица — с красивым лицом — у этой девицы красивое лицо。这种类型的相互关系历史具有下列典型特点：1）带有第二格的组合在19世纪使用不断减少，但是这种减少是不均匀的：在限定意义的使用上它们较为稳定、缩减缓慢；而在谓语位上的使用发生明显急剧的减少，途径各不相同：既有数量本身的缩减，也有词汇上的限制。2）带有第五格的组合在该系列相互关系中要么只起到定语的作用、要么既作定语又作谓语，——这取决于名词的意义（见下文）。3）多数情况下带有第五格形式的组合本身在谓语位上是不固定的，并在19世纪末脱离了相应的谓语功能形式系列，——在为限定意义组合保有与第五格的相关性的条件下（человек светского воспитания, такого мнения — человек со светским воспитанием, с таким мнением）。

在把性质二格具有谓语功能的命运作为基本研究对象的同时，必须从相互关系系列的整体发展出发。相应地应该特别加以研究的，第一是之中带有第五格的组合只发挥定语作用的相互关系系列，第二是之中带有第五格的组合既可发挥谓语作用、又可发挥定语作用的相互关系系列。我们首先将注意力集中在带有性质二格的组合上，它们进入之中带有第五格的结构用于上述两种功能表达的相互关系之列。在此构成基本面的是带有表示智力、心理气质、内在本质集合的名词的组合：миролюбивого нрава, деятельного характера, скептического склада, добрейшей души, неустрашимого духа, чистой совести, незлобного сердца, умнейшей головы 等。这些组合在19世纪60—70年代前曾经广泛使用。只是在19世纪末它们的逐渐缩减才确有存在。Впрочем, девушка сама **была сельского ума** (Трутень, 1769, XXIX); Отец мой **был характера** весьма **вспыльчивого**, но не **злопамятного** (Фонв., Чистосердечн. призн.); Но **не такого нрава и расположения** был мой учитель (Болотов,1); Он **был веселого и шутливого нрава** (同上); Такие дети **бывают** обыкновенно **неуступчивого духу** (Крыл., Мысли философа по моде); Ты **не столь пылкого сложения**, как я (Крыл., Почта духов); До сего времени **казался** мне преосвященный **твердого и непобедимого духа** (Добрынин, Зап.); Госпожа Нельфор **была** чувствительна и **пылкого ума** (Вестн. Евр., 1802, IV); Союз сей [однакож] показывает всегда некоторое изъятие из предыдущего предложения, как например: он хотя **тихого нрава** и терпелив, однакож не даст себя в обиду (Шишков, Рассужд. о ст. и нов.

слоге); Он **был недального разума** (Измайлов, Евгений); Я **веселого нрава** (Жих., Зап. совр.); Сия духовная особа от природы была **неробкого духа** (Нарежн., Два Ивана); Он **дикого и сумрачного нрава** (Пушк., Ск. рыц.); Хозяин мой... **был веселого характера** (Атеней, 1828, 24); Он вспыльчив, но **доброго сердца** (Марл., Аммалат-Бек); Он не особенно **широкого ума** (Никитенко, Дневн., 8 авг. 1834); Он **был доброй души** (Гоголь, М. души); **Характера** он **был больше молчаливого, чем разговорчивого** (同上); А он вдобавок **был раздражительного характера** (Дост., Бедн. люди); — Чудесный, должно быть, он человек! — подхватила Настенька, — Чуднейший! — повторил Петр Михайлович. — **Сердца благородного, ума возвышенного** — чудеснейший! (Писемск., Тысяча душ); Муж, которому подобного, Может быть не знали вы, **Сердца ангельски незлобного и Умнейшей головы** (Некр., Филантроп); **Был** очень **тонкого ума,** Воспитан превосходно (Некр., Прекрасн. партия); Карамзин **был ума глубокого и ясного** (М. Дмитр., Мелочи из зап. моей памяти); Вы, может, думаете, что монахи первых веков **были холодного темперамента?** (Герц., Скуки ради); Он слишком **деятельного характера** (Л. Толст., В. и мир); Класовский **был самого нервного темперамента,** можно сказать — **женоподобного** (Бусл., Мои воспом.).

  这些结构与带有第五格的组合的相互关系不是固定不变的。类似с крутым нравом的谓语意义组合从19世纪中期起自身就呈现出逐渐消失的状况；它们只是在19世纪30年代之前或多或少是有逻辑联系的，例如：**Сей Б. был с счастливым умом** (Добрынин, Зап.); Он, конечно, не классический писатель, но **с прекрасною, хотя и пылкою душою** (А. Тург., письмо к Вяземск., 5 авг. 1819); ... Он — **с умом необыкновенным** (А. Тург., письмо к Вяземск., 21 апр. 1820). 相比之下更为稳定的是性质二格与"所属结构"的相互关系（он счастливого ума — у него счастливый ум）。"所属结构"，意义很广，包含在各种不同的相互关系系列之中（比较：он в скарлатине — у него скарлатина等），实际上是一个更强势的系列组成形式；带有二格的结构逐渐退出使用[1]。对这一过程起到助推作用的还有一种情况，那就是在与名词二格形式组合在一起的是能够从人的心理和智力特

---

  1 在定语位上它们实际上更加富有生命力；比较一下即便对现代语言而言也是非常普遍的组合类型 如 человек веселого нрава, необыкновенного ума, люди самых разных характеров, мужчина скептического склада.

性角度对人进行特征描述的形容词的情况下，这些组合与形容词同义并且经常让位于形容词：веселого нрава — веселый, он характера независимого и честного — он независим и честен, недалекого ума — недалек, неустрашимого духа — неустрашим。

与 нрав, ум, характер 等词共同构成的组合一起，形成相似的相互关系系列的是带有表示智力或内在气质的具体方面的词（复数形式）的组合：отменных дарований, строгой чести, безукоризненной нравственности, счастливой памяти, увлекательной любезности, других привычек, редких достоинств, разных добродетелей, честных правил, ограниченных способностей, благородных качеств。

这些组合，在 19 世纪上半叶还十分经常地使用，60 年代之后就已十分鲜见，很明显地趋于消失。Начальник твой **будет таковых же качеств**, как и раболепствующие ему (Радищ., Житие Уш.); Сей брат **редких достоинств** и может сделаться великим (А. М. Кутузов, письмо к Н. Н. Трубецкому, 3 янв. 1792); Развратин был **посредственных дарований**, посредственных знаний, испорченных нравов и испорченного сердца (Измайлов, Евгений); Он **набожных был правил** (Крыл., Кот и Повар); Но другие ... были очень **ограниченных способностей** и ума (Жих., Зап. совр.); Он был характера приятного, **разговора живого и острого, любезности веселой и увлекательной** (Вяземск., Фонвизин); **Примерной чести** всегда и **твердости душевной** только тогда, когда его порядочно разогревали в деле о благе общественном, умный и благородный вельможа, он был самый слабый господин (Лажечн., Лед. дом); Вообще книга его **не большого достоинства** (Отеч. зап., 1839, VII); Эти коллежские секретари **были** нрава тихого и **нравственности неукоризненной** (Бутков, Пб. верш.); Я был **престранных правил**, Поругивал балет (Некр., Балет). 用于限定意义：человек **благородных качеств** (Фонв., Чистосердечн. призн.); человек **великих достоинств** (Фонв., письмо к П. И. Панину, 1772); человек **таких качеств** (Добрынин, Зап.); человек **счастливой памяти** (同上); человек **честных правил** (同上); учитель **отменных дарований** (同上); человек **строгой чести** (Вяземск., Фонвизин); человек **других привычек** (Черн., «Губ. оч.» Щедрина); артист **высокого таланта** (Боборык., Китай-город).

而且在这里，像前一组组合一样，存在三种形式的相互关系：он других привычек, больших дарований, счастливой памяти — он с другими привычками, с большими дарованиями, со счастливой памятью — у него другие привычки, большие дарования, счастливая память。谓语位上带有第五格的组合在此也是不稳定的，并且比较早就不再使用了（比较：Куприанов **был** не без способностей, но **с дурными наклонностями**. Завалишин, Зап. декабр.; Он... **был** жесток по системе и **с деспотическими привычками.** 同上）。而"所属结构"却在这些情况中占据上风。

因此，纳入与带有第五格的述谓意义组合和"所属结构"的相互关系的性质二格是一个实际上在19世纪末就已不再使用的范畴。

组成另一组的组合是之中与带有第五格结构的相关性实际上只存在于限定功能上的组合，而在谓语功能作用方面相互关系系列具有两种形式：он открытого лица — у него открытое лицо。这种相互关系类型所包括的带有性质二格的组合，是由表示下列意义的名词参与构成的：1)表示外表、身体气质和状态的特点的名词（лицо, наружность, сложение, телосложение, вид, здоровье等）；2)表示知识面、概念或技能总和的名词（знание, образование, воспитание, сведения, ученость, поведение, обхождение, обращение等）；3)表示思维方式、观点的名词（мнение, мысль, вкус, чувства, убеждения, идеи, понятия等）；4)带有чин, сан等词；5)带有个别表示无法与其拥有者分开的特征的词（платье **модного узора** — **с модным узором**, книга **интересного содержания** — **с интересным содержанием**；见下文）。

带有表示外表、身体气质和状态的特点的组合既可以由具体意义的词（лицо, физиономия, талия）也可以由更概括、不加区分的意义的词（вид, наружность, телосложение, сложение, комплекция, здоровье）来构成。具有具体意义的词的组合在19世纪下半叶已是具有残留特征的罕见现象，但在18世纪——19世纪上半叶（大约在30年代之前）它们是很普遍的：Гетман изображен несколько сухощавым, с булавою в руке, а гетманша — **приятнейшего, молодого, полновидного, несколько продолговатого лица**, с хусточкою (платок) в сложенных руках (Добрынин, Зап.); Ты роду-звания большого; Твой князь **приятного лица** (Баратынск., Бал); Валахи вообще телосложения крепкого и **физиономии приятной** (Атеней, 1828, 16); Сей владетель Тарков **был** высокий, статный юноша, **открытого лица** (Марл.,

Аммалат-Бек). 用于限定意义：офицер **лица немецкого, больше темно-красноватого, нежели белого** (Добрынин, Зап.); человек **лица белокурого и не сухого** (同上); Параша, девка черно-бровка, **немецкой талии, греческого лица** (同上); старушка **набожной физиономии** (Измайлов, Бедн. Маша); муж **приятного чела** (Озелов, Эдип в Афинах); морской солдат **самой разбойничьей физиономии** (Марл., Лейт. Белозор); моряк **доброго, но сурового лица** (同上); мертвец **злобного лица** (Марл., Вечер на Кавк. водах); Девица лет сорока пяти и **не совсем красивого лица** (Писемск., Тысяча душ); Иван Иванович Раевский... был небольшой, **хорошенького личика**, белокуренький человек (Сверб., Зап.); Блондин **немецкого профиля** (Боборык., Китай-город).

在限定功能上这些组合让位于带有前置词 с 的第五格形式（с набожной физиономией, с немецким профилем）；带有这种词汇填充的述谓意义性质二格让位给"所属结构"（у него набожная физиономия, немецкий профиль）。

更为稳定的是带有概括、较少区分意义的词的组合。在整个19世纪它们始终是充分使用的结构：Он **слабого здоровья** (Фонв., Друг честн. людей); Дитя и без узкого кафтана **деликатного сложения** (Фонв., Недоросль); Он **был** совсем **противного** со мною **сложения** (Болотов,1); Он высокого роста, **важного вида** (Рикорд, Зап.); Она лет 18-ти, **доброй и приятной наружности** (Вяземск., письмо к жене, 24 июля 1826); Обитатели Горюхина большей частию росту среднего, **сложения крепкого и мужественного** (Пушк., Ист. села Горюхина); Он был, кажется, **крепкого, цветущего здоровья** (Никитенко, Дневн., 16 янв. 1831); **Сложения был худощавого** (Тург., Затишье); Он **такой слабой комплекции** (Русск. вестн., 1857, 7); **Телосложения** он был **хлипкого** (С.-Щ., Губ. оч.); Он был **счастливой наружности** (Дост., Идиот); Он видный был мужчина, **Изящных форм**, с приветливым лицом (А. К. Толст., Сон Попова); Ваша модель... **была более приятных, чем изящных форм** (Стасов, О знач. Иванова).

在现代语言中这些组合也已经让位于"所属结构"；其谓语功能作用的发挥受到一些半词汇化特征的结构（слабого здоровья, крепкого телосложения, сомнительного вида, обыкновенной наружности 等）的限制；在限定功能上具有这种概括意义的词的组合迄今还一直在使用（мужчина **представительного** вида, **недурной наружности, странного вида** постройки 等 ）.

带有表示知识面、技能总和的词的组合（**небольшой учености, обширных знаний, хорошего воспитания, светского образования, глубоких сведений, посредственного образования, порядочного поведения, приятного обхождения, гордого обращения**）或多或少地正规用于谓语位直到19世纪60—70年代；晚些时候它们几乎完全为"所属结构"所取代：Зело **был в войне счастлив и в делах доброго распорядка** (Нащокин, Зап.); Будь только **порядочного поведения** (Крыл., Похв. речь в память моему дедушке); Был он весьма и весьма **посредственного знания** (Болотов, 1); Она **была лучшего нынешнего воспитания** (Измайлов, Евгений); Да и сынок-то был **не таких свойств и воспитания**, чтоб мог оказать какие-нибудь заслуги (Жих., Зап. совр.); Он **не слишком светского образования** (同上); Вельяминов, его начальник штаба, чрезвычайно неглупый человек, твердых правил, **прекраснейших сведений** (Гриб., письмо к С. И. Бегичеву, 7 дек. 1825); Всегда учтивость сохранял, **Был обхождения простова** (Жуковск., Максим); Я вам сказал, что я **небольшой учености** (Дост., Идиот); Ума была небольшого, а **знания** литературы весьма **сомнительного** (同上); — **Образования отличного**, он правовед, манеры прекрасные (Тург., Накануне); — В конно-егерском полку я служил... И состоял по «южному» обществу. — **Домашнего воспитания?** — **Домашнего...** (Боборык., На ущербе). 比较非标准语的固定位置：— Не отличишь, какая из них барыня, а какая, примерно, служанка. Весь скрозь мамзели и **гордого обращения** (Станюк., Вокр. света на «Коршуне»).

比其他组合使用更长久的是带有 поведение 的组合：Можешь судить, **какого поведения была** эта женщина (Дружинин, Полинька Сакс).

带有表示思维方式、观点的词的组合在整个我们所研究的时期都在使用；但是在更早些时候（18世纪末——19世纪初）这里可以看到更多样的名词集合：одинаких мыслей, умеренных мнений, благородного образа мыслей, таких же чувств и мнений, ваших убеждений, новых идей, иных понятий: И Петр 1-й **нехорошего** об них был **мнения** (Храповицк., Дневн., 2 июля 1788); Я с женою до сих пор **той веры**, что в Петербурге жить несравненно лучше (Фонв., письмо к Ф. И. Фонвизиной, 20 ноября / 1 дек. 1777);

[Советница] Я сама с тобою **одних сентиментов** (Фонв., Бригадир); Но сколь **неравных** с ними он сам о себе **был мыслей**, доказал то самым делом (Радищ., Житие Уш.); Он не **одного вкуса** со мною (Карамз., Письма русск. путеш.); Елизавета, сестра ее, была во всем **противных мыслей, чувств и поступков** (Нарежн., Росс. Жилбаз); [Загорецкий] Об нем все **этой веры** (Гриб., Горе от ума); Очень немногие **были противного** со мной **мнения** (Письмо П. Г. Каховского к имп. Ник. Павл.); Он со мною **одного образа мыслей и чувств** (Из показаний К. Ф. Рылеева); Иных здесь **чувств и мнений** люди (Рылеев, Войнаровский); Я **той веры**, что в деревне лучше, если они [комнаты] высоты посредственной (Гоголь, письмо к матери, 5 авг. 1830); Все русские художники теперь **одной мысли** (Стасов, О знач. Иванова. Из письма А. Иванова, 1833); — Я **был других мыслей**, но теперь вижу истину (Инкитенко, Дневн. 1 дек. 1828); Я никогда **не был** о себе слишком **высоких мыслей** (Павлов, Ятаган); Кетчер, разумеется, той же веры насчет этого дела (Белинск., письмо к М. А. Бакунину, 1 ноября 1837); Он **осмелился быть** в литературе **различного мнения** с государем (М. Дмитр., Мелочи из зап. моей памяти); Если ты **не московского мненья**, Не входи туда — будешь побит! (Некр., Газетная); — Я сам **ваших убеждений** во всем! (Дост., Идиот); — Я и сама **ваших новых идей**! (Дост., Дятюшк. сон); — Маман **была таких понятий**: натрескается наливки, благоверного на замок... (Эртель, Гарденины).

60年代之后带有名词 мнение, убеждение, образ мыслей 的组合保留下来相对正规的使用。

带有 чин, сан 等词的组合大约持续使用到19世纪中期。[Княгиня] Ты хотел из капитанов **быть** вдруг **бригадирского чина** (Фонв., Разговор у кн. Халдиной); А ты Осла назначь: он **знатного же чина** (Крыл., Лев и Барс); Они, надув спесиво грудь Как будто **важного какого сану**, Несутся гоголем по Океану (Крыл., Пушки и Паруса); Все там **были** почти **одного и того же чина** (Гоголь, Шинель).

如上所述，带有性质二格、与"所属结构"相关（而在限定功能上是与第五格形式的组合相关）的组合可以由个别表示无法与其拥有者分开的特征的名词来构成：платье модного узора, газ определенной температуры, книги различного содержания 等。这里最常用的是带有名词 содержание 的组合，它们在语言中得以保留下来，其他组合则很少再使用并且不正规。Оной [указ] **был следующего содержания** (Шаховск., Зап.); Они [рифмические стихи] называются мужскими, женскими, **дактилического и трибрахического окончаний** (Атеней, 1828,13); Сказки его **были различного содержания** (Отеч. зап., 1839, Ⅲ); ... стараясь придумать, **какого содержания была** эта роковая бумага (Бутков, Пб. верш.); Эти пиесы **были**, как всегда, **патриотического и сатирического содержания** (同上); ...если бы самые кушанья **не были такого простого**, очень **мало меняющегося состава** (П. Федоров, Соловки). 用于限定意义：рудники **удобного металла** (Щербат., Статистика); платье **модного узора** (Гоголь, М. души); воздух **своего собственного запаха** (同上); лошадь **какой-нибудь голубой или розовой шерсти** (同上); Впереди их идет волк осьмой, **шерсти белой** (А. К. Толст., Волки); газ **определенной температуры** (Мендел., Основы химии); человек **ограниченных средств** (Речь присяжн. повер. Войцеховского, дело 1875).

因此，包含在与带有五格的组合和"所属结构"的正规相互关系系统中的带有性质二格的组合的发展特点呈现出明显的总体数量缩减和词汇填充可能性压缩的趋势。狭限、不加区分的意义的词首先退出使用是这种压缩的特点（参见类似 открытого лица, бригадирского чина, удобного металла 等组合的命运）。在很多情况下都存在那种使整个组合成为词汇化统一体的词汇限制水平。

4. 与带有前置词 из 的二格形式的形容词—名词组合相关联的组合。这类组合是在两个不同语义组的名词的参与下构成的：第一是与表示地点、机构、组织、相对比较窄的人群（полк, рота, завод, семинария, обитель, монастырь, факультет, университет, отделение, курс, секта, партия, фамилия 等）的名词共同构成，第二是与表示可以作为制造某物的原材料的物质名词（дерево, сукно, бархат, кожа, сафьян, медь 等）共同构成。

1) Я **была не стоической секты** и совсем не держалась их системы (Чулк., Пригож. повариха); У полковника Петра Амплеича был; оной **полку С.-Петербургского карабинерного** (Васильев, Дневн., 19-21 мая 1775); Оные же особы **были фамилии знатной** (Нащокин, Зап.); Они, **быв Омаровой секты**, суть, по самому сему, связаны с турками (Щербат.,

Статистика); Мать моя **была фамилии Бакеевых** (Болотов, 1); Бонапарте всегда **был Бриссотовой партии** (Вестн. Евр., 1802, III, 11); Стерляди и судаки из собственного его пруда...; Фрукты **собственных оранжерей** (Жих., Зап. совр.); Ведь я **не здешнего прихода** (Крыл., Прихожанин); Я **не робкого десятка** (Загоск., Юрий Милосл.); Они все **одной партии** (Баратынск., письмо к И. И. Козлову, 7 янв., 1825); — **Какого факультета-с?** — **Математического.** — И я-с... (Герц., Зап. одн. мол. человека); Товарищ мой по редакции **был** кандидат нашего университета и **одного** со мною **отделения** (Герц., Былое и думы); — Вы **какого** изволили быть **факультета?** (Писемск., Тысяча душ); — Я знаю одного студента — правда, он **не моего курса** (Тург., Накануне); А в графинах водка золотая, водка анисовая, водка зорная, водка кардамонная, водка тминная — да всех и не вспомнишь, а все **своего завода** (Мельн.-Печерск., Старые годы); Парадная лошадь **была отцовского завода** (Фет, Воспом.); Рядовой Тупов — **одной** с ним **роты** (Судебн. Заключ., Дело 1886); Все они **были словесного отделения** (Бусл., Мои воспом.). 用于限定意义: госпожи **знаменитых фамилий** (Добрынин, Зап.); солдат **могилевской штатной роты** (同上); сержант **одной** с ним **роты** (Измайлов, Евгений); ребята **дружеской артели** (Вяземск., К старому гусару); кое-кто **неробкого десятка** (Гоголь, М. души)。

2) Комоды, шкафы, столики, бюро — **красного дерева** (Добрынин, Зап.); Вчера солнце **было точно красной меди** (Вяземск., письмо к жене, 21 авг. 1826); Плов у нас **не купленного пшена** (Марл., Аммалат-Бек); Фрак у него был серенький, с перламутровыми пуговицами; панталоны черные, **какой-то непонятной допотопной материи** (Герц., Зап. одн. мол. человека); Ограда около дома каменная, ворота **толстого дерева** (Грец., Долг прежде всего); А кафтаны вокруг шиты золотом, камзолы **алого сукна**, а рукава **алого бархату**... Шапки на гайдуках **пюсового бархату** (Мельн.-Печерск., Старые годы); Шкап с книгами и письменный стол — также **черного дерева** (Боборык., Китай-город); Все признавали, что ум и душа Петра еще чистейшая tabula rasa; ...что эта tabula — **хорошего, доброкачественного материала** (Златовратск., Устои). 用于限定意义: **тончайшего флеру** платок (Держ., письмо к А. А. Безбородко, 11 матра 1786); вино **собственного**

винограда (Добрынин, Зап.); стихари **разных материй** (同上); епанечка **малино-цветного бархата** (同上); фрак **серо-светлого камлота** (同上); воротник **чернобурых лисиц** (同上); платье **хорошего миткалю** (Нарежн., Росс. Жилблаз); шуба **калмыцкого меха** (Лажечн., Лед. дом); **тонкого голландского полотна** рубашка (Писемск., Тысяча душ); **зеленого сафьяна** сапоги (同上); **резного ореха** шкапчик (同上); фрак **толстого сукна** (Герц., Зап. одн. мол. человека); мундир **синего сукна** (Пущин, Зап. о Пушк.); **старинного саксонского фарфора** чашки (Сверб., Зап.); **американского бобра** воротник (Эртель, Гарденины). 比较：**мозолистой кожи** рука (Златовратск., Устои); щеки **нечистой кожи** (Боборык., На ущербе).

在18世纪——19世纪初的语言中存在一些相互关系系列：1）знаменитой фамилии — из знаменитой фамилии, нашего полку — из нашего полку, не робкого десятка — не из робкого десятка; 比较：— Какой Зыков? **Не из Московского ли университета?** — почти воскликнул Калинович. — **Московского университета** (Писемск., Тысяча душ); 2）черного дерева — из черного дерева, пюсового бархата — из пюсового бархата等。但在19世纪上半叶带有前置词的组合不是积极活跃的组合，比较，例如：Кажется, я **не был из застенчивого десятка**, но тут как-то потерялся (Пущин, Зап. о Пушк.); Спаржа, толщиною чуть не в палку, **из своих огородов** (Жих., Зап. совр.); Спросят, **не из рыбьего ли сукна** мой фрак? (同上); Потолок в комнатах **был из темного дерева** (Гонч., Фр. «Паллада»). 带有前置词из的组合的使用在19世纪下半叶和末期明显地得以扩大。

第一组组合（одной роты — из одной роты）的限定意义功能保留下来，而在谓语功能方面让位于带有из的结构。第二组组合（красной меди — из красной меди）在两个功能上都让位给带有из的结构。任何一种情况中都保留下来一些处在通向词汇化道路上的个别组合：орловского завода, неробкого десятка; красного дерева及其他。

总之：

1. 性质二格在18世纪末——19世纪上半叶的俄语标准语中的使用比19世纪下半叶和19世纪末期的使用要广泛和自由数倍。这种使用上的广度和自由度既体现在纯数量指标上，同时也体现在词汇填充的可能性与其晚些时候的情况相比受到非常少的限制。

2. 带有性质二格的组合在一些情况下不进入与其他结构的相互关系系列，在另外一些情况中它们处在与其他类型结构的正规相互关系之中。

3. 不具有与其他结构的固定相互关系的那些组合在整个我们所研究的这个时期都保有稳定的使用。这些组合沿着改变句法样板及其词汇填充之间关系的路线发展。不断重复的词汇组成的大量使用与狭小、单一（而且经常是伴有核心名词的称名意义的削弱）并存的因素将这些组合置于以词汇填充可能性方面的限制不断加剧为特点的句法样板的地位。

4. 进入与其他结构的相互关系系列的那些组合，无论是在使用方面还是在自身词汇填充的可能性方面，在19世纪都经历了相当大的变化。带有性质二格的组合在其所有类型的相互关系中都是一个最弱的、被取代的范畴。

5. 这些组合活跃程度的进一步削弱既表现在纯数量的缩减上，也表现在句法样板本身的词汇填充可能性的大量收缩。其普遍趋势是丧失带有相对局部、具体意义的词的组合和保留下来带有抽象、概括意义的词的组合。

6. 区别于保留能产性、没有进入与其他结构的相互关系系列的组合，成为相互关系系列组成形式的组合丧失活跃样板的基本性质，——将符合此种样板要求的新构成纳入自己组成的能力，即将词纳入一定的词汇—语义类别的能力。保留下来的组合继续发挥功能作用或是作为可以计数的带有一组规模不扩充的词的结构系列，或是作为词汇化的统一体。

性质二格的历史可以作为一个说明"微小进程"的突出实例，这些"微小进程"是语言发展在其相当短暂的存在时间里的典型特点。

1962年

俄语口语中作为句子语法意义成素的感叹词

1

在现代俄语口语中存在一系列述谓单位——谓语和句子述谓核心——的结构类型,它们中的必需结构成素是非派生的感叹词或这种感叹词与语气词或代词性词的不可分解的组合[1]。取消感叹词在此不仅会导致表述情感和情态色彩的变化,而且会导致对作为某种结构类型的该述谓单位的破坏。这些结构中的一些类型得到研究者的关注,但感叹词的独特语法作用通常被忽略,而且这些结构是与之中感叹词置于"句子之外"的结构放在一起进行分析研究的[Овсянико-Куликовский 1912: 34],"在句法上完全是独立的"[Щерба 1928: 9],"从其他方面结合在一起的"[Мещанинов 1945б: 291]。这里以不同的表达方式重复着一个传统的、认为是无可争议的论断:"这些词不会与其他词发生任何关系"[Пешковский 1938: 372],"进入句子组成时,感叹词不在句法上与句中其他词发生联系并且不是句子成分"[1952年语法, I: 674]。然而不能苟同的是,例如,在像 Ах она змея! Ах ты мошенник![2] 这种类型的句子中感叹词 ах 表示蔑视、责备或谴责意义[Виноградов 1947: 751]:情感—评价意义在此是由整个结构表达出来的。尽管感叹词在这些结构中意指具有由名词所称名特征的那个人,但还是不能把这个感叹词看作语法主语:整个结构不能按传统方式分解成单个的句子成分。比较沙赫马托夫的观点:"我认为,像 Ах, вы золотой человек! — со вздохом промолвила Марья Николаевна. Вешн. воды, XXXV 这种类型的句子也是单成素句[不是要她确信萨宁是个极好的人,вы 不是主语:вы золотой человек 是一个不可分割的组合][Шахматов 1941: 511][3]。准确性要求补充说明这个"不可分割的"组合本身只存在于更为复杂、同样也是不可分割的组合中——

---

1 材料研究表明,表达情态—表情和评价意义的专门手段对谓语形式和句子述谓核心而言基本上是共同的。

2 通常这里,像在后面将要分析的其他一系列情况一样,在感叹词后面用逗号(有时也会用感叹号),与语调相矛盾:感叹词发音与紧随其后的词连在一起。

3 这里所说的把这些句子看作单成素句的理解与把它们置于双成素一致单谓语名词性句部分是对立的(§206[2]);不过,就是在这个部分沙赫马托夫写道:"一些感叹句中的谓语表达特殊的性质。Ах, она старая чертовка! (这里没有确信的意义)(见187)。

带有作为必要结构成素的非派生感叹词的特殊类型的句子。

在像 Ах я дурак! Ай да молодец наш Гриша! Эх молодость, молодость! Ох и ругался же он!及其他一些诸如此类的句子中将感叹词与这个或那个句子成分等同看待、把它们当作定语或状语的等价物是不应该的。把感叹词看作某种实义词类的"富于表情的同义词"加以研究未必是合理的[1]。感叹词在此所发挥的是自己常用功能中的一个——特定类型述谓单位的结构元素功能。没有对这些结构的语法特性进行研究不应该成为否定它们身上具有独特的感叹词语法作用的理由。

维诺格拉多夫指出:"我们对感叹词的各种不同功能—句法运用方式完全没有研究"[Виноградов 1947: 759];他称感叹词的句法功能研究是未来的任务之一[同上]。事实上,有关感叹词在俄语口语句子结构中的句法作用方面的文献几乎完全没有。专门讨论这一问题的只有格尔马诺维奇的《感叹词句法及其修辞意义》一文[Германович 1949]。这里是从感叹词发挥哪些句子成分的功能的角度对其进行研究。这样一来,在研究句子 Ай да молодец!; Ох, несчастье!; Ай, беда!; Ну, публика!; Изволь вот ей угодить!; Ох и красота!时格尔马诺维奇认为感叹词在此所起的是定语的作用[同上:11, 14]。正确指出"书写上的标点符号不表达感叹词的语调联系"的同时[同上:17],文章作者并没有给予句子语调和感叹词的结构作用以足够的关注。因此之中感叹词作用截然不同的句子被集结在同一个系列之中。如果在类似 Ох и красота 或 Ай да молодец!的句子中感叹词与语气词一起与名词在语调上不可分割并与名词共同参与特殊类型句法结构的构成,则在类似 Ох, несчастье!的句子中一定存在哪怕是很微小的语调切分;感叹词在此不是句子的语法意义元素,句子即使是在取消感叹词的情况下也会保留自己的形式和意义,但在取消第一组句子中的感叹词的情况下句子将不复存在。当然,无论是在哪种情况下把感叹词看作定语都是不可能的:把特殊结构的句子驱至传统模式之下的意图丝毫无助于弄清它们的本质,其中就包括感叹词在此所承担的功能。

---

1 .比较有关原发性的感叹词"常常作为源自状态范畴的词、名词、强化—数量意义的副词、甚至整个句子的富于表情的同义词或意义等价物"的观点。例如:Скучно так, что ой-ой-ой! (Рылеев); В ту пору был начальником губернии такой зверь, что у! (Салтыков-Щедрин, Губернские очерки. Первый рассказ подьячего); В каждом приятном слове ее торчала ух какая булавка! (Гоголь, Мертвые души) [Виноградов 1947: 750, 759].

总之,感叹词可以是这种或那种句法结构的一个构形成分。该结构通常是述谓意义的;但是——尽管带有相当大的限制——感叹词参与不是独立的句子或谓语的结构的构成还是允许的(见下文)。

2

存在两种基本的、由原发性非派生感叹词参与构成的述谓单位:1)由单个感叹词参与构成的结构和2)由感叹词和语气词的组合参与构成的结构。由感叹词和代词性词的组合参与构成的结构是独立的。

由单个感叹词参与构成的述谓单位。

1. 非派生感叹词ох, ах, эх, ух, ой, ай 可以作为必要的结构成素参与构成具有高效、高水平展现述谓特征的意义的无人称句[1]。感叹词处在句首或直接位于句子主要成分之前,具有重音同时语调上不与紧随其后的词分离;语调上与之后这个词的一致性和起强调作用的感叹词重读使所描写的句子区别于那些之中感叹词不是句中结构成素的句子;比较:Трудно мне с ним работать, ох трудно!和Ох, трудно! 该种结构句子的特点是它们通常建立在重复复杂的无连词结构组成中的实词的基础上:Трудно, ох трудно! Достанется тебе от матери, ух достанется! Хорошо у них, ах хорошо![2]。

无主语人称句也可以由感叹词参与构成,这类句子通常是非扩展句或低扩展句:Ух что сделаю! — Стало быть, она очень бедная? — Ух бедная! 如同在无人称句中那样,这类句子常常产生在重复的基础上:Нудный ты, ух нудный! Тонкий расчет у командира, ох тонкий! Вот теперь закурю, Варюша, ох закурю! Вернется это к тебе с возростом — ох вернется!

分析类似的带有"附加于"下一个词的感叹词的结构时,格尔马诺维奇将这些结构合为一个系列:Ух, жарко! До полдня грибы собирали (Некрасов) 和 Ух, я не выношу клевет! (Лермонтов)[Германович 1949: 13]. 同时在第一种情

---

1 卡尔采夫斯基关于эх, ах, ох, ух, эй, ай, ой及其他一些感叹词通常都服务于引导句子的见解十分有趣(«... ne servent normalement qu'à introduire la phrase»)[Karcevski 1941: 73]。

2 非派生感叹词还可以参与动词不定式句的构成;只是这种结构不很常见,试比较:«Бурлаки работают: то и дело нагибая спины, наклоняются, поднимаются, шлепают тяжелыми , усталыми ногами, думают что-то, вероятно, об том: **ах бы лечь и отдохнуть**» (Решетников, Подлиповцы).

况中语调上与述体融为一体(ýx͡ жарко!)的感叹词是具有固定结构和意义的句子的不可分割成分；在第二种情况中感叹词不承担这样的结构功能，而且在句法上也与句子的述谓核心无关。

非派生感叹词还可以参与谓语的构成；这就像在单成素句的构成中那样，感叹词在此具有重音并在语调上与直接紧随其后的动词或名词融为一体：Учитель наш — эх͡ башка!; Этот мужик только с виду вежливый, а сам ýх͡ вредный[1]。

2. 非派生感叹词эх, ax, ox与二次重复的名词词形的组合构成一种特殊的句子类型。感叹词置于句子最前端并在语调上不与随后的词分开；整个句子发音合在一起，没有停顿切分并且常常在结尾带有语调的下降。这种句子具有惋惜或谴责、微讽之义：Ох нервы, нервы! Эх молодость, молодость! Эх деньги, деньги! Ах дела, дела! 这类结构的变体——带有在感叹词之后还原了的人称代词的句子；句子依然是原来的意义；代词既不是主语，也不是呼语，其作用是半辅助性质的：Эх ты житье, житье! Вставши да за вытье (俗语)。在出现代词的情况下名词可以不二次重复：Эх она жизнь!

3. 像Ах она старая чертовка这类句子沙赫马托夫准确地将之看作单成素句，把代词与名词的组合看作是"不可切分的组合"（见上文）。然而，在此不可切分的是整个句子结构：代词所起的是结构上作用，取消代词会破坏该特殊句法构造类型。这类句子中缺少语调切分，感叹词和静词（名词或形容词）带有重音，代词是没有重音的。句子有突出表达情感—评价的意义；作为句子组成的静词通常表示具有否定或极少数情况下的肯定特征的人：Ах он мошенник этакий! Ах ты проклятый! Ах я дурак! Ах я скотина неловкая! Ах она шельма! Ах ты умница моя!

4. 没有感叹词参与构成的句子类型Эти мне кумушки!（或：Уж эти мне кумушки! Уж эти кумушки! Эти кумушки!）具有不赞成、谴责、否定评价的意义[2]。同时存在着意义不同的相似结构，非派生感叹词ах, ox, эх位于句子的最前端。这种结构的变体如下：

---

1 词形与感叹词的组合不只是构成述谓单位的手段；用这种组合还可以构成实义化的状语或定语：Тут-то много — ух! много горя приняли мужички! (Л. Толстой, Утро помещика); Книжка попалась ух интересная! (取自口语)。

2 看起来，这是从德语来的句法仿造词。比较：一般说来德语中的定冠词能够表示各种与人的情感有关的色彩。

(a) Ох эти кумушки!感叹词总是位于句子的最前端,带有重音并且在语调上不能与紧随其后的代词分开：Ах͡ эта тетушка! Ох͡ эти больные барыни! Ах͡ эти жалкие мужчины! Эх͡ эти строители! 代词可以紧随静词之后：Ах народ этот! Эх мальчишки эти!

(b) Ох уж эти кумушки!感叹词承担重音,语调上与уж相连：Ох͡ уж эта весенняя сырость! Эх͡ уж эта контора!

(c) Ох уж эти мне кумушки!¹ 最强重读词——指示代词和静词：Ох уж э́ти мне перее́зды! Ох уж э́ти мне не́рвные лю́ди! Ох уж э́то мне нена́стье!

5. 感叹词ай与静词一起参与构成带有惊讶之义的句子：Ай Моська!没有语调上的切分,感叹词没有重音,句子总是始于感叹词。

在所有被描写类型的述谓单位中非派生感叹词不单用以补充表达这种或那种感情、情绪、评价；它在句中还承担纯结构的功能。

由非派生感叹词和语气词组合参与构成的述谓单位。

句中的结构作用可以由带有语气词и和да的组合中的感叹词来承担。整个句子和由ох и, ах и, эх и, ух и, ой и参与构成的谓语表达表情色彩。该组合参与构成的句子是单成素句(带有纯存在意义的был, будет的结构除外)；感叹词组合总是整个结构的开始；感叹词带有重音：Эх и пе́сня!但是落到感叹词上的重音可以弱化并集中到实词上：Эх и пе́сня! Эх и пе́сня была!² 在这两种情况中感叹词组合语调上都不能与紧随其后的词分开。

俄语口语中存在下列由感叹词与语气词и组合参与构成的句子类型：

1. 单成素确定人称句,通常是非扩展句：(a) 主要成分由名词——单独一个或以带有限定作用的形容词的组合的形式——来表示：Эх и песня! Ох и ездок! Ой и свидетель! Ух и вино! Ох и дотошная баба!；(b) 主要成分由形容词来表示：Ой и вредный! Ох и ученый! Горы-то какие! Ух и велики!；(c) 主要成分由动词变位形式来表示：Ох и жмет! Эх и придумал!

2. 单成素非人称句：(a) 无人称句：Ах и нехорошо!, Ох и вкусно!；(b) 不定人称句和泛指人称句：Эх и садануди! Ух и людуют! Ох и дрожишь бывало!

3. 双成素带有谓语——存在动词——的句子：Ох и неприятности и будут! Эх и крик стоял!

---

1 感叹词(Ох, уж эти мне кумушки)后出现停顿时感叹词不能被当作该构造的结构成素。

2 因此如下见解是不正确的,即语调上感叹词"总是中心词,承担最大限度的表现力,在发音上对它加以强调,或通过提高声调来表现"[Германович 1949: 15, 17]。

在上述所有结构中评价意义可以加强并通过在实词后引入语气词же来强调。但在加强句子表现力时,语气词不是句子必要的结构成素。在这类结构中基重音落在实词上:Эх и пе́сня же! Ой и надое́ло же! Эх и наро́д же кислый! Ох т пече́т же сегодня![1]

感叹词组合ох и (ах и、эх и等)参与构成时还可以构成双成素句的谓语:Ох и люблю я эту песню! На меня отец вчера эх и рассердился! Ох и распетушился ты, дед!

这也像在整个句子结构中那样,由带有语气词и的感叹词组合参与构成的谓语组成中可以包括加强语气词же,但它在此并不是该类型述谓单位的必要结构成素:А лес и вправду шумел, ох и шумел же! Больше всего ей нравилось море. Эх и размахнулось же оно! Ох и хорош же он был! Ох и хлебнет же она горя в жизни!

感叹词ай可以与语气词да结合成一个复合整体,对现代俄语而言它几乎已成为不可分解的整体。像Ой да мед这类句子表达评价,有时带有惊讶的色彩。不存在语调上的切分。最常见的类型是带有具体意义名词的结构,常常是带有专有名词的结构:Ай да Фекла Ивановна! Ай да жена! Ай да тетка! Ай да питерский! 还可以是这类动词结构:«Володя лежал в гостиной, дремля на диване, и изредка, с некоторой злобной иронией, не обращаясь ни к кому в особенности, бормотал: Ай да валяет!.. музыкантша... Бетховен!» (Л. Толстой, Юность). 根据同样形式构成的谓语,常常是静词性的;在句子结构中它通常位于主语之前,是句子的开头:Ай да молодец мичман!

存在一系列**由非派生感叹词与指示功能的代词性词的组合参与构成的述谓单位**。在像 Ох как горько! Устал я, ах как устал. Сердце ой-ой как колотится! Сам-то он ой-ой какой баловень!这类结构中感叹词和代词性词的组合不可分割,并充当整个构造的结构成素。как和какой这两个词在此丧失自己的代词意义而且不能看作是独立的句子成分[2];感叹词与代词性词的组合整体上具有加强意义,是句子或谓语的基本形式之一;这种组合也可以位于实词之后,例如:Руку обжег ой-ой как! Сам-то он баловень ой-ой какой! 感叹词

---

[1] 感叹词组合ох и (же)、ах и (же)等不仅能够构成述谓单位,而且可以构成句子的其他成分,在言语中以逻辑和富于表现力的重音形式加以强调:Ой и здорово ж горит! 还可参见前面提到过的格尔马诺维奇的文章中的例子[1949: 13, 14]。

[2] 尤其是此处不能把感叹词当作疏状词(参见:[Германович 1949: 11])。

在这些结构中一定都含有重音，代词 как, какой 没有重音；整个结构在语调上不可切分。这些形式的意义——述谓特征的高度体现。

存在下列单成素句类型，它们是由组合 ох как, ах как, эх как, ух как, ай как, ой (ой-ой) как 参与构成的：1) 动词性确定人称句：Ох как устал! Ай как старался!; 2) 无人称句：Денег надо! Ух как круто приходилось!; 3) 不定人称句和泛指人称句：Били тебя? — Ох как били.

所描写句子的典型功能作用特点是它们在无连接词结构组成中直接用于结构相近的句子(但没有感叹词组合)或相似的词汇组成之后，带有不明显的停顿：这对带有感叹词的结构而言是十分典型的用法(比较：带有非派生感叹词的结构)：Стыдно, ох как стыдно. Тошно, ах как тошно! Да, всплакнешь еще, ой-ой-ой как всплакнешь. Наболело у меня на душе, ох как наболело! Бьют их, ах как бьют. 这种重复也可以出现在明显的停顿之后。此种情况不能说是无连接词结构，但两个句子之间密切的词汇—句法联系是显而易见的：Все равно мне теперь. Ох как все равно! Круто приходится. Ух как круто! Ошибся. Ой как ошибся! Трудно принять решение. Ох как трудно!

口语中通常还有感叹词与代词性词 как 的组合参与构成的谓语：Я теперь тебя ох как понимаю. Впоследствии он ой-ой как может раскаяться! Избаловала она себя; ох как избаловала себя эта барыня! Дело свое они ух как знают! Самонадеянности море ох как не любит!

而且在这里，也像在整个句子结构中一样，通常具有如下类型的结构性的词汇—句法重复：Состарился ты, ах как состарился. Хирею я, ах как хирею! Отстал я от хороших людей, ах как отстал! Ублажил ты меня, ах как ублажил!

在具有明显停顿的切分条件下像 ах как состарился 这种在重复简单的动词谓语的基础上构成的结构是作为相对独立的句子出现的。沙赫马托夫把这些结构归入"残缺句"[1]：Нам честь полка дорога. Ох как дорога. Жизнь, которую я пережил, — как она утомительна... Ах как утомительна![2] Свои делишки обделывать он умеет. Ох как умеет! 试比较：Нет, невеселое мое дело. Ох до чего невеселое!

---

[1] 他的例子：«Но вообще я буду осторожен... У, как [я буду] осторожен!.. Тут политика нужна. Холост» [Шахматов 1941: 246].

[2] 比较：在最后一个例子中明显的区别体现在 как 的不同意义上，在第二种情况下几乎完全是空的词汇意义。

静词性谓语也可以由非派生感叹词与代词性词共同参与构成；但此种情况下进入谓语组成的不是代词性词как，而是代词性形容词какой，它在这里同样也不是独立的句子成分并且在这种用法上丧失自己的词汇意义。感叹词带有重音；整个组合在语调上不可切分：У меня старший сын ух какой баловник был! Силища у него у-у какая! Я был дураком — ах каким дураком! Тяжелые дни войны. Тяжелые, ох какие тяжелые! 此处还包括：Убытки тут не ахти какие большие; Дело-то не ахти как важно[1]。

以上是对基本述谓单位类型所做的分析，它们都是由基本的非派生感叹词——单个感叹词、与语气词或代词性词的组合形式——参与构成的。纯结构的以及语调和重音的因素都强调，在所有这些情况中感叹词和感叹词组合不只是对句子或其成分的"补充"，而且作为某种类型的述谓单位的结构成分发挥作用。

3

由不同实词类形式构成的派生感叹词在词——"感觉符号"——系统中占据特殊位置[Пешковсктй 1938: 372]，而且就与非派生感叹词所拥有的地位相比它们不参与述谓单位的形成。但是一些派生感叹词进入句子不是用来表达说话人的感觉和情绪的，而是用来表达整个句子或谓语的这些或那些情态—表情意义的。承担该功能时，感叹词不是自由的，而是从属于那些显而易见的词汇分布规律，以及一定的语调和重音规则。

有两组派生感叹词参与述谓单位构成：1)感叹词эк及其变体эка和2)所谓的"动词性感叹词"хлоп, бац, хвать, трах等。

1. 感叹词эк (эка) 参与构成不同结构的句子，它们带有突出评价和高度体现述谓特征的概括意义。感叹词始终处在句子的最前面，带有重音，但重音有时可以减弱。有如下结构类型带有作为句子的一个结构成素的感叹词эк：1)双成素人称句，其中感叹词在着重强调整个句子的同时与动词谓语发生联系：Эк ты храпишь! Эк он обрадовался! Эк ты напугал меня!；2)由一个主要成分表示的动词性和静

---

[1] 用带有ох (ах等) как和ох (ах等) какой的组合还可以构成句子的其他成分：Рассуждает-то он ах как ловко; Давно, ох как давно это было; Здесь ой какой капитальный ремонт нужен; Нам еще с этим парнем ой-ой какая возня предстоит. 这里ах как ловко, ох как давно, ой какой капитальный ремонт, ой-ой какая возня在句法上是不可切分的，而组合ах как, ой какой等是句子形式的基本成素。

词性人称句,感叹词在句中发挥同样的功能:Эк мерзавец, ведь мне ничего не сказал. Эк улепетывает! Эк налакался!;3)单成素句;感叹词在着重强调整个句子的同时与动词成分发生联系:Эк тебя разнесло, а? Цыц, проклятые! Эк на вас погибели нет;4)在包含有代词性词как, куда, когда, какой的不同结构的句子中,感叹词эк被这些词的代词意义所融合的同时,先前意义的痕迹完全丧失,感叹词接近于语气词:Эк шпага как исцарапалась! Эк цену какую завернули! Эк ты когда хватился насчет ученья!

感叹词эк可以与语气词ведь组合,以此加强整个结构的共同的表情意义:Эк ведь оказия! Эк ведь вопит!

感叹词эк的变体эка也同样承担这一功能并出现在同样的结构类型中,而且和эк一样,总是位于句首并带有重音(эка),在一系列情况下重音像落在эк上的重音那样可以削弱:Эка, бездельник, как расписывает! Эка врать здоровты! Эка винищем от теья разит как! Эка народу валится![1]

像Эк его заливается (Эк ее заливается! Эк их заливаются!)这种类型的句子是一种特殊结构。结构的语法组成在此非常清晰,词序被严格固定下来:感叹词、二格—四格形式的第三人称代词[2]和指称由代词表示的人(人们)的动作的动词人称形式。该结构的意义——与所有带有感叹词эк的其他结构所具有的意义是一样的。

2. "动词性感叹词"хлоп, бац, трах, хвать等与感叹动词形式(шмыг, топ, бух, вжик, шасть, мах等)的区别在于完全丧失过程性意义的可能性。这类感叹词表示的不是具体的动作,而是"瞬间的、意外的并因此不完全顺从意识的现象——表示时间、光线、声音、机械运动。在它们的意义中存在与一次体动词意义的相似之处,但在后者身上现象看上去更为有意识并由此构成"[Потебня 1941: 189][3]。波捷布尼亚将这些形式称作"动词性语气词或述谓语气词"[同上: 189-190],认为它们与感叹词的区别在于这些感叹词保留有"要求补语的能力"[同上: 188]。然而一般表示瞬间和意外动作的"动词性感叹词"不具有这种能

---

[1] 在静词句——确定人称句和称名句——中эка保留着自己的代词意义,例如:Эка ночь-то! Эка добрая баба!

[2] 参见:沙赫马托夫的观点:"在像Эк его заливается. Женитьба, II, 7这类句子中第四格是不清楚的;可能是受пусть его заливается的影响"[Шахматов 1941: 328, § 428].

[3] 布勃里赫在把这些通常"被纳入句子句法组织"的感叹词称作"有表现力的词"时,曾写道:"它们还不能指称,而只是有条件地描绘现象……它们呈现声响,与动作相关的声响,与声响相关的动作,单纯运动,接下来还有状态、事物的外表等"[Бубрих 1949: 196和197].

力；比较：«Как, думаю, теперь мне с холстом домой ворочаться? А на двор, на постоялый, **хлоп**, въезжает троешник» (Лесков, Воительница). 这里 хлоп 属于句子的述谓核心（въезжает троешник），指出所报导的事件的意外性和始料未及；该形式不具有任何其他意义，尤其是直接起源于动词 хлопнуть 的其他意义。

沙赫马托夫把这些词归入"动词性存在副词、状态副词"[Шахматов 1941: 503, § 585; 228, §282]。但在其他地方他把它们称作"动词性感叹词"[同上: 113, §103]。两次分析句子："Я байдюжа прибираю сабе пасуду, а Протюшка стала станавить пираги — хроп! а вон видёть гостей (Обоянск. Машк. 55)" 时，沙赫马托夫相应地把 хроп 要么看作"副词表达的从属谓语"[同上: 228]，要么看作"感叹词—动词无人称句"[同上: 113]。但是把位于文本最后部分之前（хроп! а вон видёть гостей）并含有意外和始料未及的情态意义的 хроп 看作是"动词性感叹词"看上去似乎更为合理。在这个意义上格尔马诺维奇完全有理由不同意沙赫马托夫的看法[Германович 1949а: 46]，但是他个人对这个结构的解释却引起反对[见下文]。

"动词性感叹词"是作为句子的句法构形成分进入句子组成的，它们含有快速、意外和始料未及的意义。这种感叹词或是可以直接处在句首（«Можно мне так дальше жить? Да ить это хорошо, бедный ли богатый урожай. А ну, **хлоп** неурожай?» (Шолохов, Поднятая целина)，或是位于句子的述谓核心之前、前置的次要成分之后："— Ты стараешься не забывать того, чему тебя учили, а там — **хвать**! — оказывается, что все это вздор..." (Тургенев, Отцы и дети)；«— Ну, после смерти отца он иногда бывал у меня, встречался на улице и в один прекрасный вечер вдруг — **бац**! сделал предложение... как снег на голову...» (Чехов, Попрыгунья)；«— ...Сидим это, братец ты мой, мы в кабаке, напримерно, и вдруг **трах**! следователь» (Мамин-Сибиряк, Золото).

分析类似结构时，格尔马诺维奇断言，"动词性感叹词"，"在功能上接近动词性系词"，在此进入"分析形式"组成[Германович 1949а: 34, 45–46, 53]。然而在文章援引的所有例子中作者对这类结构的语调方面进行不正确地描写，认为动词性感叹词在发音上与动词的人称形式融合而且用停顿不能将它们分开。因此，在前面援引自《Воительница》的例子中格尔马诺维奇力求把 хлоп 和въезжает 的组合描写成动词的分析形式，删除原文词之间原有的——而且在该情况下毫无疑问是有意义的——逗号；于是出现 хлоп͡въезжает (трах͡приезжает, шасть является, хлоп уходит, бац приезжает等)——这是在现实言语中不可能出现的发音,通常在"动词性感叹词"之后总是出现语调上的切分。俄语中不存在像 хлоп въезжает 这样的分析形式；感叹词形式 хлоп, бац 等与系词没有任何关系,因为系词的任何功能与它们都是格格不入的。失去称名意义的动词性感叹词 хлоп, бац, трах, хвать 等进入任何结构的句子组成充当句子的组成成分,它们总是在语调上被分隔开来并在句子组成中占据自己固定的位置。这些感叹词最常见的位置——在围绕谓语结合起来的句子成分组之前；在这种情况下感叹词不是谓语的组成要素,而是在句子组成中发挥将一定的情态—表情意义传递给整段句子的词的功能："И все будет, все будет около меня же круги давать, все суживая да суживая радиус, и — **хлоп**! прямо мне в рот и влетит…" (Достоевский, Преступление и наказание)[1].

总之：

1. 非派生感叹词,单独或以与其他辅助性质的词的组合形式出现,可以进入述谓单位组成充当其结构成分；与实词一起这种感叹词具有语法意义：它构成整个句子或谓语。

2. 在一定类型的述谓单位中感叹词和感叹词组合功能作用的语法特征与一定的词分布、语调和重音条件相关联。

3. 进入述谓单位充当其结构成分的同时,非派生感叹词或感叹词组合把这种或那种情态—表情意义纳入相应的结构；这也是具有语法意义的感叹词与结构和位置上自由的感叹词的区别所在。这种自由的感叹词,在句子中表达这样或那样一些感受、情绪时,本身不能决定句子整体的情态意义。

4. 派生感叹词,也像非派生感叹词那样,将一定的情态—表情意义纳入句子,在使用上是不自由的：它们在结构组成中的功能作用是由相应的句法规则决定的。

1957 年

---

[1] 应该将所描写的结构与由语调上总是与动词一致的复合语气词 хвать и, глядь и 参与构成的述谓单位区别开来：глядь и приходит письмо; хвать и свалился как сноп.

论俄语对话言语研究:重复—语句*

现代全民俄语标准语以两个始终相互作用的功能类别或形式存在:书面语形式和口语形式。书面语——这是以这样或那样的方式精炼而成和深思熟虑的语言规定旨在之后再现所记录的内容[1]。口语——这是直接面对一个或数个听众的有声语言。两种言语形式的区别依赖于"社会条件和社会交往的物质手段方面"的差异[Виноградов 1955: 78][2]。在口语中,如同书面语中那样,说话者使用现成的、已在语言系统中固定下来的形式,但是,有别于书面语的使用,它们不是提前挑选出来的,而是自然而然直接在说话过程中加以使用的。如果说书面语中一定存在选择表达形式的时刻,则在口语中不存在这种情况。这就是书面语和口语使用方面的重要界限。由此可见,远不是所有书写记录下来的东西都是书面语的,同样,远不是所有口头的、发出声音的(甚至是出现在谈话中的)东西都是口语的。

在两种语言形式之间存在明显的区别。就这些区别博戈柳博夫曾经十分准确地写道:"书写和言谈之间、眼睛阅读和听之间,我们手、眼习惯的语言与我们的舌头(连同整个说话的器官)和我们的耳朵所习惯的语言之间的差别是本质的。理解这两种现象的差异并相应改变对它们的研究方式是非常重要的"[Боголюбов 1914: 9]。他又进一步写道:"如果从语法的角度看书面语言和口头表达语言,则这里将体现出它们之间的显著差别。口头表达言语的语法构造在很大程度上取决于说话环境和谈话对象或听众"[同上: 13]。

口语和书面语之间的纯语言上的区别最为明显地体现首先是在语调方面,以及词组句法尤其是句子句法方面[3]。在句法方面口语的纯构造要素系统是确定的,并不逊于书面语。通行的关于口语体系自由的观点、口语中缺少严格的规范的观点、口语结构"未完全成形"的观点得以维系只是由于对大量相关材料

---

* 本文阐述的一些观点,是正待付梓的一部专门研究俄语口语句法的著作中的一个章节的观点。所有材料都引自俄国经典文学作品,以及现代口语记录。

1 "书面语是依其实现而固定下来的言语;因此,结果保留下来某种一直存在的东西,某种产物"[Якубинский 1923: 145]。

2 比较:[Виноградов 1950: 45]。有关俄语口语和书面语的功能区别还可参见:[Шапиро 1953: 5—9, 298]。

3 有关"口语句法要素"的评述参见[Гвоздев 1952: 187-196]一书。文章框架不允许对在该部分提出的一系列观点予以必要的批判性分析。

不甚了了。而且,得到最持续关注的想法是书面语在语言手段选择上比"口头表达"言语更为自由,口语由于自身发生的特点没有深思熟虑的选择过程,而是自然而然地采用现成的、通用的语言形式[1]。

口语的言语形式内部存在两种基本类型:作为直接面向谈话对象的轻松自然的叙述的独白[2]和对话。在某种程度上从语言本质方面对独白的准确定义是不存在的[3]。一些研究者所揭示的独白特征,第一,它们属于作为文学作品要素的独白,第二,它们在很大程度上是偶然出现的、不能认为是纯语言特征。

口语体独白——这是一种轻松自然的叙述形式,直接面对一个或多个听众[4]。在独白和对话之间,无疑存在形式—语言差异,而且对话性质答话与独白的区别不仅是在规模、"对象的针对性"和"主题界限的狭小"方面(参见[Винокур Г. О. 1948: 51])。对话性质答话,如果它在纯句法方面与谈话对象的前一个表述相关,则是一个句法单位,具有自己的典型特征,作为复杂语言构造成素的单位的本质特征。

对话是谈话过程中一个生成另一个的若干表述的交换[5]。这种对话中的表述的相互关联总是意义上的相互关联并且是——在一定的情况下——结构—语言上的相互关联。本文的研究对象只是那些彼此由一定的句法联系联结在一起的对话表述。此处最简组合是两个表述的交换,这两个表述中的后一个的词汇—语法形式依赖于前一个表述。这样两个按一定的规则组合在一起的表

---

1 "书面语中产生可以自由选择词和表达方式、名称和短语的错觉,较为强烈地开始感受到逻辑和美学评价因素,不同语言手段的散文和诗歌价值,——这使某种言谈在某些情况下的必要感和传统上的现成句套的完好无损"受到损害[Боголюбов 1914: 16]。

2 独白也存在于书面语中,但在书面语中它采用特殊的、有别于口语体独白的形式。关于文艺言语中独白形式参见[Виноградов 1927]。应该承认,雅库宾斯基所拥护并发展的谢尔巴关于独白的矫揉造作特点的思想(参见[Щерба 1915: 3–4])只对"已构成的"、经过文学加工的独白而言是正确的,不能够扩展到没有经过文学加工的口语体独白上来。

3 "不能认为该概念是非常清楚的。从简化观点看独白——这只是多少有些冗长的答话。但这对描述一个单独的答话而言只是一个特征、而且可能不是最本质的特征。在某种程度上独白性质答话的内容方面的定义,不言而喻,只能通过将其与对话性质答话进行对比的途径获得"[Винокур 1948: 51]。

4 根据维诺格拉多夫的一本早期著作中所采用的术语,这是以其"叙述"变体形式表达的"报道类型"的独白(参见:[Виноградов 1926: 30–31])。

5 俄语对话言语几乎没有得到过专门的研究。上面援引的雅库宾斯基的文章《论对话言语》[Якубинский 1923]几乎是我们提出对话的特殊性问题的第一次尝试。但是该问题在此并没有得到充分阐述:在强调"纯言语的"、"真正语言学的研究事物的方法"的必要性时(109页)。雅库宾斯基同时将文章的大部分篇幅用于探讨非语言学的问题——讨论"接受言语时的统觉时机"、"对话中的通用成规"以及"言语的机械性"。有关俄语对话言语研究的其他尝试参见下文。

述我们后面将称之为对白,并赋予该术语上述内容:第二个表述在结构上依赖于第一个表述,没有第一个表述第二个表述也将不复存在。这样的对白组合是一个复杂的结构——对话的交际单位,之中句法联系几乎只体现在第二个对白形式之中[1]。

现代俄语中存在两种第二句对白句法上依赖于第一句对白的基本形式。第一种形式:第二句对白的组成从表达全部意思要素的角度看是"不完全的",由第一句对白加以补足(比较:[Винокур Г. 1948: 44])(Ты когда приехал? — Вчера)。这种对白研究者通常将之归入所谓的"不完全"句中(参见,例如:[Попова 1953: 94–119])。把这些作为"补充前一句对白的句子句法组成"的对白看作"断"句,是很有代表性的,譬如说,对维诺库尔的著作[1953]也是十分有争议的。同样的材料,维诺库尔从第二句对白的对白"句法相互关系"角度(但同样是从组成的"不完全性"角度),在《对话言语的若干句法特性》一文中作了稍有不同的阐述[Винокур Т. 1955][2]。

第二句对白句法上依赖于第一句对白的另外一种形式出现在第二句对白在自己的词汇组成中重复第一句对白或它的一部分(较少数情况——同根词)、之中没有"补充"任何内容、而是表达各种不同表情色彩的"对现实"[Виноградов 1950: 49]、对所述内容的评价性反应的情况下。第二句对白组成常常包括语气词、情态词或感叹词,所重复的词可以出现两次(详见下文),但第二句对白的结构核心一定是对第一句对白的词汇组成要素的重复——以这种或那种形式。如此构成的对话统一体的第二句对白可以称作重复—语句(后面简称为重复);它们正是本文的分析研究对象。

总之,重复—语句——这是按口语规则构成的对话统一体第二句对白,本身包含对所述内容的富于表情色彩的反应,具有第一句对白的这些或那些词汇组成要素来充当自己的结构核心并且依赖于第一句对白的形式。

重复以其多样的形式广泛用于俄语的对话言语中。研究者们注意到了这种现象(参见,例如:[Гвоздев 1952: 194, 197–198; Попова 1953: 121–122; Киселев 1954: 9]),但对它的定义却是各不相同。比如,沙赫马托夫在《俄语句法学》中谈

---

1 文章中分析的是所谓对话交际单位的最简类型。因此对话中很普通的若干对白的语言连接现象,当处在第一句对白不自由,而要依赖它之前面的那句对白的情况下,在此不作研究。

2 比较:类似的观点,米赫丽娜在不久前刚刚发表的副博士学位论文《从对话言语的句法观察出发》的摘要中进行过阐述,该论文中讨论的就是"相互联系的对话对白的结构上的不完全性"[Михлина 1955: 5],"句子的未完全成形"是"对话言语最典型的句法特性之一"(14页)。

到重复。在《来自邻句的嵌入词》章节中他写道:"句子的组成中可以出现在前面或后面的句子中作为这些句子的成分存在的词,然而在该句中它们是多余的并且不能用句子的意思证明其合理性。例如,从前一个句子嵌入下一个句子的词: Здравствуйте, молодые люди... (гости встают и кланяются). [1-й гость] (смеется). Молодые люди... а вы разве старая? «Иванов», II. [Чебутыкин] Не ходите, дуся моя. [Маша] Да, не ходите... Эта жизнь проклятая, невыносимая. «Три сестры», I. 在这种和另外一种情况下可以容许漏掉一些词:вы сказали"[Шахматов 1941: 273, §364]。我们面前——第二类重复——语句,然而不能同意"来自邻句的嵌入词"在此是"多余的并且不能用句子的意思证明其合理性",这里当然也没有任何"漏掉的词语"。

维诺库尔在其文章《作为俄国文艺言语丰碑的"智慧的痛苦"》对重复—语句做了详细的评述(然而没有对由同义表达固定在一起的重复和语句本身进行必要的区分)。在此援引的材料证明,它们并非格里博耶多夫的"天才的语言技巧"的结果(参见[Винокур Г. 1948: 35, 41]),而是时代的生动口语的反映。要知道作者,想好把自己的文章写成对作家语言技巧的研究,并非偶然得出这样的结论:"格里博耶多夫的手……牵引着俄语本身"。其实维诺库尔原则上并不拒绝他所描写的现象属于作家的"个性化文艺创作风格"的可能结论[同上: 35, 68]。

同样也不能同意布拉霍夫斯基的观点,他把"词汇上巧合的句法片断结尾"归入个性化的果戈理喜剧创作方式[Булаховский 1954: 459][1]。

重复——俄语对话言语的全民现象;轻松自然的谈话总是具有作为对话结构要素的重复。分析"日常谈话的公式化形式"时,雅库宾斯基举了一段诙谐的谈话为例:— Здорово, кума. — На рынке была. — Аль ты глуха? — Купила петуха. — Прощай, кума. — Полтину дала. 就这段谈话雅库宾斯基指出,如果聋女人不曾忘记见面时人们彼此打招呼,这段谈话"本该如此进行:— «Здорово, кума» — «Здорово, кума», «где была», «на рынке была», «что покупала», «купила петуха», «сколько дала», «полтину дала»..."[Якубинский 1923: 166]。应该承认,谈话——从对话的语言规范角度看——这样进行是不可以的。根据口语规范谈话本该是这样:—Здорово, кума. — Здорово (或:—

---

[1] 比较这里援引的一个例子:«— А как, например, **числом**? — спросил Чичиков. — Да, **сколько числом**? — подхватил Манилов. — **Да как сказать числом**? Ведь неизвестно, сколько умирало: их никто не считал».

Здорово, кума). — Где была? — Где была-то? Да на рынке (или : — Где? На рынке). — Что купила? — Что купила-то? Да (вот) петуха (или : — Купила-то? Да (вот) петуха). — Сколько дала? — Сколько? Полтину (или : — Дала-то? Да полтину).

对对话言语十分典型的词的重复以各种不同形式体现并且具有各种不同功能。这样,在肯定的回答中重复承担提问中的意义重点的词在口语中是规范的[1], 例如:«— Ты разве **одна** здесь? — спросил я девочку. — **Одна**, — произнесла она едва внятно. — Ты **Лесникова** дочь? — **Лесникова**, — прошептала она» (Тургенев, Бирюк)[2].

从哪些词或词语组可以从第一句独白进入重复—语句组成的角度出发可以划分出三种基本的重复—语句类型:1)第一句独白中有一个词被重复(— Ты все это сам сделал? — Какое сам!);2)一个词组或前置词—名词组合被重复(— Выпей хоть одну чашечку! — Разве что одну чашечку...; — Без пальто идти? — Что ты без пальто!);3)第一句独白的述谓核心被重复(— Помилуйте, смею ли я... — Чего смею ли я! — Как же ты это сделаешь? — Как сделаю. Я и сам не знаю)。如果第一句独白是非扩展的或低扩展的,则它可以整句被重复(— Ушибся? — Вот еще ушибся!),但这些情况与上述列举的三种基本重复类型没有原则性差别。词或词的组合的重复既可以是它在第一句对白中使用的形式,也可以改变原有的形式;在一定的情况下还可以用另一个同根词来替换该词。形式或词的替换或保留要服从一定的规则,其中最重要的一些规则将在下文加以阐述。

作为复杂对话单位的第二部分的重复,其组成和结构是由第一句对白的组成和结构决定的。但第二句对白就是对该确定词(或多个词)的重复,它在词汇上是不可替换的。同时在多种重复类型的构造中,正如已经指出以及后面将要

---

[1] 参见多比阿什关于鉴于不同问题类型的回答形式的有趣论述[Добиаш 1897: 471–472]。
[2] 作家诺维科夫毫无根据地把这些回答看作是儿童语言不发达、低下的表示和屠格涅夫文艺创作风格的独特性(参见:[Новиков И. 1954: 59–61]);这些回答是按富有表现力的俄语口语规范构成的。总的说来重复逻辑上特别强调的词——是对话组成部分相互对照的最典型的手段。比较:«[Барабошев] У нас **серьезное** финансовое дело, никакого замедления не терпит. [Фелицата] У тебя **серьезное**, у нас еще серьезнее. Там у нее **ундер**. [Барабошев] **Ундер** чин **незначительный**. [Фелицата] **Незначительный**, а беспокоить не велели» (Островский, «Правда хорошо...»)。关于这方面的论述见 [Винокур Г. 1948: 41–44]。在进一步的论述中所有的例子都源自我们的《俄语口语句法概要》一书中所举的文学资料[Шведова 1960]。

指出的那样,起着最积极的结构作用的是各种语气词、感叹词、情态词,即一定的词汇—语法类别的词,没有它们将无法构成任何一种重复类型。因此,一定要有具体的、不能为其他词所替换的词汇单位作为重复的结构要素参与重复的构成。重复的双重属性正在于此,这也是为什么我们应该说它们是词汇—句法结构、而不单是句法结构的原因所在。

由语气词参与构成的对白具有丰富的情态意义。如果说语调可以变化、对白的特殊轮廓可以变得更清晰或更模糊的话,语气词则始终是相应意义的令人信服、无可争辩的体现者。比较多比阿什关于疑问语气词的评述:"……语言**需要疑问'语气词'**用于多种最原始简单的用法(声调——用声调,但有益的是用某种方法预告这个声调,尤其是在很多情况下它的确立和出现只能**随着言语的进行**,而无论如何不会是在最初的第一个词上)"[Добиаш 1897: 465]。还可以比较[Виноградов 1950: 44-45]。很有特色的是,多比阿什强调了语气词不属于个别词、而是属于整个"文本"的情况[Добиаш 1897: 474]。

构成重复—语句的情态语气词的范围已经比较明确,相对于对情态语气词整体上进行分类所初步形成的范围而言[1]。作为重复的结构要素发挥功能作用的情态语气词,其分类,一方面根据自身活跃的、尚存的与其他词类的联系或根据这些联系的缺失来划分,另一方面——根据自身的组成、形式来划分。

初步确定下列情态语气词组,根据它们在某种程度上所保留的与其他词类的功能—意义联系或这些联系的缺失:1)副词性语气词;2)代词性语气词;3)连接词性语气词和4)不再保有与其他词类的功能—意义联系的语气词。从组成的角度出发,构成重复的语气词划分成简单语气词、合成语气词和复合语气词。简单语气词由一个词构成。合成语气词是非固定的组合,它们可以轻易地产生和消失。在口语中与简单语气词通常可以自由地结合、也可以自由地分离的是一些强化意义元素(一个或更多),它们不在语气词本身之中杂夹任何新的意义并且不影响整个重复的概括意义。下面就是一些典型的例子。代词性语气词какое,构成带有信心十足的否定意义的重复,很容易附着强化意义元素уж, тут, там, тебе, к черту及其他(— Был он у тебя? — Какое там был! — Какое тебе был! — Какое уж был! —Какое к черту был!)。副词性语气词как,构成具有表情色彩的重复提问,很容易附着可以自由脱离的强化意义元素да

---

[1] 对提问的文献概述和情态语气词的详细特征描述见维诺格拉多夫《关于俄语的情态性范畴》一文[Виноградов 1950]。也可参见一篇副博士论文[Светлышев 1955]。我们也刚好发现,此处所建议的将语气词划分为表情语气词和情感语气词并不是依据足够充分和令人信服的。

（前置无重音），это, то есть, же及其他（— Где бы ты хотела жить? — Как это где жить? — Да как где жить? — То есть как это где жить? — Как же это где жить? — Это то есть как же где жить等）。代词性语气词что,构成表示认为所述内容是无关紧要的、不大重要的态度的重复,很容易与强化意义的前置元素 да, ну, 后置元素 тут, там, же及其他结合在一起（— Полноте, маменька! — Да что полноте! — Что же полноте! — Ну что полноте! — Да что ж там полноте! — Что тут полноте!等）。正如从个别具体例子中所看到的那样,语气词形式的强化意义元素在大多数情况下是灵活、自由和可轻易脱离的。

  复合语气词无论是根据组成还是根据意义都不能分割,是一个统一的结构—意义整体,其组成成分的顺序通常是严格固定的。同时在语气词组成中可以比较容易地划分出体现其与副词、代词或连接词的现实关系的语气词意义核心。例如,复合副词性语气词 так и（— Придет! — Так и придет!）, туда же（— Герой! — Туда же герой!）,代词性语气词 что это（— Еще заснем все. — Что это заснем!）等。复合语气词在一系列情况中都可以附着强化意义语气词,但与简单语气词相比带有非常多的限制（比较：— Так тебе и придет! — Туда же мне герой! — Что это еще заснем!）。

  语气词的构成和组成影响重复的构成,不同的语气词在重复—语句中所发挥的功能作用,从它们与对白其他组成的语调联系角度以及从语气词在整个重复结构中的位置角度看是各不相同的[1]。

  现代俄语口语将十二种重复—语句的基本词汇—句法类型纳入自身特有的结构之列[2]。

  1. 纯粹重复,即没有被任何补充的、作为重复的结构要素**必须**参与第二句对白（重复）构成的词汇元素复杂化的重复。此处可以划分出下列重复的结构

---

[1] 可以附着强化意义元素的不只是语气词,而且还有用于情态词功能的实词形式（— Нельзя уж просто поговорить! — Бросьте; поговорить! 和 — Бросьте там поговорить! — Уж бросьте еще поговорить!等）。易于构成的还有合成感叹词组合,例如：— Это доктор. — Ах да, доктор!或者—А, да, доктор!; — Выспишься еще. — Ну да, выспишься!（比较：— Ах, доктор! — А, доктор! — Да, выспишься!）。

[2] 由于篇幅条件的限制我们被迫放弃对不同重复类型的区分性研究,如同放弃对它们的意义进行详细分析一样。

类型[1]。

(a) 问题形式的重复,通常说话者本人在此已经对它予以回答:— Ну, а любовь что? — Любовь? Любовь с этого дня пошла на убыль; — Чем-нибудь ты ведь жил же на улице. — Чем жил? Воровал. 占据特别位置的是对人称代词的重复:这种重复在问题与回答之间起着纯句法接合的作用:— Ты куда идешь? — Я? Домой[2]。

(b) 问题形式的重复,带有区分语气词 -то: — До броду далеко? — До броду-то? Недалеко; Что говорят обо мне? — Что говорят-то? Да говорят разное.

(c) 声音是带有半提问或感叹语调的重复;接下来通常是解释说明:— За чем пришла? — За чем, за ложкой; — Что ты с ним в сенях говорила? — Что говорила! Говорила, на бочку обруч набить надо.

(d) 两次重复,通常——带有感叹的语调:— О чем вы так долго? — О чем, о чем! Сама знаешь о чем. — Угли сырые, не раздуешь никак. — Сырые, сырые! Надо сушить.

纯粹重复的基本意义是围绕表达对所述内容的否定态度的各种不同意味或阐明包含在第一句对白中的内容的意思来划分的;这些意味是由第一句对白的特点、重复的形式和语调来决定的。

2. 带有副词性语气词的重复。参与重复构成的副词性语气词组包括下列语气词: как (да как, как же, да как же, как это, да как это, то есть как, как так, как это так, как такое); так и (так тебе и[3]), так-таки, так уж, уж, чего (да чего, чего там, чего тут, чего ж, да чего же, чего уж, чего еще), нечего (нечего там, нечего уж), куда (куда там, да куда, куда уж, куда уж там, куда ж), где (да где, где уж, где там, где ж, да где там, да где ж), зачем, туда же, хорошо, прямо (прямо уж, прямо тебе)[4]。所有这些语气词都在某种程度上保有与相应副词的意义联系,这一切自然而然影响到它们在第二句对白组成中的功能作用发挥和重复的概括情态意义。几乎所有带有副词性语气词的重复都在表示对所述内

---

1 这里以及接下来的重复都是指对词、词的组合或第一句对白的述谓核心的重复。

2 不能同意这种重复提问"是由回避回答、转移问题、赢得对问题进行周密思考的时间的企图所引起的"的论断[Попова 1953: 121]。

3 关于若干带有语气词的结构参见[Гвоздев 1952: 198]。

4 该清单中不包括那些构成否定是其必要成素的重复的副词性语气词(见下文)。

容持否定和困惑态度的各种不同形式。从语调结构的角度可以划分出两种带有副词性语气词的重复。

(a) 声音是提问、半提问或感叹的重复，以与简单语气词或合成语气词组合的形式：— Не горячись, пожалуйста. — Как (как это) не горячись?; — Не холодно тебе будет? — Чего (чего там) холодно!; — Ведь любила его? — Куда (куда уж) любила!; — С отцом пойдешь? — Где (где тут) с отцом; — Сами делали. —Так-таки (так уж, так уж и) сами?

(b) 声音是带有感叹或确认语调的重复，以与简单语气词组合的形式：— Я его слегка только отстранил. — Хорошо отстранил!; — Я тебе верну. — Нечего верну!

几乎所有带有副词性语气词的重复的典型特征是语气词前置和重复在语调上不可切分、一系列结构所共有的动词形式替换规则和用补语扩展重复—语句的规则。在重复结构存在的地方，其词汇组成有助于突出语气词最初的副词意义，该意义对整个重复的情态意义产生一定的影响。

3. 带有代词性语气词的重复。这种重复，如同带有副词性语气词的重复那样，由大量形式各异、对所述内容或言语对象的否定态度意味统一起来。参与构成重复的代词性语气词如下：что (а что, ну что, что такое), чего, что (что тут, что там, а что, да что, ну что, что ж, а что ж, да что ж, ну что ж), что это (чтой-то), что за[1](что такое за, что ж за), какое[2](какое там, какое тут, какое уж), то-то[3](то-то же, вот то-то, вот то-то же), никаких。这些语气词中很多都保有与代词的意义联系，这影响到相应重复的构造和意义。

(a) 声音是提问、半提问或感叹的重复，以与简单语气词、复合语气词或合成语气词组合的形式：— Мне ведь на службу... — Что (что уж) на службу; — Проспишь! — Что это (что это еще) проспю!; — И ты все был кучером? — Какое (какое там) все кучером!; — Длинно́. — Что за длинно́! (— Что еще за длинно́!).

(b) 声音是提问、半提问或感叹的重复，以与简单语气词或合成语气词组合的形式和与语气词-то组合的形式：— Глупы вы стали. — Да что глупы-то?!

(c) 声音是肯定的重复，以与简单语气词或合成语气词组合的形式：— Я не

---

[1] 有关该结构的产生及其在其他语言中的类似现象参见：[Попов 1879: 1–12]。
[2] 关于语气词 какое 在"情绪激昂的感叹性表述"中的用法参见：[Виноградов 1950: 45]。
[3] 有关带有 то-то 的结构的意义参见：[Аксаков 1875: 585–587]。

жалуюсь. То-то (вот то-то), не жалуюсь; — Его к тебе послать? — Что ж (ну что ж), ко мне. — (Что ж, и ко мне).

4. 带有连接词性语气词的重复。这些重复形式丰富、意义各异。除少数例外它们全部，也同带有副词性和代词性语气词的重复一样，表达各种否定态度意味。参与重复构成的有下列连接词性语气词：а, да, и (а и, да и, ну и, вот и, вот тебе и, вот те и, а вот и, даже и), уж и (ну уж и, так уж и, вот уж и, ну вот уж и, чтой-то уж и), будто (будто бы, будто и, уж будто и, будто уж), разве (разве что, разве уж, ну разве), если (если уж, ну если), тоже[1](тоже мне), хоть (хоть бы, хоть бы и, а хоть бы и, ну хоть), а то. 很多连接词性语气词的典型特点——特别是含有 и, уж 和 будто 的语气词——是在组成语气词的基本成素的意义和结构作用相等的条件下它们组成的复杂性。这样一来，例如，在语气词 уж и, будто уж и, будто и 中无法分出在意义和结构方面是中心的成素。比较一些同义的重复：— Она в меня влюблена. — Уж и влюблена! (在许可的条件下：— Уж влюблена!) — Будто влюблена! — Будто уж влюблена! — Будто и влюблена! — Уж будто и влюблена!

可以划分出下列带有连接词性语气词的重复类型。

(a) 声音是提问、半提问或感叹的重复，以与简单语气词、复合语气词或合成语气词组合的形式：— Ну что? — Да что? Куда ехать-то?; — Что же вы есть-то будете? — А что есть? Нечего; — Сотенную дал! — Уж и (даже и) сотенную?; — Сватать пришли? — Хоть бы и (а хоть бы и, ну хоть бы и) сватать!; — Выпей чашечку. — Разве (ну разве что) чашечку.

(b) 声音是肯定或感叹的重复，以与简单语气词或合成语气词组合的形式：—Говядинки отвесить? — Хоть (ну хоть) говядинки.

(c) 声音是肯定或感叹的重复，以与简单语气词、复合语气词或合成语气词组合的形式：— Я про это читал. — Тоже (тоже мне) читал!; — Дворянина в рекруты сдали!; — Вы шутите. — Вот и (вот те и) шутите.

(d) 声音是提问、半提问或感叹的重复，带有与第一句对白的概括意义对立的概括意义（即带有否定的意义，如果第一句对白中含有肯定或确定的提问；无否定意义，当第一句对白中含有否定意义或否定的提问时），以与复合语气词 а то 组合的形式：— Страшно? — А то не страшно?!; — Не страшно? — А то

---

1 有关带有 тоже 的结构的意义参见：[Добиаш 1897: 506]。

страшно?

在2、3和4点中列举了在某种程度上保有与其他词类在意义和功能上的联系的语气词参与其构成的第二类重复—语句。这些联系无疑对重复的结构和意义产生影响。试比较带有保有目的意义的语气词нечего, зачем的重复；带有语气词как的重复，它保有与疑问副词的意义联系及——相应地——与作为构成疑问句的词的副词在句法—功能上联系；带有其初始意义和副词一样决定着相应对白的讽刺色彩的语气词хорошо, прямо的重复。语气词与代词的意义和功能联系能够决定重复的构成和意义。例如，带有что的重复，很容易将之与相应的、带有称谓化代词的结构相比较。在带有连接词性语气词的重复中无论是意义还是对白的结构常常是以语气词与连接词的相关性为条件的。试比较，例如，之中语气词必须前置、语气词在语调上与被重复的词连在一起的带有и的重复，以及以这样或那样的方式加以比较、将相反或相近的意思、报道结合在一起的重复的意义本身，正是由于语气词与相应的连接词保有积极的联系。保有——的确是在非常不同的程度上——与其他词类的积极联系以及这些联系对重复结构的影响——是将由副词性语气词、代词性语气词和连接词性语气词所构成的第二类重复集结在一起的共同之处。

5. 带有与其他词类不相关的语气词或不再保有与其他词类积极的功能—意义联系的语气词的重复[1]。这样的语气词有ну, ну уж, вот (вот еще, ну вот еще), и есть[2], как есть, ишь (ишь ты), вишь (вишь ты), еще бы (еще бы те)。可以划分出4种相应的重复类型。

(a) 声音是提问、半提问或感叹的重复，以与简单语气词或合成语气词组合的形式：— Это где? — Ну (да ну, ну вот) где. Не знаешь разве?

(b) 声音是肯定或感叹的重复，经常伴有召唤、嘲讽的语调，以与简单语气词或合成语气词组合的形式：— Ушибся? — Вот (вот еще) ушибся!; — Ушибся? — Ну (да ну) ушибся!

(c) 声音是肯定的重复，以与简单语气词或复合语气词组合的形式：— Не узнал, видно? — Не узнал и есть.

(d) 声音是肯定或感叹的重复，带有一定与第一句对白的概括意义对立的

---

[1] 缺少与其他词类的联系不表示这些语气词不是源于它们从中分离出来的某一词类。但重要的是这些联系只是起源上的，而非功能—意义上的联系；通常，它们不对重复组成中的语气词的功能作用和重复的意义造成影响。

[2] 有关语气词и есть参见：[Шахматов 1941: 418, §487; 239–240, §304; Виноградов 1950: 71]。

概括意义(比较第4点中的«d»),以与复合语气词еще бы组合的形式: — Бедно жили. — Еще бы не бедно!; — Не бедно жили. — Еще бы бедно!

6. 带有作为重复结构的必要成素的否定语气词的重复。这首先是带有否定语气词——单独或以与强化意义元素组合的形式——的否定重复;其二是带有语气词как (как не)的肯定重复。

(a) 声音是肯定或感叹的重复,以与否定语气词не的组合的形式;第二句对白重复的是对别接续结构的第一个组成成分: — Денег нужно. — Сколько? — Не сколько, а давайте.

(b) 声音是肯定或感叹的重复,以与否定语气词和作为强化意义元素的副词性语气词ничего, нисколько, нимало, ничуть, никак, вовсе, совсем组合的形式: — Спи, спи. — Ничего не спи! Мы еще ужинать будем; — Секрет? — Нимало не секрет.

(c) 声音是肯定的重复,以与复合否定语气词не то что, не то чтоб组合的形式;第二句对白重复的是对别接续结构的第一个组成成分或话音带有言犹未尽之义: — Не смеешь? — Не то что (не то чтоб) не смею, а...; — Любишь? — Не то чтобы люблю...

d) 声音是提问、半提问或感叹的重复,以与副词性语气词как和否定语气词组合的形式: — Жутко? — Как не жутко!

7. 带有情态词和情态词组合的重复。这些重复形式多样。有别于语气词,大部分情态词和组合在语调上与被重复的词分离。只在(少数)几种情况下情态词或组合与被重复的词形成语调上的整体(带有и то, мало что, кой черт等的重复);通常情态词容易与被重复的词脱离,被重复的词在这些情况中可以发挥纯重复的功能,而本身表达这种或那种态度的情态词可以独立作为回答或回应语句出现。参与重复功能作用发挥的情态词和组合有:и то, и точно, мало что (мало ли что), ничего себе, нечего сказать, кой черт, отчего (отчего же), почему (почему же), отчего (отчего же), что ж (а что ж, ну что ж), как же (а как же, а то как же), известно, конечно, разумеется, именно, как бы не так, полно, подумаешь等。

(a) 声音是肯定或感叹的重复,伴有召唤、怀疑的语调: — Велел. — Мало ли что (мало ли чего) велел!; — Некогда. — Полно некогда!; — Он у нас как дома. — Ничего себе (нечего сказать, кой черт) как дома.

(b) 声音是肯定的重复: — Умный он. — И точно (и то, известно)

умный; —Обманет он тебя. — Почему (почему же) обманет.

8. 带有发挥情态词作用的名词和动词形式的重复。在不丧失自身词汇意义和聚合联系的条件下,一系列动词和名词的个别形式获得用于在言语中表达这种或那种态度的能力。它们的功能与情态词的功能相似:表达态度时,这些形式不仅能够作为相对独立的表述出现,而且能够构成重复。这样的动词形式有：бросьте (бросьте там, бросьте еще), рассказывай (да, рассказывай; ну, рассказывай), дожидайся, погоди, постой, помилуйте, 组合легко сказать；名词形式有:пустяки, пустячки, вздор, глупости, новости (вот новости)及其他。根据自身在重复组成中的地位和与被重复词的语调联系所列举的词表现出与情态词和词的组合相同的使用规律。所有与这些词形一起构成的重复本身都含有各种不同形式和否定、困惑、怀疑态度的意味。

(a) 声音是肯定或感叹的重复,以与名词第一格形式组合的形式：— Немножко опоздал. — Пустячки немножко!; — Может быть, отдохнуть? — Вздор (глупости) отдохнуть!

(b) 声音是肯定或感叹的重复,通常伴有召唤、怀疑的语调,以与动词命令式或陈述式形式组合的形式：— Пойдем! — Погоди пойдем; — Ты ее оскорбил. — Рассказывай (бросьте, помилуйте) оскорбил!; — Он вернется. — Дожидайся, вернется!

9. 带有感叹词的重复。它们表达两个基本的意义范围:不同的否定态度意味和不同的阐明、回想意味。而且在这些或那些重复形式中感叹词既可以位于重复的开头,也可以位于重复的末尾,但在实际使用的言语中感叹词的前置和语调上的不可分离几乎成为惯例。

(a) 声音是感叹或肯定的重复：— Он ведь устал. — Э(эва, эка, господи), устал!; — Доктор пришел. — Ах, да, доктор.

(b) 声音是提问、半提问或感叹的重复：— Старуха пришла. — А (ах, а ну), пришла? Зови ее сюда.

(c) 声音伴随召唤、不同意语调的重复,以与感叹词да组合的形式(还可以带有强化意义元素)：— Что это за игра! Не представляет никакого интереса. — Да (ну да, да уж), никакого интереса[1].

---

[1] 沙赫马托夫把带有да的重复归入不完全句,当把此处看作是略去言语动词时。比较他的例句：Господи! — Да: господи! Теперь вот и господи! (Слепцов, Мертвое тело). 参见:[Шахматов 1941: §313, 243–244 页]。

10. 带有一致关系词形式的重复。

(a) 声音是提问、半提问或感叹的重复，以与代词какой形式组合的形式：— Жалованье получаешь? — Какое жалованье!

(b) 声音是肯定或感叹的重复，带有必需的否定语气词，以与具有强化意义功能的代词никакой形式组合的形式：— Ну и лентяй! — Никакой не лентяй.

(c) 声音是肯定或感叹的重复，伴有怀疑、嘲讽的语调，以与形容词хорош, хороший或хорошенький形式组合的形式：— Вы еще дети. — Хороши (хорошие, хорошенькие) дети!

一致关系词为其结构要素的重复的特点可归纳为，当构成第二句对白时，这些词丧失或削弱了自身的范畴意义和词汇意义并与语气词和情态词接近。这样一来,在问答统一体— Грамоте знаешь? — Какая грамота!中词语какая既没有疑问意义也没有指示意义：该词的功能——构成赋予情感色彩的否定意义。在对白— Он такой обходительный. — Хорош обходительный!的转换中构成带有讥讽的否定意义的词хорош既不是定语也不是谓语，也无法在它身上找到其基本的词汇意义。

11. 带有必需的、表示主体意义的第一格形式的代词的重复。这里包括若干重复类型，而且代词的主体意义等级在这些类型中各不相同。在一些情况中代词的主体意义被削弱,这是由该代词基于构成类似于复合语气词的趋势而与其他词结合造成的(带有что ты, что вы的重复)。在另外一些情况中代词在保有主体语法意义的同时并不是主体，因为它不表示当事人(类似— Утону! — Я те утону!的重复)。此外还有一些重复,之中代词既保有主体的语法意义也保有其内容上的意义(类似—Он опять увиливает. — Увильнет он у меня!或— За это в суд. — Даст он вам в суд!的重复)。

(a) 声音是感叹或肯定的重复，以与语气词что和不可与之分离的人称代词组合的形式：— Жарко уж в шубе-то. — Что ты жарко! 试比较反驳自己本身的情况：— Успею. Хотя что я успею!

(b) 对第一人称变位形式动词的重复，声音伴随威胁、召唤的语调，以与代词я和带有间接客体意义的代词第三格形式组合的形式：— Пошутил ведь я. — Я тебе (те) пошучу!; — Он пошутил. — Я ему пошучу![1]. 在第一句对白中动词可以以任何形式出现，在第二句对白中——总是以一般将来时的第一人称

---

[1] 关于这些结构参见[Гвоздев 1952: 193]。

形式出现；相应地还具有体的变化。第二句对白中的词序被严格限定：第一人称代词(я)、形式те或第三格тебе, вам和动词。

(c) 声音伴有威胁语调的重复，以与位于被重复词之前的人称句(句中一定有主语——人称代词，带有客体意义的代词第三格和由动词дать, задать, показать等将来时形式表示的谓语)组合的形式：— За это в суд можно. — Я тебе дам в суд! (— Даст он вам в суд! — Они вам покажут в суд!).

(d) 声音伴有威胁语调的对动词(将来时形式)的重复，具有双成素句形式，句中主体与第一句对白中的主体一致：— Он увиливает. — Увильнет он (увильнет он у меня)!

12. 带有重叠的重复或成对的重复。在对这些结构进行描写时并非总能引起关注的其结构特殊性，即便对所有其他类型重复而言也同样如此，是它们形式和意义上的不独立、它们第一句对白的生成性以及与第一句对白不可分割的联系[1]。就像所有其他重复那样，它们是对第一句对白的词的重复，但要重复两次，而且第二句对白组成中的被重复词的形式在一些情况下可以是一样的，在另外一些情况下可以是不同的。大多数成对的重复是作为复杂对立结构的第一组成成分出现的。这在它们的意义上留下明显的痕迹并且构成这种重复的双向联系，一方面是与第一句对白的联系，另一方面——是与该重复现身其中的那个复杂结构的第二部分的联系。

1) 通常是复杂结构的第一组成成分的重复：

(a) 由语气词-то连接起来的两个词形：— Хорош. — Хорош-то хорош, да...；

(b) 不用语气词、用语气词-то或否定语气词连接起来的同一个动词的不定式形式和人称形式：— Ты когда-нибудь летал? — Летать(-то) (не) летал, да...；

(c) 由否定语气词(还可以是与让步意义连接词хоть组合的形式)连接起来的两个词形：— Вы таки были министр. — Министр (хоть) не министр, а...；

(d) 由否定语气词和区分连接词连接起来的两个词形：— Довольно будет? — Довольно ли (или) не довольно, а...；

---

1 重叠也存在于独白语中；但在独白语中它们或是运用对话形式来构造独白，或是具有自己独特的意义色彩和特殊的使用条件。成对的重复在一系列研究中都曾被提及，参见[Потебня 1874: 131, 401, 403–405; Шахматов 1941: §206[1], 187页; Чернышев 1927: 69–70; Гвоздев 1952: 194–196; Трофимов 1952: 111; Шведова 1955]。一些作者，将词的形式与结构的形式混为一谈，甚至试图证明，这些结构是词法的形式构成的特殊手段。参见[Киселев 1954]。

(e) 名词第一格和第五格形式的无连接词组合：— Разве вам мало было подарков? — Подарки подарками, а...

2) 在对别接续结构之外发挥功能作用的重复：

(a) 由两个词形（或两个词的组合）构成、通过无重音的语气词так连接起来的重复：— Приходите в среду. — В среду так в среду;

(b) 由两个词形组合借助于连接词и所构成的重复：— Глуп ты еще. — Глуп и глуп. Не впервой мне это слышать.

* * * * * * * * * * * *

在构造重复—语句时语言中起作用的是保留或替换被重复词或词的组合形式的规则。这些规则对多数重复类型而言基本上是相同的（成对的重复除外，它们有自己的替换规则）。

对**动词**而言首先区分出所有变位形式的典型替换现象。

在一些重复类型中动词变位形式可以由动词不定式来替换。这通常发生在这样的情况下，当说话人回答时，将自己的注意力与其说是集中在确定人称的具体行为上，不如说是集中在整个关于行为的想法上（— Прости его. — Простить? —Как же простить?; — Обижаешься? — Обижаться?! — Вот еще обижаться! —Господи, обижаться!）。用动词不定式替换变位形式普遍存在于纯重复、带有副词性语气词как和否定语气词的重复（— Как не обижаться!）以及带有语气词где的重复（— Где уж обижаться!）中。在由保有原因—目的意义意味的副词性语气词（чего, зачем）构成的重复中，动词变位形式，用不定式替换，构成表达不同意、相信反面的重复（— Зачем обижаться! — Чего там обижаться!）。在带有动词不定式的重复中常常含有带有主体意义的第三格形式的代词（— Где уж мне обижаться!）。在突出强调重复中的整个关于行为的想法时不仅允许（而且有时是必须）用不定式替换变位形式，而且还可以替换动词体的形式（— Ты сходи сам. — Что мне ходить!; — Я еще оправдаюсь. — Чего ж тут оправдываться）。

在整个重复的情态意义与突出强调有关行为的想法无关、而是具有直接反应、评价特点的地方不会出现动词不定式替换变位形式的情况（例如：— Не знал я. — Мало что не знал! — Хорошо не знал! — Ничего себе не знал!）。

在一些重复类型中动词变位形式可以由名词来替换——动名词或意义上

与动词相关的名词;这里还有对人称意义的抽象和对整个关于行为的想法的突出强调。这些替换出现在由一致关系词形式构成的重复(— Вы спите? — Какой сон!; — Кажется, она теперь успокоилась. — Хорошо спокойствие!)和带有复合代词性语气词что за的重复(— Стану я грешить! — Что ж за грех!)中。如果用于替换的名词以复数形式出现,则重复中强调的是否定的评价,含有蔑视的因素:— Позвольте я их атакую! — Какие тут атаки!

从另一方面看,可以划分出只对某些动词形式是典型的替换现象。

(a) 第一人称和第二人称形式,在重复中通常根据说话人的人称意义来替换:— Я шучу. — Шутишь?!; — Ты шутишь! — Шучу?!; — Вы плачете? — Плачу? 人称形式在这些情况下可以保持不变,即当重复所表达的这种或那种反应不仅是针对说过的话的内容、而且针对其形式的时候或当说过的话被认为是出乎意料的、奇怪的,还不能马上就被理解领会的时候:— Забудь! — Вот еще забудь!; — Я это устрою. — Как это устрою?

(b) 动词第三人称形式不能由其他人称形式替换,如果说的正是某个第三方,而非谈话人之一。如果用第三人称指称谈话人之一的行为,则替换通常是可行的,例如:

— Он уходит! — Как это ухожу?(谈话人对把他作为第三人称来谈论的反应)。形式保留突出强调其意义及整个重复的情态意义(— Как это уходит?)。

(c) 在用«вы»表示礼貌或相应使用以-л结尾的动词的情况下规则是用单数形式替换复数形式,反之亦然:— Вы ведь обещали. — Как это обещал?; — Я ничего не видал. — Как то есть не видали? 保留动词形式就可以获得与保留人称形式一样的意义色彩(— Как это обещали?)。

第一人称和第二人称代词,以及相应的物主代词在重复中根据说话人的人称意义来替换(— Ты взял! — Прямо я!; — Это мое. — Ах твое!)。缺少替换要么表示理解不充分(— Пойдем ко мне. — Как так ко мне?),要么强调重复的相应情态意义(— Это мы здесь все починили. — Так уж будто и мы?)。正是由于类似重复的这种意义(没有替换形式)它们不能够用于不是意义重心、按其功能在第一句中是"词素"的人称代词被重复的情况(— Куда это ты идешь? — Я-то? А домой)。第三人称代词可以由第一人称代词替换,如果谈论的是谈话人之中的一个人:— Это опять его штучки. — Ничего не мои。

名词间接格形式在重复中可以用或不可以用第一格形式替换——取决于

重复的结构。

在借助于一致关系词以及借助于复合语气词что за构成的重复中替换是必需的，即在构成重复的词具有形式并保有与第一格意义的联系的地方：Придираешься к ребенку. — Хорош ребенок! — Да какой же ребенок?! — Что за ребенок!

在带有一致关系词的重复中可以用复数第一格形式替换单数形式的情况占有特殊的位置。如同在相应的动词形式替换中一样，这里得以强化的是蔑视态度因素：— Чаю выпьешь? — Какие тебе чаи!

替换可以使用，但不是必需的：(a) 在借助那些已脱离代词范畴、只保留下来第一格形式的代词性语气词和来源于代词的情态词构成的重复中：— А с матерью говорил? — Да что ж мать? 和 — Да что ж с матерью?; — Сироткой прикинулся. — И то сиротка! 和 — И то сироткой!; (b) 在借助源于系动词形式的情态语气词构成的重复中：— С праздничком вас! — Праздничек и есть! 和 — С праздничком и есть; — Все дети пьяницами повырастали. — Пьяницы как есть! 和 — Пьяницами и есть; (c) 在借助语气词как构成的重复中，如果名词具有评价意义：— Туда с такими пустяками не ходят. — Как пустяки?! 和 — Как с пустяками?!

替换不会出现在借助于那些自身形式不能影响被重复词形式的词构成的重复中，例如借助语气词хоть, хоть бы, разве, если等构成的重复：— К брату пойдешь? — Разве что (а хоть бы и, если только, да хоть и) к брату.

形容词、副词和述谓词在一些重复类型中可以由名词和动词来替换。当然，在这些情况中某种程度上存在重复对第一句对白的意义偏离。

(a) 在由一致关系词构成的重复中，副词、述谓词和形容词可以用同根名词的第一格形式替换；类似的替换普遍存在于借助保有与第一格形式的形式联系的语气词 (не то что, не то чтобы, что за) 所构成的重复中：— У него такой искренний был тон. — Хорошая искренность! — Какая искренность; — Здоров? — Какое здоровье!; Богато жили? — Не то что (чтобы) богачи, а жили хорошо. — Что за богатство!

(b) 在带有否定语气词、由语气词как (как не)构成的重复中可以用动词不定式替换形容词、副词和述谓词：— Жалко? — Как не жалеть; — Что-то он сегодня грустный. — Да как же не грустить! 这里还包括：— Нет ли самовара? — Как не быть!

并非所有类型的重复—语句从被重复词和组合的范畴和形式方面看都是自由的。在存在不受范畴和句法限制的重复类型的同时,还存在一些重复类型,它们的形成受到重复的只是某些范畴的词(名词、动词)或在第一句对白中只是承担一定句法功能(述谓功能、疏状功能)的词的可能性的限制。这些限制直接与那些成为重复的结构要素的语气词(情态词等)的形式相关。下面我们将对一些在范畴和语法方面受到限制的重复类型进行说明。

带有连接词性语气词 a, дa 的重复,最常有的是提问或半提问形式,几乎总是充当第二句对白,表达对问题的直接且富有表情色彩的反应(对谈话对象的轻视,认为它不值得认真关注,有些不乐意作答)。这里重复的要么是以与疑问词组合形式出现的第一句对白的述谓核心(— Что ты здесь делал? — Да что делал — ждал),要么只是疑问词或前置词—名词组合(— Как же вы тут жили без меня? — Да как? Обыкновенно)。

带有信心十足的证实之义(带有语气词 и есть, как есть, как же, еще бы,情态词 известно, именно, и то, и точно 等)或否定意义(带有语气词 не то что, не то чтобы, как же 等)的第二句对白大部分是建立在重复那些在第一句对白中承担述谓功能的词的基础上;其他句子成分只有当它们在第一句对白中充当逻辑重心的时候才可以被重复:—Ведь это разбой! — Как есть разбой! — Разбой и есть. — Именно разбой! — И точно разбой!. — Еще бы не разбой! — Как же не разбой! — И то разбой. — Как же, разбой! — Не то чтобы разбой... — Ничего не разбой; — Где же мне с суконным-то рылом... — Еще бы не суконное! — И то суконное!; — Пришли-то вы рановато. — Рановато и есть. — Именно рановато; — Что это за народ идет, словно с кольями? — С кольями и есть. — Как же, с кольями.

单成素句的谓语或述谓中心只在由与相应副词保有积极联系的情态词 отчего (же), почему (же) 构成的、表示同意、确定意义的重复—语句中才可以被重复: — Не узнаете? — Отчего же, узнаю. — Узнаю, почему же.

借助连接词性语气词 и (ну и, вот и, да и, а и),以及复合语气词 так и (так тебе и) 构成的带有得到首肯之义的重复—语句受到重复动词谓语的限制,极少数情况下受到述体中的名词的限制(借助第一类连接词性语气词)。限制在此种情况下还扩展到被重复词的形式上。这样一来,当第一句对白中是命令式时,带有语气词 и (ну и) 的重复通常(但非例外)与陈述式的第一人称形式一起使用(— Иди! — Ну и пойду!);当第一句对白中是陈述式或动词不定式时,带有语气词и(ну и)的重复通常与命令式形式一起使用(— Сами организуем это дело. — Вот и организуйте; — Придется мне самому съездить. — И съезди)。名词形式在此极少被重复，只有当它们在第一句对白中用作谓语时才可以出现：— А еще фронтовичка! — Ну и фронтовичка, а грозы боюсь; — Подумаешь, важная птица! — Вот и не птица, а будет по-моему.

由保有副词意义元素的复合语气词так (тебе) и构成的重复中，重复的是动词谓语的变位形式：— Он всю деревню спалит. — Так (тебе) и спалит!

由简单代词性语气词что构成、具有重复提问的表情色彩之义的重复—语句建立在重复名词、不变化词(副词、连接词等)及极少数情况下——第一句对白的述谓核心的基础上：— Я, конечно, согласен, но... — Что, «но»?; — Отдай скотину, не то худо будет. — Что «худо будет»?! 在这类重复中动词形式较少被重复(— Нет, я не могу. — Что не могу?)。

在由复合语气词что за构成、表示坚定的驳斥、不赞同之义的重复中，通常重复的是第一格形式的名词和形容词：— Чем потчевать прикажете? — Что за потчеванье! 变位动词形式在此重复的情况极少(— Зачем же врешь? — Что за вру!)；动词不定式则不参与这类重复的构成。

在表示评价某事物是不重要的、不值得注意的，借助语气词что(что ж, да что)构成的重复中重复的多半是名词和名词性组合：— Ведь это он тебя с бревном тогда поймал. — что же с бревном..; — Молотьба-то как? — Да что молотьба!; — Как же ты с знатной барыней кончил? — Что, братец, знатные барыни! 变位形式在此极少被重复，因为类似— Надоел! Да что ж надоел!或— Я приказываю. — Что тут «приказываю»!的组合与что前面的代词性(在句子中——述谓的)和副词性意义矛盾；该意义表现在第一句对白的变位形式在此通常由动词不定式替换，而且完成体由一般表示行为的未完成体替换，没有任何的界限限制(— Поучи его! — Что ж его учить...)。

由一致关系词形式构成的重复只将名词、形容词和代词的第一格形式纳入自己的组成：— А грамоте знаешь? — Какая грамота!; — Откровенничать с чужим человеком! — Хорош чужой. — Никакой не чужой!; — Все твои штучки. — Какие же мои?

因此，在很多重复中，之中语气词或其他构成重复的词没有丧失或没有完全丧失与它们从中划分出来的那些词类在意义和功能上的联系，对作为被重复元素纳入第二句对白的词而言存在这样或那样一些范畴、形式和功能上的限制。

语气词、感叹词、情态词及其他参与构成第二类重复—语句的词的位置是不自由的。在一些情况中这些词只能位于重复的句首,而在另外一些情况中可以位于其句首或句末;语气词或其他构成重复的词就其在重复组成中所处位置来讲是自由的情况是个别的。

大多数参与构成重复的词都是重复的开头,但将它们固定在重复开头的特点却各不相同。

一方面,可以划分出任何条件下都不能在重复内部移动、必须处在重复句首的词。这种严格的固定性是由相应的词的结构及其与这些或那些词类的联系直接决定的。这些词与被重复词在语调上的统一是它们在重复结构中发挥句法功能的必要条件。这首先是语气词,其基础词是и——单独使用或以与其他词组合的形式:а и, ну и, вот и, вот те (тебе) и, хоть (бы) и, так (тебе) и, уж и, будто и, даже и 等:— Это не причина. — Ну уж и не причина! — Так тебе и не причина! — Будто и не причина! — Даже и не причина? 同样的限制条件也对语气词a, да起作用。

参与构成其必要结构成素是否定意义的重复—语句的语气词как (не), не то что (не то чтобы)始终前置并在语调上与被重复词不可分离:— Женихи найдутся. — Как (же) не найтись!; — Отстал ты. — Не то что отстал, а... 同样的规则还延伸到参与重复构成的一致关系词какой和хорош身上:— Волк?! — Какой (тебе) волк!; — Сапоги-то совсем новые. — Хороши новые!, 以及语气词что за身上:— Волк?! — Что за волк!

在具有表情色彩的重复提问中代词性语气词что (ну что, что такое) (— Это что такое? — Что «что такое»?)、语气词хорошо (— Легонько отстранил... —Хорошо «отстранил»),никаких (— Мне пора ехать. — Никаких «ехать»!)、复合语气词вот те (— Да ну? — Вот те ну!)只能前置。

上述研究的各情况的特点是,语气词或一致关系词在任何条件下都不能改变自己在重复结构的位置或在语调上与紧随其后的被重复词分隔。对语气词而言这种严格的位置限制是由它们的结构本身或初始意义和来源自然决定的;对一致关系词而言把它们严格限定在被重复词前面的位置是它们特殊的语义和句法功能的语法标志。

从另一方面讲,许多一直处在重复—语句开头并且语调上不能与被重复词分离的词(语气词、情态词、感叹词)是可以与被重复词分离、移到重复—语句的末尾并且在语调上独立,例如:— Новые ведь еще сапоги-то. — Какое новые! 和 —Новые? Какое!; — Я тебе сказал. — Мало ли что сказал! 和 — Сказал! Мало ли что!; — Опоздали мы. — Как то есть опоздали? 和 — Опоздали? Как то есть опоздали?; — Он согласится. — Куда там согласится! 和 — Согласится! Куда там! 但是已经有个别一些例子表明,将语气词移至语句的末尾改变的不仅是它的意义色彩。在 — Какое новые!情况中我们面对的重复—语句由两个词组成,它们共同构成一个带有限定意义的结构;在像— Новые? Какое!情况中我们看到两个独立的结构——纯重复和作为句子等价物的语气词,它们自由分离,并且可以彼此互不依赖地发挥功能作用。尽管两种情况中表达的都是否定、不赞同,但它们的概括意义的色彩在此有着明显的差别:在第一种情况中整个重复具有坚定的、断然的反对、否定之义;第二种情况中这个意义可以分割:在表示怀疑和不信任时,说话人用纯重复来了解清楚前面说过的话,而用语调上独立、句法上自由的语气词表示自己对对话人观点的不赞同。因此,我们面对的不是来自词序和语调方面的变体结构,而是两个不同的结构。因此,如果以在本文开头所阐述的那种角度研究重复—语句,我们就不能说像чего (чего там), куда (куда там), зачем, нечего, какое, как(在重复提问时), чтой-то, то-то, ну, еще бы, вот, ну вот那样的语气词、组合что ты、情态词и точно, мало ли что, кой черт、名词和动词形式пустяки, легко сказать等可以处在或是重复的开头或是末尾,当语调上可以或不可以与被重复词分离时:作为纯语气词它们只能处在重复的句首并在语调上不可与被重复词分离。

一系列参与构成重复的语气词、情态词和感叹词既可以处在重复的开头,也可以处在重复的末尾。这些重复不是同一类型。

1. 此处可以划分出这样的重复,之中构成重复的语气词或其他词,就其与被重复词的位置是独立的,在语调上与被重复词是一致的。这是由语气词что (что ж, что там)(— Да ведь холода стоят! — Холода что!和— Что холода!), ничего, нисколько, ничуть, вовсе(— Озяб? — Ничего не озяб 和— Не озяб ничего), и есть (— Точно все сговорились! — И есть сговорились 和— Сговорились и есть), разве, если(— Одну чашечку! — Разве чашечку, — Если чашечку 和— Чашечку разве, — Чашечку если),一致关系词никакой(— Ну и соня ты! — Никакой я не соня 和— Не соня я никакой)构成的重复。

2. 存在这样的重复,之中构成重复的语气词、情态词处在重复的句首时,它们在声调上与被重复词是一致的,而当它们处在重复的末尾时,可以在语调上与被重复词分离,但这种分离不是必须的。这是带有语气词как есть的重复(— Сыновья-то ее пьяницы. — Как есть пьяницы, — Пьяницы как есть 和 — Пьяницы, как есть)。

3. 有些重复,之中构成重复的词(语气词、感叹词),当它们处在句首时,语调上可以与被重复词分离或是不分离,而当它们处在重复的末尾时,语调上则必须与被重复词分离。这是带有语气词вот, вот еще(— Мой пиджак тебе не влезет. — Вот (еще) не влезет! — Вот (еще), не влезет! 和 — Не влезет, вот (еще)!), прямо(— Прямо не влезет! — Прямо, не влезет! 和 — Не влезет, прямо),情态词组合ничего себе, нечего сказать, легко сказать(— Еще рано. — Ничего себе рано. — Ничего себе, рано 和 — Рано, ничего себе; — Нечего сказать рано, — Нечего сказать, рано 和 — Рано, нечего сказать)的重复。

4. 在一些情况下,语气词或是位于重复的句首、或是位于重复的末尾,它们在语调上可以或是不与被重复词分离、或是与之分离。这是带有语气词тоже的重复: — Он много знает, читал. — Тоже читал! — Тоже, читал! — Читал тоже! 和 — Читал, тоже!

5. 数量可观的情态词与其他词、语气词与感叹词组群,在构成重复时,既可处在句首,又可处在重复的末尾,语调上与被重复词不一致,必须与之分离。这是带有情态词как же(— Он вам родственник? — Как же, родственник 和 — Родственник, как же), отчего (же), почему (же), 动词形式 рассказывай, дожидайся, скажите, 语气词ишь (ты), вишь (ты), 感叹词да, эка, господи等的重复。

由此可见,在重复—语句的语调构成上可以分立出相当明确的规则。

本文所描写的重复类型从自身结构方面看存在巨大的差异。与此同时一系列共同的纯语言特点又将它们全部统合在一起,把它们看作一个统一的研究对象。这种统合因素,一方面是共同的、易于展现的情态—表情意义系统:这是对形式多样的——在大多数情况下是否定的——对第一句对白所报道的内容、所说过的话的直接反应的表达。对所说过的话的直接且总是富有表情色彩的评价性反应正是重复各基本组成类型的意义内容。重复的这些意义不是由被重复词的词汇意义、而是由重复的结构及其语调筑成的。

重复在意义上的绝对不独立性完全与其结构相关。重复在语言中不能超越与第一句对白的直接相互关系而存在,其结构受第一句对白的形式的制约。这种制约性具有两重性。一方面,第二句对白(重复—语句)的词汇组成由第一句对白的词汇组成决定:所重复的正是该具体词或组合;另外一方面,这个重复的实现要依照一定的语法规则。而如果词汇方面在此每一次都是个性化的,则重复的构成条件由在语言中起作用的规范来决定。原则上这种情况与大多数自由的句法语言单位的构成条件没有分别。

毫无疑问的是,重复—语句应该成为语法研究的对象。证明重复具有自身的句法地位、自己的结构特性的因素已经在前面加以阐述。现简单概括如下:

1. 重复存在于言语的口语形式中,是由对话统一体的第一句对白生成的结构,是该复杂统一体的结构上的从属部分。在由第一句对白生成过程中,重复以一定的句法形式体现出来,但该形式远非至始至终地直接重复包含在第一句对白中的词形;换言之,重复具有自己的句法形式,自己的构成规则。

2. 在自身构成过程中重复—语句从属于一定的保留或替换被重复词形式的规则。在这种或那种重复类型中对一部分语法范畴的词而言保留被重复词的形式是必要的,对另外一部分而言必要的是用其他的、但非随机选择的、而是确定的、就必须是这个形式替换被重复词形式。在存在选择可能的地方,这种可能性不是由说话人的愿望和兴趣决定的,而是由与使用正是此形式、而非彼形式相关的意义或意义色彩决定的。

3. 很多重复类型都受到来自被重复词的范畴方面的限制:存在之中被重复词只能是名词、只能是动词、只能是在第一句对白中发挥疏状语功能的副词或组合的重复—语句类型。在这些限制的内部通常还有其他更具体的限制在起作用:名词只能以这个或那个格的形式加以重复,动词只能以这种或那种式、时间、人称形式加以重复。

4. 重复—语句受到来自用其他词扩展重复方面的严格限制。在大多数情况下扩展重复的可能性被排除。在重复可以被扩展的地方存在引入扩展词的纯句法规则;在不同的重复类型中形成自己独特的引入组合或带有一定句法功能的形式的规律。

5. 重复—语句是在一些特殊词——语气词、感叹词、情态词或组合以及一致关系词——的参与下构成的。所有这些词不单是对被重复词的"增强",而且在第二句对白(重复)组成中起着结构的作用:它们是重复的组成成分之一,只要这个对白作为这样一个带有一定意义的句法结构一直存在下去,它就不能被终止使用。语气词(感叹词、情态词等)与被重复词的外部结构的结合程度不同。在一些情况下取消语气词(或它的相似词)会导致对该类型重复的外部结构的完全破坏;在另外一些情况下语气词(或其他词)在外部结构上容易分离,但这种分离会使该类型重复变成另外的重复类型,带有另外的结构、语调、另外一种意义色彩。

6. 语气词(以及其他参与重复构成的词)的位置是不自由的。它们中的一些总是要作为第二句对白的开头,另外一些则既可以开始也可以结束重复;构成第二句对白的词的顺序由在语言中起作用的词语分布规范来决定。

7. 不同的重复类型具有自己语调上的特点。这个问题在本文中没有得到阐述:它需要特别的实验研究方法。然而甚至是最概括和表面的观察也能证实,这些或那些重复类型具有确定属于自己的特定的语调特征。

8. 存在一系列以双向结构联系为条件的重复:它们的形成只是作为复杂结构的一个部分,在体现与对话统一体的第一句对白和重复位于其句首的复杂结构的第二部分的句法联系时(参见成对重复)。

上述的结论是,第二类重复—语句是对话言语典型的、特殊的结构类型之一。它们形式多样并且提供广阔的选择性。因此不能同意雅库宾斯基的言语对话形式"有助于减少语言成素在普遍的相互作用顺序中的意义[1]。相反,对话作为口语的一种形式拥有最为丰富的纯语言手段,并由说话者在交流过程中将其实现。

1956年

---

[1] 雅库宾斯基。所指文章的184页。还可比较:[Вандриес Ж. Язык. М., 1937. с. 144]。

关于词组系统中的分析结构
（由核心词操控的搭配）

现代俄语中出现一些并非总能将其有所分别地集结在"分析主义"的共同名称之下的现象[1]。在纯句法平面这里非常重要的是出现那样一些搭配，为此作为特定的语法范畴、具有词形变化形式的从属成分，在词组结构中不体现自身的这些可能性并以初始形式与轴心词产生内在联系。在此初步形成三个方面的现象。

第一，这是由语言日益合法化的组合，它带有具有词形变化形式的依附联系的专有名词：из аэропорта «Внуково», в городе Раменское, на остановке «Восьмая линия»等。这一现象作为发展中的现象不只一次在专门的文献中被提及；它的起源清晰：这是读图、军事命令语言、文件语言，不允许任何最微小的标记双重性。在旧式规范持有者的言谈中不稳定情况有所保留，而在反映现代规范的书面语中，尤其是在报刊语言中从属词的不可变化性在这些情况中已经几乎成为规则[2]。这个规则由那些不包含在任何"同义"系列的组合支撑着，例如，一方面是витамин «С», операция «иск», пункт «в»等，另一方面——是类似удостоверение «Мастер своего дела», операция «Летающий кран»的组合。

第二，这是大规模扩展的名称中的数字标记——单个使用或以与字母标记组合的形式。它们起源于由顺序数词表示的定语：目前常见的депо Москва-2, пшеница тулун-14等在30年代时还被称作Москва вторая, тулун четырнадцатый。同样，战前还曾有«Второй МХАТ»[3]；这一表示与实际事物一起消失；当现在人们写МХАТ-2（МХАТ-2的附属学校），这个拼写会被没有听说过Второй МХАТ的人读成МХАТ-два。带有数字标记的新名称的产生伴随着依附联系（当然，在口语中不排除在那种一致关系数词名称组成中使用的可能性）[4]：аэровокзал Внуково-2, комбайн Хресонец-7, скороспелка 36, рис дубковский 129, космонавт–шесть,

---

1 这里还包括词的不变格现象本身以及那些当具有词形变化形式的词只是在一定的句法位上不体现自身形式变化的情况。参见[Русский язык и советское общество 1962: 52-53]。

2 所有例子，在没有补充说明的情况下，均源自当前的核心报刊。

3 "壮大起来之后，它（第一实验剧团）开始了独立的艺术生活，并最终发展成МХАТ 2-ой"（Станиславский К.С. Моя жизнь в искусстве. М., 1962. 430页）。

4 有关这一点参见:[Янко-Триницкая 1964]。

высота 301, дом десять, корпус пять, объект восемнадцать, боевая часть-2等；以与字母标记组合的形式——缩写或标识符：витамин В-12, автомобиль ЗИЛ-138, АТС Б-6, шахта 10-бис等。"不变格"受到从零开始的数字标记的支持，例如：при домоуправлении 054；但比较：Вызываю ноль первого(《莫斯科晚报》)。

第三，也是最后一个方面，数量限定成分可以自由地依附于核心词——单独使用(расстояние два км, емкость десять литров, кросс 500 метров, урожай 40 центнеров с га)或以组为单位：эстафета 4×100, эстафета 4 по 100 м, соотношение 1 и 200(和соотношение один — двести), схемы посева 60 на 60等。

提出一个问题：所有这些及其他与其类似的组合的出现是否是分析主义不受任何限制的胜利前进以及非分析组合是否已全面让位于它们？分析主义的发展是否会导致现代俄语句法结构的简化或繁化？

在研究分析结构与非分析结构所形成的那些关系的基本类型以及由此相应产生的句法序列的类型[1]之后，我们将尝试回答这些问题[2]。

Дом под номером вторым — дом второй — второй номер дома — дом номер второй — дом под номером два — дом номер два — дом два — Петровка два

这个标题里所列举的是一个带有数字限定成分的组合的多项式序列的完整形式。然而这些结构的词汇填充的可能性，就是说，在此情况下的序列饱和程度直接受到核心词的制约：与一些词在一起该序列会更完整，而与其他一些词一起序列的某些形式不能填满、序列可能缩小到只有两种形式。因此在进一步的阐述中序列分析将从核心词开始。

最简单的形式，这种多项式序列的核心——具有如下两种形式的序列：высота триста первая — высота триста один。如上所述，该序列的第二种形式——是一个发展中的现象。带有依附联系的数词的组合的积极活动结果是出现类似депо Москва вторая — депо Москва два, рейс семьдесят третий — рейс семьдесят три等的相互关系。带有名词размер的序列变为三种形式：

---

1 正如所说明的那样，报刊语言是本文的材料。关于用于研究句法学积极进程的资料来源的报刊语言参见笔者的文章：[Шведова 1964a]，以及笔者的著作[Шведова 1966]。

2 有关句法序列概念参见笔者著作：[Шведова 1966a]。

ботинки тридцать восьмого размера — ботинки размер тридцать восьмой — ботинки размер тридцать восемь。很能说明问题的是，在带有义为"尺码"的词номер的词组中名词номер的可变性丧失，它始终要依附于被限定词（有关这一点参见下文）；该序列有两个形式：ботинки номер сороковой — ботинки номер сорок；序列的第二种形式中存在具有词形变化形式的词的双重依附联系[1]。

多项式序列产生于用于表示计算顺序的名词номер进入词组的情况下。在此出现各种形式的系列——直接依赖于词组的核心词。分支最多的序列由带有дом, корпус, комната, квартира, палата, вагон等词的词组提供。带有这些词的句法序列可以增加到八种形式。最基础的——也是最完全的——形式：дом под номером вторым, комната под номером шестым, корпус под номером двадцатым；这是一个不常用的形式，在现代俄语中可以使用，但含有明显的陈旧和做作的意味；在书面语中它实际上几乎没有固定下来；数字标记在阅读时是以基数词的形式出现的：**двухэтажный домик под № 136; в комнате под № 13** находятся представители ТАСС; проходя **мимо** старинного невысокого **дома под номером восемьнадцать**。那种带有依附联系的数词的组合——序列的第二种形式。在非正式的言语中还可以使用序列的第三、第四和第五种形式——像дом номер второй[2], второй номер дома和дом второй这种形式的组合；第一种情况中номер是不可变化的：в доме номер втором（参见脚注1）。然而无论是在口语中还是在书面语中（后者是以数字标记的形式）最为普遍的是两种最近时间出现的序列形式：дом номер два和дом два（в доме номер два, в доме два, на объекте восемнадцать等）；这是一些大量使用、自由地与带有一致关系的顺序数词的组合并存的形式，比较：**корпус** 44 — это небольшое двухэтажное здание和ускорить работу **на 44-м корпусе**。序列变体、把个别组合纳入其中的可能性可以依赖于它们是否能够进入更复杂的组成。这样一来，只有在带有街道名称的组合中还可能再出现两个序列形式：语调上与该名称一致的数词（Петровка 38; улица Чкалова 5, еду на Ленинский проспект 77）或数词与номер的组合：живет на

1　关于в доме номер восьмом, в вагоне двадцать пятом类型组合及其与в доме номер восьмой类型组合的相互关系参见[Шахматов 1941: 309]。

2　比较19世纪时如下类型组合：**Баржу № 9-ый** разбило (М. Горький, Фома Гордеев); Каждый раз, уходя **из квартиры номер пятый**, он опускал ему в руку два двугривенных (Боборыкин, На ущербе); Затем в «Русской мысли» появилась «**Палата № 6-ой**» (Короленко, Антон Павлович Чехов).

Волоколамском шоссе № 10; переехал на улицу Димитрова № 9。两个组合（尤其是第一个）的活跃程度非常高。这些组合中的数词与街道名称合成一个统一的称名：似乎忘记它最初必须属于 дом 一词；因此像 неказистое **здание по Ново-Басманной 29** 或 бывали **в доме по Рогожскому валу № 13** 这样的组合变得可行。

在带有街道名称的组合中初步形成分析主义的下一个阶段——词语 дом 的"不可变性"：Шаляпин жил в Петрограде **на Пермской, ныне улице Графтио, дом 2-6** (Лит. Газ., 1964 г.); **в Староконюшенном переулке, дом 17**; перебрался **на Смирновскую улицу, дом 5**。但同时也保留着带有词形变化的组合：идет на Большую Грузинскую, в дом 76; на улице Горького, в доме № 19; живет на 2-ой Подмосковной, в доме № 4; проживает на улице Садовой, в доме 8-А。

在类似（поеду）на Смирновскую улицу дом три 的组合中的被限定名词的不可变化性依靠口语及其初始形式词并置的趋势；比较反映书面语（两个组合中的第一个）和口语（第二个组合）规范的两个形式的序列：ботинки 38-го размера — ботинки размер тридцать восемь; живет на Пушкинской в доме № 11 — живет Пушкинская дом 11; стоит 71 копейку — стоит 71 копейка。

很能说明问题的是摘自不完全掌握写作规范的人的书信的例子：живет от меня всего 300 метров; направили на работу в город Белгород стройуправление № 109; мы жили Амурская область, станция Поздеевка（摘自青年工人们寄给《共青团真理报》编辑部的信）。

在那些其使用不是由修辞或位置条件决定的地方这种或那种结构的优先使用常与习惯用法、与在整个语言或语言持有者的具体语境中将特定词语就用于该结构组成的习惯有关。例如，在上面分析过的相互关系类型中 палата 一词优先与顺序数词（вторая палата）或与带有 номер 一词的依附联系组合（палата номер два）结合；палата два 可以使用，但看起来远不像 дом два 那么频繁；"遗漏" палата 的组合（像 «шестой корпус, два»）不能使用。带有 вагон 一词的组合同样如此：在像 поезд восьмой, вагон четвертый — вагон под номером четвертым — вагон под номером четыре — вагон номер четвертый — четвертый номер вагона — вагон номер четыре — вагон четыре 这样的序列中组合 «поезд восьмой четыре», «поезд номер восемь четыре», «поезд номер восьмой четыре» 不能使用。

前面讨论过序列的完全形式及其受词汇、位置和本身习惯因素制约的变体。这些因素的作用——共同作用和每个单独作用——可以建立理论上允许完全形式、但实际上是以缩短的系列形式存在的若干序列。例如，带有квартал, микрорайон 等词的序列中类似 квартал或 микрорайон под номером вторым, квартал под номером два, второй номер квартала的组合不能使用；带有поезд的序列亦如此。在带有приказ, бумага, распоряжение等词的组合中作为规范保留着за номером (приказ за номером сто два)[1] 和под номером (распоряжение под номером сто четыре)；然而类似приказ сто два, распоряжение сто четыре这样的词组是不能使用的；在正式的言语中带有这些词的最为常用的是类似приказ номер два这样的组合。现代俄语中带有школа, училище, больница, магазин, аптека等词的句法序列实际上具有两种形式：седьмая школа — школа номер семь；任何一种形式都可以在言语中自由使用，例如：магазин номер семнадцать; дирекция семисотой школы; тридцать девятое профтехучилище；其他组合或是不常使用，或是完全被排除（«школа два», «школа под [за] номером семь, седьмым»）。

在现代言语中普遍使用成对的数字标记：квартал 51—52, микрорайон 37—38, гидрозабой № 1—2 等。对于这些结构而言完全的序列形式是这样的：пятьдесят первый — пятьдесят второй квартал — квартал пятьдесят один — пятьдесят два — квартал номер пятьдесят один — пятьдесят два — квартал номер пятьдесят первый — пятьдесят второй — квартал под номером пятьдесят первым — пятьдесят вторым — квартал под номером пятьдесят первый — пятьдесят второй — квартал под номером пятьдесят один — пятьдесят два；然而实际上成对的标记最常用于具有两种形式的序列组成中：квартал пятьдесят один — пятьдесят два — пятьдесят первый — пятьдесят второй квартал。与此同时从现代语言实际出发确立巩固这个或那个结构的趋势并非总有可能：比较序列形式的同等功能作用：микрорайон под номером 37—38 на Юго-Западе; жилой корпус в 51—52-ом квартале; пятиэтажный дом в квартале 16—73; Колмогоровский гидрозабой № 1—2。

只在一种情况下积极活跃的、带有依附于名词的组合的结构"номер+基数

---

[1] 比较极少使用的组合：Он стал **военнопленным за номером 420**(Правда, 1964)或：Заслуги маститого геолога в изучении Арктики Географическое общество СССР отметило **Большой золотой медалью за № 4**(Известия, 1965)。

词один"不进入句法序列而是发挥带有头等重要的概括意义的成语化统一体的功能（看来，军事术语готовность номер один就是范例）：проблема номер один，новость номер один，вопрос номер один，резерв номер один，обязанность номер один等。

因此，将带有依附联系的数词的分析组合用于一定的句法序列结构的可能性受到词汇上（分析组配对一些词影响更大些，而对另外一些词则更小些）以及位置和一些习惯上的限制。目前这些限制无疑束缚着分析主义的发展并将其变成一种不自由的句法现象。如果根据目前的使用情况来判断，消除这些限制的前景并不明朗；在任何情况下都不能认为这些前景无限广阔。

用带有依附联系的数词的组合例子可以证明，分析主义在词组系统中的发展使该系统变得更为复杂：建立起多项式系列，将那些大概只有在序列的终端点上才可能失去重复特性的结构统一起来。甚至是如果这些序列由于不大活跃的环节脱落逐渐得以简化，它们的不同变体形式无疑还是会保留下来。

Расстояние, равное двум километрам — расстояние, равное два километра — расстояние протяженностью в два километра — расстояние протяженностью два километра — расстояние в два километра — расстояние два километра

借助длиной, шириной, высотой, глубиной, протяжением, размером, площадью, емкостью等形式而没有把数量限定成分并入自身的名词，其所拥有的带有这些数量限定成分的组合序列在现代俄语中具有四种形式。基础部分在此由带有высота, длина, глубина, ширина, вместимость, емкость, протяженность, расстояние, скорость, грузоподъемность等核心词、自然不接纳同是该词的第五格形式的同语重复（* глубина глубиной в 100 м）的结构构成：высота, равная ста метрам — высота, равная сто метров — высота в сто метров — высота сто метров; длина, равная трем тысячам миль — длина, равная три тысячи миль —длина в три тысячи миль — длина три тысячи миль; скорость, равная семидесяти км — скорость, равная семьдесят км — скорость в семьдесят км —скорость семьдесят км等。这一序列的第一和第三种形式是完全形式的结构；第二和第四种形式——是在分析主义影响下发展起来的新型的活跃结构。在核心词是间接格形式的情况下序列可以变成具有五

种形式的序列:进入序列的是一个像 на высоте трех тысяч метров, на глубине двух метров, в диапазоне восьмидесяти метров, со скоростью семидесяти километров в час 这样的旧式标准结构。下面就是一些从现代报刊言语中摘出的具体运用进入序列的不同结构的例证: **расстояние в три метра; на расстоянии в полтора метра** от скважины; **глубина в две тысячи метров;** лифт поднимает грузы **на высоту в 22 этажа**; давление равно **глубине в 30 метров**; плотина поднимается **на высоту двести шестнадцать метров**; корабль идет **со скоростью 75 километров в час; на высоте девять тысяч метров**; затяжные прыжки **с высоты двух тысяч метров**; «Восток» расположен **на высоте трех с половиной тысяч метров** над уровнем моря.

具有四种形式的带有其他意义名词的序列也可以有相似的构成,例如: жирность молока, равная четырем процентам — жирность, равная четыре процента — жирность в четыре процента — жирность четыре процента.

如果表示可测量物体的名词能够借助 площадью, длиной, глубиной, высотой, величиной, шириной, протяженностью 等形式合并数量限定成分,则句法序列变成具有六种形式的序列:它采用本节标题所列举的那个形式: дистанция, равная четыремстам метрам — дистанция, равная четыреста метров — дистанция протяженностью в четыреста метров — дистанция протяженностью четыреста метров — дистанция в четыреста метров — дистанция четыреста метров[1]。序列的第一、第三和第五种形式(дистанция, равная четыремстам метрам — протяженностью в 400 метров — в 400 метров)——完全形式的结构,它们之中的最后一种结构在现代俄语中最为常用;第一种结构属于严格的正式言语;带有第五格形式的组合依旧是中性的并为广泛使用。至于序列的第二、第四和第六种形式(дистанция, равная четыреста метров — протяженностью четыреста метров — дистанция четыреста метров),则全部是因为基数词前置词—格形式不体现而出现的新形式。这些组合中第一个组合(дистанция, равная четыреста метров)只是谈话所特有的(参见上文有关 высота, равная сто метров 类型的组合),而后两种形

---

[1] 在核心词转义的情况下句法序列因相似的组合从中脱落而缩短,比较: **Дорога длиною в четырнадцать туров** отделяет сильнейших ватерполистов страны от старта чемпионата (摘自报刊)(组合 «дорога, равная четырнадцать туров» 或 «дорога четырнадцать туров» 不能使用);в Москве очереди за пианино **вытянулись длиной в пять лет** (Лит. газ., 1964 г.).

式广泛用于政论言语中。下面就是一些使用这个具有六种形式的序列的不同结构的例证：дистанция протяжением в один километр; лыжня длиной в 800 м; пойма в двести метров шириной; акватория площадью в миллион гектаров; платформа длиной 22 метра; маршрут протяженностью 2229км; автопоезд грузоподъемностью 120 тонн; трубы диаметром 1400 мм; складское помещение размером 300 м; двор восемнадцать метров шириной и тридцать шесть метров длиной; междурядья в 90 см; расстояние в 28 км; на площади 102 гектара посеяли кукурузу; дистанция 1000 метров; расстояние 5700 км; на трассе 4,5 км. 比较出现在同一个上下文中的例子：на волну в 21 сантиметр 和 на волне 21 сантиметр（摘自报刊，1964 年）。

本身包含带有词形 емкостью, мощностью, грузоподъемностью, калибром 的组合的序列由于其中没有纳入带有 равный 一词的结构以及带有前置词的结构在使用方面的局限性而缩短。这种序列通常的形式是：автопоезд грузоподъемностью в 120 тонн — автопоезд грузоподъемностью 120 тонн; контактная система мощностью в тысячу тонн — контактная система мощностью тысячу тонн / тысяча тонн; бутыли емкостью в 10 литров — бутыли емкостью 10 литров; часы калибром в 12 мм — часы калибром 12 мм。无前置词组合使用广泛，例如：холодильник емкостью 12 тысяч тонн; часы наручные калибром 12 мм; миксер емкостью 1600 тонн。试比较出现在同一个上下文中的例子：реактор мощностью в 100 тысяч киловатт 和 атомная станция мощностью 100 мегаватт（摘自报刊）。类似 автопоезд 120 тонн, реактор 300 тысяч киловатт, холодильник 17 тысяч тонн 的组合在报刊语篇中未见使用。

带有个别一些充当核心词的词汇的序列出现变体。例如，带有称名可以定期获得或源自不同产地的某物的名词的句法序列中包括带有 по 的组合。序列具有下列形式：урожай, равный тридцати центнерам с гектара — урожай, равный тридцать центнеров с гектара — урожай по 30 центнеров — урожай в 30 центнеров — урожай 30 центнеров; прибавка, равная четырем центнерам — прибавка, равная четыре центнера — прибавка по четыре центнера — прибавка в четыре центнера — прибавка четыре центнера。序列的后三种形式可以发挥完全复本的功能，试比较：в первый год получен **урожай гороха 25,8 центнера с гектара**, а второй год — **пшеницы по 35,4** центнера с гектара (摘自报刊); 无前置词结构使用活跃: внесение удобрений дает **прибавку четыре-пять центнеров зерна с га**; **урожай 17 центнеров с га**; тонна удобрений дает **прибавку зерна две-три тонны** 等。

在带有称名用钱来计算的事物的名词(убыток, сумма, долг, пенсия 等)的序列中包含带有 в размере, в количестве, в объеме 的组合; 在使用词语 долг, убыток, пенсия — в сумме 时: убыток, равный тысяче рублей — убыток, равный тысяча рублей — убыток в размере (в сумме, в количестве) тысячи рублей — убыток в размере (в сумме, в количестве) тысяча рублей — убыток в тысячу рублей — убыток тысяча рублей。 这里有一些例子: **долг 485 р.** погасил за счет совхоза; завод понес **убытки в десятки тысяч рублей**; **пенсия в размере 88 рублей**。带有 скидка 一词的结构在该序列中带有 "в+第四格" 的组合的位置由带有 "на+第四格" 的组合占据: скидка, равная десяти процентам — скидка, равная десять процентов — скидка в размере десяти процентов — скидка в размере десять процентов — скидка на десять процентов — скидка десять процентов。

带有词语 крен, наклон 的序列中既包括带有 "на+第四格" 的结构,也包括带有 "в+第四格" 的结构(带有 в размере 的结构从该序列中去除): крен, равный пятидесяти градусам — крен, равный пятьдесят градусов — крен на 50° — крен в 50° — крен 50°。

与多项式序列同时发挥功能作用的是因由数量限定成分的依附联系而产生的具有两种形式的序列:

1) 带有 "на+第四格" 的词组——带有依附联系的数词—名词组合的无前置词词组: бег на 100 метров — бег 100 метров; кросс на 800 метров — кросс 800 метров, 例如: в **беге на 5000 м** порадовал молодой стайер; бежала **кросс 500 метров**。

2) 带有 "в+第四格" 的词组——无前置词词组: комната в 20 м — комната 20 м; мороз в 40° — мороз 40°。

最后,一些带有依附联系的数量限定成分的组合可以不进入任何序列;这是一些新的构成形式: передача **на волне 70, 09 метра**, автомобиль **класса 350 куб. см** 及其他。

带有复合数量成分 "от+第二格—до+第二格" 的组合进入特殊序列: площадь от ста до ста двадцати метров — площадь в 100—120 м — площадь 100—120 м; мощность от 5 до 16 тысяч киловатт — мощность в 5—16 тысяч киловатт — мощность 5—16 тысяч киловатт等。这些结构的意义可以用带有в диапазоне的组合确切转达：штрафы накладываются **в диапазоне от 5 до 25 рублей**（摘自报刊）。取决于核心词这种序列可以具有四种形式、三种形式和两种形式。**具有四种形式的序列**：участок размером от десяти до двадцати га — участок от десяти до двадцати га — участок в десять—двадцать га — участок десять—двадцать га; ветер силой от одного до трех баллов — ветер от одного до трех баллов — ветер в один—три балла — ветер один—три балла; дети в возрасте от 10 до 15 лет — дети в возрасте 10—15 лет — дети от 10 до 15 лет — дети 10—15 лет。**具有三种形式的序列**：морозы от 35 до 40 градусов — морозы в 35—40 градусов — морозы 35—40 градусов; на глубине от 130 до 140 м — на глубине в 130—140 м — на глубине 130—140 м; крутизна от 50 до 55 градусов — крутизна в 50—55 градусов — крутизна 50—55 градусов; температура от 60 до 100° — температура в 60—100° — температура 60—100°; глубины от 300 до 800 м — глубины в 300—800 м — глубины 300—800 м; длина от трех до десяти см — длина в три—десять см — длина три—десять см; стоянка от трех до пяти автомашин — стоянка трех—пяти автомашин — стоянка для трех—пяти автомашин等。**具有两种形式的序列**：стипендия в размере от 19 до 55 р. — стипендия в размере 19—55 р.; срок от трех до шести месяцев — срок три—шесть месяцев.

  带有词语цена, стоимость的无前置词词组（类似цена 70—140 рублей）未见使用：标记准确性和单一意义的要求决定只能使用带有前置词的结构：**стоимость коммуникации от 30 до 70 процентов** общей стоимости строительства; **цена от 70 до 140 рублей**。但这一结构可以与带有前置词за的名词性词组形成功能—意义相关性，比较：обувь ценой от 8 до 12 рублей — обувь за 8—12 рублей。

  总之，带有数量限定成分的组合系统，与带有数字限定成分的组合系统一样，在现代俄语中变得极为复杂。正如所看到的那样，不同组合类型在此几乎没有做功能上的区分，但源于核心词的限制却是显而易见的。此外，在序列的两极还保有分析与非分析组合在修辞上的分歧，这与在带有数字限定成分的组合中所指出的分歧相类似。

Поединок «Водника» и «Локомотива» — поединок между «Водником» и «Локомотивом» — поединок «Водника» с «Локомотивом» — поединок «Водник» и «Локомотив»

带有第二组成部分——由联系、接触关系结合起来的词的组合——的名词性结构排列成各不相同的具有两种形式或多种形式的句法序列。这些序列个别形式在发挥功能作用时明显暴露出，一方面，来自词汇即直接来自词组核心词的限制；以及另一方面，来自位置即来自词组功能、词组在句子结构中的地位、词组与其他句子成分的联系的限制。

1. 现代俄语中带有表示本身相互作用、接触的第二组成部分的组合的特点是非常的活跃；这是在该部分标题中所列举的序列类型。在第二组成部分的组成中既可以有非动物名词，也可以有动物名词：встреча Спасского и Штейна — встреча между Спасским и Штейном — встреча Спасского со Штейном — встреча Спасский и Штейн。序列的完全形式——具有四种形式——以带有称名不同的彼此接触类型的核心词的组合形式体现：переговоры, встреча, поединок, соглашение, дружба, заговор 等。带有依附联系的主格形式的结构受到位置条件的严格限制：只有当在从属成分组成中组合起来的词是非扩展的情况下它们才是积极活跃的：диалог Бонн — Париж, поединок «Труд» — «Динамо», встреча Эрхард — де Голль, заговор Лондон — Солсбери 等。但这并不表示，在同样的条件下其他结构会被排除；相反，类似 поединок «Труда» и «Динамо», встреча Л. Штейна с Б. Спасским, переговоры между Эрхардом и де Голлем 或 переговоры де Голля с Эрхардом 的组合十分普通并广泛使用；在特别正式的外交言语中它们也不让位于分析组合，比较：соглашение о **сотрудничестве между СССР и США** в области опреснения соленых вод (摘自报刊)。

2. 带有词语 матч 的句法序列具有三种形式：матч между ЦСКА и «Спартаком» — матч ЦСКА и «Спартака» — матч ЦСКА — «Спартак»。带有依附联系的主格形式的组合的最大特点就是活跃：итоги шахматного матча Москва — Ленинград; матчем РСФСР — Великобритания закончился легкоатлетический сезон; тройной матч РСФСР — Польша — ГДР; матчи Т. Затуловская — М. Раннику и А. Кушнир — В. Козловская 等。然而带有第二格和带有"с+第五格"的结构并存，它们是意义相同、价值等同的结构：за час до хоккейного матча сборных команд СССР и Швеции; сегодня матч сборных

СССР и Уругвая; во время матча сборной Европы со сборной Скандинавии; матчи 28 ноября ЦСКА — «Крылья Советов», 1 декабря между ЦСКА и «Спартаком», 5 декабря «Динамо» — «Спартак»; матч между сборными Швеции и СССР; во время матча на первенство Италии между «Фиорентиной» и «Моденой»。这里还包括：центральная встреча тура Смыслов — Ларсен。

带有比赛之义的词语партия（通常是一盘国际象棋）的组合理论上讲可以是非分析结构；但实际上目前使用的是分析结构：партия Спасский — Штейн, в партии Симагин — Зайцев, партии Ли (Англия) — Бойкович (Югославия) и Цвайг (Норвегия) — Адамски (Польша)。

在从属成分组成中结合起来的词扩展的情况下非分析组合是合乎规范的：встреча чемпионки мира Н. Гаприндашвили с А. Чайковской; футбольный матч между командами Перу и Аргентины; 比较同上（内容）：матч Перу — Аргентина; встреча между гостящими здесь советскими волейболистами и китайскими мастерами мяча。

上述所列举的作为相应词组的核心词的词几乎穷尽带有含接触、联系之义的依附联系限定成分的结构的一切功能作用可能性。对于进入同一个句法组的很多词汇而言这种搭配并不典型：отношения Венгрии и Румынии — между Венгрией и Румынией — Венгрии с Румынией, 但不是«отношение Венгрия — Румыния»; экономические связи между ФРГ и СССР — ФРГ и СССР — ФРГ с СССР, 但不是«экономические связи ФРГ — СССР»; торговый оборот между СССР и Швейцией, 但不是«торговый оборот СССР — Швейция。但是没有理由认为，采用依附联系的主格形式的词的序列今后不会得到充实。

2. 构成另一大组的是其组成成分由空间联系意义结合在一起的词组。构成词组的具体词在结构划分为句法序列的可能性方面也发挥着重大作用。下文提出的这类词的清单当然不能被认为是穷尽的。进入带有这样组成成分的词组充当核心词的词有：маршрут, линия, рейс, путь, участок, перегон, трасса, магистраль, канал, дистанция 等。带有这些词的结构构成类似автомагистраль между Москвой и Симферополем — автомагистраль из Москвы в Симферополь — автомагистраль от Москвы до Симферополя — автомагистраль Москва — Симферополь的序列。序列的最后一种形式使用频率最高。序列形式的变化直接取决于词组的核心词。

(a) 最完全的序列形式——具有五种形式——出现在带有магистраль, линия, трасса, дорога, канал, газопровод 的词组中：трасса Москва — Воронеж — трасса между Москвой и Воронежем — трасса из Москвы в Воронеж — трасса от Москвы до Воронежа — трасса от Москвы к Воронежу。前置词结构现在已非常少用：строительство трамвайной линии от города Волжского до химкомбината; построить монорельсовую дорогу от Нагатина к автозаводу им. Лихачева; ...другой вариант предусматривает трассу от ВДНХ к Клязьминскому водохранилищу; канал от Дальнего к Дону。分析结构明显占据优势：новая линия Пирогово — Хлебниково; железнодорожная линия Ачинск — Абалаково; газопровод материк — остров Жилой; газопровод Бухара — Урал; на линии Москва — Норильск; авиалиния Москва — Алжир; канал Иртыш — Караганда 等。这些结构在标题功能方面的作用尤为活跃。比较意义同一但形式不同的结构在标题和随后的文章正文中的典型比邻（关系）：Воздушный мост Москва — Тегеран 和 Завтра открывается прямое воздушное сообщение между Москвой и Тегераном。

(b) 类似 участок железной дороги Сухиничи — Брянск — участок между Сухиничи и Брянском — участок от Сухиничи до Брянска 这种具有三种形式的序列类型是带有词语 дистанция, участок, этап, перегон, лесополоса 的组合的典型形式。第一种形式是序列的基本形式：воздушная дистанция Париж — Москва — Волгоград; государственная лесополоса Волгоград — Камышин; на перегоне Кунцево — Одинцово; на участке Девятая линия — мост; девятнадцатый этап велогонки Либерец — Пардубице; 之中还可以包括有轨电车、无轨电车、公共汽车、定线出租汽车上标明线路终点站的标牌：площадь Пушкина — улица «Правды», Театральная площадь — Курский вокзал 等。

(c) 像 рейс Москва — Владивосток — рейс из Москвы во Владивосток — рейс от Москвы до Владивостока[1] 这种具有三种形式的序列类型由带有核心词 маршрут, рейс, проезд, полет, путешествие, путь 以及 поезд, билет 的词组构

---

[1] 后一种形式作为变体形式存在：от — до, из — до, с — до (путь от Москвы до Уфы, путь из Москвы до Уфы, путь с линии фронта до Ташкента. — Комс. правда, 11 дек. 1963 г.).

成。带有из — в的结构在报刊言语中较少使用[1]：полет из Антарктиды в Москву; рейс из Москвы в Горький。带有от — до的结构主要是与путь, рейс, проезд, поезд, билет 等词一起使用：билет от Москвы до Хабаровска; стоимость проезда от ст. Бакалы до ст. Туймазы。使用词语маршрут, полет, путешествие, поезд的情况下带有依附联系限定成分的组合被大量使用：экскурсионный маршрут Ковров — Горький; экскурсия по маршруту Луговая — Мещериха — озеро Круглое; такси на маршруте Пушкинская площадь — комбинат «Правда»; в поезде Таллин — Рига; поезд Рим — Неаполь; пробный полет Москва — Багдад等。从属成分由多个部分构成的情况下分析结构在报刊言语中目前实际上已经成为唯一可用的结构：путешествие Ленинград — Закарпатье — Молдавия — Украина — Ленинград; 比较讥讽意味的组合 совершил пеший переход по маршруту: горсовет — горком профсоюза — редакция городской газеты — депутат облсовета — отделение милиции — прокуратура — народный суд (Правда, 1963 г.)。

在独立位上——标题中——纯命名功能的主格形式组合的独立功能作用目前得以广泛推行：Внуково — Шереметьево（关于定线出租汽车路线）; Томск — Москва — Томск; Карачи — Москва — Лондон（关于空中直航）。然而不少前置词—格组也发挥着同样的功能，例如：От Калининской до Кунцева（关于新地铁线）; С Дуная на Лену（关于船舶的水上航线）; От лаборатории до завода; От Нарвских до Бранденбургских（Правда, 1964 г.）。

3. 看来，可以认为分析结构在类似период от мая (с мая) до октября — период с мая по октябрь — период май — октябрь这样的带有纯时间意义的词组序列中是一种新型结构；例如：«Морского змея» чаще всего удавалось наблюдать в северном полушарии в **период май — сентябрь**, а в южном — **октябрь — март** (Комс. правда, 1964 г.). 这种结构在书面言语中较少使用。较为常用的是这类带有时间连续性意义的词组，在一系列情况下还加带空间意义；这通常是带有多个组成的从属成分的词组，从属成分在语调上可以与核心词分开，例如：в принципе существует некая классическая **схема внедрения**:

---

1 这个结构（或其他非分析结构）唯一可以用于类似потерялись они на пути из Нерехты в Могилев (Комс.правда, 30 окт. 1964 г.) 的那种其中空间意义和时间意义不可分割的情况中。

Академия наук — отраслевые институты — производство (Сов. Россия, 1964 г.); Формула «знание — убеждение — поступок», разумеется, решается в школе всей воспитательной работой (Комс. правда, 1964 г.); связь науки с производством осуществляется через цепочку «исследование — пропаганда — внедрение». 目前普遍推行单独使用带有时间连续性意义的从属组来承担标题功能：Завод — вагон — автомашина — поле（关于铁路员工在组织肥料运输方面的经验）; Мальчик — мужчина — отец; Фабрика — магазин — покупатель 等。前置词—格组发挥着相似的功能：От проекта до объекта; От лаборатории к производству (比较: путь от лаборатории к производству); От пробирки до производства; От молекулярной биологии до селекции.

4. 其从属成分表示并列关系的词组的句法序列具有两种形式；在依附联系部分通常并列着专有名词：спортсменки Синикина и Бизак — наши спортсменки Синикина — Бизак; нападающие Юрзинов и Петухов — нападающие Юрзинов — Петухов; тбилисский дуэт: Нона и Нана — тбилисский дуэт Нона — Нана。在现代报刊言语中此种情况越来越多地使用序列的第二种形式——带有由两个或三个成分构成的无连接词的依附联系限定成分的词组：все взоры обращены к паре СССР — Швеция; спор между парами фигуристов Белоусова — Протопопов и Боймлер — Килиус; включить в сборную новую тройку — Л. Волков — Дроздов — Фирсов; гроссмейстерский триумвират Спасский — Холмов — Штейн。这一积极结构在四个方向扩大自己的影响：第一，影响含有非人称意义名词的依附联系的组合：Воспитательная работа в коллективе вертится вокруг одной оси: производственный план — дисциплина — учеба; в цепочке «подросток — семья — завод» не должно быть пропущенных звеньев; 第二，影响非依附联系的从属组成成分：Это касается динамовских нападающих Юрзинова — Петухова — Ю. Волкова; эти деятели продолжают придерживаться «жесткой линии» Аденауэра — Штрауса; 第三，影响一致关系的顺序数词限定成分：матч за третье-четвертое места; обувь 7—8-й полноты; в седьмом-десятом классах; соревнующиеся поделили первое-второе места; 第四，也是最后一点，带有不确定意义的词组中的两个从属组成成分的无连接词联系情况证明这种结构的活跃程度：в июне-июле 1941 года; весной-летом

1945 года。

  主格形式组合在纯并列关系条件下还可以独立使用——用于纯称名功能：магазин «Вино — фрукты»；магазин «Спорт — охота»；книжно-иллюстративная выставка «Дания — Норвегия — Швеция»；аппарат «сердце — легкое»；система Земля — Луна。

  第四组中所描写的类型组合依靠的是在并列连接词是书面语规范的地方口语积极发展为无连接词组合的趋势（ребенку **год два месяца**；ждем уже **час двадцать минут**等）。

  5. 分析词组的活跃程度是出现这些其组成成分之间形成非区分性特征联系的无连接词组合的原因。这种非区分性、概括的联系意义融合使这些组合退到句法序列的界限之外：它们在连接词或前置词组合系统中不具有功能—意义上的一致性。因此，综合的、非区分性的接触意义体现在类似гастроли Милан — Москва（关于米兰歌剧团在莫斯科及莫斯科歌剧团在米兰的巡回演出），общество «Италия — СССР»等组合中。

  对描述无连接词和无前置词的专有名词组合的综合意义发展特征而言最有代表性的是带有词语район的组合的发展：район Черницыно — Гольяново, район Волхонка — ЗИЛ, район Химки — Ховрино——带有的从属部分或是依附联系的（в районе Черницыно — Гольяново），或是体现词汇变化本质的（в районе Волхонки — ЗИЛа — Веч. Москва, 1963）。主要组成成分在此既表示区域坐落其间的各地点，也可以表示包含这些地点在内的整个区域。正是这种意义的非区分性使这些限定成分进入等同于词的独立称名系统：в Химках — Ховрине, в Хорошеве — Мневниках, в Филях — Мазилове等。

  因此，带有依附联系限定成分的词组范围各不相同，但其所有形式都有一个共同的本质特点：由无连接词和无前置词联系在词组从属组成部分的组成中结合起来的词的非扩展性。这些组合进入句法序列并与其他类型组合相互作用：在这些相互作用之中暴露出分歧：位置上的、词汇上的和——在序列的两极——修辞上的分歧。分析词组——这是一个新出现的、积极的现象；但是还不能说句法序列的其他组成形式为它们所取代，因为明显表现出来的处于从属地位的特点——或是完全非本质的或是带有格联系的结构极少程度上所固有的特点——是所有这些新组合的典型特点。

  在俄语句法体系的历史上可以发现很多组合处于从属地位的发展情况。

前面对处于从属地位、带有不止一词构成的依附联系限定成分的结构进行了分析研究,其功能作用发挥的可能性直接取决于承担词组主要组成角色的那个词的意义。这就是说,在该情况下表现力强且非常活跃的结构在严格的语法规则中找不到支撑。这一现象使在语言中起作用的句法序列系统变得十分复杂并以现象存在本身来证明俄语中分析体系的发展趋势占据优势的观点是片面的。

1966年

用于词的句法联系的词的范畴特性[1]

1. 在句法联系基础上产生的句法联系和关系问题的复杂性众所周知。问题的文献数量巨大。米赫涅维奇对此进行过总体的介绍[1968]。从最近几年的研究成果中,毫无疑问,它们有助于进一步推动对这些问题的研究,应该首推豪津勃拉斯、奥拉韦茨、科佩奇诺依、斯坦尼舍娃、阿普列相等人的著作。

通常对句法联系、"结构配价"或"意向"问题的研究都是以动词为材料进行的。这是显而易见的,因为源自动词的联系在我们的语言中是最为多样的。然而对整个实词而言关于句法联系和在此条件下产生的关系问题应该在纯理论层面加以解决。在此应该揭示某些共同的规律,制定相容的概念和术语系统。

首先,需要哪怕是预先回答"什么是主从句法联系"这个问题。在此,以最概括的形式,初步形成两种趋势。一些人将任何一个出现在句法链条上的两个词形的联系都叫做主从联系。无论这种联系属于哪种句法组合(结构)以及它表达什么样的关系,外部的词形联合(通常是两个词形,偶尔——三个词形)实际上都足以说明在这种情况下存在主从关系。另外一些研究者认为在术语"词的主从联系"之下经常毫无依据地集结着内部存在差别的现象,他们尝试着将这些现象区分开来。由此引入远非总是很成功、但却用于指出这些差别的新术语。

所谈及的到底是哪些差别呢?最近在上述提到的研究以及其他许多研究中引入科学领域的、来自不同斯拉夫语言的大量材料都令人信服地指出,在术语"词的句法联系"之下经常毫无区分地集结两种不同的现象:第一,由作为语言单位的**词本身**及其所固有的内部特性**决定的联系**;第二,由**词的句法位**、词在句子中的位置和作用**决定的联系**。第一种联系,当词独立地、不依赖自己在句子组成中可能的位置和作用,在词典层级作为在基本组合中居统领地位的单位出现时,可以称作主从联系。第二种联系,当这种或那种组合不是由词本身的内部特性、而是由它的句法位、它在句中所占位置、它在句子组织中所起的作用决定时,未必该称作主从联系。当然,问题不在于名称。但原则上非常重要的

---

[1] 本文简要阐述成为现代标准俄语语法中的词的主从联系描写基础的共同原则[Грамматика 1970]。参见:[Основы построения описательной грамматики 1966]。在研究语法过程中该纲要中阐述的许多观点更加明确,而有些观点重新加以考虑是十分自然的。

是把这两种联系对立起来并且指出，对待句法联系，如同对待任何其他句法现象那样，应该不仅用线性结构标准、纯外部组织标准（具有从属关系和对该从属关系的形式表达），而且用充分描述语法特征的标准，即同时也要考虑：决定联系的因素、由于这种联系所产生的关系、可获得的单位、单位的形式变化、它进入这个或那个与其他单位的相互关系系统、它的功能范围。在把词本身决定的联系与词的句法位和在句子中的作用决定的联系对立来看之后，我们应该进一步指出这些联系相似的外部特征及其内在的差别。

2. 主从联系具有形式表达和意义方面。形式表达——这或是形式（多个或单个）上的一致联系，或是从属名词以一定的、被要求的格的形式放置，或是当不可变化词（这里把比较级、副动词和动词不定式包括在不可变化词的概念之中）的简单结合（并列）及其不可变化性本身是联系的特征时的那种组合。在这些对从属关系的不同形式表达的背后存在明确的抽象意义（关系）范围，它们全都是非述谓关系这一点把它们集结在一起。以最概括的形式，不考虑一是在比较概括的意义内部划分更具体的意义的可能性、二是意义错合的可能性，这些关系可以下列形式体现：1) **客体关系**，其特点是：(a)"右翼意向"朝"左翼意向"的可逆性，借助于同样的词素或它们的换位词（纯换位词及"合成"换位词）；属于这种关系的还有全部由于这些或那些原因可逆性缺失、但却存在类似于由主导词分解出完全相同的意义区分要素所确认的那些关系的情况；(b) 带有格联系标志的词的构词结构在形式和/或意义上的相关性；2) 在由词的信息不足所决定的联系条件下产生的**补足（补充的）关系**（参见下文第4点）；"右翼意向"在这些关系条件下不能转为"左翼意向"；3) **修饰或限定关系**：性质评价、主体评价和状态评价（对所有这些关系的详细特征描述及其对它们形式标志的研究参见下文4—7点）。这种或那种主从联系的定义应该包含两个方面的内容：形式的、即从属关系的表达方式，和意义的、即所产生关系的特点。

3. 词（词或词形）的主从联系在对其进行研究和区分时不需要句子。独立于在句中的位置和作用实词作为类别（词类）以及子类别——语法上和/或语义上——的代表具有一定数量决定其配价的性质。我们将这些性质称作**词的范畴特性**。词的范畴特性是三个组成部分的统一体：1) 词对一定语法类别——词类——（动词、名词、形容词、副词、比较级、代名词、数量意义名词）的所属性；2) 词的具体（局部）语法意义和/或它的构词意义（词法平面上被具体化于形动词系统中的动词及物性和不及物性，反身性，动物性/非动物性；词的构词结构，首先是与其他词类的词的派生关系和前缀与前—后缀词缀的特点等）；3) 对词类内部的一定语义组的所属性。

词的主从联系是由名列于综合体中的词的范畴特性预先决定和明确的。然而并不是每一个列举出来的这些特性的组成部分在所有情况下都与生成这种或那种联系相关;第一个组成部分——对最概括的语法类别的所属性和相应的词类意义——始终在"为联系效力",第二个组成部分的情况则完全不同:词可以丧失与联系特征相关的专门、具体的语法意义和/或构词特点;第三个组成部分存在于每个词中,但它也可以与联系特征无关(比较,例如,全面扩展到任意一个名词身上的一致关系联系)。

由此可见词的范畴特性的三个组成部分远非始终共同发挥作用。不是由全部三个组成部分,而是由两个甚或一个组成部分来决定这种或那种联系的情况司空见惯。在所有上述列举的、构成词的范畴特性总和的因素中第一个因素的作用始终是必需的;第二个和第三个因素的作用同样是允许的,但不是必需的:主从联系没有它们的参与也可以构成。词的范畴特性的上述三个组成部分的不同作用决定着词的不同主从联系以及联系的强或弱(参见第5点)。

4. 在转入对强、弱联系问题的研究之前,必须明确"词的信息充足和信息不足"的概念。提请大家注意,这里所说的,一是实词类的词,二是具有自身固有配价的成语是作为词来研究的并且在任何条件下都不能分解,三是由自身配价加以区分的词的不同意义从联系的角度看是作为不同的词来研究的。

被我们称作**信息不足词**的是那些抽象意义的实词,其语义性质是它们独立用于最低限度的孤立上下文可能只是偶然的(依托上下文的情况、以及省略因而不予考虑,好像在研究主从联系时它们根本就不应该得到关注)。信息不足的词可以是名词(包括基数词)、动词和一些副词(有关信息不足的述谓词问题在此不作分析,因为与其说它属于主从联系不如说是属于产生在句子中的联系)。所有这些词都被归于完整的清单;在本文简要的阐述中当然没有提出给出这些词的清单的任务,而是列举个别词用作实例。

出自名词的是:1)称名数量的词——基数词,带有纯数量意义的名词和始终与第二格组合在一起使用的、带有准确度量单位意义的名词;2)义为"类似……的某种东西"、一直与第二格组合在一起使用的名词род, вид;3)"关于有头脑、喜欢、善于做事的人"的名词(не) дурак, охотник, зверь;"关于很善于做事的人"的名词мастер, искусник, мастак, 它们始终与动词不定式组合在一起或同时与一些严格要求的前置词—格形式组合在一起使用;4)表示指示(代词)意义、始终要求一致关系词的名词вещь, дело, штука。

出自动词的有下列词是信息不足的：1）带有显现、出现、形成、从一种状态到另一种状态的转变意义的半实体动词：быть（非存在意义），состоять，являться，стать，сделаться，оставаться等，始终与第五格以及与其他一些形式组合在一起使用（参见下文）；2）动词казаться，выглядеть，считаться，слыть等，与第五格和其他一些形式组合在一起使用（参见下文）；3）带有状态发现意义的动词：веять，дышать，отдавать，нести等，始终与第五格组合在一起使用；4）带有采取虚假态度或表现之义的动词：выдать (кого-что)，принять (кого-что)，сойти等，总是与"за+第四格"组合在一起使用；5）用于"发生"之义的动词восходить，总是与"к+第三格"组合在一起使用；6）义为"直截了当并精力充沛地开始某个动作"的动词приняться，взяться，总是与"за+第四格"组合在一起使用；7）带有进入或转入状态之义的动词：превратиться，преобразоваться，перейти，поступить，угодить等，总是与"в+第四格"或"на+第四格"组合在一起使用，其中有些动词还可以与其他形式组合在一起使用（参见下文）；8）义为"感到对某物的需要"的动词нуждаться，总是与"в+第六格"组合在一起使用；9）带有关系、对某人某事的态度、接触意义的动词：относиться，обратиться，прибегнуть，приступить等，总是与"к+第三格"组合在一起使用；10）带有定向动作意义的动词：обойтись，поступить等，始终与"с+第五格"组合在一起使用；11）带有内部状态或发现这种状态意义的动词：заключаться，проявляться，состоять等，始终与"в+第六格"组合在一起使用；12）动词свести，свестись（"达到微不足道、无关紧要的事物（的程度）"，"终结表现已是微不足道、无足轻重"），始终与"к+第三格"组合在一起使用；13）情态动词мочь，уметь，умудриться等，总是与动词不定式组合在一起使用；14）动词изволить，не преминуть，не замедлить等，始终与动词不定式组合在一起使用。

　　信息不足的还有**比较级**：它总是要求无前置词的第二格或由连接词чем引导的词组。

　　所有带有不足信息的词都是由自己的语义特点结合在一起的：特点就是词一定要求内容的补足。这种独特的语义性质决定这个词与依赖该词的词之间产生既不是客体的也不是评价的（纯评价、主体评价或状态评价）关系：这是补足关系；我们称之为**补充关系**。补充关系——产生在主从联系条件下的最紧密的关系形式；在这些关系的基础上建立起最紧凑的、意义上融为一体的词（词或词形）的组合。

　　5. 主从联系可以是**强**的和**弱**的。联系的强和弱不是由数量因素决定的，而是由哪些词的范畴特性组成部分决定联系、这些组成部分处于什么样的彼此关系以及由此产生什么样的关系来决定的。

当前面指出的词的三个范畴特性组成部分中起作用的是**组成部分1、2、3或1和2**的情况下，总是产生强联系：шептаться с соседом（шептаться：过程性、相互反身、相容性）；избирать депутата（избирать：过程性、及物性）；двое саней（двое：数量、集合）；налететь на столб（налететь：过程性、构词意义、接近接触的语义）。在类似组成部分的作用下总是产生客体、补充关系或语义错合的客体——补充关系。

当只是**组成部分1**在起作用的情况下，总是产生弱联系：хороший друг, приехать рано, дом у дороги, задержаться из-за дождя, сад осенью, лодка на троих, ждать час。在这种联系的基础上总是产生限定（纯评价或状态评价的）关系。

当起作用的**组成部分**是1和3的情况下，联系可强可弱。信息不足的词的联系总是强联系：свестись к пустякам, находиться неподалеку, стать борцом, два студента等。信息充足的词的联系在这些情况下如果在其基础上建立的是客体关系（有关客体关系建立的基础参见第7点）则是强联系：восхищаться другом, защититься от дождя, жениться на однокурснице, восприимчивый к болезни, сердит на сына, готовиться ехать，如果在其基础上建立的是限定关系（крышка чайника, лечиться порошками, ехать лесом, лечь спать）或主体—限定关系（приезд отца, грохот машин）则是弱联系。

由上所述可以得出如下强主从联系和弱主从联系的定义。**强主从联系**——这是那种或由词的全部范畴特性组成部分决定、或由其词类意义与其具体语法和/或构词意义共同决定、或由其词类意义和词汇意义决定，并在该联系条件下产生客体关系或补充关系的联系。**弱主从联系**——这是那种仅由作为词类的语法主导词的意义或该意义与词的词汇意义共同决定，并在该联系条件下产生限定（纯评价或状态评价）关系或主体—限定关系的联系。

6. 所有词类的信息不足词都始终加入强联系，因为补充关系总是由它们的语义决定的。

信息充足词可以加入强联系和弱联系。对于这些词一致联系或名词性依附联系、即那种带有名词变格形式、因之可以产生限定关系的联系（正是这些格的形式构成库里洛维奇称之为"非语法的"现代俄语的格的类别）是弱联系。对于这些词动词不定式依附联系和支配联系既可能是强联系，也可能是弱联系。

强动词不定式依附联系——这是将主体或客体动词不定式依附于一定语义组的动词或动名词（以及依附于一般而言的带有抽象语义的名词）、并因之产生客体关系的依附联系；例如：хотеть учиться, начать говорить, готовиться ехать; велеть (кому) идти, дать (кому) закурить; готовый спорить。**弱动词不定式依附联系**——这是将主体或客体动词不定式依附于一定语义组的动词或动名词（范围再大些，连同抽象名词）、并因之产生限定关系（纯评价或状态评价关系）的依附关系，例如：приехать помочь, отправить (кого) учиться。

强支配联系——这是那种结合成大量语义组的动词、动名词（范围再大些，连同一般而言的抽象名词）和部分副词的支配联系,因之产生客体或客体—补充关系。由于本文篇幅限制不能给出这些语义组的清单,因而仅限于提供部分例子：**动词**：читать, писать, строить что, любить, видеть, купить кого-что; спуститься, сбежать, съехать с чего; выехать, войти, вникнуть во что; налететь, наскочить, натолкнуться на кого-что; залететь, забежать, заехать за что; перейти, перескочить, переплыть через что; отличаться, светиться, пылать, блистать чем; владеть, управлять, руководить кем-чем; интересоваться, плениться, восторгаться, наслаждаться кем-чем; достичь, добиться, домогаться чего; сочувствовать, верить, радоваться кому-чему; наскучить, надоесть, опостылеть кому; **名词**：долг, вина, ответственность перед кем; решение, приказ, указ, соглашение, декрет, закон о ком-чем; жалость, любовь, зависть, ненависть к кому-чему; **形容词**：сердитый, злой на кого; восприимчивый, склонный, пристрастный к чему; подвластный, покорный, послушный кому-чему; сильнейший, умнейший из всех; **副词**：наравне, наедине с кем; сродни кому-чему; украдкой от кого; задолго до чего。

弱支配联系——这是那种结合成一定语义组的动词、动名词（范围再大些，连同抽象名词）和一些副词的支配联系,因之产生客体或补足限定关系和（名词具有）主体限定关系。

例子：**动词**：спасти (жизнь) ребенку, теребить кого-н. за волосы, прославиться геройством, пожать руку гостю, пилить пилой, есть с ложечки, проверить (семена) на всхожесть, ценить (откровенность) в друге; **名词**：приезд отца, исполнение (арии) Шаляпиным, гимн герою; **形容词**：далекий от города, обильный снегопадами; **副词**：вниз головой, вверх ногами。

7. 这些或那些建立在主从联系条件下的词和词形之间的关系是在哪些纯语言标志的基础上决定的？正如从上述内容中所看到的那样，首先要说的是如下关系建立的基础：(a) 客体关系，(b) 由限定或补足关系复杂化的客体关系，和 (c) 由主体关系复杂化的限定关系。

客体关系（或客体—补足关系） 可以根据下列基础之一建立（有时这些基础可以结合使用）。

1) 之中从属格在句子层面变成主体格的正规对立属于语言。这种由以主从联系为基础构成的词组的语义结构决定的对立，是由主导词构成带有被动意义的形式或引入换位词造成的，例如：избрать, избрание депутата→депутат избран, избирается; интересоваться литературой→литература интересует; дать книгу ученику→книга дана (дается) ученику→ученик получает книгу。在构形规则和构词规则或换位词缺位妨碍这种对立构成的情况下，我们经常会遇到允许这种对立的那些联系的完全意义相似物。这种相似由将词纳入范围很窄的统一语义组来证明是正确的，比较：предохранить что — предохранение чего (→что предохраняется), 相似物：профилактика чего; достигнуть, достижение чего (→что достигнуто, достигается), 相似物：домогаться, добиваться чего; радоваться кому-чему (кто-что радует), 相似物：сочувствовать, поклоняться кому。因此，将带有完全相同的形式联系的词纳入语义组的事实本身证明该组所有组成部分完全一致的关系特征，语义组本身含有那些作为"语义组的强势代表"、允许上述对立构成的组成部分。由于某种原因不允许这种对立的词和关系充当那些允许这种矛盾对立的词和关系的直接相似物。

2) 客体（和客体—补充）关系产生于前置词在形式上和意义方面或只是在意义方面重复前缀的情况下，而且这些关系也是词的全部子类别的特点，例如：наскочить на что, съехать с чего, въехать во что, дотянуться до чего, закинуть (что) за что 等。相应地同样的关系还可出现在这些词的语义相似物身上；比较：отказаться, отрешиться, отступиться, отделаться от кого-чего — удержаться от чего, избавиться от кого-чего; одеться, обуться, обрядиться во что — нарядиться во что; сразиться, сцепиться, схватиться с кем — биться, драться, бороться с кем。

3) 将词组纳入带有构成数字 1 下所描写的对立的组合的变异系列（参见本文第 11 点）是客体关系的一个标志：запрет чего (→ что запрещено) — на что,

страх чего (страшиться чего → что страшит) — перед чем; умиляться чему (→ что умиляет) — на что; доказательство чего (доказать что →что доказано) — чему; начать читать — чтение; готовиться, готовый спорить — к спору; дать кому-н. есть — еду; грозить (кому) отомстить — местью; поручить (кому) контролировать — контроль。

4) 在非常多的情况下全部动名词组具有自己特殊的、与可由数字1下描写的对立检验的强动词联系相关的联系：приказать, указать, декретировать, решить что (→что решено) — приказ, указ, декрет, решение о чем; судить, наказывать кого (→кто судим) — суд над кем; победить, побороть, одолеть кого (→кто побежден) — победа, торжество над кем等。这些组的对立的规律性本身证明了产生于这些形式不同的联系基础上的关系的一致性。由于对动词和动名词的强联系的相互关系、动名词保留或不保留动词性联系的规则缺乏研究使我们在此只能先提出这个问题。

5) 生产词的强联系的保持无疑还可以证明在这种联系基础上产生的客体或客体—补充关系的存在，例如：сердиться, злиться, обижаться, дуться на кого-н. (кто-н. сердит, злит, обижает) — сердитый, злой на кого-н.; пристраститься, привыкнуть к кому-чему — пристрастие, привычка к кому-чему, пристрастный, привычный к кому-чему。

6) 客体—限定和主体—限定关系建立在类似приезд отца → отцов приезд 和 отец приехал; чтение Качалова → качаловское чтение 和 Качалов читает; пилить пилой → пила пилит 和 пилить при помощи пилы; прославиться геройством → геройство прославило 和 прославиться благодаря геройству 的双重对立的基础之上。

7) 一些信息充足词——动词和含有积极作用或积极相互作用意义的抽象名词——可以具有**若干**在支配联系层面上表示客体关系的**强联系**，而且客体是对立的、彼此相互排斥（远距客体和近距客体，可接受客体和可拒绝客体等）；例如：

8) **双重强联系**问题多次在专门的研究中被提出(最新研究著作中可参见奥拉韦茨和阿普列相的著述)。双重强联系——动词所特有的属性。具有这种联系的词是其范畴特性决定使用该词时存在两个带有客体意义的形式的词,其中每一个形式都从属于"右翼意向"向"左翼意向"的转换规则。

动词的双重联系可以由(a)动词的构词结构;(b)动词对一定语义组的所属性来决定。(a)组词的这些因素通常同时发挥作用。

(a) 带有 на-, за-, о-, об-, от-, у-, с- (со-), вы-, до-, пре-等前缀的动词具有强支配格:不带前置词的第四格和不带前置词的第五格或带与前缀重复的前置词的第四格 : наполнить, набить, напитать, накрыть что чем (напитать почву влагой); загородить, заклеить, забросать, заслонить, загрузить что чем (загородить кровать ширмой); оклеить, обшить, обнести что чем (облепить стену картинками); соединить, сочетать, сложить, соразмерить, сравнить что с чем (сложить краску с водой, сравнить юг с севером); вынести, выбросить, вытащить, вычесть что из чего (вынести дрова из сарая, вытащить вещи из чемодана); преобразовать, превратить, претворить что во что (превратить мечту в действительность); довести, дотянуть кого-что до кого-чего (дотянуть трос до борта, довести старика до дома); снять, спустить что с чего (счистить кожуру с плода, снять план с местности); налепить, наклеить, наколоть что на что (наклеить этикетку на бутылку); вбить, вколотить, вдавить что во что (вбить гвоздь в стену). 两个格的直接客体意义经受带有同一个动词或动词换位词的句法转换的检验;每一个格都可以成为主体格 : напитать почву влагой → почва напитана влагой 和 влага напитала почву;

загородить кровать ширмой → кровать загорожена ширмой 和 ширма загородила кровать; облепить стену картинками → стена облеплена картинками 和 картинки облепили стену。带有换位词——纯反身和合成换位词的转换：превратить мечту в действительность → мечта превращена в действительность 和 действительность стала мечтой; отобрать нож у подростка → нож отобран у подростка 和 подросток лишен ножа; наклеить этикетку на бутылку → этикетка наклеена на бутылку 和 бутылка снабжена этикеткой 等。

(b) 一些语义组动词具有双重强联系：**给与、供应、提供信息意义的动词**：дать, отдать, вручить, подарить кому что (дать книгу ученику → книга дается ученику — ученик получает книгу); снабдить, наделить, угостить кого чем (снабдить экспедицию продовольствием → экспедиция снабжена продовольствием — продовольствие получено экспедицией; **结合、相互关系意义动词**：соединить, мирить, поссорить кого с кем, согласить что с чем (поссорить отца с сыном → отец поссорен с сыном — сын поссорен с отцом); менять, обменивать что на что (обменивать книгу на журнал → книга обменена на журнал — журнал обменен на книгу); 个别一些动词：предпочесть что чему, прочить кого за кого, вдохновлять кого на что。

双重强联系可以出现在不定式强依附于明确意志行为动词的情况下：велеть, обещать, приказать, грозить, поручить, предложить 等（在很多情况下动词不定式在此是一种变化形式，见下文第 10 点）：предложить другу поехать (поездку) → поездка предложена другу — друг получил предложение поехать / о поездке; поручить комитету контролировать (контроль) → контроль поручен комитету — комитет получил поручение контролировать 等。

在具体的言语情景中双重强联系非常经常地体现为单一联系：дать кому, дать что, мирить кого, отобрать что, загородить что 等。不应该把这些高频率的不完全体现视为联系的完全形式：在此属于主从联系系统的是双重联系，而它的不完全体现情况属于使用范围。

9) 具有**三重强联系**的是带有前缀 пере- 的及物动词：它们强支配一个不带前置词的第四格和两个带前置词的格；第二和第三从属组成部分可与强依附联系的方位副词（оттуда, отсюда; туда, сюда）相互交替：перевезти детей из города в деревню (с дачи на море; отсюда туда), передать сигнал с невра на

мышцу。联系强度检测：мышца получила сигнал → сигнал передан мыщце → нерв дал сигнал。

10）在动词和抽象名词的强主从联系系统中出现大量的**变异联系**，即那些以各种不同形式表达同一种关系的联系。单一形式（各个强支配联系形式）和多种形式（强支配联系和强依附联系）的联系可以发生变异。变异联系的最重要问题是——变异性是由词或联系本身的范畴特性的哪些特殊性决定的。在此可以最概括的形式指出四种现象。可以决定联系变异性的是：(a) 语言中意义相同的有前置词和无前置词联系的存在（забыть кого — о ком, про кого）；(b) 以带有同一个格或不同格的组合形式确定自己同一功能的同义前置词的存在（тосковать о ком — по ком — по кому）；(c) 各种格的形式，再扩大些范围，连同所有带有同一功能的词形（包括无词形变化形式的词）（памятник поэта — поэту, бросить курение — курить）的存在；(d) 词中各种语义组成部分、即那些属于有着自己典型联系的不同语义组的词的意义要素的交叉融合；最后这一种现象是最为复杂的。

由在（a）、（b）、（c）中指出的因素决定的变异性可以用类似помнить о ком-чем — про кого-что — насчет кого-чего; новость, рассказ, письмо о ком-чем — про кого-что — насчет кого-чего的序列来举例说明。可被强支配的形式（有前置词或无前置词）和动词不定式的变体就属于这种类型：хотеть знаний — знать; начать, кончить, продолжать чтение — читать; бояться, опасаться болезни — заболеть; стыдиться лени — лениться; любитель споров — спорить; грозить (кому) местью — отомстить; поручить (кому) контроль — контролировать; мечтать, мечта, мысль поехать — о поездке; право, возможность выбора — выбирать; воля победить — к победе; охота путешествовать — к путешествиям; готовый, склонный к борьбе — бороться; браться решить — за решение; пуститься в объяснение — объясняться。

由词的语义结构复杂性（第2点中）、不同语义组的词的意义（和相应产生的联系）在词中的结合决定的变异性可以针对信息充足词和信息不足词单独进行研究。

信息不足词通常具有由多项式序列体现的变异联系，而且这一序列中可以纳入被支配形式或被支配形式和依附联系形式，例如：быть, состоять → переводчиком — в переводчиках — в качестве переводчика; быть, числиться, считаться → отстающим — в отстающих — в качестве отстающего — среди отстающих — в числе отстающих; прочить (кого) → директором — в директора — в качестве директора — директорствовать — на место директора.

信息不足词的语义特点是这种变异产生的原因。

信息充足词的变异序列在大多数情况下是由两种形式组成的，而且各种强联系类型在序列中不能组合在一起；这始终就是强支配联系。从语义融合特征的观点出发在此以最初步形式指出两种现象：第一，词的词汇语义本身及其构词意义的相互作用；相应地——各种联系的作用；第二，那些属于不同语义组的词的语义组成在词中的相互作用；相应地——各种联系的作用。

属于第一种现象的情况有：перескочить забор — через забор, перебежать поле — через поле（直接及物性意义和пере- — через相关性意义的相互作用）；дождаться утра — до утра（ждать чего和до- — до相关性的相互作用）；согласиться с предложением — на предложение（"回答、回应"意义和со- — с相关性的相互作用）。

第二种现象——不同语义组成的相互作用可以用下列情况举例说明：полный воды — водой（налить, насыпать чего 和 наполнить, заполнить что чем 相互作用）；гнушаться кого-чего 和 кем-чем（相互作用：брезговать кем-чем 和 избегать кого-чего）；запрет чего — на что（запретить что 和 отказ на что）；уважение кого-чего — к кому-чему（уважать кого-что 和 чувство, любовь к кому-чему）；начинать учеником — с учеников（становиться, делаться кем 和 начинать с чего）；поддаваться уговорам — на уговоры（отдаться чему 和 попасться на что）；дернуть веревку — за веревку（держаться; хвататься за что 和 брать, тянуть что）；превосходство над кем — перед кем（возвышение над кем 和 преимущество перед кем）；беспокоиться о детях — за детей（думать о ком 和 бояться за кого）。

带有变异联系的词（多个或单个）可以从这个或那个词的语义组的共同组成中分离出来，词的语义组的划定具有相当程度的确定性并具有自己典型的强联系。这种现象的原因就在于复杂的语义相互作用。因此，例如，带有主动施暴行为意义的词的语义组：агрессия, акция, репрессия, преступление 强支配带有前置词против的第二格（агрессия против кого）；在该序列中преступление一词具有受联系вина перед кем影响的变异联系против кого — перед кем；在序

列 интересоваться, любоваться, наслаждаться, плениться, восторгаться кем-чем 中动词 любоваться 具有受联系 смотреть, глядеть на кого-что 影响的变异联系 кем-чем — на кого-что；在序列 решиться, склониться, отважиться, поддаться на что 中动词 склониться 具有受 клониться к чему 影响的变异联系 склониться на что — к чему；在序列 согласиться, мириться, смириться с кем-чем 中动词 согласиться 具有受 решиться на что 影响的变异联系 согласиться с чем — на что。

11) 至于**变异弱联系**，它则最常由同义联系手段和从属关系形式的存在所决定；词的语义结构的复杂性因素在此不具有它在变异强联系中所发挥的作用。例如：молчать за обедом — во время обеда；бежать за кем — вслед за кем；пятнышко с вишню — в вишню — величиной с вишню / в вишню；скидка студентам — для студентов；деревня за версту от города — в версте от города；жизнь в деревне — деревенская；грядка огуречная — под огурцы — для огурцов；замкнутый на людях — при людях；кинуться помогать — на помощь；устать ждать — от ожидания；позвать (кого) обедать — на обед — к обеду；удовольствие встречи — встретиться — от встречи。

12) 可以进入强联系和弱联系关系的不是一个词形，而是词形组（它们的变异序列），最常用的有两个（关于这一内容参见[Апресян 1964, Оравец 1969]）。在这种组中其中一个组成形式可以在语法上起主导作用或是从属作用。

在**语法上起主导作用**的情况中划分出下列情况：(a) 全组整体上不能打破，从属词形不能仅与该组的一个组成形式结合，例如：强联系：**поступить, обойтись как с кем, вести себя как с кем；сделать, совершить что с кем-чем**；弱联系：**сходить за папиросами** отцу / для отца；**пожать руку** гостю / у гостя；**испортить жизнь** подростку — у подростка；(b) 词形组在使用上可以打破；例如：强联系：**ассоциировать что с кем-чем, закрепить кого-что за кем-чем, разлучить кого с кем-чем；прочить кого директором — в директоры — как директора — директорствовать — на директорское место；принять кого** членом — в члены — в качестве члена；弱联系：**пригласить друга** обедать — к обеду — на обед；**пустить детей** гулять — на прогулку；**отнести кольцо** оценить — для оценки。

说到从属位上的词形组，则这里首先分出大量的双格名词性依附联系的情况,之中还应该区分下列情况:(a) 不能划分双格组的情况(一定程度成语化或前置词意义影响的证明)和(b) 可以划分双格组的情况。例如:(a) стоять плечо в плечо, плечо к плечу; жить дом с домом; приезжать из года в год; встречаться изо дня в день; сесть между хозяином и хозяйкой 等 ;(b) ехать от Москвы до Петербурга, ждать от полуночи до утра, ездить из города в город, гостить с субботы по понедельник, путь из лаборатории в производство, ночь с пятницы на субботу, передаваться от отца к сыну, явиться за час до срока 等。

应该把上述分析研究的存在于词的句法层面的所有联系与出现在句子层面且非由词的范畴特性、而是由词形句法位决定的联系区分开来:1)句子结构模式成素间的联系;2)句子与其全句限定语之间的联系;3)扩展句子个别成分时专门且仅出现在句子中的联系。

1971 年

语言的词汇系统·词·词在词典中的描写

论包含于词中的积极潜能

1. 实词具有各种不同联结其中的性质和能力,它们一方面属于作为称名单位的词,另一方面则属于作为直接参与报道构成单位的词。词的这一充满积极且不同倾向的性质,集聚于词本身(并且决定词作为词汇单位所特有的地位)并且同时在外部表现出来(并且决定词与语言体系各个不同方面的关系),证实了据其词是语言系统的核心单位这一观点。

词通过几条关系线与整个语言系统联系在一起。首先,这是词汇—聚合关系,即进入词汇—语义类别和子类别;第二,这是纯语法关系,即进入语法范畴及语法聚合体的语法范畴和语法聚合体;第三,这是词的全部组合关系,是词在报道中的功能作用所必需的、在语言系统中被体现为词的内在性质的组合关系。

词——最复杂的语言单位。简要概括不同时期的不同研究者对这一复杂性的诸多论述,可以罗列出如下因素:(1)词中结合着现今、现存的单位和词根已经不用的单位的特点,而且以往的、过时的东西仍在词中留有鲜活的、不可磨灭的痕迹。(2)词同时属于现实的物质、概念、关系世界,属于思维以及其他语言单位;因此,词中还同时体现了现实实际、思维和语言。(3)词中结合着能指和所指,在此情况下(证实关于语言符号的不对称二元论观点)通常一个能指对应不止一个所指。(4)词中融合了三个结构:声音结构、语法结构和意义结构,它们中的每一个结构在词的内部都有自己所特有的切分、自己的单位,而且后两个结构还是不对称的组织,因此词同时分属于不同的语言层次。(5)词同时是两个系统——词汇系统和语法系统——的单位,同时词还是交际行为的直接参与者。(6)在交际行为中词同一时间既是"标志"(标记),又在"服务",即实现各种信息的、结构的和连接的功能。(7)词总是与其他词发生关系:它永远是词的集合中的一员:类别、子类别、组、词汇—语义序列中的一员;因此,在此总是具有属于该集合及通过该集合而与其他词的集合发生关系的烙印。

这份清单,统计了词作为一个十分复杂的语言单位被多次加以描写的特征,还应该补充一个——也是非常重要的——要点:词在语言系统中以及在报道行为中始终处于积极活动的状态：它是在不同方向运转着的单位。词的活动的实现是对词所包含的两个潜能的体现：第一，这是对词的**向心性潜能**的体现，这是针对词本身的活动，积极的词汇引力、"吸纳"的全部活动，即集中活动；第二，这是对词的**离心性潜能**的体现，这是背离于词的活动，词的所有选择性的活动，即选择活动、输出活动。这两种任何时候都不曾停止过自身活动的潜能在词中的结合使词成为语义负荷和结构能力方面都独一无二的单位。

2. 词的向心性质构成了词作为属于语言词汇系统的单位的特征描述。这种性质在词中的形成是由于将词所赖以存在的上下文环境中的那些上下文的语言特征描述绑定到词身上——伴有之后的缩并、集聚，并由此获得词所特有的性质特征——的结果。

词存在的上下文条件具有三个方面的特征。第一，这是词存在于其语义匹配词和语义对立词范围中的条件，即存在于词的集合（类别、子类别、组、词汇序列）框架中并同时存在于矛盾对比、各种不同的语义对立和排斥的条件下。第二，这是词的各种不同组合联系的条件，直接的线性上下文条件，既有已经固定下来的（系统的、稳定的），也有新的、正在形成中的、起初是个别的或者只是偶尔使用的条件。第三，这是词在根本无法明确划定的内容整体性界限内、在这些词典型的言语情景上下文中的存在条件，言语情景本身的语言界限，区别于组合和聚合的整体性，无法明确地加以确定。

换言之，词汇单位总是同时存在于自身类别的上下文、文本连贯（线性上下文、组合体系）的上下文以及言语情景的内容上下文（环境上下文或者所谓的"背景"上下文）中。

组合上下文最接近言语，最为显而易见：它反映出词的链形联系是可以直接感知和不断重复的客观现实。类别上下文无法用组合的方式表现出来：这不是对直接使用的抽象，而是对语言自身所实现的自有手段的系统化的抽象、即对词汇单位间的相互关系的抽象。类别上下文通过在内部存在着词的词汇整体性的界限内确定词的位置来确立，并且是对词与这个整体性中其他成素的关系的抽象、以及对词与其他词汇集合单位的对立的抽象。类别上下文正是词的意义特征描述所需要的：它的确定，第一，是在该类别的词所固有、并且依赖它与该类别其他成素的语义联系的位置的基础上，因此，第二，是在同义词替换和根据这些替换所形成的结果的可能性的基础上。

个性化使用上下文（环境上下文、"背景"上下文）是由将非常个性化的词的特征从它通常使用的情景中抽象出来而建立起来的。它既不依赖词的组合，也不依赖词的类别内或类别间的联系(这类上下文在《建构词的多角度描写的上下文类型》一文中进行过分析[Шведова 1982])。

作为称名单位的词具有在自身内部集聚和再造上述所有为之效力的上下文语境类型特征的能力:它们的性质受到词的吸引,是在词中抽象出来的,并且已经融入词所特有的性质之中。因此,词——这是相应类别的、线性的和惯用——言语联系和关系的独特发生器。用这种结合的方式在词中形成的意义和性质是词的向心性潜能的最终体现。集中活动在词中的反映是双重的:一方面,作为性质的集合,即结果;这是词的全部稳定的、业已固定下来的特征;另一方面,作为对性质的集中,即作为过程;这是一直在词中进行的对意义复杂化、搭配、与词汇匹配词的关系、修辞改变的体现和固化。我们用具体的例子对此加以说明。

огонек这个词在其一个直义意义上与称名发光事物的词属于同一个词汇类别。它和它们是通过基本义素、搭配和最相近的语境的共同特征联结起来的。它的直接词汇意义、句法和语义搭配的规则、修辞色彩作为词本身的性质包含在词中(尽管还有那样一些性质,词汇学家在对它们进行解释时不得不转向上面已经谈到过的那些语境,正是以这些语境为基础这些性质才得以体现在词中)。但是请看,先是在词组голубой огонек的框架内,而后在它之外,огонек这个词获得新意义,这与把它纳入如вечер, вечер-встреча, концерт, эстрадная программа这类词汇序列中并由此出现新的搭配(у нас на огоньке, во время огонька, устроить огонек, веселый, интересный огонек)紧密相关。由词从它新的上下文——类别上下文、线性上下文和环境上下文——中所吸取的性质的集中过程仍在继续。什么发生在前:是先产生词的新意义还是先出现它的新搭配?总之未必需要这样提出问题。更确切地说,词,在重新产生和重复的环境中开始面对的还是它的非本质的现实,现在它的向心性潜能开始发挥作用,将对它而言新的词汇类别的特征吸收进来并且在其中占有自己的位置,开发使用相应的搭配,而后又构成新的词族。所获得的这些能力渐渐在词中固定,融为一体、在之中不断抽象,然后已然变成词的本质特征。向心性的"吸纳"活动导致新的联系和关系集聚成为那些变成该词自身性质的现实。

从严格的共时观点出发,对于发展相对停止的时刻,对于相对截取点而言,词的向心性潜能处于静止的状态。对于历时性,对于在我们眼前不断积极进行着的运动或深刻的、融入漫长的历史过程的运动,向心性潜能处于不断活动的状态。

集聚于词中的词的全部联系和关系是在词典中对词进行描写的对象。

对词的多角度科学描写(就词典而言——词条)不是别的,正是对以一定方式组织起来的、词的各种专门标本化的语境集合的描写。这种描写——理想上——是对词多样的和多功能的语境、词所属的类别以及词在其中发挥功能作用的情景条件的集聚和标本化结果的充分而全面的展示。这种描写可以称之为对词的上下文环境最大限度的集中展示、是表示该环境的系统。词典的词条全部是从已经定型的——本质上完全不同的——语言条件中抽象出典型的、"正确的"上下文,揭示它们并使之系统化。在类型各异的词典中——词是客观现实,其特征描述是通过对在词的向心性潜能作用下所形成的词的性质的概括建立起来的。

3. 语法作为一门科学在其发展过程对语法范围的理解发生了本质的变化。无论语法思想进程本身是什么样子——它是否将逻辑理论或这样那样的心理学思想、精密科学作为自己的支撑,或者宣告自己完全独立于其他所有人文和自然科学知识领域,不依赖所有这一切——这些方式依然是结构性的(方法论上有时是截然不同的),它们没有把语法规律和规则的研究同它们与语言词汇组织规律经常而复杂的相互作用区分开来。现代语言学中实际上任何一种语法描写,无论它使用什么样的方法,都无法回避语法和词汇因素的相互作用,因此也就无法回避词在语法关系系统中的作用。语言的语法体系本身被定义为由抽象的语法范畴——不仅是在它们的相互关系方面、而且是在它们与一定的词汇—语义类别、集合和子集合的关系方面——组织而成的非单一层次的系统。

语法中实词作为单位出现,其与该语言层次相关的特征是在词的离心性潜能的基础上形成的。在同语法规律、样板、规则发生联系的过程中,词发挥作用并将自己的内部特征:类别所属性、词汇意义、组配性质、个别的语义特征描述等置于其外。在自己与语法规律(样板、规则)的关系方面词进行着输出活动:词在此从不同方向坚定地操纵、允许或禁止。由语法中的词的内部特征产生不同方案的选择规则,填充从属位置的词的选择方案,对于述谓功能词——用于主体位和客体位的名词性词选择规则,填充句子抽象句法样板的规则及其他许多规则。

词汇贯穿语言的语法体系。几乎不存在任何一个不需要把词汇部分纳入自身表达的语法规则。作为一门科学,语法定义本身就应该包含这样的论点,根据该论点,这门科学从语言与系统组织起来的该语言词汇物质的不同方向且牢不可破的联系角度研究多层次的语言形态体系。

如果容许非常高的概括程度甚至模式化，则可以说，存在三种词（它的类别、子类别、组、词汇序列）与语法样板（规律、规则）的关系。

1) 词对语法样板而言几乎是自由的，但这种自由从不会达到完全无所顾忌的状态，该状态能够在各种不同的语法环境中得到证实，稍后，在说明词汇与句子句法类型的相互作用时，我们将对此进行说明。

2) 词对语法样板而言是选择性的——选择时有各种不同程度的限制。在这方面大量动摇不定的形式方案选择的情况人所共知。全部的选择性——在建立词组或主—述体组合的范围内；试比较，例如，报道产生、开始存在的组合：Наступила старость, осень, весна, лето, разочарование, отрезвление..., 但（根据严格的规则）不是боль或者ревность；Свалилась беда或者счастье，但不是удовольствие或者отдых。

3) 词对语法样板而言是禁用的。这种情形，例如，所谓的-y形式的第二种所属格（сахару, меду）对所有阳性变格法的词是被禁止使用的，除了语义范围狭窄、屈指可数的"物质名词"组。

词汇在句子范围的结构作用是十分明显的。这里词不仅是选择性地属于某个抽象的样板（词随时准备以这样或那样的方式参与其中一部分的填充，而对另外一部分的填充——没有任何准备），而且它以自己的选择性最终决定了这些样板系统化的一个基础，依据词的主导作用把它们划分成自由的、相对自由的或不自由的词：它们的整个类别、某种子类别或个别的词汇单位。任何一个句子句法样板都要"看词汇的脸色"：对于词汇上不自由的样板而言词决定的首先是它们本身的存在，对于那些所谓的词汇上自由的结构词的干涉是在句子语义层面体现出来的，在它们的语义结构中体现出来的。这样，例如，称之为称名句的抽象句法模型实际上对任何名词都是开放的；但在句子语义结构层面起作用的是有限的词汇权限：为存在句语义结构提供自己的一些手段（Ночь. Зима. Тишина），为时间—同步句提供的——则是另外手段（Учился, потом завод, армия），为评价—特征句（оценочно-характеризующих）——是第三种手段等等。由词汇带给句法样板的限制可以用具有客观上即将来临之义的不定式句为例进行说明（Быть беде! Цвести садам! Бежать рукотворным рекам! Шуметь лесам! Звенеть детским голосам!），动词不定式位的填充是受限制的，这一位置只有对具有纯存在意义的动词才是自由的。

在选择主体—意义形式时一个令人信服的词的主导意义的例子是由具有

产生、开始存在及其变化意义的动词提供的。这里显然存在非常确定的词的词汇类别,它们决定着这种或那种具有主体意义的形式的使用。如果产生、变化着的主体本身在任何动词条件下都是主语的话:(Являются новые традиции, возникают ремесла, встает новый день, пошли грибы, поползли тучи, полетели вопросы, развертываются события, открываются возможности, вылезают старые грехи),则其他以这样或那样的方式与存在(它的产生、变化)有关的复杂的主体类型表达方式按照一定的动词词汇组分布。这样,正在产生同时在自身产生过程中可以为某人感知的主体(可以感知其出现的主体)在使用诸如пахнуть, повеять, потянуть, понести这些动词的情况下,要专门由第五格形式表达;此时,感受主体由"на+第四格"形式表达:на нас пахнуло ароматом, на путников повеяло запустением, на вошедших потянуло сыростью, понесло гнилью。正在产生的(正在变化的、正在实现着的)主体在自身产生过程中当使用诸如возникнуть, подвернуться, попасться, открыться这些动词的情况下还可以是为某人预先规定的(针对某人提出的),以与кому/для кого正规组合中的第一格形式表示:ему/для него открылись новые возможности, ему/для него подвернулась работа, попался интересный экспонат。正在产生的内部状态的主体在使用诸如найти, накатить, навалиться这些动词的情况下,用на+кого-что的形式表达:на него нашла тоска, накатила ненависть, навалился страх。正在产生的生理状态的主体在使用诸如забить, заколотить, затрясти这些动词时,用第四格形式表示:больного забила дрожь, заколотил озноб, затрясла лихорадка。特殊语义范畴"当前存在着并与正在产生的主体结合的主体"在使用动词добавиться, прибавиться, присоединиться时用к+第三格的形式表达:к обиде присоединилась растерянность; к бедности добавилась болезнь。在使用动词почувствоваться, послышаться, почудиться, померещиться, услышаться, увидеться时用第三格形式表示正在感受发生事件的主体(мне почудилась ложь, услышался намек),而用前置格(в чем)形式表示体现并代表所发生事物的主体:в этих словах ему почудилась ложь; в твоем вопросе мне услышался намек, почувствовалась фальшь; в мелькнувшей фигуре ему померещились знакомые черты。

  科学语法无法使自己摆脱反映——以这样或那样的形式——词的结构意义的可能性。在语法科学发展中对材料研究起决定作用的方法总是那些不仅不使语法分析脱离词的纽带、而且还承认它们的必要性的方法。拒绝尝试深入研究那些使语法范畴和形式系统与词汇复杂且多层次地联系在一起的规律,将使语法研究者的研究变得毫无前途。

词的离心性潜能不仅在语法中起作用,而且在词汇系统本身的内部也发挥着作用。词的新意义的形成对于向其开放自身界线的那个词汇组并不是无关紧要的。比如,огонек这个词的新意义的形成(见上文)不仅对这个词本身,而且对其中集合了представление, праздничный вечер, концерт, эстрадная программа, вечер-встреча等词的词汇序列的状态都是非常有意义的因素。这个序列由新的单位充实,序列组成的功能发生区分,序列内部的关系也在重新排布。这些变化产生于огонек这个词中实现的语义增生,受到这种增生的推动。变化的同时,词又因而对这些变化带它进入的那个环境产生影响。因此,词的新意义——这不仅是它自己的事情:在它出现之时就注定的必然结果——对成为其功能匹配词的那些单位的组成和性质产生影响。

如果认为,词的新意义的构成先于词的新语义搭配(новогодний, интересный, молодежный огонек)的出现,则词的离心力的作用可以在这种搭配出现之时见到。然而在前面我们已经尽力证明,这些过程无论是在词本身、还是在时间上都是不可分解的。

4. 只有在复杂文本构造、其各组成部分的联系的水平上,词才会削弱或完全丧失自己的强制作用,限制自己参与语言构造环境的份额。文本各组成部分的非自由性和自由性不是由作为参与语法构造的单位的词决定的。文本的连贯性——这是词的离心性潜能实际上并没有参与其形成的语言环境。相反,在扩展性文本中——作为文本各组成部分的独特连接手段——词的称名作用活跃起来,它的个别特性、它本身的内在性质被着重强调。我们只举一个例子来说明这个想法。从布尔加科夫的长篇小说《白卫军》(I,6)中拿出一段连贯文本为例:"Ах, боже мой, боже мой! Тогда было солнце, шум и грохот. И Максим тогда был не такой, как теперь, — белый, скорбный и голодный. У Максима на голове была черная сапожная щетка, лишь кое-где тронутая нитями проседи, у Максима железные клещи вместо рук и на шее медаль величиною с колесо на экипаже... Ах, колесо, колесо. Все-то ты ехало из деревни «Б», делая N оборотов, и вот приехало в каменную пустоту. Боже, какой холод. Нужно защищать теперь... Но что? Пустоту? Гул шагов?..."在这个片段中,колесо这个词的连接和内容负荷是显而易见的。从比较程度出发,该词在此处

使用的是自己直接的称名意义（медаль величиною с колесо на экипаже），通过貌似呼语的用法（Ах, колесо, колесо）将全部叙述从引起联想的相似物层面转到思想分析和哲学评价的层面上，该词在文本中获得了文本的形象核心的功能。它将自己的直义和讽喻意义融为一体，词的讽喻意义，以运动和更迭的必然性的象征形式，在像колесо Фортуны (счастья)、колесо истории这样的组合中固定下来。这种在文本中受功能制约的意义结合（语言系统中相互对立的意义结合）、语境方面所获得的名词的语义多维性还导致其他周围的词的意义的复杂化（Все-то ты **ехало** из деревни «Б», делая N оборотов, и вот **приехало** в каменную пустоту）。这个例子说明，当词承担紧固扩展文本的成素角色时，发挥积极作用的因素是词的多义性。词的词汇意义在此不是简单地以这样或那样的方式体现出来，而是作为复杂整体的组成共同发挥功能作用。因此，在这些情况下，词出现在研究中是作为报道组织的参与者发挥作用，但组织已经不是语法组织，而是十分特殊的、纯内容的组织。

  这样，在我们面前实现独特的循环后，词在文本结构中首先以自身向心性潜能载体的身份重新亮相。

1984年

建构词的多角度描写的上下文类型

1. 在国际斯拉夫学者委员会国际语法委员会的一次会议上的弗兰吉舍克·科佩奇内教授曾经说过,语言科学的进步在于,它始自词并逐渐深化和扩展自己的研究对象,到达像句子和文本这样复杂的对象;对对象深入研究和复杂化的下一步,他说到,将是从文本语言学转到词语言学。每个语言学家都清楚地明白,在这个乍看起来令人难以置信的主张中到底包含怎样深刻和准确的意义。这里也无需再提及,维诺格拉多夫是众多在自己的著作中发展和深化有关词在语言中的中心地位观点、有关词属于语言系统的所有层次的观点的学者之一。

随着词研究方法的不断深化和发展,词中出现越来越多新的层面;大家所熟知的词的性质时而转向出乎我们意料的方面。这些观点都与"词及其语境",再确切些是"词及其语境类型"或者还要再确切些是"词及词的彼此相互作用和相互依赖的语境类型"问题紧密相关。

现代词汇学理论和词汇学实践自然而然形成这样一个观点,根据此观点对词的全面描写要建立在一定的、由语言规定的各种不同上下文类型的专门标本化规则的基础上——在一定的、各不相同和不稳定的上下文分布和相互关系中。这种上下文的标本化和上下文的相互关系本身以对词及其功能作用条件进行简练、信息充足和准确的特征描述为己任。应该强调的是,这种描写是按照词本身(词的内部性质及其存在条件)操纵的规则建立的。

词存在的语言条件具有三个方面特征。第一,这是词存在于其语义匹配词和对立词层面的条件,即存在于词汇类别(词汇组、子类别、词汇聚合体、词汇序列等等)框架内并同时在意义对比、各种不同的语义对立和排斥条件下的存在条件。第二,这是词的各种不同组合联系的条件、直接的线性语境条件,既有已经固定下来的(系统的、稳定的),也有新的、正在形成中的、起初是个别的或者只是偶尔使用的条件。第三,这是词在根本无法明确划定的内容整体性界限内、在这些词典型的言语情景上下文中的存在条件,一定的言语情景的语言界限,区别于纯组合和聚合的整体性,无法严格、明确地加以确定。

换言之,词汇单位总是同时存在于类别上下文、文本连贯上下文以及言语情景的内容(环境)上下文中。对这三种类型上下文及其相互联系的简要特征描述正是本文的内容。

2. 现在赋予术语"文本"和"上下文"[1]那么多不同的含义,划分出那么多不同的类型和变体,使得单是相应的词汇使用系统化本身就足以构成一个独立的课题。关于词和言语的上下文、结构和功能的上下文、外部和内部的上下文,关于情景上下文、词汇—语义上下文和语义—句法上下文,关于意义单语义化和实义化的上下文,关于说明和操作的上下文、微观上下文和宏观上下文、职业和专业的上下文,甚至关于"文化上下文"都已有人写过[«Языковые процессы» 1973]。这份目录还可以接续下去,然而大量的术语并非总能阐释清楚事物的本质。

就词的语境而言,我们的作为最低指示限度的上下文的概念在阿莫索娃的研究中获得具有推动作用的解释,稍后是在乌菲姆采娃的研究中,她详细分析了揭示这些最低限度语境的各种错合的研究方法,以及什梅廖夫的相关研究中。

本文中术语"上下文"不仅纳入了与称之为"最低指示限度"相应的内容,而且还纳入与作为词所特有的语言语境、词的存在得以固定其中的那个语言情景的事物相应的内容。在我们的推论中,我们的出发点是,词的多角度描写(适用于词典的——词条)不是别的,正是对以一定方式组织起来的、词的各种专门标本化的语境集合的描写。这种描写可以称之为对词的上下文环境的展示。对于词的不同类别和组而言这些上下文环境是各不相同的。

由此可见,用于词的多角度描写的手段是有针对性地遴选出来的词的语言语境范围。词典的词条全部是从已经定型的——本质上完全不同的——语言条件中抽象出典型的、"正确的"上下文,揭示它们并使之系统化。如果没有这种对各种不同性质的上下文环境的抽象和揭示,词的描写是无法实现的。因此,所有这些词典中所提供的词的特征描述(由此让我们想起1978年在第8届维诺格拉多夫报告会上卡拉乌洛夫报告中的词的描写参数概述),不是别的,正是对上下文的集中。这些集中在三个方面进行。

第一,词的特征描述抽象于它所属的某个词汇组,所属的以类别和这些类别内部切分形式存在的复杂词汇组织。这是——所有非组合的、纵深的、聚合的联系,它们在词的意义描写中有相当明确的反映,不是对词的组合联系的抽象,而是对它聚合联系——语法和词汇联系的抽象。这种对联系的集中和标本化的形式是在对词的意义进行解释的条件下进行的,并且要依靠词的类别内部及类别之间的关系。

---

[1] 本文中术语текст译为"文本";术语контекст译为"上下文"[译者注]。

第二，词的特征描述抽象于它的线性上下文，即它体现在组合体系中的性质；这是——词的全部从其类别属性及其在词汇类别（子类别、组）中的位置派生出来的特征描述。这样一来，例如，пес这个词的转义"某个卑鄙之人的忠诚而又被人瞧不起的奴仆（走狗）"在进行词典描写时获得既抽象于类别内部的联系又抽象于线性上下文的特征描述。组合联系反映在对句法和语义配价（верный, цепной пес кого-н.; стать, сделаться, оказаться чьим-н. псом, превратиться в чьего-н. пса）的描写中。然而这种类似"奴仆（走狗）"，进而"某个卑鄙之人的奴仆（走狗）"和"忠诚与被人瞧不起同时并存的奴仆（走狗）"的词汇特征描述已经不是对线性上下文的抽象，而是对词汇组联系的抽象、是对作为词汇系统的概括部分的"类别上下文"的抽象，该词汇系统对每个它所特有的单位而言（比较：слуга, прислужник, приспешник, угодник及其他）都是必要且自然的环境。

第三，对词的特征进行描述时要关注可以称之为环境上下文的语境。依赖这种上下文形式的是那些需要详细说明的解释要素，基于词在一定内容段落中的使用而将这些要素归入词，而没有把它们纳入抽象于词的类别属性或它的组合联系的指标范围。比方，鲜见和特殊的现实名称词所具有的需要细化的解释成分。Разговоры这个词"卫国战争年代红军的军大衣上的扣链镶边"可以作为一个例子，这个词现在即便是在文学作品中也很少见到。我们注意到作家彼斯科夫文章中的证据（参看：发表在《共青团真理报》1976年2.XII期上的他与朱可夫元帅会面的文章）："А потом снимок 1923 года. Буденовка, шинель с «разговорами» и на шинели (так все носили тогда) — боевой орден. Этот снимок командира кавалерийского эскадрона Георгия Жукова мы, помню, рассматривали с Жуковым-маршалом. Я спросил: как сложилась эта привычная нам теперь форма «красных» в гражданской войне? И впервые узнал тогда от Георгия Константиновича: незадолго до революции появилась мысль одеть российскую армию в форму, напоминающую облик древних русских богатырей. Был объявлен конкурс на новый покрой военной одежды. Так появилась островерхая шапка, напоминавшая металлический шлем, и шинель с полосами-застежками на груди («разговоры»). Такую одежду для армии сшили. Но со складов она попала к восставшему народу и стала одеждой революционной армии».显而易见，在描写这个词时已很少将之纳入"衣物：衣物的部件"这个类别，也很少指出搭配（шинель с разговорами）；必需引入"环境上下

文"因素:"В годы гражданской войны: поперечные расширяющиеся на концах застежки-полосы на красноармейской шинели"[1]。

　　组合上下文最接近于使用、最符合规律、无可争议:它直观地反映出词在文本中的现实联系是它不断重复的存在条件。类别上下文决定了词在与它相近单位的范围内的位置:这是一种抽象,不是对直接使用的抽象,而是对由语言自身所实现的自有词汇手段系统化的抽象,即对词汇单位之间的相互关系的抽象。个性化上下文(环境上下文,或者,用一些研究者所使用的术语"背景上下文"来表示)是通过从常规的、对于词而言已经习惯性固定下来的使用中抽象出词的十分个性化的特征来建立的。

　　上述三个上下文类型,在它们相互作用基础上建立起对词的描写,展示了语言抽象的不同形式和不同程度。与此相应它们需要原则上不同的语言知识:类别上下文和组合上下文的确定依赖预先严格的材料系统化、依赖有关纯语言的词的功能作用条件和词在语言词汇系统中位置的充分信息,这些系统化将无助于对环境上下文的确定:这里需要词的个体事件的知识、词汇的"简历"。

　　3. 就词的组合上下文存在大量的文献,对它们的各种不同的形式类型进行划分和描写。在词的词典描写中组合上下文说明语法搭配、位置搭配(在结构中的位置)、范畴搭配(例如,动词体,动物性/非动物性)、词汇—语义搭配、修辞搭配。组合上下文可以是语法、词汇、重音(例如, в двух верстáх, о двух вёрстах)、评价—修辞(例如,在描写诸如супруг或кушать这类词的现代用法时)、语调(例如,在解释这些诸如убей (убей͜ не пойму), умираю (умираю͜ скучно), не хочу (ешь͜ не хочу), не знаю как (не знаю как͜ уважаю)已脱离动词聚合体的带有评价意义的词形时)等方面的定位。组合上下文能够解释从句法搭配到构造不可分解的复合词的转变(过程)(例如, перо-пух, деды-бабки, кормить-поить, одевать-обувать)。还可以列举很多组合上下文的不同类型,是它们使直接的语言联系标本化并参与构筑词的多角度描写。

　　对于组合上下文可以谈论最低限度上下文、扩展性上下文或最大限度上下文、宏大的上下文。这样,例如,最低限度上下文已经足以指出词汇单位的词形连结(продается перо-пух, буду тебя поить-кормить)。另一方面,上述提出的动词形式的特征意义要求展示更明确的和特有的组合上下文。比较下列情况中区分出来的词(词形)的评价意义:

　　1) умираю (умираем 等)表示"某种状态的极限": **умираю** скучно

---

[1] 译为"卫国战争年代:红军军大衣上的横向沿展到末端的扣链条带"(译者注)。

(Пришли мне стихов, умираю скучно. Пушкин, письмо П. А. Вяземскому 10 окт. 1824 г.); **умираю** спать хочу, **умираю** устал, **умираем** есть хотим, **умирали** смеялись; 2) убей(те)表达加强的"无论如何也（不）"、"平白无故"：**убей(те)** не пойму, **убей(те)** не поедем, **убей(те)** не останусь; 3) не хочу表达"随心所欲地"、"充足地"的意义：ешь — **не хочу**, гуляй — **не хочу**, пей — **не хочу**, читай — **не хочу**; 4) не знаю (не знаем... 等) как表达"非常强烈地"意义：**не знаю как** уважаю, **не знаю как** старается, **не знаю как** угождают。为了展示所有类似情况中的组合上下文的联系需要对其搭配特征进行描述，第一，词汇—语义搭配，即指出哪些词汇单位可以被评价（远远不是全部的词汇单位）；第二，形式搭配，即正是哪些形式是评价意义的以及它们与哪些形式搭配在一起使用；第三，语调搭配——在所有组合体必要的语调融合的情况下；第四，所描写的词形的前置或后置的位置偏好。

4.类别上下文不能用组合的方式来体现；它是通过确定词在称之为词汇—语义类别（子类别、种类、组等）的整体性界限内的位置来确立的，是对词与这个整体的其他组成部分的关系及该词与其他类别单位的对立的抽象。词的意义的特征描述所需要的正是类别上下文。这样一来，上面分析的纯评价意义动词形式的意义不是来自对其组合的抽象，而是来自对其所进入的评定词类别的抽象：它们属于这个类别，是它的组成部分，并且在这个类别中占有自己完全确定的位置。

作为类别组成部分的词的意义的确立：第一，是在该类别的词所固有的并由它与该类别其他组成部分的语义联系来确定的位置的基础上；第二，是在同义词替换和根据这些替换所形成的结果的可能性的基础上；第三，是在类别间关系的基础上。

对于虚词和语气词的描写，即带有最大限度抽象意义的词，类别上下文的作用可以用一个主观—情态语气词的实例来证明。俄语中——在它的俗语环境和老年人的言语中——存在没有被现代词典记录下来的不可分解的语气词было́ б (正是带这样的重音，比较克雷洛夫作品中的用法，根据旧式的莫斯科标准，用词汇表达"在过去没有遵守"之义：Не надобно было́ тебе по миру славить, Что столько ты богат. «Крестьянин в беде»）。这个语气词表示对做了某件不适当的事情（было́ б＋не＋инф.）或相反，对没有完成某件该做的事情（было́ б＋инф.）而感到懊悔，例如：[Анна Андреевна] А все ты со своим глупым жеманством: совершенно оделась, нет, еще нужно копаться... было́ б не слушать ее вовсе (Гоголь); Так и разошлись из-за трехсот рублей... Ругаю теперь себя, грешный человек, истинно говорю. Было б мне отдать ему триста, или же попугать, на весь город посрамить (Чехов). 描写这个语气词时,组合(纯句法的)上下文由这个语气词和动词不定式表示。但在解释这个语气词的意义时需要环境(内容)上下文,从中还可以抽象出意义的组成：(1)遵守、合理性意义；(2)没有完成的意义和(3)由于没有完成而生的懊悔。在类别上下文中语气词было б的相关关系通过带有愿望意义的语气词бы和它的变体лучше бы来构成：Было б тебе не ходить — Не ходить бы тебе — Лучше бы тебе не ходить — Не ходил бы ты — Лучше бы ты не ходил (не ходил бы ты лучше).

　　类别上下文的概念可以用带有预先存在意义的动词为例来说明。在整个俄语动词系统中,带有预先存在意义的动词在分布在体现连续不断存在阶段的词汇标尺上的存在动词类别内部占有自己的位置；存在开始——变化——实现；每一个阶段都有自己复杂的组织(参看我们的研究成果《俄语存在动词及其主体》,收录在[Шведова 1989])。俄语中有近80个称名预先存在的动词。这些词,例如,动词предстоять, грозить (о чем-н. опасном), ждать (о том, что должно произойти, случиться), ожидаться, предвидеться, грясти, зарождаться, надвигаться, близиться, подкарауливать (о беде). 这些动词可以指出存在主体本身的预先存在或从感受主体观点出发的预先存在：现实的(临近的,已经不可避免的)或非现实的；可以评价的(可以进行特征描述的)或无法评价的。所有这些动词有选择地从属于自己的主体：存在一定的相应搭配规则和限制。那么,这组动词的整体特征是什么,为什么可以说这些动词组成了对每个动词而言都是"类别上下文"的"小系统"呢？这些特征如下。

　　1) 所有这些动词都有语义不变体——前存在意义,由三个变体：面临、产生或临近意义表示。不同的动词以自己个别的词汇意义进一步区分每一个预先存在的分步阶段,但是这并不改变共同的状况：预先存在特征由上述三个阶段意义的动词表示。这样,带有预先存在意义的动词由共同的语义特征连结起来,进而又由意义的补充成素——变形的成素或形象化的成素加以充实并且"染上各种色彩"。变形的意义成素由类似"предстоять и быть ожидаемым" (ждать, ожидать, ожидаться, предвидеться), "предстоять и быть готовящимся" (готовиться, подготавливаться), "зарождаться постепенно" (зреть, созревать), "приближаться постепенно и быть нежелательным" (подкрадываться,

надвигаться)及一系列其他这样的组合提供。而形象化的成素由联想和类比构成：它们把面临意义描写成运动（закрадываться, надвигаться, наползать）、描写成体力或智力活动（настигать, подстерегать, угрожать）、生理状态（вынашиваться, зреть）、有目的行为的结果（готовиться, планироваться）及其他。所有这些补充的义素，第一，可以轻松计数；第二，已经是其专有的语义组织，该语义组织直观地再现和非单方面评价十分确定的存在方面。

2）预先存在动词相互联系性的最重要标志之一是它们分成属于一定主体的若干系列。组成词汇（这里指动词）微系统的有限集合不是个别的词，而是针对搭配性能的词语系列。动词进入的系列是对一定的主体连续不断指出预先存在状态的所有阶段的系列，试比较：дождь — ожидается, собирается, близится, надвигается; тьма — нарождается, идет, близится, приближается, подкрадывается, наползает, подступает, крадется, надвигается; характер — рождается, зарождается, намечается, обозначается; смерть — грозит, угрожает, ждет, ожидает, подстерегает, поджидает, подкарауливает, близится, приближается, подходит, стучится, настигает, нависает。这样一些系列具有自己独特的特征，而动词进入或不进入这个或那个系列是这个动词本身的特征之一。这样一些系列是根据组成、根据语义潜能及根据运用自身组成对主体进行评定的能力来区分的；相应地出现十分明确的系列类型学。

(3）预先存在动词的特点是与动词词汇其他部分相互作用的趋势是相同的（针对性是相同的）。这些相互作用的特点有三个方面。第一，这是同其他存在动词的相互作用，首先是同存在开始意义的相互作用，在很多情况下这里的界限是不清晰的（比较：закипает страсть, ненависть; накапливается усталость）；第二，这是指称行为的具体意义动词的句法上典型化的相互联系（поездка предстоит, ожидается 和 затевается, намечается, предполагается, готовится）；第三，这是在选择方面的共同创新趋势。

因此，预先存在动词的那种功能和语义的概括性，为证明它们是构成"类别上下文"的词汇组提供了依据，表现为语言本身为这些动词规定了在建立动词系列、建立与主体的联系以及与词汇的其他方面发生相互作用的情况下的协调性规则。

5. 环境（内容）上下文既不依赖词的组合，也不依赖词的类别内部或类别间的联系。在自身描写中需要这类上下文的首先是在其他、哪怕是相近的词汇单位范围中占有特殊位置的带有多个意义成分的词，而且这些意义通常是对外部语言学情景和评价产生强烈反应的意义。

在词的特征描述中由类似донкихот, золушка, хлестаков等专有名词构成的普通名词提供了内容上下文作用方面有说服力的例证。我们来分析донкихот一词。它的语义状态显然由于概念的演化而发生演变。在"天真的幻想家"、"他的理想不切实际"、"他的战斗的徒劳无益"和"他的滑稽角色"意义成分背景下донкихот一词的现代用法中越来越清晰地表现出词典没有指出的意义成分开始积极活跃起来并且占据上风：第一，自我牺牲精神、忘我精神；第二，理想的"完美性"、全人类性（动词донкихотствовать不再积极使用并非偶然）；相应产生新的搭配类型"не переведутся донкихоты"（报刊标题）；比较：这个词在著名电影名《堂吉诃德的孩子们》中的内在的非常正面的意思。比较донкихот一词在各种词典中的解释是非常有趣的。十七卷本词典："天真的幻想家，无私地、尽管是徒劳无益地努力带给人们益处，为了某种无法实现的理想"。乌沙科夫主编的词典："引起人们对为自己理想徒劳无益战斗的嘲笑的幻想家"。叶甫盖尼耶娃主编的四卷本词典："幻想家，徒劳无益地为不切实际、无法实现的理想战斗的天真空想家"。奥热果夫词典（第九版）："醉心但徒劳无益地为不切实际的理想战斗的幻想家"。由此可见，上述列举的解释只有在第一和第四个解释中出现肯定的因素：大公无私、追求带来益处和满腔热情。然而这些意义中没有一个完全符合донкихот一词的现代意义。可以肯定，上面所说的这个概念的演化现在已经使这个词得出这样的定义："对周围人而言非常古怪、自我牺牲和大公无私地为不现实的善良理想战斗的人"。这个定义反映出донкихот一词在现代言语情景中所发挥的语境概念作用的变化。

由纯内容情景，由投射在词和在它的意义成分中集聚的"环境上下文"构成了诸如表示"被不公正地驱逐的人、人们不喜欢的人"意义的золушка或者在词典中已经具有位置权的搭配подпоручик Киже"臆想出来的人物，却被拿来充当现实存在的人物"这类词的描写。

6. 描写任何词都不可能不去了解和展示它的语境联系。然而不同的词类在自己的特征描述中需要上面已作说明的三种语境类型的不同对应关系。存在对其描写时需要语境标本化的所有类型参与的词，也存在不需要这么全面参与的词。例如，连接意义的虚词实际上从不要求内容（环境）上下文方面的信息。术语，以及半术语性质的称名在自己的描写中完全依赖类别上下文，同时依赖现实使用条件：组合上下文此处是现成的搭配。在隐喻用法基础上构成的词汇单位，其描写首先要求不同形式的组合上下文，而且隐喻越活跃，这些上下文在词典中的结构构造、词的词汇—语义联系选择的展示就会越复杂。

总之，我们尝试说明，词的描写是对所有语境类型专门集中的标本化，在这些语境中该词存在于语言中并且用于无限重复的言语情景中。这种对典型语境特别阐释的实现不仅是在确定搭配时，而且在确定词的意义时。这种阐释的特殊性和复杂性在于它实现的方向各不相同：不仅（而且，可能，不那么多）是从对文本的前后连贯性进行直接观察时的数据中抽象出这样或那样特征，而且在很大程度上是从类别内部和类别间的关系中、同时从言语情景（它决定了词在语言现实的该历史时期的个别存在条件）中抽象出这些特征。

如果对词进行最大限度地压缩同时进行多角度描写，即将词典词条作为建立在对词的语言语境研究和系统化基础上的产物，则自然会产生这样的结论，真正科学的词的词典描写——这是对词与类别中其他单位的关系、词的各种不同语境以及该词存在其中的外部语言学情景条件的全面呈现。

1982年

作为俄语词汇系统主导的动词

1. 在《作为历史词汇学研究对象的词及意义》一文中维诺格拉多夫曾写道："语言体系是由它的语法和词汇的相互作用决定的……在语法和词汇之间存在着紧密的联系和相互关系。由此，正如可以讨论语言的语法体系那样，也应该讨论它的词汇体系"[Виноградов 1994:5]。下面我们将论述一些论点，它们证实并发展了词汇也具有自己的体系、自己的系统组织这一思想。

俄罗斯科学院语言研究所创作的《俄语语义词典》就把以词典描写形式呈现通用的俄语词汇体系作为自己的任务。带有全部属于词汇的特征的词的单个意义是这里研究和描写的单位；而且，词汇分类等同于词汇意义分类。这种分类，它将全部词类意义纳入其中并且把这些意义作为初始意义，是建立在涵盖超过30万个意义的材料基础上的。它就像一棵枝繁叶茂的大树，它的顶端是**词**(词义)，而最末端的、枝叶的末梢是子集合，它们只能分解成单独构成子集合的词汇单位或最近的同义系列。

建立在词(=意义)的纯语言特征描述基础上的词汇分类允许将语言的词汇体系看作活跃的自然系统，即将从属于它和受它支配的其他整体联结起来的复杂整体；这些从属整体(子系统)本身具有复杂的内部结构，而且作为一个共同组织的活跃部分，它们以各种途径和方式相互作用。词汇系统作为历史上形成的高稳定性的整体而存在，它的发展表现在系统的各个单独部分(类别、子类别、组成它们的集合和子集合)内部的不断运动，而不是这个整体本身的本质改变；这些部分是开放式的，可以不断充实，但这种开放性的界限是完全不同的；发生在词汇系统内部的运动和移动不是任意的：它们从属于系统组织的内部规律。

词汇系统在我们面前展现了一幅语言建立的世界图景，而且特别重要的是，这是出现在它的历史背景中的图景。这幅图景有三个方面：它所描绘的，第一，是现实世界；第二，是现实联系、关系、依赖性的多样途径和路线；第三，是语言为确定现实本身以及它们的关系和联系所建立起来的整个评价和评定库。所有词类都以自己的方式参与语言的世界图景的这些方面的建立。

词汇类别作为复杂的多层次组织的组成部分，处于长期活跃的彼此相互作用之中，共同构成语言的词汇系统。这个系统是这样一个自然的整体，它一方面包含称名事物和它们的特征、运动、状态、性质的能力，而另一方面还包含确立它们的不同形式的依赖性、一个事物与另一个事物的联系性、空间分布方面的联系、时间关系方面的联系、引发或制约性方面的联系、它们分布的连续性方面的联系、以及归于被称名的现实本身或它们之间的关系的评价特征方面的联系的能力。

传统上划分出来的每一个词类内部都存在自己的词汇类别；每一个类别都有自身独具的特征：自己的语法、特有的构词潜力、特有的成语以及，最为重要的，与其他词汇类别相互作用的独特规则和规律。在所有词类中动词占据着自己独特的位置。

2. 动词构成称名作为积极行为或活动的过程、活动的或非活动的过程性状态的词的类别。动词最重要的特征是，在动词中已经如同在词中的语法方面、形式方面奠定了被称名事物与时间发生关系的能力；这从根本上使动词区别于其他所有称名词的类别，其中还包括区别于称名作为抽象范畴的过程即在物化角度代表动词的动名词。作为词类的动词的结构特征是十分复杂的：相应的"大树"是枝繁叶茂的，沿着多个层级自顶端向下到达代表词汇语义类别、子类别及它们所具有的集合和子集合的分枝。在所有这些子系统和"小系统"中动词的词汇意义是那种使动词区别于所有其他称名词的意义。

基本任务，以及由此而来的词的意义的基本性质——是称名概念。概念可以是更具体的，好像是可以触摸到的，也可能是不那么具体的、高度抽象的。在这个或那个情况下概念都是人创造的：正是人创造了事物、过程、特征、性质、数量、联系、关系和依赖性的概念。所有这些概念都融入到词的意义中。

词的意义——是含有相应的范畴特征、活跃和积极发挥功能作用的语言单位；作为这样一种语言单位词的意义具有自己独特的特征。在重点关注动词时，我们将在此指出词汇意义的全部基本特征。

（1）词的意义上带有词经过概念层级所称名的现实的烙印。这种意义性质直接影响到词的语义—句法潜能，即意义所预示和推动的语义和句法联系。因此，动词意义具有被称名的现实——过程、行为的烙印，它的动态属性预先决定时间（现实的或非现实的）、强度、从主体到客体的倾向方面的特征；依赖事物概念的名词意义的前提条件是与性质、质量、总之是属于事物或被归于事物的任何可能特征方面的限定成分的联系；形容词的特征意义的先决条件是其方法决定特征的特点和程度的联系。所有这些联系和关系根据词本身的意义被具体化。显然，这只是一些概括描写的特点，以最概括的形式说明称名词各种不同类别意义的句法表现特点。

（2）属于这个或那个词汇类别的词的意义能够与属于其他类别的词的意义相互作用：它一方面力求深入到其他意义类别中，而另一方面——将其他类别的单位吸收到自己的类别组成中来。这种相互作用是通过形式和语义构词的方式来实现的（试比较，例如，一方面，донкихот → донкихотствовать，另一方面，донкихотствовать意义"表现得很可笑"→"表现得很高尚，只是不为他人理解"）。深入其他类别时，词的意义保证对它们的充实以及在相应的集合内部的积极过程。所有称名词的类别都拥有自己的构词潜能。然而大量研究令人信服地证明了构词范围相当严格地分布在这些类别之间以及各种词汇集合的相应潜能是不同的。与此同时，仍然存在没有被概括的结果，这是涉及不单属于词而且还属于它们词汇意义的不同类型的那种潜能的结果（试比较，例如，судьба这个词的意义范围相应的语义结构）。

（3）词的意义可以扩展或压缩：在第一种情况中这一点表现在发生转义和所谓的"意义细微差别"时（它们本身可以采用新的、独立的意义），在第二种情况中——则是表现在形成较低概括的、更狭隘的意义，或者表现在成语化或形成有限或闭合的搭配时。

（4）词的意义能够产生独特的、内在的变体：它可以加强、强化、或相反，削弱。意义的强化或削弱——在保留其内在的完整性的同时——借助于单根构词（试比较：знобит — познабливает; белый — беловатый — белехонек）来实现的。不同意义类型在此情况下各自的表现也各不相同。这样一来，本身已经包含强化因素的意义能够加强，但不能削弱（试比较：веселый — развеселый, сильный — пресильный）；本身已经包含某种不完整因素的意义可能更为削弱，但不会得到加强（试比较：беловатый — беловатенький, светлый — светловатый）。语言中建立起来整整一系列这样的变体，其变形取决于从强化或非强化观点出发是中性的那个意义的本质（试比较：любить — обожать和любить — недолюбливать; знобит — трясет, колотит和знобит — познабливает）。动词在这些关系系统中占据中心位置。称名这个或那个过程或过程性状态时，动词将属于动词本身以及其他词汇环境的全部词汇变体都纳入该称名。这种性质是由动词的词汇意义特性决定的：称名处于不可分割的智力—情感和体力环境中的现实的优先权属于动词及其派生词，而且这些现实是动态的，即那些本质上含有内部变化和各种不同表现能力的现实。力求对被称名事物进行变化、从各个方面并在各种不同的表现中对其进行特征描述恰好可以用词的词汇意义的这种特别性质来加以解释。

（5）词的意义能够通过其他词汇标志来识别。这就是说，在一系列情况中同一个意义可以以不同的方式来表示。然而这种巧合几乎总是伴随不同的搭配，并且这些差异常将自己几乎难以察觉的细微差别纳入词的意义之中。因此，例如，在称名属于智力范围的过程的动词类别中存在着 не знать — сомневаться 的对立（语气词"не"在这种情况下等同于前缀），я не знаю — я сомневаюсь 的对立在解释中揭示的是"я не имею сведений о чем-н.（我没有关于某事的信息）— я не уверен в том, что мои сведения верны（我不相信我的信息是真实的）"。这些意义中的每一个都指向对意义进行识别和绝对化（即指出同样的意义，或是修辞上或评价方面的变形）的词汇手段。然而这些变化的差异很典型。不知道的意义本身用其他词的类别手段和成语手段识别出来："я не осведомлен о чем-н., не имею сведений о чем-н., мне неизвестно что-л."；强化或者削弱基本意义的变体通过成语手段实现并在所有情况下表示摆脱怀疑、绝对的无知：понятия не имею; представления не имею; знать не знаю, ведать не ведаю。另一幅图景展现在使用怀疑意义变体的条件下：在用所允许的其他词汇类别的词（сомневаться — сомнительно — быть, находиться в сомнении — быть неуверенным）加以识别时其他变体（已经不是纯词汇的，而是产生于上下文中的）非但没有加强，而是相反地，削弱和缓和怀疑意义（试比较，语境变体：мне не кажется (что это так), я как-то сомневаюсь; боюсь, что я не осведомлен）。这些变体的可能性和界限，这种存在于动词相应意义周围的相关意义和成语语境属于动词纯语言特征之列。

根据上述特征的综合，称名词的意义在本质上区别于其属性是指示性的（不是称名的，而是指示的、标记的）词——纯指示词——代词和指示性动词，以及量词、连接和纯评价的词——的意义。对于称名词最典型的就是这个综合；对于指示词——最典型的则是这些特征中的个别特征——对不同的指示词组群而言体现在它们各种不同的相互关系中。

3. 从它们纯词汇和表达变体的观点出发研究词的各种不同词汇意义类型可以适用于任何称名词类别；然而对动词而言这些相互作用尤其不同。按其属性而言作为动态词的动词不单纯和不仅仅称名过程和过程性状态，而是努力积极参与称名物质化体现的抽象的事实、联系和关系范畴。由其他词的类别和成语手段构成的动词语境是由动词的词的意义预先决定的；这种语境是该动词意义无条件的语言特征。这个性质综合体使我们把动词当作词汇类别系统中和存在于这些类别之间的各种相互关系范围中的某种中心来谈论。动词不单是构成分支众多、内容丰富的称名过程的词的类别,而且表现出积极深入到其他类别范围的意图,在很多时候迫使动词采用补充和内部重新分类的方法。动词深入到称名事物的词的类别中,几乎是带着形式的规律性构成表示作为客观存在的行为的名词,即物质化;动词以高度的规律性构成对人以及根据过程建立起来的特征的称名;进入连接词范围时,动词丰富它们的数量并且深化它们的语义;这一点也同样适合纯评价词范围,首先是情态词范围。指示词领域对动词当然也是开放的:俄语指示性动词的类别,同代词类别一样,是闭合的,但是相当明确而且数量也不少,期待着对它进行专门的研究[1]。在所有这些范围里动词都像是一个主人:它不仅充实——以不同程度的积极性——相应单位的范围,而且决定了作为这种充实必然结果的意义和功能的移动。保证动词积极作用于其他词汇类别生存的能力的手段,第一,是它的强大构词潜能;第二,是历史上形成的个别形式功能的改变方式、隔断或使它们与动词聚合体完全分离;第三,是孤立的形式力求与辅助的构形成分融合以建立带有其成分不同程度结合的连接性成语化—单位。所有这些因素确立了动词在俄语词汇系统中的主导作用。

1995年

---

[1] 俄语指示动词的经典代表是делать一词,表示"实施行为、引发行动、从事某种活动或者(在言语情景 条件下)始终处于某个过程状态中"的意义(试比较:在不同环境中对问题Что он делает?的任何一个可能的回答 — Читает 或者— Спит, 或者— Болеет, 或者— Путешествует及其他合适的回答)。就本质而言所有所谓的半实体动词的功能都是指示作用的。

俄语动词的词汇分类
（以捷克语义—成分分类法为背景）[*]

1. 词的系统化——这是一贯处于活跃状态的语言单位的系统化。实词具有各种结合于自身的性质和潜能，它们一方面属于作为称名单位的词，而另一方面——则属于作为直接参加构成报道的单位的词。词的这种集聚于词本身同时又面向其外部的活跃且异向的性质的饱和程度，更为有力地证明了词是语言系统的核心单位这一观点。

词——最复杂的语言单位。以最概括的方式汇总不同时期的不同研究者就这一复杂性所作的讨论，可以罗列出如下因素：词中结合着现今、活跃着的单位和词根已经不用的单位的特点，而且以往、过时的东西在词中留下不可磨灭的痕迹；词中结合着能指和所指，在此一个能指通常都有几个所指与之相对应；词同时既属于思维，又属于现实的物质、概念、关系世界，还属于其他语言单位，——因此词中同时体现了思维、现实实际和语言；词中融合了三个结构：声音结构、词法结构和意义结构，每个结构在词中都有自己特有的划分，而且后两个结构还是不对称的结构；因此，词同时分属于不同的语言层次；词同时是两个系统——词汇系统和语法系统的单位，同时它还是交际活动的直接参与者：在交际行为中词同时标记和服务，即实现各种信息的、结构的和连接的功能；词总是进入词汇间的关系中：它永远是某个词汇集合的一员，因此它身上总是具有属于该集合及通过该集合而与其他词汇集合发生关系的烙印（参看：[Шмелев 1973; Языковая номинация 1977а: гл. I—VII; 1977б: гл. I; Аспекты семантических исследований 1980]）。

词的这些特征中还应该补充十分重要的一点：词无论是在语言系统中，还是在报道行为中都是异向且积极活动的单位。词的活动的实现是对词所包含的两个蕴含自身的潜能的体现：第一，是它的向心性潜能，这是针对词本身的活动，积极的词汇引力、"吸纳"的全部作用，即集聚中的活动；第二，是它的离心性潜能，这是背离词的活动，它的全部选择性的活动，即选择活动、输出活动。这两个活跃的作用潜能在词中的结合使词成为语义负荷和结构能力方面都独一无二的单位。

---

[*] 该报告的第一点以简明扼要的方式叙述两篇独立文章的内容：《建构词的多角度描写的上下文类型》[Шведова 1982]和《论包含于词中的积极潜能》[Шведова 1984]。

词的向心性质构成了词作为属于语言词汇系统的单位的特征描述。这种性质在词中的形成是由于将词所赖以存在的上下文环境中的那些上下文的语言特征绑定到词身上（伴随之后的缩并、集聚，并由此获得词所特有的性质特征）。词存在的上下文条件具有三个特征。第一，这是词存在于其语义匹配词和语义对立词范围中的条件，即存在于词汇集合框架中并同时存在于意义矛盾、各种不同的语义对立和排斥条件下。第二，这是词的各种不同组合联系的条件、直接的线性上下文条件——既有已经固定下来的（系统的、稳定的），也有新的、正在形成中的、起初是个别的或者只是偶尔使用的条件。第三，这是词在根本无法明确划定的内容整体性界限内、在这些词典型的言语情景上下文中的存在条件，言语情景本身的语言界限，区别于组合和聚合的整体性，无法明确地被加以确定。换言之，词汇单位总是同时存在于文本连贯的条件下、类别上下文中以及言语情景的内容上下文中。

　　组合上下文最接近使用，最为显而易见：它反映词的线性的、链形联系是可以直接感知和不断重复的客观现实。类别上下文无法用组合的方式表现出来：这是对语言自身所实现的自有手段的系统化的抽象、即对词汇单位之间的相互关系的抽象。类别上下文是通过在可以称作词汇—语义类别、子类别、种类、组、词汇聚合体、词汇序列等的集合之一的界限内确定词的位置来确立的；这个上下文是对词与该集合其他成素的关系的抽象、以及对词与其他词汇集合单位的对立的抽象。类别上下文正是词的意义描述所需要的：它建立的基础有三个：第一，建立在类别间联系的基础之上；第二，建立在该类别的词所固有的、并且依赖词与该类别其他成素的语义联系的位置的基础之上，因而，第三，建立在同义词关系的基础之上。

　　作为称名单位的词具有在其自身内部集聚和再造所有为之效力的语境类型特征的能力：它们的性质受到词的吸引，在词中抽象出来并且已经融入词所特有的性质之中。因此，词——这是相应类别的、线性的和惯用—言语联系和关系的独特发生器。

　　集中活动在词中的反映是双重的：一方面，作为性质的集合，即结果；这是词所有稳定的、业已固定下来的特征；另一方面，作为对性质的集中，即作为过程；这是一直在词中进行的对新的意义特征、搭配、与相关词汇单位的关系、修辞改变的体现和固化。

　　从严格的共时观点出发，对于发展相对停止的时刻词处于静止的状态。对于历时性，对于在我们眼前不断积极进行着的运动或是深刻的、融入漫长的历史过程的运动，——词处于不断活动的状态。

　　集聚于词中的词的全部联系和关系成为在词典中对词进行描写的对象。

　　词的离心性潜能在词汇系统自身的内部发挥着作用。词中形成新的意义对于向其开放自身界线的那个词组（序列）并不是无关紧要的：这个序列充实了新的单位，序列组成的功能产生区分，序列内部的关系也在重新排布。这些变化产生于词中实现的语义增生，并受到这些增生的推动。变化的同时，词又通过这种变化对这些变化带它进入的那个情景产生影响。因此，在词的新意义出现之时就奠定了必然的结果——对成为其功能匹配词的那些单位的组成和性质产生影响。如果认为，在词中新称名的构成先于词的新语义搭配的出现，则离心力作用可以在这种搭配出现之时见到。然而这些过程无论是在词本身，还是在时间上都是不可分解的。

　　综上所述，在词的词汇特征、意义基础上对词进行分类时，我们要揭示由那些活跃单位构成的系统，这些单位在一定的词汇集合界限内，既在自身特有潜能的发展方面又在相应集合的自身组成和组织的发展方面始终发挥着作用。

　　2. 作为美化世界的手段，语言再现它的整体图景并对它的各个不同方面进行称名[1]。动词的词汇系统是语言称名系统的一个最重要的方面[2]。文献中存在大量单独拿出来作分析的俄语动词组的分类描写，就像其他语言的动词一样[3]。

　　是否可以和需要尝试建立具有共同基础、充分反映现实存在的系统和确切

1　"语言的特征是它们可以对现实世界进行某种词汇范畴化"[Лайонз 1978: 450]。还可以参看[Караулов 1976; 1981]。关于词的变化类型标志组及其结构—语义种类的相互关系和关于划分词的变化类型标志组的语言基础参看[Шмелев 1973: 103–107]。

2　这里和后面我们都不是把称名理解为任何一种任意能指和具体所指的标记，包括整个情景在内（参见[Языковая номинация 1977a; 19776]），而就旧的、维诺格拉多夫的意义而言，即所谓的区别于报道的称名。这种传统上的理解不允许语言学家遗忘语言单位本质上的深刻差异；在新的、广义称名理解条件下所有"被称名物"开始统一（它们全部是——"称名单位"），而之后——如果研究者（常常远非总是）不认为自己有权回避对它们最基本的语言差别的研究——它们又会重新分开。

3　参见，例如：[Мартынов, Шуба, Ярмош 1965]；库兹涅佐娃的研究，尤其是：[Кузнецова 1971; 1979]（此处——文献概述）；[Классы слов... 1979]。卡拉乌洛夫准确地将体现在许多局部分类中的思想称作偏见，"似乎系统可以不系统地研究，当根据'封闭和自然（轻松）'区分原则选择某个孤立的词典组成部分（例子有——表达概念помнить, думать, дрожать的词，或运动动词、言语动词、认识动词、视觉感受动词；我们还可以补充：'打击动词'、'身体状况动词'等许多其他类似的动词）作为研究的对象并研究其组成对象的相互关系时。在此条件下，详细分析的结果并没有受到准确表述的影响，通常其他研究者总是很难使用这些结果，因此在推广作者对所研究材料的认识时，这些结果只是对作者而言是有价值的东西"[Калаулов 1981:172]。在此我们指出，如此划分出来的范围广泛的（从而很大程度上是自身界限模糊的）材料遍及研究之中[Васильев 1971]。

指出它的内部组织的动词分类呢？这样的任务很难，但是能够实现。同时它还十分重要。这样建立起来的"毫无遗漏的分类其认识意义非常重大。依据纯语言基础，分类重现所有类型的积极活动及在时空中流逝着的生命过程和现象的图景。这幅图景在我们面前展现不是平面上的，而是深度透视的，因为对动词的全面分类，如同其他实词类词的分类一样，只有按照等级包涵物原则才可以建立。这幅图景，进而，不是从脑袋里臆造出来的，而是在词中确定出现在大量词汇内部组织中的客观存在的联系。因此，纯粹而全面的语言分类法，毫无偏向早前建立的理论方向，形成对世界图景的一个最重要方面的再现并且阐述它各个方面的现实存在的相互关系。这种相互关系是十分典型的。因此，俄语的动词词汇——本身，只是用自己的结构手段指出：行为、活动的范围在生活中比消极进行着的（或消极感受的）状态的范围要大得多、分支亦多；同时行为远不是所有时候都与状态对立、与状态分离；人类积极活动的范围中实际上不存在智力、智力—情感和具体体力行为的纯粹对立，而且在大多数行为中存在的只是相应成分的不同相互关系；这是一些与之紧密相联的是最丰富和分支众多的行为和状态范围的现实生活环境，以及这是一些与之紧密相联的是有限的、比较狭窄的行为和状态范围的现实生活环境；这些环境的相互关系本身是十分复杂的。

　　从纯语言学角度对动词进行全面的分类是词汇学家、词典学家和语法学家所必需的。它将有助于弄清楚关于不同动词意义类型及其对动词词汇总体结构的影响问题的本质，阐明组织这个词汇的关系系统并指明分布在同一层次上不同分支的必要对比关系。这种分类将为得出比我们暂时给出的对问题"词汇类别（以及某种程度上受到限制的词汇集合）的实际特征是什么"和"什么是词汇的系统性"的回答更准确的答案提供客观基础。这种分类也将为词典学家提供可靠基础，以使按其本质需要相同描写的词最终获得它们（特征及系统性）。拥有这样的分类，语法学家会获得的实际好处也是显而易见的：这种分类开阔了，尤其是词汇和一系列整体结构的句法特征描述的新视角。

　　与此同时，全面的动词分类也应该尽可能地摆脱由于被分类单位原则上不可胜数而对它产生威胁的缺陷：它应该是可以观察到的、可以理解的；它的分项不应该是数以千计的，而且以此为条件挑选出来（符合相对完整性要求）的材料应该"毫无遗漏"地囊括其中。这种分类的必要性质就是，它不仅能够提供对所描写词汇类别特征的准确认识，而且将建立在该特征本身所控制的统一基础上。

3. 作为本研究基础的俄语动词分类建立在奥热果夫单卷本详解《俄语词典》(从第九版起,1972年,原作者去世后所出版的该词典,均是由本文作者进行补充和编辑的)中收录的35000动词单位(意义)材料基础上。对集合的划分是在同一层次上形成语义对立的意义成分的一致性基础上进行的。意义成分(动词义素)被理解为唯一或非唯一可与任何动词范畴意义——过程(行为或过程性状态)意义组配的词汇意义元素。这种组配义素的唯一性可以表示阶段意义的动词为例加以说明,这里开始、结束或持续义素与过程义素组配在一起。而可与任何动词基本词汇义素组配的义素的非唯一性可以用称名体力活动的动词来说明,例如,动词идти(在词典中的本义):词的过程—行为义素在此与运动、借助自身运动器官的运动、不加速的单向运动义素组配在一起;动词шептать:过程—行为义素这里与言语义素和小声地、没有声音参与的言语义素组配在一起。因此,下面展示的动词分类是动词单位(意义)纯词汇(词汇—语义)的分类,这些动词单位(意义)是根据围绕基本动词义素增加区分和确切义素的特征来分布的。因此,这种分类完全且仅具有语言基础。正如专门分析所指出的那样,语法(句法)与词的词汇语义之间的直接联系的观点尚没有得到证实:纳入这些或那些集合、子集合的词的配价性质不能成为动词词汇分类的基础[1];纳入同一组的词汇单位常常具有不同的形式(尽管由此可能具有共同的意义)意向。

所提出的俄语动词的词汇—语义分类可以在达涅什以由加夫拉涅克发展的"行为动词——状态动词"二分法为基础研究得出的捷克语动词的成分—语义分类的背景上加以研究[Daneš 1971: 193 — 207]。动词意义的结构分析这里用作研究动词句语义结构的基础。动词的词汇分类的建立是作为与句法相关的分类:其表现是,每个动词意义在其核心都含有一定的语义成素结构,它们可以潜在地具有句法意义。动词意义最初划分成静态的(情景的意义)和动态的意义(行为动词)。第一类表示双位关系(如,存在、在空间的位置、所属性、占有、相同、类似等等),第二类表示简单过程(而非事件)和复杂事件。称名简单过程的动态(过程性)动词,把它们描述成积极的(没有参与者或带有参与者)、

---

1 参见:[Апресян 1962]。参见该书中对各动词"结构—语义场"的划分。还可参见:[Апресян 1974]一书中《词汇同义词》章节中的对动词词汇类别的划分。实际上由乌菲姆采娃在其研究中阐明的一个动词分类依据是句法的(而且是最大限度概括性的),——"根据揭示由动词词素表示的内部语义关系的倾向性和成分的意义模型类型,正是:特征与某种可能是被赋予了该特征的主体或客体的对象之间的关系"[Языковая номинация 19776:72]。

2 相关概括总结参看著作[Шмелев 1973: 18及下一页]。

不积极的或不可分解的(无人称的)过程。称名复杂事件的动态动词表示从事件开始到其结束的不同转变类型(根据开始或结束的特征,根据转变类型,根据事件类型等等)。总体上这种分类,表现出对成分分析的精确理解,依赖于不同概括程度的动词词汇义素并且可以作为分析句子语义构造的直接基础:动词意义语义公式的确立是对动词句按照其语义结构进行分类的必要前提条件。同时这种分类也为研究动词的纯词汇意义开创了良好的开端。

4.建立在动词等级义素组织基础上的俄语动词分类证实了词汇有序性的等级特征(参看:[Залевская 1977; Караулов 1981:190 и след.])。这种分类要求多方面的注释,涉及动词集合的组织和组成本身、组成它们的单位分组及其区分特征的等级。

几乎无可争辩的是关于词典的开放性、非封闭性——这是由语言内部要素以及与外部环境不断相互作用所决定的性质——的观点[2]。然而对现代俄语动词词汇的全面分析使得我们对这一观点予以更为准确的重要说明,词中各个不同方面的开放性程度远不是一致的:这里有极不情愿"开启的"集合;任何"依靠新词和新意义的无限扩张"(乌尔曼)对这类词汇集合都是无从谈起的。在这个意义上连接(联想)动词与纯称名动词的对立就是一个鲜明的写照:前者在自己多数子集合中展示词汇组织和组成,它们在漫长的历史时期是十分稳定的。

动词词汇组成一个复杂而又分支众多的对立系统:词汇集合的对立性构成词典的全部范围。**第一个**无条件的**对立**是行为动词与状态动词的对立。这些或那些动词称名过程,但第一类表示来自主体、由主体主动和直接制造的活动的过程:在使用这些动词时主体是动作的发出者。第二类表示作为状态的过程,它所针对的感受主体是这种状态的消极承受者:在使用这些动词时主体是具有非积极特征和性质的状态的承受者。这种对立即便是在体现类似 лихорадка меня измучила, сомнение одолевает кого-н.这样的动词意义的情况下也无法消除:实际上非活动主体在此是作为活动主体、积极主体由动词表达出来的。

第二个对立是"指示性动词:指示动词、连接动词和评价动词——称名动词"的对立。这些术语是受条件制约的:前者是带有抽象概括意义、带有纯概念语义、带有非独立称名意义、广义上是指示的、按自身的词汇属性是以无法细化的(单成素的)认识方面消极的意义为特征的动词,而后者是带有个性化意义、带有所指—概念语义、带有独立称名意义、广义上非指示的、带有可以细化的(非单成素)语义、带有认识方面积极的意义的动词(参见:[Языковая номинация 1977a: гл. VII; 19776: гл. I])。但是在这种情况下这两类词的基本区别仍是无可争辩的,它们的区别在于前者连接、联想或抽象概括地评价,而后者在实实在在地称名。这种对立,除纯词汇—语义的对立外,还有下列语言因素对此加以证明。第一,指示性动词不会或几乎不会组成分支众多的子集合(这只能出现在意义的多义素性的情况下),而称名动词可以组成那些子集合并且以含有纯过程意义的多义素单位的多分支等级分类形式排列。指示性动词的划分(例如,阶段动词或情态动词)与称名动词的划分有着原则性的区别:前者的分类直接以自身的词汇意义(例如,带有开始、持续、结束意义的阶段动词,带有可能性、必要性、被迫性、责任、合理性意义的情态动词)为基础,而后者是以对意义更加确切的说明、具体化和缩小作为分类基础的。第二,对指示性动词、连接动词和联想动词提出有关它们具有动词词类意义的两个成分之一的过程性特征意义问题是合理的。在本身就是指示性动词、在半实体动词、情态动词、阶段动词、联想动词、纯连接动词中很难发现该词通常意义理解上的特征性。特征性不是动词的本质属性,而是由它们的句法参与所构成的类似начал работать, надлежит согласиться, стал поэтом, зависит от нас等结构组的本质属性。很能说明问题的是,作为"特征的特征"的副词正是为这样的结构组所接受,而从来不是单个动词本身。第三,带有抽象概括意义的动词和称名动词在自身的句法特征描述上是相左的。除了众所周知的搭配差异方面的现象外,在此还应该注意到这两类动词各自以不同的方式分属于线性和非线性报道单位:第一类动词在语法句的聚合体和正规体现的变体方面及其形式—语义类似现象的组织方面具有自己特有的、独特的功能范围。第四,也是最后一点,区别于称名动词带有抽象概括意义的动词不会遇到表示行为或体力、智力和情感状态方面的矛盾对立:这种对立(常常在多义词中为意义的不可分解性所消除)只属于第二类动词(称名动词)。

第三个对立由下列内容构成。似乎不言而喻的是,所有动词都被划分成带有体力、智力和情感行为(和状态)意义的动词。但这种三分法的存在只是一种个别现象。在极大多数情况下被称名的智力行为或状态与体力或情感抑或两者同时是不可分离的。因此对称名动词而言"带有智力—情感或智力—情感—体力行为(状态)意义的动词——带有体力(以及生理或机械)行为或状态意义的动词"的对立是现实的。这种对立只属于非指示(带有独立称名)的动词。

第四个对立是由反义词(спешить — медлить, ухудшать — улучшать, помогать — мешать等等)建立起来的。所有动词按其否定特征所具有的反义词在语言中是绝对合乎规范的：它或者由专门的词汇表示（于是由词典所反映出来的，例如，有 полюбить — невзлюбить, информировать — безинформировать）或者——总是可以——使用前缀 не-，拼写上以独立的语气词形式表示（идти — не идти, любить — не любить, ходить — не ходить）。

动词组成的集合和子集合不仅在本身的数量方面，而且在其组成、内部组织、自身特征的系统方面都相互区别。属于这种组织范围的问题有用比较法研究集合的复杂性问题、类别（或子类别）在其与词汇—语义集合（和子集合）对立中的特征问题以及终端子集合——词的词汇—语义序列问题；有关"语义聚合体"的问题，有关组成聚合体的义素、超义素、超词素（下义词）方面的问题；有关词的（词的词汇义素）区分特征的数量和等级的问题[1]。所有这些问题在本文中将不对其理论方面进行研究和探讨。但是我们会在下面对存在动词相对详细的研究中看到所给出的解决这些问题的途径。

5. 具有存在意义的动词构成称名状态的动词类别的一个分支[2]。在此我们将以属于前五个阶段的动词为例来进行说明——在一些含有指示进一步递降的集合意义的情况下。(1) **预先存在**：предстоять, зарождаться, близиться。(2) **出现**：自身出现：начаться, возникнуть；对存在事物的补充出现：добавиться, прибавиться；与时间相关的出现：подоспеть, опоздать, упредить；重新出现：возродиться；发现与自我发现：обнаружиться, завиднеться。(3) **形成**：становиться, делаться。(4) **实现**：осуществиться, сделаться。(5) **存在**：没有数量、地域或时间特征描述的——自身存在：быть, существовать 含有性质特征描述的：жить：带有无区分的性质义素的：житься，带有强度、密度意义的：бушует гроза, валит снег, 牢固性、稳定性意义的：коренится порок, 自由、流畅、庄重意义的：реет свобода, 微弱、模糊、萎靡意义的：брезжит рассвет, 不稳定性意义的：мигает огонек, 秘密、隐蔽意义的：кроется ошибка, 窘困、不满意义的：влачатся дни, прозябать в нищете；自动显现的存在及可感知的存在：概括的或无区分的自动显现意义：проявляются способности, 可感知的存在：

---

1 参看 [Языковая номинация 1977a: гл. VI] 一书中需要检验和还没得到我们的材料证实的观点是"区分特征等级具有不超过 4—5 个级别"这一观点（第 250 页）。

2 对这个体系在著作《俄语存在动词及其主体》[Шведова 1989] 中有详细的描述。纳入俄语的这一分支的动词（动词意义）总共将近 2000 个，由语言按九个阶段来划分：(1) 预先存在，(2) 出现，(3) 形成，(4) 实现，(5) 存在，(6) 瞬时性存在，(7) 停顿、停息，(8) 存在过程中的间歇，(9) 结束、消失；所有这些阶段共同对立于不存在。

замечаться, наблюдаться, 自动显现和感官知觉意义：алеть, серебриться, греметь, звенеть, нестись(与味道有关的意义)；带有数量、地域或时间特征描述的存在：含有数量特征描述的：насчитываться；带有地域特征描述"在某个地方"：обитать, пролегать (дорога пролегает в горах)；与性质特征描述"在某个地方并且怎么样"结合的形式：виться, возвышаться (тропинка вьется вдоль берега; вдалеке возвышается замок)；与某物狭小的地域关系：вдаваться во что, громоздиться на чем；带有时间特征描述——没有任何复杂化或者带有补充的时间特征描述：бывать, случаться, бытовать, зимовать, дневать, тянуться (жизнь тянется уныло), лететь (время летит)；подгадывать, подоспевать (как раз подгадали каникулы)；与某物的时间关系：предшествовать, сопутствовать, следовать за чем, чередоваться, повторяться.

俄语动词所展现的存在图景已经在以最模式化的形式为形成一些重要原则提供依据。

（1）存在作为这种在时空中发生的状态由动词本身的词汇意义来表示：按等级组织起来的集合供称名各种类型的存在状态与某个时刻、时期的关系、与其他状态、行为的关系来使用，或者供称名存在状态与某个事物的地域关系来使用。称名其时间关系上的存在的动词组合成这样的子集合，在它们的相互关系中它们代表存在的各个阶段和子阶段。

（2）动词表示的存在是存在于必须的阶段更迭条件下的状态。存在本身所处的阶段是排在预先存在、出现、形成和实现阶段之后的；存在之后才是一系列由结束阶段完成的其他阶段。在单独各个阶段内部时间联系和关系由分组到一定子系统的专门词素来确定。

（3）动词中对存在的称名在非常多的情况下与存在状态的性质特征描述、评价是不可分割的。相应的义素实际上贯穿整个存在动词群，并在大多数集合中都有所体现。这使动词序列（即类别的终端分支）成为富于变化和敏感的组织，在所有必要的情况下很容易对所产生的不只称名存在、而且从不同立场对它做出评价的需求做出反应。因此，例如，表示музыка(音乐)的存在不仅可以从态度无关紧要的听众立场出发(музыка играет, звучит, раздается, слышится, доносится)，而且还可以从关注它声响的人的立场出发(музыка течет, плывет, льется, разливается, раскатывается, катится, заливается, звенит, гремит, грохочет, надрывается, громыхает, бухает, бабахает, барабанит, бренчит, дребезжит, пиликает, тенькает, тренькает, дзенькает, хрипит)；通向远处的дорога（道路）可以лежать, идти, бежать, ползти, нырять, виться, удаляться, уходить, убегать, уползать；正在经历自己生活道路或道路的某个阶段的человек（人）живет（живется），同时也可以существует, прозябает, пробивается, перебивается, коптит, скрипит, тянет，或者以某种方式поживает, здравствует及процветает。存在动词的评价能力异乎寻常地广大，就连评价系列本身也是如此说明它们的相互关系的，如同历史上它在语言持有者意识中所形成的那种方式。

（4）由动词表示的存在是这样一种状态，它的主体（存在主体）与感受这个存在、以这样或那样的方式与存在发生关系的主体之间相互作用。这些关系的差异非常之大。例如，在类似алеет закат, синеет, море, розовеет восход的情况下存在是为某人所感受的状态——这些动词就语义而言是双主体的：主语位用于表示存在主体，而感受主体（包含在动词本身意义中：алеть "有关红色的：是可见的"等等）或者没有被指出来，或者，在表述中，直接或间接地由扩展成分表示出来（вдали перед нами синеет море, перед глазами алеет закат）。存在着的主体及感受主体的存在状态意义可以合并在同一个动词中。这样一来，例如，动词близиться中在不同搭配条件下表现出接近存在主体本身的意义（близятся события, холода）和对自愿走近来感受这种存在的人而言的接近已经存在着的主体的意义（близятся горы, лес, море）；这种对立可以被中和，试比较：близятся звуки, голоса, смех, песня, шум, свет, огонек。

双主体性现象之一——类似ссоре предшествовал разговор, за письмом последовала встреча的情况：所指出的存在状态的主体（发生在前或者发生在后——разговор, встреча）由与之后或之前情景（была ссора, было письмо）主体的时间—结果联系关系联结在一起。

6. 称名存在状态的动词是一个完整的词汇系统并揭示该系统的特征。有关这个系统及词汇中的系统关系已经写过很多。但是在大多数情况下系统性特征的形成相当地不确定，常常是不具体的。例如，指出，"词汇系统的结构可以用存在其组成间的意义关系术语来描写"[Лайонз 1978: 457]；"词汇是一个系统，即是那种其单位在意义平面互为条件、相互依赖的组织"[Слесарева 1980: 13]。杰尼索夫是这样描述词汇系统的："通常系统的典型特征如下：（1）系统——是完整的相互联系的组成要素综合体；（2）系统与环境构成特殊的统一体；（3）通常，任何被研究的系统都是更高等级系统的组成要素；（4）任何被研究的系统组成要素本身也通常是较低等级的系统"[Денисов 1980: 53]。还可参见[Соколовская 1979]。此外，在非常多的情况下研究者在词汇系统和场的概念之间划上等号[1],这在我们看来是不正确的。卡拉乌洛夫是对的,他认为,很多人试图"非系统地研究系统",不注意"系统结构的稳定性"、"组别内部结构关系的不变性"以及"该部分组成间内在联系的强度"[Караулов 1981: 172—173]。

  这里我们将尝试确立词汇系统具体的语言特征,依靠分析完全确定和足够大的词典组成部分——带有在各个不同存在阶段存在的意义的动词。在何处可以发掘出这个集合的完整性和内部组织性、它的单位的相互联系性、它们彼此相互作用的特征、它们词汇和配价特征(正是根据这些特征来对它们进行描述并将之集合成更局部的组群)的共同性呢?可以列出下列利于这种发现的因素。

  (1)所有进入该集合的动词具有共同的词汇意义成素:"存在,处于存在状态",该义素构成这些动词中任何一个动词的不变意义。在子集合(子系统)和它们的进一步切分中这个义素与补充的、区分的意义成素结合起来:"即将面临的存在(预先存在、前存在性)","开始存在(出现)","正在实现或已实现本身存在的状态(形成和实现)","本身存在、在场(存在)","存在趋于结束,在自身存在期间的暂时停顿或停止(停息、停顿)","产生并立刻消失(瞬时性存在)","终止自身的存在(结束、消失)"。之后意义更加确切、变窄的义素被叠加在这些意义上并与它们结合起来,分组成更局部的子集合。然而义素"在、存在、在场"出现在属于该词汇整体的任何一个动词之中。

  (2)在非常多的情况下存在是由动词在建立存在状态形象图景的变形、联想义素的参与下实现称名的。在建立它们共同的"联想储备"时,这些变形的义素可以一一列举出来并且贯穿各个不同的子集合。它们是运动、位移或空间位置义素(закрадывается мысль, бежит струя, подкатывает дурнота, падает снег, сваливается беда, несется грохот, хлынул свет, виляет тропа, засела мысль, пролегла дорога),具体的积极行为、作用义素(стучится старость, ударил гром, хлещет дождь, метет метель, нападает тоска, рвет ветер, окутывает мрак, захватывает чувство, одолевают заботы),意志行为或智力—情感状态义素(грозит беда, ждет сюрприз, просится сравнение, упорствует болезнь, ярится злоба),作为目的明确的行为结果的状态义素(копятся обиды, заваривается дело, вводятся перемены, играется свадьба, практикуется метод, чинится расправа),体力状态义素(закипает обида,

---

[1] 在最新研究中可见上述观点,例如[Бородина, Гак 1979: 51]。

нависает угроза, дрожит огонек, клокочет злоба, пылают страсти, теплится надежда), 生理状态或行为义素(вынашивается план, роятся облака, зреет решение, родится идея, плодятся проекты)。这份清单在此根据位置条件是最抽象概括的和无区分的。不是所有这些义素都一样活跃(甚或出现)在存在的所有阶段、所有子集合中。但是按不同阶段分布的存在动词所具有的共同变异义素形象储备——这是该集合最重要的整体性特征之一,该集合所具有的共同的纯语言特征之一。

(3)存在动词具有共同的性质—评价意义储备。几乎在所有的阶段存在状态得到的评价既可以是肯定的(веет свобода),或者是否定的(влачатся дни, грозит беда, подкрадывается старость, наваливаются неприятности);强烈的或是消沉的、无力的、分步的(клокочут страсти, закипает вражда, прошибает слеза; копится неприязнь, обозначаются перемены, дрожит звук);稳定的或不稳定的(сидит мысль, угнездился страх; мерцает луч, дрожит огонек);随意的、自由的或困难的(играет улыбка, плывут доходы; старик еще тянет);公开的、明显的或秘密的(бьет запах, кричит безвкусица; дремлет чувство, кроется тайна)。

(4)在每一个存在阶段属于一定主体类别的功能定向词汇序列是这个类别中最后被划分出来的子集合。存在动词的终极序列具有自己的分类、独特的特征集合(按其组成、语义潜力、评价义素的组配),而动词是否能够包括在这个或那个序列之中、它与序列组成中的其他动词语义上是否能够搭配是该动词本身的特征之一;试比较,例如,开始阶段上的动词:дождь, ливень — начаться, полить, налететь, ударить, припустить, хлынуть, хватить, захлестать, захлобыстать, забушевать, зазвенеть, застучать, забарабанить, защелкать, загудеть, 但 пойти, брызнуть, зарядить, закапать, закрапать, заморосить, посыпаться——只是与雨有关;улыбка, усмешка, ухмылка — явиться, появиться, изобразиться, проглянуть, проступить, 但 блеснуть, сверкнуть, заиграть, засиять, засветиться, просиять——只是与微笑有关。词汇序列表现出属于更大的单元组织并在其中占有自己十分固定的位置的组别性质。

(5)称名不同存在阶段的动词在自身的相互作用方面具有共同的趋势。在此表现为(在一个单位中体现)若干存在阶段之间不同的界限模糊形式:开始与形成、开始与实现、预先存在与开始、出现与消失(瞬时性存在)。

(6)存在动词具有能将它们结合起来的重要的句法特征。其中包含的特别现象,第一,来自必要的联系(形式的和语义的)范围;第二,来自非必要的扩展成分范围;第三,来自联系的必要缺失范围。下面我们将列举几个这样的典型现象。

在必要的联系范围里一个动词序列的典型特征是格的形式的语义复杂化——在它们的参与下构成句子组成中的复杂化语义范畴。这样一来,存在意义(在行为意义削弱的条件下)在与一定范围的主体的组合中成为诸如 завладеть, охватывать, наполнять, одолевать 等动词的典型意义;此处存在主体在句法方面表现为行为者,而从属形式(第四格)指称由整个主—谓语组所表示的状态承受者:седина тронула виски, страх наполняет душу, горе посетило семью, смерть настигла путника 等等。这种情况下动词的典型特征是与它们直接称名意义不同程度的脱离。在所有这样的结构中出现两个语义主体:存在主体(以主语形式表示)和整个存在情景的主体—承受者(以从属形式表示):дождь омыл сады 既表示"雨水洒落到花园"还表示"花园被雨水涤净"。类似的格的语义复杂化也存在于其他诸如 нас ожидает беда, ему угрожает болезнь 的情况中("我们将会有不幸"和"我们等待不幸的降临"),у слушателей возникли замечания("听众提出了批评"和"出现了听众的批评"),в документе вкралась ошибка("文件含有错误"和"文件中有错误"),на нас пахнуло сыростью("潮湿的气味向我们袭来"和"我们感觉到潮湿的味道")。在其他情况下双主体性表现为具有存在着的主体并同时出现另一个同它结合在一起的主体,例如, к обиде прибавилась тоска("本来就有委屈"和"在委屈之上又添忧伤")。

形式上不必要的扩展成分可以间接指示主体的特征,而且与此同时将存在阶段本身具体化。这样,在类似 перед глазами возникли горы, за окнами вагона потянулись леса, вдали встали очертания зданий 的情形中带有地点意义的非必要扩展成分预示着在情景中存在感受主体,而所现事物具有发现或自我表现的特点。在诸如 нарастает непонятное чувство, предстоит невеселая жизнь 这样的情况中类似功能由形式上不必要但语义上必需的修饰形式来实现。

从属形式(第五格)的必要缺失出现在当存在意义以被动意义为基础在动词中得以发展的情况下,例如:вынашиваются планы, задумываются перемены, готовится выставка, произносятся речи, творятся беззакония, допускаются ошибки。

综上所述,可以算作词汇系统特征的有:统一在该集合中的所有词具有共同的、不变的词汇意义,围绕该意义,在各个单独的子集合界限内形成补充的、有的区分意义;具有共同的联想、形象表达储备和共同的性质—评价区分意义成素储备;功能定向的终端词汇序列类型的共同性;限制语义搭配的趋势和与其他词汇部分相互作用的趋势的共同性;句法特征描述的一致性。由这个相互作用的特征综合体所建立起来的是结为系统的动词的稳定的功能和语义联系、它们由十分具体的语言性质和关系结为一个整体的统一性。

在此我们尝试指出,在纯语义基础上对动词词汇进行分类使得我们可以以有助于确立这些子集合的多个重要特征,其中包括——确立"小的语言系统"特征的标准来对待其每个单独的子集合。

1983年

词汇系统及其在详解词典中的反映
（人称代词的类别）

1. 未必有必要提请注意词同时属于两个语言层次——词汇和语法这个颠扑不破的真理。而且问题也不单在于词既具有词汇特征也具有语法特征,而首先在于这些或那些性质融合于词的意义中并在之中牢不可破:词的语法意义包括在其词汇意义之中,而且也不存在没有语法意义的词汇意义。因此,脱离其语法特征来研究作为词汇单位的词是不可能的。强调这一点之所以重要是因为,接受词汇的系统性观点时,研究者必须在自己的视野之内一直保有对词的语法属性的关注。

是否可以认定,语言的词汇是一个系统,即一个完整的组织,它,带有相互联系、相互依赖的组成部分,本身具有独特的结构并从属于这一完整性的存在规律?众所周知,在此问题上存在各种不同的观点。一些语言学家认为,语言的词汇组成已经丧失相应的特征:词的意义及其语义结构整体上的不稳定性、常常致使无法划出多义词意义之间明确界限的词汇内部的不断变动、构词作为能够预先决定越来越多新生意义的领域的积极作用——所有这一切都造成无论是整个语言词汇组成还是其各单个组成部分的界限无法划定的印象。同时我们任何地方都找不到词汇中完全充满无序的直接证明。存在一定的词的组别、语义相近或对立的关系,构词的组织作用都已是不争的事实。但就是在这种情况下有关语言词汇组成的整体结构问题要么避而不谈,要么根据"这里一切与一切相关联"而获得的最为概括的回答。

另一方面,不止一次地尝试把语言词汇组成当作某个整体来看待。依赖于建构在意识中的"世界图景"的词汇系统化实验起源于古希腊时代。依据同样的基础,实际上,建立起所有把词汇当作语义场的同列联系的词汇描写。然而完全涵盖,哪怕是相对意义上的,如同确定所划分组别的纯语言类别标志一样在此条件下是无法实现的。

接受词汇是一个系统的观点,非常多的研究者将自己的研究任务局限在描写单个的词的组别、"场"、"类别"上,并没有提出所选用于描写的词汇部分与整个词汇组成的关系如何的问题。显然,要回答这个问题只要弄清楚什么是语言的词汇系统、其特征有哪些、它的各个组成部分在系统中占有什么样的地位以及它们的相互关系是怎样的就可以了。

任何自然系统都具有这样的共同特性：(1)结构的复杂性，即系统中有各自独立的组成部分（子系统），而且这些子系统本身就是相当复杂的组织；(2)这些在自身联系和关系方面相互影响的子系统间的必要且不断的相互作用；(3)系统在整体上的最大作用，该系统不仅将各单个组成部分集于一身、而且协调和控制发生在它们内部的过程。

语言作为自然系统具有这些特征的全部：它由本身就是相当复杂的组织的子系统组成；这些子系统相互作用并在自身发展和功能作用方面彼此予以积极和不同方向的影响；同时发生在它们内部的过程由语言在整体上予以调节。

从系统划分（也就是从所具有的组成部分）观点来看语言系统具有三重组织。首先，语言由若干层次组成。语言的发音体系由于声音的非符号属性被看作相对简单的组织。至于说词汇组成和语法体系，则这些语言层次的特点是自身都有独特的、十分复杂的结构。这些系统处于彼此固定的联系和关系之中，相互影响着从属于它们的单位和集合的形成和功能作用。同时语言在整体上调节全部这些过程，协调发音体系与语法、语法与词汇、词汇与构词的相互作用。因此，所有特征俱备：语言系统由各自独立的局部系统构成、它们的联合存在和适用于其各个层次的语言协调作用。

2. 词出现在语言的各个层次。然而论及作为系统的词汇只可以指与语言的语法体系对立的词汇组成。语言的词汇组成具有完整组织的全部特征：它可以划分成各自独立、本身具有相当复杂的内部结构的组成部分（子系统）；这些子系统彼此互不孤立，之间存在不同方向的联系；最后，词汇子系统的存在本身、在其组成内部的运动、包括在它们之中的单位及其组别的相互关系都由整个语言的词汇组成来调节。

语言词汇组成的初步划分是将其划分成词类。词类——这不仅是语法类别，也是词汇类别。诸如物质性意义、过程意义、非过程性特征意义、指示性意义、数量意义这样的意义不是别的，正是对单个词的词汇意义的最高程度的抽象、是组成整个词汇类别的词的语义不变体。发生在不同方向上的词的类别间联系已在词类划分的层次上实现。这些联系是人所共知的，它们一方面由构词手段来实现，另一方面——由截短聚合体、截短词从一个词类向另一个词类的转换来实现。众所周知的还有，所有这些移转和转换给单个的词汇子系统以及整个语言的词汇组成都造成一定的后果，语言不仅对这些过程起反应，而且对它们起调节作用。

作为初始词汇类别的单个词类的词继续以大量处于彼此间等级收缩关系

中的组别、集合和子集合形式出现。每一个子集合由自己的语义不变体领导着,具有自己的组织和与该类别及其他词汇类别的其他子集合的独特联系。这样的结构安排在多层级分类中得到反映。它们的构成不是简单"重排"词汇材料的结果:它具有很大的科学意义,因为它使我们看到类别所特有的内部组织、其现实轮廓以及各个组成部分的相互关系。构成这种分类的必要条件是:(1)全面涵盖该词类的所有单位——以现代详解词典中所反映出来的规模;所获得的数量实际上是充足的:它使我们坚信,词典所没有指出的单位在从其他渠道对材料进行补充的情况下将一定能够在相应的类别中找到自己的位置;例如,对俄语动词所进行的这样的分类是建立在超过 13,5000 个词典单位——单个动词及意义——材料基础上的[Шведова 1983a];(2)所有这些单位在所建立的子集合——词汇树的分枝——之间无遗漏的自然分布;(3)"自下而上"进行检验的可行性,即从终端的词汇系列到初始的、最概括的子系统,在检验时单个单位会逐步包括在上游序列的子类别之中;(4)这种检验的可行性,通过检验每一个出现在语言中的新单位(词、意义)自然地包括到一个类别之中——按照它的划分标准——包括到一个终端的词汇序列之中,在那里在相关的匹配词范围内找到自己的位置并影响它们功能的分配。

俄语存在动词子类别就是这种对较大的词汇组成部分进行自然划分的例证(参见:[Шведова 1989])。

这样建立起来的词汇分类使我们能够把大量的词不只是看作某个个别词的组别的大杂烩,而且还是以一定形式组织起来的系统。

全面的词汇分类的意义还包括以下方面。建立在涵盖至少 150—200 年(现代详解词典包括的正是这样的词汇)材料基础上的这些分类表现出词汇系统的稳定性:类别的内部组织在漫长的时间里稳定地保留下来,而且无论是在构词过程或是生成新的词义的影响下、无论是在类别内部或者类别之间转移的影响下、无论是在外部进入的作用下它都没有改变。所有这些过程都没有对词汇系统造成破坏:它们只发生在系统的内部。构词的活跃程度、多义现象的发展、国际词汇或其他语言的词的扩张以及由此引起的处于分类最后阶段的词汇子集合内部的变化,都没有影响到系统整体上的构造、影响到系统组成的分类和从属性、影响到它们的分级组织。在语言发展的一定时期系统的这些或那些组成部分,吸收越来越多新的单位并将它们相对于彼此进行移动,可以变得更加完整、在各种关系中变得更有意义。在系统的各个不同层次及系统不同组成部分中的词汇运动的活跃程度可能造成词汇整体不稳定、其存在是无序的印象。然而这种印象是与实际不符的。应该考虑原则上不同的现象:第一,系统整体上作为语言体系的某个单独层次的存在规律;第二,该系统的各个子系统、它的组成部分的存在规律及其彼此相互作用的规律;第三,也是最后一点,进入这些子系统并通过它们进入系统整体的单位的生存规律。

词的存在规律、发展规律及其相互关系规律首先是由这一点决定的:词就其属性本身是抗拒静止状态的单位:体现自己的离心性潜能和向心性潜能时,词处于与自己全部的语境、与不同类型上下文的积极相互作用之中(参见文章[Шведова 1982; 1984])。由此可见——所有这些形式各异的过程,它们有时被研究者定义为词汇总体上的无序性和不稳定性的表现。然而,正如所说的那样,词的生存规律不等于词汇系统的存在规律:后者展现的是结构本身的有序性及其巨大的稳定性。

词汇中系统关系的建立使有关词汇类别的句法潜能问题、对该类别所有词开放的句法空位问题、以及填充空位的规则问题得以提出。采用词的句法聚合体是其述谓功能形式综合体的概念[Касимова 1986]使有机会揭示所有这样的空位并对它们的语法物质体现规律加以研究。

3. 上面已经提到过,朝向词汇树的终端分支方向作为该集合整体性标志的那些特征的范围更加明确:单位范围本身在缩小,最主要的部分在语义上变得更加确切,明显可见各种形式的词的联系——形式的和语义的,既有存在于子集合内部的,也有完全脱离子集合的词的联系。

我们将以闭合的俄语人称代词小系统为例透彻考察词汇类别的系统组织特点。这个子类别由8个词构成:я, ты, он, она, оно, мы, вы, они,由语义不变体"所指物体"(物体或人本身)把它们联合起来,语法上——由从属于名词类别的性质把它们结合在一起。人称代词的系统组织特征是:(1)存在意义不变体及与所有这些词都相关的意义缩小和具体化的倾向;(2)明确表现出来的这些词的意义之间的联系;(3)进入名词系统其他组成的典型出路;(4)与其他词搭配的共同趋势;(5)与词族构造的共同关系。下面我们来对这些特征加以分析。

经过"既是人,也可不是人"的:он, она, оно, они与"只是人"的:я, ты, мы, вы的对立,该类别组成在不变体"所指人称"基础上形成对立,代词он, она, оно, они作为人称标志包括在该对立之中:"单数人称(я, ты, он, она, оно)——非单数人称(мы, вы, они)"。这里首先是"所指人称等同于指向自己(я)的人称或与指示人称结合(мы)——所指人称不等于指示人称(ты, вы, он, она, оно, они)"意义的对立;在后者情况下指示人称义素没有完全消除:ты(你)="不是я(我),而是与я(我)最近的人称";он(他)="不是я(我),也不是ты(你),而是某个第三方"。接下来缩小的意义以下列形式出现：

я:"任何具体人"↔"可以概括想象到的人"；第二对立成分被具体化为"任何人，每一个人"↔"个人，ego"的对立。

ты:"任何具体人"↔"可以概括想象到的人"；接下来第二对立成分缩小至"任何人，每一个人"↔"所景仰、地位高的人"的对立。

он (она):"任何具体人"↔"可以概括想象到的人"；第二对立成分以"作为可以概括想象到的性质承担者的人"↔"被隐蔽起来的人"形式出现。

正如所见，对я, ты, он这几个词的语义结构的比较展现出一幅共同性的画面：在所有这些词中都存在具体的和抽象的意义因素；后者的出现，第一，是作为在义素"任何人、每一个人"（在类似Ты мне, я тебе; Если не я, то кто же?的情况下я是概括人称意义。参见达利的例子:Я ли не я ли? ——自我吹嘘；ты是概括人称意义:Сегодня ты, а завтра я）的基础上的概括或是在义素"某人作为一类、可以概括想象到的性质承担者"（он在类似Бывают же люди: он тебя оскорбит, и он же еще и обижен的情况下是概括人称意义）的基础上的概括；第二，是作为以单个词汇意义的形式体现出来的抽象概括：я——"个人、个体"（比较：потерять свое я）；ты作为对地位很高的人的称呼（Ты——"上帝"或"君王"），он是被隐蔽起来、有意识不说出来的人（он——"敌人"或"魔鬼"，以及"对某人而言是唯一的、挑选出来的人"）。

所有这些情况中在概括程度方面发挥作用的是以单数形式表示某个不确定集合的能力；而且词中的指示意义削弱，在形成纯事物意义（я所有的意义）或成语性联系意义情况下最大限度地弱化（ты所具有的意义：быть на ты с кем-н.）。

至于оно，该代词在语义上的划分与он是一样的，带有的限制是任何具体的人称在这里都是——"任何一个小孩"、"每个孩子"的意义；对对立成分"可以概括想象到的人"的意义的缩小在оно这里是没有的。

在мы, вы, они这些词的意义系统中存在下列关系：

мы:"我还与某人一起"↔"我还处在我与某人的关系中"；第一对立成分接下来具体化为"我以及还有一个人，我们俩"↔"我以及还有若干人，我们所有人一起"↔"我处于不确定集合组成中"；"我还处在我与某人的关系中"意义缩小成"我还处在我与其他很多人的关系中"↔"我，加入到具有单向特点的联系中的人"的对立。

вы:"你还与某人一起"↔"你处在别人与你的关系中"；第一对立成分可以

在确切与ты在一起的那些人的数量基础上进一步具体化为:"你以及还有一个人,你们俩"↔"你以及还有若干人,你们所有人一起"↔"你处于不确定集合的组成中"。

они:"他还与某人一起"↔"他处在别人与他的关系中"↔"不确定的集合,非我们也非你们";они意义的进一步缩小与第一对立成分相关并导致对立的划分:"他以及还有某个人,他们俩"↔"他以及还有若干人,他们所有人一起"。

在代词мы, вы, они的意义描写系统中包括在不确定集合的所指人称意义关注的是自己本身。мы和вы在这种条件下保留着义素"我以及还有某个人"、"你以及还有某个人":Нас (вас) миллионы; Мы победим; Вы будете побеждены. 代词они已经没有"他处于不确定集合的组成中"意义:类似У них и у нас或Они в городе(即城市居民)не знают хлопот的情况下义素он缺失,они在此表示"非我们和非你们组成的集合"。

全部三个词(мы, вы, они)的特点是单数意义在它与另外一个人或其他许多人的关系中的发展。这是在下列意义中的мы:(1)"我处在与我所面对的其他许多人的关系中"(作者的"мы");(2)я作为与他人进行单方面抱有好感或者反感,单方面不拘礼节或相反,单方面妄自菲薄的交际参加者,я是加入联系的人(Мы, кажется, сердимся?; Ого, мы уже улыбаемся!; Ну, как мы себя чувствуем?; —Устал? — Ничего, мы привычные);(3)"я是被颂扬赞美的人"(мы, Николай Второй)。вы中的单数意义(你)在别人(我)与他的关系中含有"礼貌对待的您"的意义(从表达敬意的一方指出受尊敬的人)。在они中的单数意义在别人与他的关系中含有"奴颜婢膝对待的他"(过时意义),属下、依从之人用来指说上级。

人称代词类别的所有词之间的意义范围内存在紧密的联系。这表现在,第一,单数意义与复数意义相交叉;第二,指示人称意义与所指人称意义相交叉。所有人称代词在自己的语义构造中都含有单数意义和复数意义。я, ты, он的单数意义是第一位的,мы, вы, они中的单数意义是第二位的;复数意义在мы, вы, они中是第一位的,而在я, ты, он中则是第二位的。这种意义交叉使整个这个词类成为紧紧连在一起的组织,它的成员随时准备在适当的条件下完成自身功能的重新分配。从另一方面看,人称代词系统中"所指人称"意义—"指示人称"意义复杂地交织在一起。

指示人称义素在这个类别的所有词中都存在:я中这个义素是最基本的(第一位的意义:"指向自己的人称"),在мы中这个义素是与义素"以及还有某人"结合起来;在ты, он, вы, они中这个义素是作为被对立起来的义素(不是我,而是别人(其他许多人))存在着。因此,指示人称意义以这样或那样的方式出现在所有人称代词中:这或者是直接指向自己并与其他所有人对立的人称(я),或是与指示人称对立起来的所指人称。

不同人称代词的语义结构的相关性还表现在,它们全部,尽管处在不同的水平,能够用第二位功能指向代表某些性质的人称。я的这一点表现在单个词意义("个人")的形成中,он中这表现在将指示功能缩小到指向最好不说出的人;ты, мы, вы, они脱离本身的指示性特征表现在在这些词中增生评价义素:мы是"面向全体的人,或是被景仰的人,或是使自己与其他人对立的人,或是贬低自己的人";вы, они, ты——"受尊敬或非常受景仰的人"。这种意义缩小过程——一方面,是对指示性的浓缩,另一方面,是用评价义素使指示功能复杂化——是人称代词语义构造的特点。

所有人称代词都是完全有选择地与带有其他词的搭配发生关系——无论是在纯句法方面,还是在语义方面。它们彼此的搭配(я и ты, ты и он, мы и вы 等;я с ним, мы с тобой, вы с ним等)是独特的,与纯评价意义词组合(类似A теперь он знает все не хуже Мудрых и старых вас [А. Ахматова]的组合是作为偶尔使用的组合来理解的)的能力是有限的,代词мы, вы, они与代表主体的地点评定语的搭配(мы в институте обсудили, они здесь хорошо устроились, вы там горя не знаете, мы тут волновалися等)是正规的。对人称代词句法搭配和语义搭配的详细分析将有力展现它们与组合联系和不同类型上下文中的意义接邻的独特关系。

人称代词的典型特征是——对以它们为基础产生的新词持否定态度。只有я有якать和ячество(参见达利:якать——"反复地在说я, я, 所说的全部内容都是关于自己和从自己的角度出发";якала——"正在反复说着自己的人";参见博杜恩引入的яйность"利己主义");ты — тыкать, тыканье, вы — выкать。这些词对它们所参与的成语构成态度也十分勉强(试比较:быть с кем-нибудь на ты и на вы, выпить на ты, перейти на ты)。

所有说明都在证实,人称代词具有相当明确的词汇组织特征,它的组成部分宁愿存在于自身和为了自己而存在。系统的封闭性暴露了它的这些性质。同时不容置疑的是,呈现在这里的词汇类别特征描写角度也适用于其他词汇组织。

现代详解词典是否反映出人称代词系统是一个完整的组织呢? 是又不是。对比相关词条指出这里存在的一系列疏漏,它们首先被解释为,词典学家预先没有在一个共同视角下对这些词进行仔细研究(其实,就非常多的其他词汇集合也同样可以这样说)。这里我们会发现,从词典搬到词典的类似"я——是用于表示说话人的"、"ты——是用于表示对话人的,多半是关系亲密的人"、"он——是用于表示除去说话人和对话人之外的人"、"мы——是服务于说话人用于表示说话人自己和对话人或包括自己在内的若干人"的定义依靠言语并且无论如何都无法反映这些词的纯语言的系统意义。实际上,处在这个"小系统"中心的я是这样一个词,它"指出自己是与其他人(与ты,он,вы,они)、总之与所有人关系的核心的人称,——将自己置于这些关系的中心的人";相应地"ты——指出其他人中与я关系亲密或是最亲密的一个人";"он——指与我、你、我们、你们或是其他所有人都对立的人称";"мы——指包括я和其他人一起在内的集合,即я и ты,я и он,я и вы,я и они,я и все вообще"。仅仅在言语中——并且只在言语中——я指说话人,ты——指对话人,мы——指说话人还和某人一起,вы——指不是说话人的那些人等等。

4. 词典在自己的读者面前展现出那样一幅世界图景——就像它在该语言持有者的意识中存在的那样,而且这幅图景以相对完整的详解词典形式呈现在历史背景中。词典在这个意义上的作用没有得到重新评价。沉浸于词的世界,读者为自己打开生动的社会关系、日常生活、民族知识和技能、有关周围世界的认识、民族内部固化下来社会评价和鉴定的图景。在历史背景中出现社会体制、科学知识状况、职业的形成和发展、深入洞察自然界的可能性方面的变化。但这只是事情的一个方面。世界图景在其语言反映中比只用现实称名描写的那幅图景更为复杂和深刻。这还是一幅联系和关系的图景,它们存在于,第一,事物、现象、情景之间;第二,那些现实和感知与评价它们的人之间;第三,那些鉴定和评价本身之间。语言的基本功能之一——表达所有存在事物的相关性和连接性——在词典中被投射到人的世界及其周围环境并用于在这个关系和依赖的世界中再现存在的一切。词典是资料源泉,从中可以汲取关于这些联系的知识。以相关词的意义及其语义相似和差异分析、语言辅助手段及其功能分布性分析为基础通过对彼此有关系的单位本身进行抽象建立起"关系框架"。因此,世界图景出现,不单只是作为"整个被命名的事物",而且还是"所有彼此有关系、彼此联系和彼此依赖的事物"。

全部就是如此。然而词典体裁本身排除在读者面前合乎情理的详尽描述被整体上再现的世界图景、及其每个单独的组成部分的可能性:概括包含在每个词条中的信息,词典学家提供给读者的是自己重建全部相应整体的可能性。

通过词典从整体上认识语言词汇系统亦是同样的情形。

按字母顺序编排的详解词典中词得到原则上非系统的描述。然而这并不意味着语言词汇组成的组织性在此没有相应的解释。反映这种组织性的任务就落到单个词条以及词典中的所有词条身上。每一个词条都含有关于词与一定语法类别的关系及词所固有的类别特征描述方面的信息；有关词的派生潜能的信息，从而，关于它与其他语法类别的联系的信息；有关词中具有语义不变体并因而该词的存在不是独立的、而是存在于带有相同语义中心的其他词的语境中的信息；词进入某个意义接近、有时甚至相同的词汇系列中；在多义的情况下——还有关于词同时归属不同类别的信息；有关词的句法性质——非个别与个别性质方面的信息；词参与成语构成方面的信息。换言之，词正是以自己的结构、本身含有的信息特点表明，词作为集合的组成成分存在于各种不同的集合组成中；从而传达在语言中存在某些整体以及这些整体与包含其中的每个单位的关系方面的信息。

因此可以说，包含在单个词条以及整部详解词典中的信息具有两种原则上的不同形式：这是，第一，有关词的直接、简洁的信息：关于词的意义、语义结构、语法特征、最基本的句法性质、成语单位对词的充实（即围绕词出现的成语增生）、词的词派生能力；第二，这是隐性的，即有关存在于语言中的类别——语法和词汇类别、重音类别、修辞类别以及其他类别——以及它们之间关系的尚未形成单一意义的间接信息。第一种信息类型很容易从词典中抽取出来。这种信息可以更全面些或不太全面，更准确些或不太准确，但它集中在词里，集中在一起并且以词固有特征综合体形式表现出来；词的类别（或多个类别）归属性在词条中表现为类别（或多个类别）向词的转换[Шведова 1988a]。第二种信息类型分散在整部词典中；需要从各个词条中将它提取出来、加以概括和系统化。但是也因此这种信息显得不再那么重要。相反，词典，由于自身体裁的特殊性，可以向读者提供有关"语言中存在带有相应的概括特征描述的各种不同及交叉的词类系统"方面准确而可靠的信息。

不同类型的详解词典具有不同的提供这样以及那样信息的可能性。但在任何情况下词典学家都应力求使词典准确并尽可能全面。这个任务变得更加困难是因为存在于语言中的词汇类别在研究中并没有被当作按等级组织起来的并具有多方面特征的完整集合来描写。但这样描写的必要性是显而易见，而且同样无可争议的是该项工作的复杂性和繁重程度。但很显然，只有对词汇类别进行正面和全面的描写才能使对词汇的词典描写是准确的，而所有包含在词典中的信息类型是相当客观和经过检验的。

  在俄罗斯科学院维诺格拉多夫俄语研究所编写的《俄语语义词典》中隐含在按字母顺序编写的词典中的有关词汇类别的信息已经变得很直接，而且单个词和意义直接作为由语言本身有序组织的词汇整体的组成成分出现在读者面前。这种词汇材料组织使很多现代详解词典学方面迫切而又难以解决的问题得以解决：(1)包括在终端子集合中的词和意义作为应该在词典中得到反映的词的共性和差别特点的直接体现单位系列出现；(2)阐释、实例说明、评价、词条菱形注解部分的结构的规范统一任务——在规范统一的确是必要的地方——变得不再只是宣言，而是完全可以实现的；(3)词目表的强弱两个方面都暴露出来而且词目表的整理和补充任务也是完全可以完成的；(4)词典中展示词汇中的积极过程的任务得以减轻，无论是在词汇本身的加入和损失方面，还是在其多义性的发展方面；(5)改善和区分所有标注类型系统、以及在词典释义组成中确定年代和范围的"输入"系统变得更加轻松。而且，可能，最主要的就是，如此系统化的词典帮助我们确信"语言的词汇组成不单是永远波澜起伏的词的海洋，而且还是在自身结构方面完整和相当稳定的组织，它具有本文开头所讨论过的自然系统的全部特征"这一思想是正确的。

1988年

词条的矛盾现象

　　词条按其内部性质是在很多意义上自相矛盾的语言学体裁,而且是那种在制造冲突的同时,本身具有消除和解决冲突能力的体裁。

　　词条承担着非常多不同的任务。它要提供移入标题部分的单词本身所有方面的特征描述;合乎要求地供给关于词的各种语境类别的信息,关于词的上下文联系、聚合联系、组合联系的信息,关于这些联系的强弱的信息;报道词所固有的修辞和功能范围;指出词的派生能力、构词族;把词纳入它"成语场"并指出词的这些或那些意义的不同程度的成语相关性。

　　因此。可以说,词条——这是一种语言学体裁,提供的不仅是有关词的信息,而且还包括词各种不同类型的语言环境——语境的、类别的、派生的、成语的、功能的环境——方面的信息。在对不同词条进行分析的基础上语言学家可以做出关于语言所固有的这些语境的不同类型的结论。

　　由此,单语详解词典中任何一个词条都可以同时解决两个针对不同受众的问题:一个是对正在寻找有关词本身信息的人,另一个是对词汇语境分类感兴趣的人;后面这个纯科学性的信息必须要包括在词典中,直到找到理论概括和语言学解释。

　　问题的超负荷使词条变成非常复杂的语言学体裁是十分自然的。脱离开日常的工作并且给自己提一个,似乎是,非常自然的问题:一部接一部地从词典学家笔下问世的作品到底是什么样的,词典学家确信,纤小精致的词条体裁中至少包含五种反常的情况。

　　矛盾现象一:任务包罗万象——体裁凝练缩微。语言的微观世界在此是通过词的微观世界展示的,仿佛是在其中凝练而成的。语言个体——词——担负着在语言上下文中出现的任务,以缩小语言宏大世界到自己微观世界的界限。然而实际情况不是语言面向词的微观世界,而是,正相反,把个体单位——词——包括在语言的宏大世界里,并完全隶属于它。冲突在于,词,只存在于类别上下文——词类类别、聚合类别、语义类别、组合类别——中和/或者在环境上下文、背景上下文中,主导着词条,从而似乎担负着将那些词存在其组成之中的语境按类型分类、提供关于这些语境本身以及自己与它们的关系的信息的任务。任务包罗万象与体裁有限的可能性之间产生矛盾。

　　矛盾现象二:语言"类别中心主义"——词条中词的"词汇中心主义"(自我

中心主义），与第一个矛盾现象紧密相关。词条描写某个语言微观世界，而且把它描写成，第一，某个与更广的范围脱离的个体，第二，单个词为其中心、仿佛整个都为词所牵引的微观世界。这是非常重要的约定条件，必须根据词条体裁本身的需要提出。不需要证据证明，在个别词条里所指出的词的语言语境在非常多的情况下不只是它的语境：这是词所从属的那些共同的多种搭配规则、聚合和组合联系规则的综合（例外的是词的成语联系）。

词条的词汇中心主义的表现是，词在词条中是作为预先决定联系和关系、将其他词、形式、联系类型吸纳进来的单位。其实这只是事情的一个方面：词与其说是把其他单位吸引进来，不如说是服从共同语言规律和规则。词条把这种依赖性描写成词的强制、词对环境的要求。但是这种情况是两方面的：词服从环境规律，而词的要求是个性化的。词条无法展现这种差别以及全部联系，无论是环境使之屈从于词的、还是该词的个性化特点所决定的联系都同样表现为源自作为似乎整个语言微观世界都围绕其旋转的中心的词。因此，词条完全是有条件地和独特地对"类别——作为类别组成的词"的相互关系进行描写。

存在至少14个共同的语言类别，词存在于这些类别的系统中，词对这些类别的每一类的从属性以这样或那样的方式反映在词条中。这些类别是：(1)词类类别，(2)词汇—语义类别（在词类内部），(3)纯语法类别（在词类内部，例如，名词有动物性、集合意义、Pruralia tantum（复数形式——译者注），动词有体、行为的语法表达方式、反身性），(4)构词类别（针对派生词），(5)派生类别（根据词族化类型），(6)句法联系类别，(7)语义联系类别以及继续划分的类别和种类，(8)修辞类别，(9)功能类别（根据使用范围），(10)时序类别（和地域—时序或只是地域的类别），(11)鉴定和评价类别，(12)正音法类别，(13)重音类别，(14)正字法类别。

词典学实践制定出已经定型的方法用以展示词对这些类别和种类的从属性。对词类的从属性用专门的类别标注、词尾变化、解释性格式、用作解说性例证的固定词组的语法类型来表示，间接地表示还有词族和词条的菱形注解；与词汇—语义类别的关系由解释部分的方式手段表示，带有最大程度的明确性——通过所谓的同义词序列；在词条中对词的纯语法特征（在词类内部）的说明出现在区分标注、专门的解释部分及用作解说性例证的固定词组中；包括在构词类别之中由词材料本身、解释部分的专门组成部分（试比较，例如，非单一词位派生动词的解释部分）来表示，间接地表示还有词条的词族部分，以及通过借助于针对同根词的相邻词条的方法；对词派生类别的从属性通过词族结构来表示，间接地是通过直接的词典环境途径（同根词的相邻词条）以及派生的、首先是菱形注解部分的辅助单位（派生的前置词和连接词）来表示；句法联系与这个或那个类别的关系在词条中由专门的句法标注和用作解说性例证的固定词组结构来表示；语义联系借助限制性的解释成分（比较：алеть"现出红色"；гнедой"马的毛色"；блеснуть 2"有关思想、见解：突然出现"）、类似о ком (чем)的限制性说明、专门的实例说明选配来表示；词的修辞性质有专门的标注表示，在解释中——通过列入相应的同义词汇序列、举例说明。用于词及其个别意义的鉴定和/或者评价方面的说明的是在不同程度上有所区别的所谓的修辞标注、解释的鉴定—评价部分、例证的方法；时序（和限制区域的）评价则以各种不同的方式实现：专门（通常即便是在同一部词典中彼此相关的标注也是不充分的）的标注（时序的）手段、解释的信息说明成分、所谓的类似в старину..., в России до революции; в европейских странах的引入；对功能类别、语言专门环境的从属性由相应的标注（在大多数词典中通常都有充分详细的标注）、解释的信息说明部分（比较：у моряков, у строителей, у медиков, в горном деле）加以说明，对于专门的术语——则是用解释类型本身加以说明，在读者对详解词典提出的现实要求条件下，解释本身不可避免地负担起百科全书、以及实例说明特征（多半是术语或半术语组合）、指出词族组成中的专门语义缩小的重担。词正音法的面貌在必要情况下通过音标成分体现；重音则是用重音符号；正字法由词本身表示，在必要情况下由变体形式表示。

　　所有这些将词归于这个或那个类别或种类以及归于它们在词条集合中的不同类别的手段都以紧凑的统一体形式出现。其中的每一种手段都单独为"自己的领地"负责、为信息的充分性和准确性负责、为自己与该统一体的其他组成成分的关系不产生矛盾负责。包含在前面所说的各种类别标志整体中的信息最大限度饱和程度要求"判读"。这种"判读"只有在语言系统的这些远远超出有条件的信号范围之外、实际上贯穿整个词条结构的意义的基础上才是可能的。

　　矛盾现象三：直接源于第二个矛盾现象：这是——词条体裁本身所包含的最大限度信息集中程度——词条所固有的恢复共同类别图景的潜能。从上所述可以清楚地得知，包含在词条中的信息资料不是别的，正是发送出去的信号，它们首先要以各个词的类别和种类方面的充足知识及其系统整体方面的充足知识为前提。

　　词中所提供的类别特征描述的前提是，在读者的意识中一定就是在这里应该将类别图景整体上铺展开来。因此上述任何一个矛盾冲突都是词条本身所没有解决的：关注词典或已经掌握语言、或者研究语言的读者自己来解决这些矛盾冲突；只"按照"词典是不可能学会语言的。

矛盾现象四：词的全部恒定性质在语言本身的总体相关性——它们在词条中被人为拆开作为词条本身存在的必须条件。在语言的本质中——固有的单个词位类别性质的不可切分性：词中融合了其词汇意义和语法意义，其全部具体语法意义也都连结在一起；划分词的词法和构词特征及其配价性质实际上是不可能的。我们想起出自布尔加科夫的《白卫军》中带有колесо的那个例子（参见[Шведова 1984]），此处显而易见的是勉强可以感觉到的转变不仅是从词的一个意义转向另外一个意义，而且还有从它的一个联系类型转向另外一个类型，从它的一个使用范围转向另外一个使用范围。

词条中词的全部内部特征的体现都是分解开来的，每一个都是单独的，好像它们都是独立存在的一样。词典学家没能指出这些特征的有机整体性以及它们协同存在的必须性。词的词典特征描述，毫无疑问，在简化，而且可能，在某种程度上还在曲解词的内部组织的全部复杂性。各种词典在对同样一些多义词的语义结构的认识（例如，быть, идти, иметь, путь；我们还回想起有关将земля这样的词分解成各种不同意义的可能性的论战）存在分歧并非偶然。正因如此，相应词条的负担因菱形注解部分而加重：进入词的成语性区域的全部是在传统意义划分中找不到自己位置的意义。

"特征在词中的融合——它们在词条中的拆分"这一矛盾现象就词的语义结构而言在该词条中因指出意义的相互关联性及其相互转换而得以解除；就多义词各具体意义的语法性质而言该矛盾冲突在词条中并没有得到解决：为此需要广阔的上下文及有关它们构造的非词典知识。

矛盾现象五：词作为没有静止状态的单位——在词条中表现为处于静止状态的单位。词中包含不断运动、发展的态，它以词的对抗潜能作为条件：向心性潜能（引向自身）和离心性潜能（选择和输出活动：词控制自己的语境成为它应该成为的样子，参见标注的文章）。作为实现词所具有的向心性潜能的结果，围绕着词的上下文及包括在上下文中的单位的性质都被吸附到词身上；在这些性质的作用下词本身的新用法成为可能，在词中形成新的意义、与自己语义匹配词的新关系。在离心性潜能的作用下词形成不同程度的固定组合联系。

词条的矛盾现象在于，它将发展中的、运动中的现象描写成稳定的现象、即描写发展相对停止时刻的运动。这种矛盾冲突词条本身是无法解决的：历时词汇学在这里赶来帮助详解词典学。

　　有这样一些表述：编写词典、词典的编者。他们提供了有关词典学研究的错误认识，歪曲了它的本质。每一个词条都是对词如何存在于自己多方面的上下文和类别环境的研究结果。对这种研究结果的体现由于词条体裁的特性而变得复杂。词典学家越是负责任地对待自己的研究，就越是紧张地寻求解决这个小而刁钻的体裁摆在他面前的矛盾现象的途径。

1988年

《俄语语义词典》研究中所取得的理论成果

1. 词汇分类的基础。《俄语语义词典》(近30万个词义)曾暗自设定为一部描写现代俄语通用词汇的著作,以某种类似于语法和构词层次那样的、具有自己的组织并能够体现为这种组织的语言系统层次的形式。这个设定必须先要有对构造这个组织并确保其完整性的明确现实的总结探索。语言本身提供研究探索途径:语言把词划分成类别,这些类别同时由类别中所包括的单位的共同词汇语义本身和这些单位的语法特征概括共同构成。这些类别就是词类。长久以来在俄语语法传统中并存着两个词类划分上的原则:形式严密的原则和功能原则。如果从词的这个或那个类别的功能出发,则处于划分顶部(紧随无所不包的起点——"词")的是功能的划分:它把所有词按四个集合划分出来加以描写:指示功能的词、称名功能的词、连接功能的词和评定功能的词。词汇—语法类别——词类——也从属于这种划分:指示功能的词是代词,称名功能的词是名词、形容词、副词、述谓词和动词,连接功能的词是前置词和连接词,纯评价功能的词是语气词、情态词。这些类别作为自身抽象的词汇语义、词的共同语法性质及其构词潜能的载体成为对从现代详解词典及专门收集起来的新材料库中提取出来的材料进行分类的基础。传统上对形式原则的背离是缘于对指示功能词、即代词的概括描写,以及对量词的概括描写:这里认为功能基础是占有优势的,而且"指示功能词"术语本身应该是相当受限的(参看下面第五部分)。因此,分类顶部是分三个层级的:"词——功能词类——词类"。根据词的词汇语义和语法特征在词中不可分割的共同存在所进行的分类,不仅可以完全涵盖所有材料,而且可以找到对其进行自然的内部划分的途径。

对包括在这个或那个词类中的词的语义特征进行详细分析的结果表明,每个这样的类别都是一棵分枝众多的词汇树,它分蘖出大量的分支,遍布于顶部到基部并以语义缩小为基础从一个分支中再划分出另外一个分支。这棵树的特点是分支自上而下阶梯式的多级综合和构成这些分支并且向它们集中的单位没有遗漏(在所运用材料的界限内),它是一个词汇语义类别,是一个由不同程度概括性和饱和度的子集合结合而成的集合。在语义词典中这种集合及其结构由相应的模式表示;模式的任务——不是对语言的词汇组成进行人工模式化,而是直观描写作为自然系统的词汇类别(参见下面第二部分)。

所选择的将词汇作为语言系统的一个层次进行描写的途径确保了描写的

严密性、可能的完整性及其基础的自然性;这一途径直接导致符合这种理解本质的对语言世界图景的描写。另外一种词典描写也曾经是可能的,它不是从顶端的第三个步骤开始,而是从第二个步骤(参见上文):这样与代词一起作为"指示功能"词的将会是指示性动词和指示性名词,与前置词和连接词一起的将是所有使役动词,与评价功能词一起的将会是所有称名分等级特征的形容词。然而这种原则的体现不仅会使词典使用变得极为困难,而且还无法反映出作为自然系统的词汇属性。

2.作为系统的词汇。对根据第一部分所阐述的理由加以分类整理的大量词的研究和词典学描写证实了这一观点是正确的,根据该观点现代俄语通用词汇是具有历史上所形成的活跃的自发组织和自我调节系统的全部特征的自然整体。这个系统是一个积极的自给自足组织,像所有其他自然形成的材料系统一样,具有如下特征。

(1)现代俄语词汇系统是历史上形成的,并且反映多个世纪以来的民族经验;之中存在着单个的单位及其一整套含有语言过去发展阶段痕迹的子集合;因此,系统本质特征是单位的对比性,这些单位在自身个体遗传学和时序特征方面、以及本质上同样属于词的大的历史特征范围的修辞色彩方面有所不同。

(2)词汇系统按照自己独特的、由语言创造并起调节系统存在和发展作用的规律生存着;这些规律排除混乱状态并且规定发生在整个词汇组织内部的过程。

(3)词汇系统由多个独立的部分——彼此相互作用、但存在于系统整体保护之下并从属于系统规律的子系统——构成。这些部分本身具有自己的内部组织——某种该部分所有组成成分都向其集中的核心。系统内部运动的成熟和实现首先是在这些子系统的界限之内:正是在这里,这些运动在比较短的时间段上也是可观察的。

(4)词汇系统是开放的系统;这种开放性对系统的不同部分是各不相同的:其中某些部分容易接受创新,另外一些则几乎是极端保守的。

(5)在向系统的这个或那个部分引入创新时,其内部会发生一定的变化;新单位不是被简单地纳入这个部分之中:它的出现影响那些最为相似的单位的相互关系和性质,该创新是作为相应集合界限内可接受的组成进入到它们的范围内。

(6)词汇系统是历史上形成的自然而活跃的整体,为能够再现在按等级组织起来的、在相应联系和关系方面为语言系统自身手段所理解的称名集合基础上建立起来的语言世界图景提供了保障(参见部分八)。

　　显而易见的是,所获结果,确立了语言词汇层次作为自发组织起来的自然整体的地位,排除将词汇系统理解为符合研究者构想对其所提要求的结构体——单独的片段:这个片段,按研究者的构思,一定要包含可以由统一元语言加以解释并由相互转换的可能性(通过一个解释另一个的必须性)彼此关联的单位;这种理解使研究者随心所欲使用任何一个他选中的词的集合作为"词汇系统"。

　　有人对我们说,对取自中型详解词典(25万个意义)的所有完全符合语言规范和通用的词汇进行全面且多层次的分类,不将任何一个现实存在的单位、任何一个潜在的单位(一旦出现会自然进入相应集合的单位)遗漏在自己的界限之外,是提纲式的并且对理解词汇系统的内部组织而言是不充分的:可以确信的是,作为这种分类学建立基础的原则无助于发现存在于系统内部的复杂联系和依赖关系,以及那些使词类彼此联系起来并不断冲蚀它们之间界限的关系。我们是可以对这个观点表示认同的,如果确立词中存在语义集合和子集合的复杂等级结构时,我们忘记了下列情况的话。

　　(1) 词汇集合借助于词的意义的非显性成分(非显性义素,即那些在划分出同义或具体物质系列的语义核心后被认定为非中心的义素)彼此交叉;比较,例如,称名智力—情感状态和反应的动词类别与称名带有情感色彩行为和行为反应的动词类别的交叉;在此存在尚待研究的交叉规律和类型。然而不能不看到,那些提出类别交叉观点作为反对"分类方法"的基本论据的人,因而确信类别是存在的:要是不存在类别,它们的交叉也就无从谈起了。实际上在所有这些争论之中问题归结起来并不是词汇类别是否存在,而是类别的全面列举及其整个系统的等级结构描写目标是否能够实现。

　　(2) 词汇集合本身集结着能够制造、生产新的词和意义的单位,而新词和新意义一经生成,通常会竭力摆脱生产它们的环境而进入另外的环境、进入其他类别和其他等级层次。

　　(3) 最普通的词汇类别,以自己的语义优势主导着进一步的划分,而不是构成一个线性序列:它们在内在特征方面有很大区别。基本词汇类别的对立以进入该类别的词的意义特征上所固有的功能差别及它们的潜能为根据:称名功能词(动词、名词、副词、述谓词)类别就对立于指示功能词类别(指示性动词、代词)、连接功能词类别(前置词、连接词及它们的相似体)和纯评价功能词类别(情态词、语气词及它们的相似体)。

(4) 词汇类别以及它们的各单个组成部分由贯穿它们(并使它们得以巩固)的共同意义统一起来,这些意义构成语言的意义网。

因此,列举词的类别及子类别,构造从顶部到最末端分支都在向我们展示不仅有语言的词汇系统、而且还有其存在形式本身和现实性的(词汇)树,不是纯粹的分类:这种构造开辟了认识词汇本身结构和语言词汇组成所固有的、其大多数组成部分的不同方向意图的途径。

3. 词汇树的预终端子集合和终端子集合所描绘的"**生活图景**"。属于词汇树预终端和终端分支的词汇子集合不是具有某种语义共性单位的普通专辑;在我们面前揭开某个"现实片段"(维诺格拉多夫)时,这些子集合承担重要的纯结构和信息任务。这就是语言的"生活图景",它通过子集合层次不仅是自然地与词汇系统协调一致、从属于系统,而且还在语言世界图景的终端层次占有自己的位置。这些"图景"首先由称名各种存在的现实的词汇——名词和动词——来描绘。处在这个子集合中心的是具有支撑和最概括意义的词(或几个词);组成子集合相关语境的词以各种不同的方式属于这个子集合。存在这些"图景"的一定类型;一部分图景类型提供的只是映像,另一部分用这样或那样的方式对它加以描绘;在大多数情况下这些类型在同一个子集合中错合。"生活图景"可以与同义词序列的传统理解一致,但这通常只存在于划分的最后层次上:预终端子集合,通常,并不等于词汇意义的同义词序列。"生活图景"的分类需要专门加以研究;这里我们只指出它们最典型的类型。

(1) 纯提供信息的子集合由接近于术语并且不允许修辞比较的词汇表示;试比较,例如,与教会组织、祈祷物品有关的实际事物名称以及全部与此有关的动词:这里没有对相应生活环境的"生动描绘",而只是提供关于它的精细而准确的信息。在一系列情况下这些纯提供信息的子集合含有与称名同时发生的事件、在它后面有什么样具体的活动的间接信息;试比较,对那些无序的或只是表面上有秩序的集合的称名:куча, груда, ворох, нагромождение — кипа, батарея (батарея бутылок; 转义), пирамида (поставить ружья в пирамиду; 转义), шеренга (шеренга автомобилей; 转义) — охапка;深入理解这个系列的构成,我们清晰地描绘出某个随便什么东西都乱丢乱堆的人的动作,或者以某种方式把随便什么东西都码放整齐或摆好的人的动作,或者随便什么东西都乱抓已经多到不能再拿程度的人的动作;相应的动词或成语可以描绘出开始时的状况(нагромоздить, навалить, накидать, наставить, обхватить 等)。

(2) "生动描绘"子集合,兼具唯一可能的表达与它的意识变体和意识—情感变体,用语言手段揭示业已形成的与被称名事物的关系;比较:умереть——与它的全部语境,从表示去见上帝的死到最粗俗下流的表达。还有一个有说服力的例子来说明这种生动描绘的"生活图景"——用动词称名即将发生的存在阶段:这里只有动词предстоять承担提供信息、纯标记的功能;接下来人的态度表现为在即将发生的事情面前的无知和恐惧(надвигаться, угрожать, подкарауливать 及其他)或者——十分有限地——表示满意态度(улыбается, светит что-н. кому-н.)。这些子集合所展现的清晰鲜明的"生活图景"是"称名行为或联系的动词"或"按行为和举止对人的称呼"及其他许多内容。

(3) 所研究的子集合的最常见的类型——纯提供信息功能和生动描绘功能的结合;由此第一部分可以是同义词序列(例如,человек — индивид — личность — персона)或非同义词序列(例如,населенный пункт — город — село — деревня — хутор...),而第二部分生动描绘任意一个这样的称名:человек... — смертный, раб божий, ближний (在第二种情况下—— дыра, медвежий угол, тмутаракань...)。比较称名言谈举止、方式的动词:говорить, произносить 和 бормотать, тараторить, тарахтеть, гундеть, гнусавить, шепелявить。

"生活图景"——以自己的各种类型——承担着"词汇子系统——同义词序列"关系;是组成类别内部词汇空间的三要素之一:"带有内部结构的词汇类别——分解(并同时自己组织)这个类别的子集合——预终端或终端词汇—语义系列,以自身组成提供有关这个或那个'现实片段'的结构的信息并对其进行生动描绘"。

特别是,将自己意义转移到评价(特征)范围的词不能构成上面所分析的子集合;它们的结合是独特的:这或者是给意义定级的系列(例如,какой — хороший, прекрасный, отличный 等等;весьма — очень, чрезвычайно 等等),或是对比属于情态范围的意义的系列(нужно, должно, необходимо, целесообразно, возможно 及其他)。

"生活图景"——是词汇系统必要的成素,是其不可分割的有机组成部分。

4. 在词汇类别和多义词结构之间发现很深的相似性:都属于共同的语言称名范围,在自身结构、发展趋势、对语言创新的态度及对受它们组成吸引的不同风格的成素的态度方面都是相似的。在多义词中,就像在微观世界中一样,反映出词汇类别——它的微观世界——的所有基本特征。这是可以解释清楚的,因为这个或那个特征是业已建立起来的同一属性的意义单位整体:多义词是按等级组织起来的词义整体,词汇类别是使这些意义统一起来的集合的多级整体。话题讨论的是多义词,然而单义词的存在并不与上述所言矛盾:单义素条件下总是存在语义变体的可能、语义扩展的准备。谈及词和词汇类别的同形同构现象,应该记住,这种情况下不是单个词与单个词汇类别的比较,而是对所有词和所有类别而言共同的结构特点和发展规律的比较。这种共同性不是绝对的,但突出特点是,区别特征是在相似背景上显现出来的,而且这种相似无疑明显高于这两个主要语言系统——词汇类别系统及作为微系统的词汇系统(该微系统的语言特征形成于使其本身得以存在的类别内部)——之间的区别。在多义词和词汇类别的结构中表现出下列毋庸置疑的相似特点。

(1) 无论是词还是词汇类别都是多级的整体,自身组成中包括可以被组织成某个系统的组成部分;在类别组成中——这是它的全部子集合和从属于它的分支,在词中则是词全部单个意义及所包含的语义潜能("细微差别"),同时它们紧密结合成统一整体。而且在这种或那种情况下组成的系统彼此处于相互依赖的关系之中:这不是简单的对比,而是生成和被生成的关系:无论是词中,还是词汇类别中都具有产生于它们发展过程本身、作为其结构组成部分的整体之间的联系。

(2) 无论是多义词,还是词汇类别,都是分级组织:在这种或那种情况下等级是从总体到局部,从生产到派生。词汇类别的特点是结构性的,它是必须的和恒定的:这永远是(意义)缩小。这个特点也是词的语义结构的典型特征,但不是绝对的:意义的变体是各种各样的,这可能是(意义)缩小,也可能是生产意义的扩大;然而就是意义扩大本身,看起来,也是作为语义包孕关系的类型之一来加以研究。情况总体上是相当清楚的:词汇树是语义上可以区分、缩小的分支的支脉,多义词是按从总体到局部的方向分割的语义结构;甚至在被分解出来的意义与供分解的意义相比更广义的情况下,生成关系始终是从语义核心到其变形的诸多等级中的一个。在任何情况下这些系统中的每一个的特征都是语义上的区分,从顶部出发到整体结构的完成阶段。

(3) 无论是多义词,还是词汇类别都是开放系统。词不断发展着,构成一些新的意义,而且同时总是保有"休眠状态"、但又准备以各种方式提示自己的旧意义或已过时的意义。词的开放性在于它与其他词汇单位借助于词的派生、同义词、同音相斥实现的各种相互作用;实际上任何一个词都不会存在于与其他词或成语的相互作用之外。这个特点也是词汇类别的特征:它对构成新的单位——建立在新词新义、借用和民族之间渗透结果之上的词汇序列——开放。

然而无论是在词中,还是在词汇类别中开放性都不是对整体的动摇,而只是对它的丰富并推动它的自然发展。

(4) 词和词汇类别在正发生在它们身上并受语言发展制约的内部运动的特征方面是相同的。无论是那里,还是在我们面前——都是一个活跃的、不断发展的系统,自身含有分解和充实的潜力:在词的界限内形成由作为符号的词本身所生成的新的语义单位,作为符号的词在外转向——需要称名的现实存在、其他词以及它们之间的联系。在词汇类别界限内形成(但比词中更为渐进)充实词汇类别的新成素——词汇发展过程中从词汇树终端分支中分解出来的词汇序列。

(5) 无论是多义词还是词汇类别都具有自生潜力。在词中这是词的每一个意义能够自己派生词的能力、构成属于本类别或其他类别并按形式各异的集合分布的其他单位的能力。在词汇类别中——这是该类别与其他类别相互作用的巨大潜力,它依照构词规律和类别间语义联系规律来实现。

(6) 词,无论作为内部紧密相联的集合还是作为单义词位,都具有自己的语言体系——由语言为其规定的聚合体以及语言为其提供的句法联系。词汇类别也具有自己的语言系统:其特征范围一定包含这样或那样的词汇变化和词的句法组配规则,以及(而且不是最后)用以构成这个或那个词汇集合个性化特征的语法特点。词的语言体系——带有很多相对允许的限制——在词条中加以说明;词汇类别的语言体系在语言学描写中受到的限制是只在词类术语和范畴内对其进行报道;词汇树各个分支、各个子集合的语言体系特征通常描述非常简略或仍旧完全处在研究者视野之外。同时,希望获得全面词汇描写的有关语言词汇组成的科学一定要把全部整体的和局部的语法特征描写作为自己的对象,它们与构成该集合的词的语义一起构成该集合的本质特点。

(7) 无论是词汇类别及任何一个构成它的集合,还是多义词,它们的特征都是这种可以称之为"修辞上可以使用多种材料的能力":词汇系统及其子系统内部共存着不同的、常常是修辞意义对立的单位;其原因是形成和充实词汇系统的途径的多样性、其大多数组成部分的开放性。在多义词中属于不同语言范围的意义自由为邻:属于中性的、书面的或高尚语体的意义,属于狭窄的专业或职业范围的语体的意义,属于俗语、行话的意义,属于与全民族规范相互作用的方言的意义;词的特点是高度的能动性,它竭力在一向对它开放的整个语言空间发挥作用。多义词纳入自己语义结构中的既有活跃积极的意义,也有逐渐过时或陈旧的意义。同样情形也属于词汇类别:它自身吸收了分属不同语言历史时期的单位;这个类别毫无限制地囊括若干时期内形成的词汇组群。根据可以采用的词典学著作,在词条中或是对历史上形成的相对完整的、带有连接它们的全部转换的词的意义组成进行描写,或是仅就它的这种或那种现实状态进行说明。

在所研究的相似性背景上清楚地显现出以词的符号属性和词汇类别属性为条件的区别特点。

(1) 词是符号:其背后,一方面,是概念,另一方面——被称名的现实本身;词中含有某些与概念(能指)以及与具体生活现实(所指)的相互关系和联系的潜能。作为完整组织的词汇类别不具备这样的潜能:它的结构——是对词汇集合之间关系的抽象,正是因为这些关系词汇集合才得以组成系统。在此词汇类别和语法范畴之间的类比是恰如其分的。在这两种情况中语言表现出高度的抽象:语法范畴中这是对词形意义的抽象,在词汇类别中则是对其子集合的语义特征的抽象。正如以语言抽象形式体现的语法范畴已然存在于生成该范畴并从属于它的单位之上,已形成词汇集合之间联系和关系系统的词汇类别也已经独立存在并且不再依赖于这个或那个这样的集合组成中的某个个别单位的存在或不存在。

(2) 词属于言语:言语(口头的或书面的,社会规范的或脱离于规范的个性化的)——是词存在的环境。正因如此词——在说话者的口中或写作者的笔下——对个体的认识和再认识、对意料之外的冲突都是开放的;词的符号属性本身也使词能够扩大被称名事物的范围、使其成为创作和艺术技巧的对象。词汇类别直接从属于那些构成语言系统的联系和关系。任何个体活动在类别或其所包含的集合界限内都是不可能的——正如这种活动在语法、语法范畴及形式范围内也是不可能的:罕有的尝试看起来会非常古怪而且任何时候都不为语言所接受。

(3) 词中从一个意义到另一个意义的过渡是平稳和逐步发生的:即便是缩小或扩大意义、把它改造成相关联的成语组成,这里也总是存在连接语义增生或损失之间环节的过渡阶段。在词汇类别集合和子集合之间这样的过渡是不存在的。类别内部的词汇集合之间的联系——这是业已形成的、从直接在它之前的分支之中对递降分支的划分,并且因此递降分支必须包含在生成它的分支中。这些子集合之间的关系在结构上是固定的:它们建立起语言系统本身所固有的多分部整体。

(4) 词中含有确保新意义单位产生的高度语义能产性。类别能产性,即生成和划分新的分支的能力，与词汇能产性没有任何可比之处：如果说词中可以"用肉眼"轻易地观察到这种能产性，那么在词汇类别中相应过程则只能在专门的历史研究的结果中显现。

上面描写的对比还可以继续：它可以来源于作为语义成分组织的词汇意义属性，该组织具有核心和向核心集中（或脱离核心）的成素，它们共同构成语义整体。

5.《俄语语义词典》研究使得可以用新的方式思考许多词类的构成，特别是——代词和动词。分析作为在自身基本功能和自身构造方面与其他词类对立的特殊系统的代词类别，连同指示性动词，得出以下重要结论。

（1）代词作为失去称名（所指）意义的词，构成标记（纯指示）意义词系统并在此性质上与所有其他词——称名功能词、连接功能词和评价功能词——对立。在代词类别首位是闭合的初始（基本、起始）代词系列，指出物质和精神世界的总体概念：这是有关动物的概念（кто）、物体概念（что）、特征概念（какой, каков）、所属概念（чей）、数量或它的顺序概念（сколько, который）、程度概念（насколько）、时间概念（когда）、地点概念（где）、空间或时间上的界限概念（докуда, откуда）、有关状态的概念（каково）、有关基本联系和从属关系的概念（почему, зачем）。这些代词中的每一个都主持着自己的微系统，用代词手段表示确定的、不确定的或不存在的（缺席或未被认识的）能指，例如：где — тут, там — где-то — нигде; какой — такой — какой-то — никакой; кто — кто-то — никто 等。这种分段式的三级划分反映出人类认识最为共同和根本的阶段。

（2）代词类别是一个意义生成范畴：它的初始系列包括构成语言意义和语言意义范畴的核心概念（参见第六部分）。语言意义（例如，"где——地点"、"кто——生命体"、"когда——时间"）吸引不同层次的语言手段并在它们基础上形成共同的和局部的语言意义范畴。所有这些范畴一起构成可以称之为语言意义体系的空间。初始代词主持表示所指的微系统，第一，所指可以是确定的、不确定的或未被认识的（这是对微系统的"垂直"划分，例如，где, где-то, нигде）；第二，所指可以是极限的（正是这个，定点的）或非极限的（不是这个，非定点的）（这是"横向"划分，例如，где — тут和там, что — это和то, почему — поэтому和потому, который — этот和тот）；第三，所指是不定单数和不定复数的（例如，кто-то和кто-нибудь, кто-либо, кое-кто; куда-то和куда-нибудь, куда-либо, кое-куда）。这种对立以最抽象的形式表现包含在语言意义中的存在和不存在、极限性和非极限性、单数和复数、确定性和不确定性思想。

（3）代词作为标记意义类别是抽象语言意义的浓缩：这些抽象，诸如存在和不存在、空间和时间、确定性和不确定性、动物性和非动物性、主体性和非主体性、可数性、程度、所属性、情景状态（каково）、原因、目的，包含在该类别中并被其形式化，在没有丝毫复杂化的、严格的系统中体现出来。所有这些抽象，由代词连接成严谨和简洁的组织，出现——在不同语言单位中——在不同语言层次上：在语法范畴和形式中，在词素学中，在词的词汇意义中；它们自己将所有这些层次连接起来并确保语言系统的完整性、统一的语言意义体系的存在（参见[Шведова 1998]）。

代词所表示的并由不同语言集合手段区分的意义自己将语言世界图景的"有表现力的画面"连接起来并保证这幅图景不单调和有深度（参见第八部分）。

6. 对"代词"部分的研究使得可以确切简练地说出**语言意义和语言涵义之间的基本区别**并提出表述相当严格的语言功意义定义。

（1）语言意义——这是处于最高抽象等级的语言范畴；对于任何一个语言涵义而言意义是它的不变体。

语言意义——这是最共同的概念，它由初始代词表示并在这个初始代词建立的概念空间界限内借助于按照自身属性（按照进入语言整体的单位的语义共同性）属于该空间、进入该空间并在之中安置下来的语言整体使其具体化。语言意义是兼有两个结构特征的深层结构：第一，人的物质世界和精神世界的基本概念之一，这个认识事物的世界；第二，属于这个概念并自身使概念具体化的不同层次语言手段的概括表达语义。

每一个语言意义的划分，第一，根据反映在代词微系统结构中各个认识等级（确定性、可认识性、客观存在——不确定性、不完全已知性——未知性，无体现性，以及由此产生的不存在）；第二，根据属于该意义的语言语义共同性的总数，根据它们不断缩小的划分。

（2）在语言意义内部构成语言**意义范畴**。这些范畴——共同的和局部的——是对语言材料的抽象并在材料单位集合中和这些单位自身中体现出来。这样一来，例如，表示共同的意义范畴、并且由代词微系统结构本身根据前面指出的依据（сколько: столько — сколько-то, -нибудь, -либо — нисколько）划分出来的语言意义"сколько——数量"生成可以初步划分成局部意义范畴的意义空间（сколько кого, сколько чего, сколько раз, сколько времени, сколько лет кому-чему），进而——在第一批划分的内部——再划分出下面的、更局部的意义范畴，它们是由进入每一个等级缩小的子集合的单位的语义共同性决定的。语言意义"чей——所属性"代表的共同意义范畴，是根据确定性——不确定性——无体现性（чей: мой, твой, ваш, его, их, свой — чей-то, чей-нибудь, чей-либо — ничей）等级划分出来的、并生成在自身内部将局部语义范畴："自己本人的——共同的——别人的"统一起来的意义空间，这些局部范畴以在该意义空间界限内按照等级缩小的子集合来分布的单位的语义共同性为基础进行进一步的划分。

（3）**语言涵义**——这是与语言意义不可分离、由语义各组成融合在一起（主要义素和终端义素或多个终端义素）构成并且表示语言符号内容方面的内容整体：在该符号的两面性中涵义所展示的是它含有称名意义的那幅"面孔"。

语言涵义和语言意义的根本区别在于，意义是稳定的、保守的，而涵义是不稳定的、不断运动着的。概念上将自己与整个语言系统连接起来的意义体系自古以来就一直存在并且毫不改变，无论是在社会变革的影响下，还是在词的意义方面变化的结果中；涵义是不断运动且易变化的：它面向同样性质的单位，将它们吸引过来和背离它们：离心性潜能（与其他类似的单位相互作用并形成一些相似的新单位的趋向）和向心性潜能（将其他类似的单位引向自己、吸纳它们进来的趋向）同时存在于意义之中并一起成为该意义本身发展以及其他向它集中或背离它的意义发展的推进器。词汇意义不能独自存在：它包含在一个词汇—语义集合中并与该集合其他单位发生积极的相互作用。

在词汇—语义集合的组成中涵义可以是支撑性的或是无支撑的。支撑性涵义组成组群——子集合或终端词汇—语义序列；在第三部分谈及的"生活图景"中支撑性涵义称名这幅"图景"，构成图景的中心。子集合所有其他成分都集中到支撑性涵义上来：它们或是用以补充其语义核心，或是在认识方面、评价方面或修辞方面对其进行"着色"。

任何涵义都含有自己的作为概念不变体的意义；意义由涵义集合体现并将它们固定在由它所生成的概念空间的界限之内（参见前面第二部分）。

7. 新成果是在对**动词**意义进行全线研究和描写的条件下获得的。

（1）与传统动词二分法"带有积极行为意义的动词——带有消极过程性状态意义的动词"自然对立的是把动词划分为"在自身意义中不含有积极行为或消极状态对立的动词——在自身意义中在这个特征上是对立的动词"。属于第一部分的有指示性动词、存在动词、情态动词、阶段（意义）动词、带有联系和从属关系意义的动词，第二部分动词划分为"称名积极动作行为、活动的动词"和

"称名消极过程性状态的——主体的和无主体的——动词"。其中每一个部分内部都具有本身特有的多等级划分。进行这种划分时自身意义与主体特征(或主体缺席)无关的动词、自身意义更为抽象的动词，以及能够指出行为或总体状态或整个情景的动词(指示性动词)在整个部分中是有代表性的。

（2）存在动词在俄语中组成一个庞大的词组群，它不仅能够称名这些或那些存在阶段，而且还能够指出它们的不同特征。这个类别由十个集合构成，之中包括带有如下意义的动词：预先存在、迫近、出现、形成、实现、存在、瞬时性存在、达到存在极限、存在过程中的间歇、存在趋向结束、结束、不存在。每一个集合内部都有内部划分(例如，存在：存在本身、从强度或无强度角度来描述的存在、自我出现的存在；预先存在：预先存在本身、精心加工的预先存在和迫近的预先存在等)。存在动词以自己组成指出存在的全部现实存在阶段、这些阶段的复杂性和多面性；用自己的组织结构明示语言世界图景中的一个片断(参见第八部分)。

（3）俄语指示性动词构成一个复杂类别，首先形成四个大组。

（a）能够称名最为不同的动作行为或状态、根据涵盖的所指与代词最为接近的动词(参见第五部分)：这是动词делать, делаться, происходить, быть("存在"、"有"、"在场")及其他一些动词，它们组成闭合的词汇系列。动词делать能够指出任何源自积极主体的动作、行为、举止(如果是否定意义——则是这种动作、行为不存在)：Что он делает? — Работает / Спит / Гуляет / Пишет статью / Сдает экзамены / Уехал отдыхать.../ Ничего не делает. 动词делаться, происходить表示任何情景、事件本身，事件中公开或不公开存在着行动主体；情景所源自的人、构成情景的人(— Что там делается? — Драка / Ссора / Приехали гости / Поймали воришку / В доме делается что-то непонятное)。指示功能还属于表示结果意义的状态、仍在持续和现实存在的动作、行为结果的述谓词сделано：Что сделано, того не воротишь; Сказано — сделано.

（b）只在与一定词的组合中才能够表示行为或状态的关联动词；这种搭配可以相对地或宽或窄，但这些联系总是闭合的；试比较：вести (разговор, беседу, дело, речь及其他), держать (речь, экзамен, ответ, свою линию及其他), нести (ответственность, наказание及其他), войти (в азарт, в раж, в роль, в суть дела及其他), проводить (время, жизнь及其他)。这样的动词在俄语中大约有300个左右；词典中它们通常带有标注，"以一些组合形式"偶尔配有一些例证；然而对它们合乎逻辑的词典描写——适用于现代俄语的全部的词的使用——只有在对动词意义进行全线研究的条件下才得以实现。

(c) 俄语中有30个左右与所谓的"动词性感叹词"相关的动词,诸如бахнуть, бухнуть, грохнуть, шарахнуть, хлопнуть等。这些动词首先表示声音及其产生,进而表示不同能量的单次行为:打击、投掷、猛拉、匆促的讲话、快速的方向运动。词典中这些词的语义结构描写各不相同。而且,这些动词在属性上是指示词,能够表示任何一次性的、突然的、猛烈的身体动作;特点是相应的动词性感叹词语义发展的共同趋势——从再现声音到表示意外行为或状态的文本内语气词的形成(Сижу без денег и вдруг — хлоп! — посылка; То нет никого, то вдруг — бах! — целая куча гостей!)。

(d) 归入指示性动词的还有为数不多的一组能够富有表现力地表示刚健的动作和运动的动词:дуть, жать, чесать, сыпать, шпарить, валять (Так и дует [жарит, шпарит, чешет, сыпет] на балалайке; Так и чешет [жмет, жарит, дует] по дороге; Валяй [дуй, чеши] за папиросами)。 比较普希金作品《关于神甫的故事……》中的动词плясать:"До светла все у него **пляшет**, Лошадь запряжет, полосу вспашет, Печь затопит, все заготовит, закупит..."。因此,《俄语语义词典》研究肯定了在俄语中存在具有自己的结构和内部划分的特殊指示词类别的观点。指示词——动词和代词——建立起对报道(语言情景)进行分类和在整体上对它们系统进行研究的基础。整个语言空间内部分布着由初始指示单位给定的语言意义;这些意义,并置、错合并在文本结构中复杂化,在文本中采用材料形式并将其组织成一个报道单位。

(4) 对动词意义的全线研究明确反映出在语言中运行着的一些意义类别生成其他一些意义类别的趋势:形成指示性动词与带有身体动作和状态、运动和位置转移意义的动词之间的现实联系;带有存在意义的动词与带有运动或情感状态意义的动词之间的现实联系等等。对这些趋势的研究得出关于重建某种理想结构体的可能性的重要理论观点,该结构体将多义词看作是带有开放或闭合、充填或未充填组成部分的、具有一定语义发展潜能的结构(参见文章[Копорская 1996])。

重要的成果还有,我们获得了关于构成动词词汇系统的组成部分的属性的清晰认识:这里出现的是闭合的、几乎不接受创新的组成部分,允许创新、但非常谨慎地加以对待的组成部分以及随意接受创新的组成部分——首先,由于这些或那些生活环境、知识的发展、新现实事物的出现。

8. 如果承认词汇存在是作为自然的自足和自发组织起来的系统,它按照自己的规律存在，不依赖于用预制要求对系统进行描写的研究者的构想，我们就会不可避免地遇到语言本身所建立的**语言世界图景**到底是什么的问题。首先出现的问题是：究竟是什么处于这幅图景的首位，基本词群的归属是什么，词汇系统如何以自己的组成描绘我们周围的世界及之中所有存在的事物？对这个问题给予回答的是人本中心主义（人文中心论、自我中心主义），有许多研究者从不同立场发表过对人本中心主义的看法：处于整个用词加以描述的事物的中心位置的是人——他本人及所有为他所感知的诸如语境、他存在的环境等；表示系统的词汇树最丰硕的分支是属于人的——属于他本人、属于他的生命活动、属于他劳动和工作的产物；人无形地存在于任何称名中以可以对所称名现实事物说"这是我的"的身份，最终，在整个称名系统中出现的是这样一个人，他可以运用专门供此使用的语言手段对比和组装这些称名、评定和评价被称名事物。大概，说到把自己当作宇宙中心的人的时候，没有人比杰尔扎文说得更精彩，参见他的著名颂歌《上帝》：

>...Поставлен, мнится мне, в почтенной
>Средине естества я той,
>Где кончил тварей Ты телесных,
>Где начал Ты духов небесных
>И цепь существ связал всех мной.
>
>Я связь миров, повсюду сущих,
>Я крайня степень вещества;
>Я средоточие живущих,
>Черта начальна Божества;
>Я телом в прахе истлеваю,
>Умом громам повелеваю,
>Я царь, — я раб, — я червь, — я Бог!

因此我们得出的对语言世界图景的理解不是孤立的、便于词汇片段分析的世界，而是整个图景、用语言完整描写存在于我们心中和我们周围的全部。这样的理解是术语本身要求的，其后是语言能够以自己独特的方式呈现出全部存在是某种完整的、包含于共同的描写空间并由该空间统一起来的事物的思想。综上所述可以给语言世界图景下如下定义：

语言世界图景——这是一个民族多个世纪的经验造就的、并由语言称名手段来实现的对整个作为完整和具有多个组成部分的世界而存在着的世界的描绘,它在自身结构中和语言所理解的联系中表示的,第一,是人、人的物质上和精神上的生命活动,第二,是所有围绕着人的事物、环境和人存在的条件:空间和时间、有生命的和无生命的自然、人所建立起来的神话领域和社会环境。这样的世界图景是一幅展开的画卷,上面已描绘出顶点和属于顶点的不同部分,各部分组成按照等级缩小原则分布着。处在这幅画顶端的是人;面对这个顶端有两个居于主导地位的分支:"人本身、他的生命活动及其成果"和"人的周围环境,人存在的环境";正是这种初始划分符合人所感知的自我和围绕他、"为他"而存在的一切。第一个分支中这是人的存在本身,他的身体和他的精神,他的不同外形(遗传上的或在其生命活动过程中形成的),他的动作和行为,他的劳动和工作的各种成果和结果,他的人际环境和接触;第二个分支中这是空间和时间,整个有生命和无生命的自然,人所建立起来的神话世界和社会环境——人所建立起来的社会、他的周围事物及对其进行调整的社会行为。上述每个部分进一步划分成由相应词汇分支结构预告的单个片段的集合:在这些部分中属于不同词类、但同属一个语言世界图景片段的词是统一在一起的(例如,"人的存在":称名这种存在各阶段的名词、称名相应存在过程经过的动词;"时间":称名时间流逝的相应名词和动词等等)。在每个这样的部分内部都有自己的分组以及包括在之中的单位与它们集合之间的特征关系。

语言世界图景的本质和结构不限于只是对它进行词汇描绘:这种描绘是语言所理解的、由语言来连接和修饰的。在词的"描写画面"上还要叠加上赋予该描绘多维和纵深性质的语言意义网。

因此也可以对"世界图景"进行这样的描写,它的基础中将纳入包含在语言指示系统中的统一的语言意义。面向这些意义的是整个称名的词(系统):在纯称名词中最初总是含有最共同的概念——关于事物的(动物或非动物的)、关于特征的、关于存在的、关于动作行为的概念等等,即存在于语言指示系统中并构成其用途的那些意义中的一个。

任何人都不怀疑,词汇如此反映着存在着的世界的现实和概念——就像它在语言持有者的理解中所形成的那样。如果从语言学家的立场看待术语"世界",则"世界"——这是已被语言认识(可以认识或可以理解为存在于认识之外的)、理解和称名为存在着的并在不同状态中、或动或静、各种不同联系和关系中体现自我的全部。因此,"语言世界图景"也就可以自然而然地作为这个世界的反映而出现。但如果是这样,那么这种反映一定是以对世界最共同的语言理解为基础建立起来的,而后再依靠这种理解,描述属于这些初始的、统一的意义并围绕这些意义进行分组的现实。语言世界图景的基础在这种情况下是语言的指示系统:多数称名词的词汇类别、它们的组成及分支集合所面对的正是存在、时间、空间、行为、状态、事物、特征、基本联系这些概念。

这样刻画出表意词典所允许的结构,其建立不是依赖其编者觉得重要的想法,而是依顿语言本身。这种依赖词汇系统内部二元性、依赖语言所固有的指示词和称名词间符号和功能上对立的世界图景描写将确保描写的客观性并将排除掉依赖随意选择的"完全生成思想"解决问题的可能性。

1998年

作者还是编者？
（关于词典学家的责任）

奥热果夫诞辰一百周年。这是我们最负盛名的词典编写人、标准语史学家、语言规范和语言修养问题专家的名字——无需介绍。广大读者熟知这个名字首先是因为它是单卷本现代俄语标准语详解词典的作者的名字，起初是打算把它做成一部贴近教学的严守规范的简明词典，接着逐步地，在多次再版和修订过程中，成为科学院式的详解词典[1]。在下面我们所要谈论的奥热果夫首先是一位准确理解语言学家身上所肩负的责任的词典学家，他要送给自己的读者一本关于词的书——关于词的意义、形式、使用及其相关的词汇语境的书，即一本里面作者不仅文字说明使用的每一个词，而且它们的位置、连续性，以及每一个符号、伴随和构成这篇文字说明的小标记都饱含最重要信息的书。

词典学家的责任到底是什么？责任不止一个：词典作者负有责任，第一，是在语言科学面前以及视词典为必须符合现代科学要求的作品的语言学家面前；第二，在信任词典并从中查找其所需要的准确可靠资料的非语言学家读者面前；第三，在作者继续和发展的科学传统面前；第四，也是最后一点，在自己本人——作为专家和在其名下出版著作的作者——面前。我们来分析一下这份沉甸甸的责任的上述所有方面。

词典学家在**自己学科面前**负有责任。他不可以不了解学科的现实状态、不知晓直接针对词的理论的问题。因而他的作品一定要是概念化的：详解词典（像任何其他纯语言学词典一样）其基础应该是严格的科学见解——经过充分

1　在此我们简短回忆这部词典的历史。《俄语词典》首次由科学院院士奥布诺尔斯基主编出版于1949年（50000个词）。第二版，修订和补充版，还是由同一个主编出版于1952年（52000个词）。第三版没有什么变化（1953年出版）。第四版，修订和补充版，1960年出版（53000个词）。第五、第六、第七和第八版没有变化（分别在1963、1964、1968、1970年出版）。在奥热果夫去世后（1964年）词典编写工作由本文作者接续。这部词典的全部后续出版版本都是由我们编辑和作者参与下出版的（从第九版到第二十三版）。1981年出版了对传统版本的修订和补充；第十四版和十五版没有变化（1982年、1984年）。1984年出版第十六版，修订和补充版。第十七版和十八版——没有变化（1985年、1986年）。1987年第十九版，修订和补充版；第二十版没有变化。1989年出版第二十一版，修订和补充版（70000个词），第二十二版和二十三版没有变化（两版都是1990年出版）。之后开始出版奥热果夫和什维多娃的《俄语详解词典》是72500个词及7500个成语表达；1994年出版第二版，修订和补充版；1995年、1996年出版的第三版没有变化；1997年第四版，补充版，包含80000个词和成语表达；第五版已经完成就绪，进行了大量补充并增补了词的来源的知识。有关奥热果夫去世后进行了什么样的词典研究工作，参见词典第九版的《前言》，以及《俄语详解词典》的《前言》。

论证的对作为语言单位的词的属性的理解，对词的意义、意义与使用间的界限、词族的规模和组成、多义性与同音异义之间的界限、形成关联意义和成语的趋势的理解等等；这种理解应该是读者从词条、从其组织中清楚得来的，而不是从词典的理论导论中(恰好，读者也远非总是研究它)。如果在自己的学科面前负有责任，词典学家就有义务不仅成为一名词汇学家：他还必须是一名语法学家，一名构词、修辞领域的专家；他要通晓正音法、重音规范以及它们的变化趋势。换句话说，身为词典学家的学者要像语言学家那样知道非常多的东西，而且这些知识应该明显体现在出自其笔下的词条中；不允许出现那种情况，身为语言学家的读者在词典的字里行间遇到语言学方面的错误、动词体关系理解方面的杂乱无章、对自由和关联意义的不加区分、在词汇使用上用不专业的推断来替换词的修辞特征描述。

词典学家对在词典中查找其所需资料的身为**非语言学家的读者**负有责任。这个读者不钻研词典的科学见解：他需要可靠易懂的确定意义、令人信服的例证说明、关于词的形式及其修辞和时序属性的准确信息；这种读者会不满意地把词典搁置一旁。这一点是不该忘记的，尤其是，语言持有者十分经常地认为他自己并不比词典学家差，知道什么是对的和什么是错的；经验丰富的词典编写者常遇到大量这样的情况，怒气冲冲的读者给他寄来信件，提出自己的、有时十分荒唐的解释，自己对词的联系、词的使用的见解等等。若记住了身为非语言学家的读者的要求，词典学家就应该非常认真地遵守"游戏规则"：详解词典的词条，保留科学性的同时，应该是通俗易懂、组织严密的；词条的任务是——提供满足人人所需的词的知识，而不是把它们译成用非常复杂的形式、废话连篇且含糊其辞的定义、言之无物的例证进行说明的密码。如果说学术性的语言学文章和书籍的作者可以想怎样写就怎样写、想写什么就写什么，并使读者有权读他的作品或将其搁置一旁，那么词典编写者是没有这样的权利的：他是自己体裁——所有属于语言科学的体裁中的最严格的体裁——的奴隶。

词典学家**在传统面前**负有责任。他不是独自一人：词典在他之前就有并且在他之后还会再有。这是根据词典材料本身而得出的规律：词汇系统是自我积极发展的组织，它在生长着；词和意义出现或者消失，极为经常地长时间"打盹儿"并在新的条件中为新生活而复苏。正是由于自己的材料，覆盖语言生命历程中比较长时期的详解词典——是一本注定要过时的书；这一点特别是在激烈的社会变革时期感觉尤为明显。因此很显然，词典不能不更新，不断而且经常有不同作者和取得不同成就的编写者着手工作。但是为此必须记住传统、了解传统并且明确自己在传统中的位置。我们的词典学传统是丰富的,其成就是巨大的;从事困难重重的词典编写工作的语言学家的名字构成祖国语言学的荣誉。这是义不容辞的。因而这里我们转入关于"到底什么是词典编写?"这个问题。就这一问题有两个答案——取决于从事词典撰写的人给自己提出什么样的任务。新的详解词典可以是作者独立的科学著作,或是根据其他词典进行编写。词典作为科学著作可以或是作者个人的成果,或是集体的成果。后者的例子有乌沙科夫主编的词典和1948—1965年的十七卷本科学院词典:两者都是高水平专家集体的创作,具有负责任的校订。因而在这种或那种情况下我们面前——是词典的作者们。编写则与科学传统无关:这里是编者在劳动。

时而会听到这样的观点,认为"所有词典都是彼此抄袭"。我认为,这远不是全部。那些不是抄袭别人、而是建立在对材料进行独立研究的基础上的词典恰恰是有科学价值的,它们的作者有充分理由把词条看作是自己本人的研究成果。这样的研究把编写排斥在外,使词典学家的劳动成为创造性劳动。载入史册并且成为传统上的里程碑的正是那些词典,其作者不抄袭任何人,而是自己埋头工作,长期深入地潜心研究语言材料、沉浸在滋养他们劳动成果的生机勃勃的词的海洋之中;正是创造性的潜心研究材料、研究活的语言组织使诸如达利、乌沙科夫、奥热果夫这样一些名字变得耳熟能详。

现代计算机技术为编写的词典作品提供了广泛的可能并且包藏着快速出版词量巨大的伪词典的诱惑,在此之中编写者不惜冒着变成机器附属品的危险。材料基础本身一无所知:只有人拥有语言知识;因此在着手编写词典时,人应该审慎地对待这个基础并且严格诠释自己的选择原则和规则。在另外一种情况下,无论这个创作规模多么庞大,它仍然是放进一个包装里的抄袭汇编,只要一接触,之中就会现出大量的自相矛盾和荒唐之处。

从上所述清楚表明,需要理解词典学家摆**在自己面前**的责任是什么:这是在自己学术良心面前的责任,这是诚实完成研究工作、不急功近利并把大量通过劳动积累的知识全部贡献出来的意识。编纂者不是在创作词典:他在"编写"词典同时也因此摆脱自己在传统面前的责任,以及在科学面前的责任;摆在本人面前的责任——完全是他个人的事情。

当然,任何一部词典都避免不了错误;问题只是在于这些错误是什么样的和它们的数量有多大。可以大胆地说,编写词典中的错误要比著作词典中多得多。在这些编写词典中(甚至是其中最好的词典中)最薄弱的方面是属于同一个词汇—语义类别的词的描写的不统一、标注方面毫无根据的差异,常常是定义不完全、对多义词及同音异义词区分上的自相矛盾。但是在任何一部负责任的著作词典中我们将找不到这样大量由编纂者提供给我们的错误和自相矛盾。这种"编写"的例子大量分布于《俄语详解大词典》，该词典由"方案作者、编者和主编"、语言学副博士库兹涅佐夫经俄罗斯科学院圣彼得堡语言学研究所批准于1998年出版。但这已经是专业性评论文章的对象。

  由此可见，词典编写者的责任问题——已经不再像它起初看上去那样空洞无益。

2001年

语言指示系统·语言意义

代词与意义

(俄语代词类别及其所揭示的意义空间)

本文内容是对什维多娃和别洛乌索娃的《作为语言意义结构及其意义范畴初始的代词系统》(«Система местоимений как исход смыслового строения языка и его смысловых категорий», М., 1995；理论部分的作者是什维多娃，《代词词典》作者是别洛乌索娃)一书理论部分中所阐述观点的论证和发展。在这部著作出版问世后，理论部分的作者开始尝试对每个初始代词、其三分部的微系统及由这类代词开放的意义空间的结构进行依次分析。这项工作使作为1995年论文发表基础的那些观点得到更加确切的说明和深化。现在推荐给读者的建立在先前观点基础上的研究，包括，紧随详尽的理论部分之后，是对每个初始代词、它的意义、它的微系统结构以及由其生成的意义空间的分析。这个分析在不断深化，而且在很多情况下还使先前形成的观点和结论更加明确。

第一部分中包含对俄语代词系统的总体研究、它与其他词类的关系，详细分析初始代词的闭合系列、它们的三分部分割及其属于相应微系统的每个组成部分的成语潜能；采用并确定由初始代词(开始、顶端)生成的语言意义空间概念和在该空间范围内组织起来的共同和局部语言意义范畴概念；分析研究受一定意义空间吸引并参与意义范畴构成的不同层次语言手段的作用。主要关注存在于俄语中的指示性动词，其作用分布对所指情景而言——根据其载体是指示性动词和动词性固定组合的意义。

第二部分包含对二百个俄语代词的描写，它们构成一个严密的系统并属于这个或那个语言意义空间。这项描写在17个小章节的每个章节中按如下方案建构：(1)作为微系统顶端的初始代词；初始代词所指的意义；它的结构("纵向"分节)；填充确定性、不确定性和无体现性分节的代词，以及属于该初始代词、表示涵盖性的代词；(2)就自身分节而言的初始代词性能(属于初始意义划分的一个阶段的代词性成语)；(3)由初始代词及其分节开放的意义空间；(4)用来填充该意义空间的语言手段；(5)次顶端的"横向"意义空间划分；(6)共同和局部的意义范畴；(7)意义的相互作用。

本文对作为独立的语言内系统的代词类别进行描写并且对这个系统的结构进行深入研究；作者的任务不包括，第一，把每个代词当作具有自身语义结构和自身个性化语义发展趋势的词汇单位来描写；第二，详细分析句子组成中或扩展性文本条件下的代词功能作用；针对后一个问题已有大量富含材料和重要观察的专业文献。

代词研究与集体创作多卷本《俄语语义词典》（第一卷，1998年于莫斯科出版；第二卷——2001年出版；第三卷——2003年出版，其后各卷正待出版）同时进行。这项研究，以及其作者多年致力于单卷本详解词典、俄语语法体系研究和描写的努力，形成了一些理论总结，尤其是读者会在下面各章节中见到的理论总结。

与本书第一版（1998年）相比，目前这个版本中包括一系列的补充和更为确切的说明、引用的例证材料。指示性动词章节明显扩大：之中简明扼要地对包含在笔者专门研究该问题的文章中的一些观点进行阐述。从文章中删除了第一版中的全部表格（除了位于《附录》中的第一个、概括性的表格之外）：它们的内容在相关条目中加以说明。《附录》中还有代词系统结构的整体模式——《语言指示系统基本单位图示表》。本书第二部分的结构有部分改变。

2001 年

第一部分
作为语言意义结构基础的代词系统

§1. **其他词范围中的代词性词**。俄语中整个所谓实词系统由两个不同数量的集合组成，它们在自身使用和有关历史变化状况方面相互区别。基础部分——这是纯称名词汇，称名属于人、人的环境以及人周围的一切的世界的实际事物和现象。这个词汇系统，被统合成一个历史上形成的称名词汇系统，一方面对创新开放，另一方面，经受损失。在这个系统中，在组成该系统的各类别内部，发生不断的运动，在词本身、它们的组成中，以及它们的联系和关系中。这样的词汇组成活的语言材料。另一个小得多的词汇系统部分由用于指出属于整个有生命和无生命事物存在本身的最基本、统一的概念的词汇构成：关于存在、时间、空间、运动、事件的概念，关于事物——人或非人、其特征、数量、程度的概念，关于动作、行为、状态的概念，关于事物、特征、动作、情景之间的关系和联系的概念。这是指出中心概念——意义的指示单位，围绕意义整个称名词汇系统进行分组：在纯称名词汇中向来都首先包含最概括的概念——关于事物（人或非人）、特征、存在、动作、行为等，即出现在指示系统中并形成系统作用的那些意义中的一个。这样的指示单位总是单义的(但不排除它们可能的多功能性)、它们作为语言符号的意义(内容)方面不能再分解出组成部分(义素)。这些单位的系统十分保守而且是闭合的，人类关于建构人本身和外部世界的稳定的基本概念系统也是如此。称名词汇属于最高概括程度的、纯**语言意义**载体范围的指示系统。

俄语词汇指示系统具有两个方面：它一方面属于"静止范围"，其另一方面属于"存在和运动范围"。所有与存于世界的全部事物本身的存在、它的形式和体现相关的基本概念都由语言加以体现为或处于稳定状态范围的概念，或是属于运动范围的概念——本身存在或运动、行为、时间上进行着的状态。属于"静止范围"的是整个代词性词汇：它表示事物概念(кто, что)、特征概念(каков, какой, чей, как)、数量、程度、计量概念(сколько, насколько, который)，抽象于时间的流逝、即只与时刻有关的概念(когда, как давно, с каких и до каких пор)，空间及抽象于其空间测量点概念(где, куда, откуда, докуда)，本身的联系和从属关系的概念(зачем, почему)。在这些表示中不包含运动、过程的概念——某人(物)的存在、时间过程、空间跨度、计数或测量过程、表示联系或关系的概念：代词性词所表示的全部客观现实都处于静止状态。

动词性指示词、及其所有单位都表示处于"过程、运动"——存在或行为、或时间上进行着的状态——范围内的概念。这是表示（而非称名！）存在、停留、出现、情景、事件、行为、举止、活动、行为的现实结果、在某状态中的停留、对某人（物）的态度、与某人（物）的对应性的动词或动词性成语。

无论是代词类别，还是指示性动词类别都是闭合的小系统：它们稳定并且不可扩充，它们的单位可以计数，而且非常重要的是，在共同组成整个词汇系统特殊部分的同时，它们无论是在借助单位本身方面（каково, что¹, как¹），还是在意义划分范围方面和自己内部聚合体系方面都具有共同点。

代词本身形式上分布在名词、副词和述谓词之间。然而代词作用在语言中远离某些语法类别的界限之外。代词不称名任何事物：它们表示与物质和精神世界的总体性概念有关的意义，与此同时，深化、区分和对比这些意义（有关哪些内容在该著作中被纳入术语"意义"、"语言意义"和"语言意义范畴"参见§12）。主导和组织这一整个类别的初始代词，表示和理解属于物质和精神世界基础的概念的意义；这是时间和空间的概念，生命、事物、现象、特征、数量、程度的概念，以及现实世界的客观存在之间的基本联系和关系的概念。这里可以让人想起切尔马克[Czermak 1927]关于代词首要功能的有趣思想，这里我们借用迈京斯卡娅的描述援引这个思想："切尔马克认为，最终任何语言表达起源于空间理解的表达，即源于广义上的代词性词，这些代词性词的最初部分转达了原始认识'我与非我'的对立。随着逐步成熟，这些认识转化为类似'这里—那里'、'看得见的—看不见的'、'已知的—未知的'、'实的—空的'、'生—死'、'行动—迟钝'等对立组"[Майтинская 1969: 28]。

总体性概念通过代词本身为手段获得初步划分，例如：附加的和本质的特征（какой和каков），所属的或计数的（чей和который）的特征，整个时间及其起算点或终结点（когда和откуда, отколе, докуда, доколе），整个空间及其方向、起点和界限（где和куда, откуда, докуда），只作为计数的数量及其比照和计数的可能性（сколько, насколько和который）。

所有这些作为初始、基本意义出现在语言中的基本概念在代词系统中根据确定性、不确定性或无体现性（不为所知或不存在）特征加以分解。这个划分体现出人类知识的现实存在等级："我知道"——"我知道的不完全或不彻底，不相信自己的知识"——"我不知道并因此否定"（例如，чей — чей-то — ничей, куда — куда-то — никуда, зачем — зачем-нибудь — низачем, незачем）。另一方面，代词系统构造体现出在人身上已经成型、并在语言中反映出来的关于界限、中心、"点"与没有界限、不集中性、"非定点性"的矛盾的认识；试比较，этот 和 тот、это 和 то、тут 和 там、сюда 和 туда、досюда 和 дотуда、поэтому 和 потому 等。

因此，代词系统包括所有最概括的概念（它们接下来在词汇中获得形式各异、按不同等级组成的称名），它们在语法和词素学中形成体系，用连接意义和评价意义的词表示。代词类别中集中并抽象出有生命和无生命事物、人和非人、极限和非极限、部分和整体、数量、本质的和附加的、可发现的特征、所属性和非所属性、集合和划分、相容和不相容、最基本且同时是重要的联系和从属关系的概念（意义、思想）。所有这些作为由代词表示的语言意义的概念，是作为属于认识范围、已经认识和可以认识、通过自身不同侧面可以体现出来的意义出现的。

以自身构造的精确性和深度为特征的代词系统在自身属性上是自给自足的，它同时还面向其他全部词的类别并与它们发生复杂的相互作用。按照抽象程度，这个系统置于其他全部词的类别之上：它理解这些类别的结构及其相互联系的意义。代词类别——这是整体上包含在语言之中的意义抽象的综合；这决定着代词在其他词的类别系统中的作用。作为标记作用词（指示的，而非称名的）的代词的特征是不能把它称为"词类"：集中在代词系统中的意义抽象综合体陷入与形式规范化的矛盾之中，形式规范化是传统上称作"词类"的那些词汇类别的必要本质。

§2. 代词类别的一般组成。现代俄语标准语中起功能作用的代词有200多个，它们按照下列系统组成分布：表示§1中讨论过的那些总体性概念的初始（顶端）代词；含在初始代词分节中并且表示：确定性（客观存在、现实性、存在本身）、不确定性、不相信存在、推测，无体现性——不存在或否定存在或不知道意义的代词；表示涵盖性、概括性的代词；只表示文本组成联系本身的代词；表示单一性、提取集合中某个成分、注意力集中在这一个成分上、它的特殊性上的代词。所有这些代词组成一个严密的相互联系的组成部分系统。在该小节中将列出按前面指出的系统组成部分分布和，在这些系统组成内部，以该研究第二部分中的代词描写顺序开列的代词清单。

（1）初始代词：кто, что, каков, какой, чей, сколько, сколь, насколько, который, когда, где, куда, откуда, отколе, докуда, доколе, как, зачем, почему, отчего, каково.

（2）**确定代词**：я, ты, он, мы, вы, они, сам, себя; это, то, таков, такой, этакий; мой, твой, его, ее, наш, ваш, их, свой; столько, столь; настолько; этот, сей, оный, тот; тут$_{temp}$, тогда; тут$_{loc}$, там; сюда, туда; отсюда, оттуда; отселе, оттоле; досюда, дотуда; доселе, дотоле, посюда, потоле; так, этак; затем; поэтому, посему, потому; оттого; таково.

（3）**不定代词**：некто, кто-то, кто-нибудь, кто-либо, кое-кто, кто-никто; нечто, что-то, что-нибудь, что-либо, кое-что, что-ничто; некий, какой-то, какой-нибудь, какой-либо, кое-какой, какой-никакой; чей-то, чей-нибудь, чей-либо, кое-чей, чей-ничей; несколько, сколько-то, сколько-нибудь, сколько-либо, сколько-нисколько, сколь-либо; насколько-то, насколько-нибудь, насколько-либо; некоторый, который-нибудь, который-либо; некогда, когда-то, когда-нибудь, когда-либо, кое-когда, когда-никогда; где-то, где-нибудь, где-либо, кое-где, где-нигде; куда-то, куда-нибудь, куда-либо, кое-куда, куда-никуда; откуда-то, откуда-нибудь, откуда-либо, кое-откуда, откуда-ниоткуда; отколе-либо; отколь-либо; докуда-то, докуда-нибудь, докуда-нидокуда; доколе-либо; как-то, как-нибудь, как-либо, как-никак; зачем-то, зачем-нибудь, зачем-либо, кое-зачем, зачем-низачем; почему-то, почему-нибудь, почему-либо, почему-нипочему; отчего-то, отчего-нибудь, отчего-либо.

代词 кто-никто, что-ничто, какой-никакой, чей-ничей, когда-никогда, где-нигде, куда-никуда, откуда-ниоткуда, докуда-нидокуда, сколько-нисколько, зачем-низачем, почему-нипочему 属于口语和俗语；词典对它们的标注常常自相矛盾或者完全没有标注。而且这都是常用的普通词，它们表示少量的、稀少的以及，通常，与现实存在着的和正在实现着的事物相矛盾的事物的不确定性，试比较：кого-никого, а повстречаешь; с кем-ни с кем, а поговоришь; у кого-ни у кого, а разузнаю; чем-ничем, а порадует; чья-ничья вещь, а хозяин найдется; чему-ничему, а научит; какой-никакой, а все-таки подарок; докуда-нидокуда, а добредем; зачем-низачем, а заглянет; сколько-нисколько, а даст; когда-никогда, а встретимся; где-нигде, а жилье найдем; как-никак, а справлюсь.

（4）**否定代词**：никто, никого, некого; ничто, ничего, нечего; никаков; ничей; нисколько; нинасколько; никоторый; никогда; нигде, негде; никуда, некуда; ниоткуда, неоткуда; ниотколе; нидокуда; нидоколе; никак; низачем, незачем; нипочему; ниотчего, неотчего; никаково.

（5）表示**涵盖性**、**概括性**的代词：все, всё, всякий, всяк, всячески, каждый.

（6）纯**联系代词**：каковой, таковой, кой.

（7）表示**特殊性**的代词，任何时候都不独立发挥功能作用，含有集中、定点、唯一和从集合中抽取出来的特殊现实的意义：самый.

受代词吸引、并与代词积极相互作用的是类似человек, люди, народ; дело, вещь, предмет, штука; другой, иной, любой, данный; нашенский, вашенский, ничейный; тамошний, тутошний, здешний, последний, следующий (二者在可以计数的系列中); вон, вот, 旧用 се (вот), везде, всюду, отовсюду, повсюду, всегда, доныне, поныне, сейчас, здесь, иногда, иначе, пока, покамест, покуда, после, потом, посейчас, постоянно; до сих пор, до тех пор, с тех пор, до сей поры, с той поры, по сю пору这样的词和组合。这些词和组合不包括在代词系统之内，因为它们不属于纯所指、指示词范围并且在不断扩大自己的称名意义成分。

§3. 代词类别的构成。最为基本的、同时又是总体性的概念——关于生命的概念，关于事物（即所有无生命物质的、以及所有可以想象成某种感性或理性上可以感知的现实的事物）的概念，关于所属性的概念，关于可以发现、可以感知、可以补充、可以附加或是本质的事物的概念，关于时间（仅指时间或其起算点或有条件的停歇点）概念，关于空间（仅指空间及其方向、起点和界限）概念，关于数量（仅指数量及其程度）、计数的概念，关于外部的或由某人内部状态生成的情景概念，最后，情景或行为在原因和目的方面的相关性概念——所有这些概念（"思想"、"意义"）都由可以称为初始代词的代词来表示；参见§2, 第1点。

正如已经讨论过的那样，这些概念由系统本身的手段根据下列依据划分：(1)确定性——不确定性——无体现性，不存在（参见§2, 第2、3、4点）；这是第一次切分，纵向切分，即根据意义聚合体进行的划分；(2)在确定性内部：极限性、集中性、"定点性"——无限性、不集中性、"非定点性"；这是横向切分，即相对于界限而言的切分；(3)在不确定性内部，也是横向切分：潜在的单一性——潜在的非单一性（比较：кто-то — кто-либо, кое-кто; где-то — где-либо, где-нибудь, кое-где等代词）。

初始代词的功能严格加以分布,然而它们相互联系,第一,通过可能的文本前和文本内部的意义错合;第二,通过面向统一和共同的起点——文本、表述,在文本、表述中初始代词本身之间、以及它们的划分之间的关系更为复杂。

代词系统在自己构造方面有两个本质特征区别于其他词的类别:(1)自身的封闭性,即对创新持有十分警觉的态度以及(2)对整个语言意义构造具有决定性作用的自身结构的深度和明确性。这里记起亚里士多德的就本质而言亦是语言范畴的哲学范畴再合适不过了:它们全都是由具有最抽象意义的词决定的,而且非常重要的是,在大多数情况下是由代词决定的。

正如已经讨论过的那样,代词类别是一个自然系统,具有自然系统的基本特征:这是历史上形成的、功能上整齐划一的词的类别,本身包含的组成部分是那些存在于顶端(顶端系列)庇护之下、彼此处在把它们组织起来并使之连接在一起的稳定且紧密相互作用的关系之中的部分。构成系统整体的所有小的组织、组成部分具有自身形式和意义构造以及功能作用的极度一致性;任何其他词的类别都不具有这样的内外组织的严密性和严谨性及对语言整体的重要性。

代词系统实际上对任何创新的干预都是关闭的:它在自身作用方面是稳定的和自给自足的,作用包括,第一,表示在语言中体现为某些奠基意义的基本、初始的概念;第二,在划分和确切这些意义时,可以通过语言手段反映基本认识程度和认识结构本身,以及从不认识到认识、从这种认识的不确定性到确定性的一贯的和不可分割的转变。

§4. 初始代词的分节

:纵向划分。初始代词具有非线性组织:它们所指出的意义是由系统自身的手段按照"确定性——不确定性——无体现性(不知道、不存在)"的特征进行分节的。确定性是客观存在、是代表性、是确认具有和存在、以及已知性:"准确地知道有这种东西,它存在着";不确定性——这是可能的存在、可能的客观存在、以及不充分的已知性、不确信客观存在:"似乎有这种东西、完全是可能的,但是没有依据可以满怀信心地确认,我的知识不牢靠";无体现性——这或是不知道、或确认不具备、不存在:"不知道或知道没有、不存在"。在这三个分节中最后一个在组成方面是最绝对的和最不可分割的。因此代词系统内部建立起自己的子系统,每一个子系统都是一个由初始代词主导并从认识程度的角度对其进行区分的"小系统"。

КТО: я, ты, он (она, оно), мы, вы, они, сам (сама, само), сами, себя — некто, кто-то, кто-нибудь, кто-либо, кое-кто — никто, никого, некого;

ЧТО: это, он (она, оно), они, то, сам (сама, само), сами, себя — нечто, что-то, что-нибудь, что-либо, кое-что — ничто, ничего, нечего;

ЧЕЙ: мой, твой, его, ее, наш, ваш, их, свой — чей-то, чей-нибудь, чей-либо, кое-чей — ничей;

КАКОЙ: такой, этакий — некий, какой-то, какой-нибудь, какой-либо, кое-какой — никакой;

КАКОВ: таков — никаков;

КОГДА: тут$_{temp}$, тогда — некогда, когда-то, когда-нибудь, когда-либо, кое-когда — никогда;

ГДЕ: тут$_{loc}$, там — негде (陈旧), где-то, где-нибудь, где-либо, кое-где — нигде;

КУДА: сюда, туда — куда-то, куда-нибудь, куда-либо, кое-куда — никуда; некуда;

ОТКУДА: отсюда, оттуда — откуда-то, откуда-нибудь, откуда-либо, кое-откуда — ниоткуда; неоткуда;

ОТКОЛЕ$_{temp}$: отселе, оттоле, отколе-либо — ниотколе;

ДОКУДА$_{loc}$: досюда, дотуда — докуда-то, докуда-нибудь, докуда-либо — нидокуда;

ДОКОЛЕ$_{temp \, и \, loc}$: доселе, дотоле — доколе-либо — нидоколе;

СКОЛЬКО: столько — несколько, сколько-то, сколько-нибудь, сколько-либо — нисколько;

НАСКОЛЬКО: настолько — насколько-то, насколько-нибудь, насколько-либо — нинасколько;

СКОЛЬ: столь — сколь-либо, сколь-нибудь — нисколь;

КОТОРЫЙ: этот, сей, тот — некоторый, который-нибудь, который-либо — никоторый;

КАК: так, этак — как-то, как-нибудь, как-либо — никак;

ЗАЧЕМ: затем — зачем-то, зачем-нибудь, зачем-либо, кое-зачем — низачем, незачем;

ПОЧЕМУ: поэтому, посему, потому — почему-то, почему-нибудь, почему-либо — нипочему.

ОТЧЕГО: оттого — отчего-то, отчего-нибудь, отчего-либо — ниотчего;
КАКОВО: таково.

这样，代词类别表现出严格的和相当整齐划一的划分结构。这种结构在此表现为"按纵向"，即按照上述三个等级的初始代词分节来划分。然而类别全部组成的相关性、形式和功能的固定性并不仅限于此。

系统组成及其各单独元素"按纵向"的结合也体现在前两个分节——不确定性和确定性——的常规相互作用中，在类似 кто-то сам, чей-то свой, какой-то такой, когда-то тогда, где-то там, где-то тут, как-то так, откуда-то отсюда, откуда-то оттуда, докуда-то досюда, куда-то сюда, куда-то туда; куда-нибудь сюда, откуда-нибудь отсюда 等的结合中 (спрятал куда-то сюда; валяется где-то тут / там; виделись когда-то тогда; устроил как-то так; Этот щенок чей-нибудь свой; Никто не бросал, это упало что-то само)。在所有类似的情况中均保留着不确定性的意义，但对它进行压缩，描述其事物的、特征的、时间的、地点的及其他方面的界限。

"按纵向"在言语中通过否定手段实现属于不确定性和确定性分节的代词的相互作用；由此产生使不确定性意义更为确切和加强的组合：кто-то не он, что-то не то, чей-то не мой, какой-то не такой, как-то не так, куда-то не туда, куда-то не сюда, откуда-то не отсюда, зачем-нибудь не затем, почему-нибудь не потому, отчего-то не оттого, когда-то тогда, насколько-то не настолько, где-нибудь не тут 等。

言语中的确定性(涵盖性、多数性)、不确定性和不存在(无体现性)意义的表达中包含修辞问题和感叹句——以带有语气词、带有加强意义的 это 或带有动词 мочь 的组合形式。

(1) 确定性(涵盖性、多数性)——代词与语气词 только ни 或 ни 的组合：Кого только я ни встречал! Чего ни насмотрелся! Откуда только ни приходили! Каких только рассказов ни наслушался! Куда только ни приглашали! Как только ни упрашивали!

(2) 不确定性(寻找确定性)——代词与语气词 бы、与动词 мочь、与 это 的组合：Кто бы это мог быть? Что бы это было? Откуда бы это письмо? Зачем это / Зачем бы это он приходил? Сколько бы это могло стоить? Когда бы это могло случиться?

(3) 不存在（无体现性）——代词与语气词 там, тебе, еще, же 的组合：Кто там мне поможет? (即"никто"). Откуда там / тебе /еще у меня деньги! Когда там / тебе еще я попаду в Крым! Зачем это / еще мне к нему ходить! (即"незачем"). Какие там у него помощники! (即"нет никаких"). Куда же мне идти! (即"некуда"). Зачем же я буду у него просить?

"横向"类别划分的实现有两个依据：在确定性内部——是以极限性、集中性和无限性、不集中性的比较为基础的；在不确定性内部——是以潜在单数和潜在多数的比较为基础的。

在确定性分节中明显地暴露出表示极限性（集中性、定点性）的代词与表示无限性（不集中在某个事物上、非定点性）的代词对立；比较：я, ты, он 和 сам, себя, 这里 сам 和 себя 可以表示前三个人称的任何一个：я сам, ты сам, он сам; я взял себе, ты взял себе, они взяли себе。相似的矛盾还有：это 和 то, такой 和 этакий, мой, твой, его, ее, наш, ваш, их 和 свой, тут$_{temp}$ 和 тогда, тут$_{loc}$ 和 там, сюда 和 туда, отсюда 和 оттуда, отселе 和 оттоле, досюда 和 дотуда, этот 和 тот, поэтому 和 потому。

在 сколько, насколько, каков, каково 中这些相互关系的缺少在初始代词参与构成带有 вот 的组合条件下得以弥补：вот сколько — столько; вот насколько — настолько; вот каков — таков; вот каково — таково。存在极限性——无限性（集中性——不集中性，定点性——非定点性）方面的矛盾证实这种最重要的对立不只属于动词类型。

在不确定性分节中可以表示单数以及多数的带有 -то 的代词（кто-то, то-то, где-то 等）和用于表示不确定多数（并在这个意义上指向在自身体系中只表示多数的带有 кое- 的代词）的带有 -нибудь, -либо 的代词"横向"上是对立的。

综上所述，由初始代词生成的"纵向"和"横向"对立贯穿整个代词系统并将其固定于自身结构上与所有其他词的类别相区别的组织中。以概括形式对代词类别所作的"纵向"和"横向"划分见附录中所附图表。

§5. 在初始代词三级分节对立中的涵盖性（普遍性）。涵盖性、普遍性意义属于初始代词的全部三个分节。这个意义表达方面的基本作用——在相应的分布中——由代词 весь (вся, всё, все) 以及 каждый, всякий, всяко, всячески, по-всякому 承担。代词 весь 在此或是独立地、或是在固定组合的组成中，在自由词组的组成中或是作为构词词素发挥作用。这种针对性并不是所有初始代词，而只是那种本身允许不同程度地计数、计算意义的初始代词的本质特征；这首先是代词 кто, что, когда, где, куда, откуда, докуда, сколько, насколько, который, как；普遍性意义对其他代词（чей, зачем, почему, отчего）也不是封闭的，但是这里该意义要么由全义词表达、要么是句法上的表达。对面向可数或界限概念开放的初始代词而言，代词系统具有专门的手段：这或是代词本身、或是由代词构成的副词、或是由初始代词参与构成的代词性成语：кто — все（名词化的代词），каждый（名词化的代词），всякий（名词化的代词以及在 всякий человек 的组合中）；что — все, всё, всякое（名词化的代词），всякий（在与非全义词的组合中）；какой — всякий；когда — всегда；где — везде, всюду；откуда — отовсюду；который — каждый（名词化的代词），всякий（名词化的代词）；как — всячески, всяко, по-всякому。

初始代词参与构造的成语也参加普遍性意义的表达：кого ни возьми, всякий знает；кого только я не встречал；где только я не побывал!；куда ни оглянись（即"везде"）；зачем ни приди — поможет；чего не бывает（即"всякое"）；сколько ни дай — все мало.

词汇和成语广泛参与到涵盖性、普遍性和遍及性意义的表达：кто — каждый встречный；где — повсюду, повсеместно；куда — на все четыре стороны, во все концы；как — на все лады, и так и сяк；сколько — бессчетно, нет числа, не счесть；насколько — безмерно, всемерно；какой — всевозможный；откуда — со всех сторон, со всех концов；где — на всем белом свете, во всей вселенной；когда — в любое время, из века в век, из рода в род 及其他。

正如已经讨论过的那样，在所有表示涵盖性意义的代词之中容量最大和万能的是 весь（вся, всё, все）：这个代词本身或由它一起构成的组合都包含在 кто (все), что (все, всё), когда (всегда, во все времена, всю жизнь), где (всюду, повсюду, во всех местах, повсеместно), куда (во все концы), откуда (со всех сторон), как (на все лады), который (все——计算完成)的意义范围之中。此外，代词 весь，区别于所有其他代词，能够同时既表示有生命现象、又表示无生命现象、情景以及属于情景的全部，就是这种涵盖性意义，比较组合：все кончено, все пройдет, все в прошлом, все, что было。让我们回想一下这些字句：

Тени сизые смесились,
Цвет поблекнул, звук уснул —
Жизнь, движенье разрешились
В сумрак зыбкий, в дальний гул...
Мотылька полет незримый
Слышен в воздухе ночном...
Час тоски невыразимой!..
Всё во мне, и я во всём!..

(Тютчев)

　　与涵盖性和普遍性意义对立的是中心意义、集中在一个、已知的、唯一的现象上的意义；这个意义——未有任何复杂化的——包含在代词 самый 之中，它的特点在于，除了与其他代词、名词组合或、在口语中，самое 与动词不定式的组合形式之外（参见下文），它是不能够独立使用的。表示中心、唯一客观存在意义的代词 самый 的功能归纳如下：

　　（1）与人称代词组合时它表示毫无疑问之义，使用的意义是"这就是"、"正是"、"不是其他任何人"：— Ты Иванов? — Я самый; — Приехали гости? — Они самые; 同样的意义在辨识事件、情景质为同一时与 это, оно, то 组合：— Случилось то, чего ожидали? — Это /то / оно самое; — Неужели он опять солгал? — Оно самое.

　　（2）与表示地点或时间意义的名词组合时 самый 表示直接意义——点、站、从共同空间界限内切割出来的确定和已知的地方或时间：забрались на самую вершину, в самую середину, на самый край; подошли к самому дому, увяз по самую макушку; приехал под самое Рождество, в самую полночь; в это самое место, в это самое время, в тот самый час, в эту самую минуту。

　　（3）在口语和俗语中 самый 与动词不定式组合，表示在某个时刻需要、适宜，在该环境中无疑是正合适做的事情：Самое разведать, пока темно (Фадеев); Сейчас самое закусить; Дети выросли, самое учить; На полянке травка, тенек: самое отдохнуть.

　　（4）在与称名行为、状态的名词组合中，самый 表示对该动作行为而言最好的时刻、时间：Под дождичек самый сон; Без посторонних самый разговор; В жару самое купанье.

（5）在与形容词的组合中，所谓的最高级形式中самый表示从确定或不确定的集合中提取出一个在其组成中所指是必然和唯一的称名特征中心的成素：самый умный, самый хороший, самая любимая, самые веселые, самое верное等等。代词самый所有这些特征都体现在像в самый раз, самое верное, самое малое, самое лучшее, самое большое等这样的固定组合中。

涵盖性、普遍性意义与集中性、客观现实、从类似集合中提取出来的唯一性意义的对立构成了代词系统的一个典型特点。

§6. 处在与分节的关系中的初始代词。 初始代词竭力参与填充自己的分节。语言创造了一个完整的成语、带语气词的组合系统，语气词与代词一起在三个初始代词分节的每一个中都占有自己的位置。这些成语能够表示所指是本身确定的或完全不存在的（在无体现性分节中），或是不确定的和可以以不同方式进行描写的。

在**确定性**分节中，第一，这是与вот组合，它用作报道的结尾或开头并且具有集中性、客观现实意义：вот кто, вот что, вот чей, вот какой, вот каков, вот где, вот когда, вот куда, вот откуда, вот докуда, вот сколько, вот насколько, вот зачем, вот почему / отчего, вот как, вот каково；第二，这是按样板构成的组合：«кто — как / если не я (не ты, не он, не мы, не вы, не они)»：кто как / если не я, что как / если не это, чей как / если не твой, какой если / как не такой, как если не так, когда если / как не тогда, где как /если не тут / не там, куда как / если не сюда / не туда, откуда как / если не отсюда / не оттуда, сколько если не столько, насколько если не настолько, зачем если не затем, почему как не потому, который если не этот, откуда как / если не оттуда / отсюда；第二个代词的位置可以自由地为实词替代（кто как не Ваня, откуда если не из дома等等）。

在**不确定性**（不知道、不存在、没有）分节中初始代词参与，第一，带有хоть бы的组合（许多人、许多事潜在存在条件下的完全否定）：хоть бы кто（即"许多可能的人中没有一个人"），хоть бы что (хоть бы чем порадовал, хоть бы о чем поговорил等等), хоть бы какой, хоть бы чей, хоть бы как, хоть бы когда, хоть бы где, хоть бы сколько, хоть бы насколько, хоть бы откуда, хоть бы куда, хоть бы зачем；第二，带有否定意义的修辞问题：Кто мне поможет?!（即"没有人"); Чем я могу помочь?!; Куда же я пойду?!; Где я найду помощь?!;

Откуда ждать ответа?!; Как я отведу беду?!; Сколько я могу терпеть?!; Старались, и каков же результат?!

不确定性分节中的这些构成范围最为广泛。这可能是本身不确定性(1)或暗指某个集合时的不确定性、从不确定或随机的集合中的选择(2)。

（1）本身不确定性：Бог знает / Бог его знает, Бог ведает / Бог весть кто (что, чей, какой, когда, где, куда, откуда, докуда, сколько, насколько, как, зачем, почему, отчего); кто знает кто (с кем, у кого 等), кто знает что (когда, где, как, куда, зачем 等); не знаю / незнамо / не знаешь кто (что, как, когда, куда, зачем 等), не понять / не поймешь / не разберешь / не разбери-поймешь кто (что, как, чей, какой, почему, отчего, сколько, зачем 等); черт (его) знает кто (что, какой, чей, как, когда, где 等); черт-те кто (что, когда, где, зачем 等).

（2）从集合中进行选择的不确定性条件下可以发现固定在这个或那个成语中的不同的意义色彩。(a)本身不确定的许多事情：кто да кто (узнай, кто да кто там был), что да что (расскажи, что да что видел), где да где (где да где побывал?), куда да куда, откуда да откуда, зачем да зачем (пристал: зачем да зачем они приходили?), как да как, чей да чей (спрашивали: чьи да чьи это вещи)。(b)带有无所谓意义的成素：хоть кто, хоть что, хоть когда, хоть где, хоть чей, хоть какой, хоть как, хоть сколько, хоть куда, хоть откуда, хоть зачем; кто угодно, что угодно, чей угодно, какой угодно 等; кто хочешь, что хочешь, как хочешь, зачем хочешь, откуда хочешь 等；在带有угодно, хочешь 的组合中以及像 кто ни.., кто бы то ни.., где бы то ни..,(参见第 c 点)类型的组合中,不确定性（无所谓或偶然性）意义与涵盖性、普遍性意义组合在一起：приходи кто угодно / кто хочешь; это может случиться где угодно / где хочешь; когда бы то ни было, а случится; где бы то ни было, а встретимся; куда ни пойду, везде народ。(c)带有偶然性、随机性成素：кто бы то ни был, что бы то ни было, где бы то ни было 等; кто придется, что придется, зачем придется, откуда придется 等; кто ни попадись, что ни попадись, где ни попадись, сколько ни попадись 等; кто ни попадя, что ни попадя, какой ни попадя, когда ни попадя, откуда ни попадя 等。(d)带有数量成素（多、少）：много кого знавал, много чего повидал, много где побывал, много зачем приходил, много каких знавал, много куда обращался, много откуда понаехали, много чьих рассказов наслушался, мало кого встречал, мало чем порадует, мало куда ездил, мало откуда пишут 等; редко с кем встречаюсь, редко чем одарит, редко когда заходит, редко зачем обращается 等; кто-никто, а заглянет（即"少有谁"或"罕有谁"）; чем-ничем, а угостит; какой-никакой, а подарок; где-нигде, а повстречаемся; когда-никогда, а навестит; сколько-нисколько, а даст; насколько-нинасколько, а подрос; зачем-низачем, а вечерком позвонит. （e）带有不确信和/或相信相反的情况: кто-кто, а он поможет（即"也许，别人不会帮忙，而他一定会的"）; с чем- с чем, а с этим согласен; куда-куда, а в Москву съезжу; откуда-откуда, а из дому напишут; зачем-зачем, а поздравить зайдет; кто даст, а кто и нет; чему научишься, а чему и нет; где угостят, а где и нет; когда вспомнит, а когда и нет; куда позовут, а куда и нет; который простит, а который и нет; какой понравится, а какой и нет. （f）带有怀疑（通常根据未来作判断）的成素，带有非重读的语气词там, еще, тебе: кто еще / там мне поможет（即"未必有人能帮上忙"）; где / там / еще / тебе я найду такого друга; какой еще / тебе / там от этого прок; где там / тебе / еще у меня деньги 等。

　　成语和非自由结构的相似功能作用在涵盖性、普遍性意义表示、全面阐述集合的范围内加以研究：在此初始代词亦竭力参与并以结构的构造元素身份出现（参见§5）。

　　因此，代词不仅可以表示基本的认识等级，而且构成一系列能够描写产生在这些等级上的色彩、动摇意义的成语。以代词本身和代词性成语为手段语言重现了认识的本来过程——从确知到无知、从已知到未知。在截然相反的假设（"我知道、我确信、是客观存在的"和"我不知道、是不存在的"）之间存在着一整块已知和未知之间的动摇地带。这些动摇是多种多样的，常常是含混不清的，而语言却清晰地展现出这种多样性。

　　初始代词——是一个高度活跃的范畴：它们，除了其他全部之外，还具有表达对所报道内容的情感态度的潜能。这种功能作用总是依赖于上下文、语调并十分经常以代词与语气词же, и, только (и кто же, и где же, кто только, и зачем только 等) 的组合为依托。比较：С кем был! Куда меня закинула судьба! (Гриб.); А вы! о Боже мой! кого себе избрали? Когда подумаю, кого вы предпочли! (Гриб.); Какие перушки! какой носок! (Крыл.); И что только ты в нем нашла?; Каково мое положение?!; Как ты думаешь, и где же я ее нашел?!; Я его ждал, и как же он себя повел?!; Откуда только берутся такие люди!

§7. 意义的相互作用和错合。初始代词表示的意义作为独立单位存在于这个类别的组成中。然而使这种独立性状态发生复杂变化的是，第一，这些意义对它们在其组成中发挥功能和相互作用的结构的所属性；第二，实际存在于前句法阶段、即在实词中的意义错合；第三，体现在最基本的前文本的词的组合（词组）中、以及句子中的这些错合。

代词发挥功能的范围是文本：在文本中语言意义得以实际体现，与其他意义一起组成一个自然整体。因此说所有语言意义都明确指向文本是没有错的。这些或那些意义在这一趋向性中体现彼此的转换、某种正规的对偶性：кто — каков（及 какой, чей）; что — каков（及 какой, чей）; кто — сколько; что — сколько。同时像 почему, зачем, когда, где, куда, откуда, докуда 这些意义直接转换成表述：它们与 кто, что 的搭配是次要的，是从文本构造、述谓语中抽象出来的（比较：кто откуда, чей почему, что докуда, сколько зачем 等）。

意义错合可以是前文本（前句法）的和文本内部的。前文本错合体现在词之中，例如在集合意义的条件下——кто 或 что 和 сколько（不确定的许多人或物）：зверье, воронье, учительство；体现在个别一些词中：снова (как 和 когда), назло (зачем 和 как), что 旧义（"зачем" 和 "почему" 的意义：Что ты жадно глядишь на дорогу? [Некр.]）及其他。

文本内部的意义错合发生在词组、句子和各种不同的表述、连贯文本中。它是十分多样的，常常是个性化的并且需要进行专门的研究。这里只是列举一些既基本又复杂、常常是多义的意义结合的典型例子：стихи **поэта** (кого 或 чьи), приказ **командира** (кого 和 чей), рассказ **о событиях** (о чем 和 какой), ночь **без сна** (без чего 和 какая), пульс — **сто двадцать** (какой 和 сколько), **у нас** тишь да гладь (у кого 和 где), случилось еще при **царе** (при ком 和 когда), родня **мне** (кому 和 чья), устал от **разговоров** (от чего 和 почему), **без музыки** тоска (без чего 和 почему), поход **на троянцев** (на кого, какой 和 куда), показал **себя в бою** (где 和 когда) 等。所有这些情况都是极为常见的；意义分割的尝试在此早已注定失败：它们的融合是本性所固有的。扩展性文本揭示各种不同类型的复杂意义交错。这就是一些经典的样板：**Но в цвете надежды и силы** Угас его царственный сын (Лерм.); И мне больно глядеть **одному** В предвечернюю серую тьму (Бунин); Вот какой ты стала — **в униженьи, В резком, неподкупном свете дня**! (Блок).

因此，语言意义是闭合的指示标记系统的构造因素和文本成素。在指示标记系统中语言意义作为初始代词是单义的，但通过三段式分节"纵向"地深化和分解。在文本结构中一个语言意义与其他语言意义相互作用，而且这种相互作用的形式各不相同：它们从基本结合到复杂且不可分解的意义融合不断变化。

§8. 意义空间。初始代词与自己的分节一起构成某种意义空间，具有一定语义共同性的不同层次语言手段——词汇、成语、词素、语法形式和结构——都集中到这个意义空间之中。意义空间——这是由初始代词开辟、建立并属于初始代词的不同层次语言手段存在的自然范围，这些手段的语义中含有初始代词表示的最抽象的概念。意义空间具有自己的组织：它，第一，反映初始代词的分节（即在之中集中了表示被称名事物是确定的、不确定的或否定的手段）；第二，填充意义空间的语言集合本身形成一定的部分、局部的语义分组。这些语义分组决定初始意义的次顶端划分，以此为依据建立起语言的意义范畴（参见§12）。因此，进入意义空间的语言分组本身在构成这些分组的单位的意义基础上划分出来的。然而引人注意的是由不同初始代词主导的意义空间在结构上的相同特点。这种相同特点表现如下：(1)任何意义空间中都保有由初始代词本身的分节决定的"纵向"分节：这里在所有情况下都存在"确定性、不确定性和无体现性、不存在"的比较；(2)任何意义空间中都可以发现文本构造、表述中的初始代词性能方面的相同之处（参见第二部分的相关章节）；(3)每一个意义空间中都存在所包含的语言手段在"集中性、极限性、定点性——不集中性、无限性、非定点性"特征方面的矛盾对立；(4)每一个意义空间中都存在所包含的语言手段在"唯一性、客观现实——多数性、涵盖性"特征方面的对比。所有这些相同特点都为确定"意义空间"概念是纯语言概念提供了依据。

根据第三点中所指出的意义空间特点，可以做出如下重要结论：传统上只被归于动词体的"极限性、集中性、定点性——无限性、不集中性、非定点性"矛盾对立，实际上存在于整个语言中。这种对立明显地体现在时间范畴中：所谓陈述意义描述的是集中在现在时、过去时或将来时界限内的时间；假定意义（假定意义本身、条件意义、应该意义、愿望意义），以及命令意义描述的是某种明确界限之外、没有集中在现在时、过去时或将来时框架内的时间。在极限性、客观现实、确定性和无限性、非客观现实、不确定性的矛盾对立基础上建立整个数的范畴:单数本质上是用于表示一个、已知的、排除不确定性思想的事物;复数表示的则正是这个不确定性思想。格范畴中所研究的矛盾对立表现为"直接称名的格——集合中的所有间接格"对立形式:单数第一格中具有唯一性、集中于一个事物的意义;间接格形式中这个意义没有被排除,但在它们的整个系统中由于出现在多数情况下含有非唯一性、分散性意义的前置词而使该意义变得模糊不清。极限性和无限性的意义对立还可以在一系列词汇集合中发现。

§9. 面向初始代词意义空间的词汇与成语。具有模糊的、半代词语义的词的存在是将称名单位集中于初始代词意义空间的第一步。这些词,例如,对于 **кто** 而言是:человек, люди, народ; один (名词化词), многие (名词化词), иной (名词化词), некоторые (名词化词), любой (名词化词), другой (名词化词); 词组 друг друга, никто на свете 等; 对于 **что**: один (名词化词), одно (名词化词), дело 和 вещь; 对于 **какой**: подобный, тот или иной; 对于 **когда**: сейчас, однажды, а то пору, как-то раз; 对于 **где**: здесь, в одном месте, здесь и там, там и тут; 对于 **куда**: вон, прочь, туда-сюда; 对于 **откуда, отколе**$_{temp}$: издревле, издавна, с тех пор, с давних пор; 对于 **докуда, доколе**$_{temp}$: доныне, поныне, до сих пор; 对于 **сколько**: много, мало, достаточно, не счесть, без конца, конца нет, сто раз; 对于 **насколько**: вмеру, полностью, во много раз, во сто раз; 对于 **который**: данный, последний; 对于 **как**: иначе, по-иному, каким образом; 对于 **зачем**: так ("没有任何事情"之义), просто так。所有类似的单位都与属于初始代词的一个分节或属于该分节的涵盖性意义的代词性词密切地相互作用。

在这些半代词单位之后,属于意义空间的是语义中含有相应意义的实词和成语本身的词汇集合。在数以十万计的词汇意义基础上取得的多级词汇分类,已成为《俄语语义词典》的基础,充分反映出按照这些或那些语言意义系统空间的词汇集合分布。属于这些集合的词汇——语义组群自然分置于这个或那个意义空间的界限之内。我们来用几个例子对此进行分析(为叙述简单起见在大多数例子中我们只依据意义初始)。这样,在意义 **чей** 的空间中分布的语言意义是:(1)"自己个人的、属于本人、所有者的",(2)"对于一些人或很多人而言共有的、自己独有的"和(3)不是自己的、属于他人或其他许多人的、别人的;相应地对词汇和由这些意义结合起来的成语进行分组。在意义 **куда** 的空间中分布的单位是由"到某个地方去、朝某个地方去"意义联结起来的;相应地分出词汇和前置词——格形式(вперед, назад, навстречу, вправо, влево 等;—— внутрь 等;——

наружу等）。在 **когда** 的空间中结合的意义是"在现在、过去、将来、总是"；相应地分布着词汇和前置词—格形式（теперь, сейчас等，— прежде等；— потом, постоянно等）。在意义 **почему** 的空间中词汇集合的分布围绕着意义："原因本身、理由——推动原因、条件——反原因，即被否定的理由、所谓的'让步'"（这是不能实现文中对立部分报道的事实的原因、理由，但这个理由没有引起注意到或予以否认：Несмотря на запрет, пошел; Вопреки очевидному спорит）；相应地划分出词汇和其他词汇手段（вследствие чего, по причине чего — при условии чего — несмотря на что, вопреки, хотя и）。对这些分布的描写以最概括的方式反映在该书第二部分的相应章节中。

§10. 面向初始代词意义空间的语法。与词汇和成语一起纳入每一个初始代词（还包括它们的分节）意义范围的有词素、语法形式、格的和前置词—格的组合、连接词、句法结构。所有这些现象多次全面地为语言学家用术语"意义表达方式"或"语义场"加以描写。在该书的第二部分，在分析研究各单个意义范畴时我们还将回到这个问题上来。此处我们将把注意力集中在一些包含于此、源自词的搭配以及句法结构范围的典型现象上。

属于意义 кто 和 что 的基本典型表达之列的有受其支配的动词人称形式及其带有 я, ты, он, она, оно, они, сам, сама, само, сами 实际形式构成的 –л 形式。属于意义 **кто** 的是所谓的不定人称句和确定人称句（Говорят, что.., Скажи мне, кто твой друг, и я скажу, кто ты），为表示确定多数意义与代词组成类似 мы с тобой, ты с братьями... 的特殊搭配。意义 **что** 的容量更为强大：它既有事物（现实存在的物质），又有概念或整个情景；在后一种情况中指示意义的通常表达手段是名词化形式 это, то: **Этому** не бывать; Собственно говоря, в первый и последний раз я влюбился, лет шести, в свою няню; — но **этому** очень давно (Тург. «Первая любовь»); Прошло **тому** тринадцать лет, Как ты, в аул чужой пришед, Вручил мне слабого младенца (Пушк.); Черный человек! Ты не смеешь **этого**! (Есен.). 属于"情景意义的 что"的特殊结构是所谓的称名句。

集中在意义 **чей** 空间中的是那些"所属意义二格"手段，类似 **наш с тобой дом, моя с братом комната, мамины с папой вещи, твои вместе с ним книги** 的特殊组合；表示 **чей** 意义的形式 у кого 必须紧挨着位于前面的、称名拥有物的名词：**лицо у него** в веснушках; **Душа у нее** добрая; Забрались **у них в дом**；比

较主人公口中用于表示所有权绝对确定的重复：Эта пара, царь, моя, И **хозяин** тоже я (Ерш.).

属于表示本质的、不可分割的性质或特征的意义**каков**的，除了形容词短尾形式和比较级，必然还要包括所谓的"性质二格"，目前它只作为一种有词汇限制的意义保留下来，而在19世纪的语言中使用却非常广泛：Он самых честных правил, веселого нрава, зрелого возраста, высокого роста, богатырского сложения; А у людей она слыхала, Что это зло еще **не так большой руки**, Лишь стоит завести очки (Крыл.). 属于意义каков的还有像мальчик **с пальчик** 的定语 (Младший сын был ростом с пальчик. <Ахм.>), мужичок **с ноготок**, огурец **с гору**, он ростом **с меня**.

意义**где**具有能够精准区分空间概念的各种不同的前置词—格组合用于自身的表达；这种能力极为经常地体现在若干词形的组合中，比较：За горами, за лесами, за широкими морями, Не на небе, на земле Жил старик в одном селе (Ершов). 意义**куда**特点是确定方向的独特方法，像вниз по реке; влево к лесу; иди прямо к дому; близко к дороге等；属于该意义范围的有单成素命令式句——要求在确定的方向上运动、位置移动：[Фамусов] Подалее от этих хватов, В деревню, к тетке, в глушь, в Саратов (Гриб.); Направо! Налево! Назад! Вперед!

属于意义**сколько**的句法手段范围广泛；参见填充不确定性分节的表达大概意义的各种手段（человек с десять, около десяти человек, собралось до десяти человек, с десяток, с сотню, неделя-другая, год-два, дня два, недели две-три, ему под сорок, за сорок, уже близко к сорока）。另一方面，сколько 的特点是变得多余的对确定性的进一步确切：пять человек гостей; Всех офицеров скакало семнадцать человек (Л. Толстой. Анна Каренина. Том 2. Часть 2.XXV); 意义 сколько拥有数量众多带有确定、不确定或没有大量意义的句法结构：Посетителей — всего-навсего один; Гостей — ни одного; Их только трое; Народу — не протолкнешься; Зевак — яблоку негде упасть; Народу!; Грибов!; Орехов — завались; Пирогов — ешь не хочу; Вином хоть пару поддавай; Беда за бедой; Гость на гость — хозяину радость (谚语) 等。

这里是对最概括的观点的阐述，它的任务——指出每一个初始代词的意义空间对在该集合中使其意义具体化的各种不同语言手段都是开放的。

§11. 对语言意义的不同理解。很早以前不同的流派就开始对语言意义及其功能作用的可能性进行探索。研究者对语言意义的理解各不相同：这或者是某个场的结构（功能—语义场）、或是述体意义、或是词的词汇意义、或是报道的内容本身。对不同作者在现代《语言学大百科全书》(M., 1990)中所提出的相应定义进行比较之后，可以确信，"语言意义"概念及与其相关的"概念范畴"定义是如此自相矛盾、而且有时是明显对立的。

意义有时被看作是一个由词的概念意义、内涵、联想意义和聚合体系共同构成的整体（参见斯捷潘诺夫的《概念》一文[Степанов 1990: 383]）。一些作者把概念范畴解释为"概括特征的意义组成，它们非单个词及其形式系统所固有、而是规模庞大的词汇类别所固有的"，但是接下来："作为概念范畴表达手段的是语法范畴的语法素、实词的构词和词汇子类别、虚词、句法结构和超切分性手段（韵律特征和词序）"（布雷金娜和克雷洛夫的《概念范畴》：[Булыгина, Крылов 1990: 385]）。在与"意义宇宙"概念相关的其他文章中我们得知，存在"意义区段"；这个区段，作为内部有组织的语义对象与能指发生符号构成联系，可以"为说话者用作共同的基本本质、原始材料以构造更为复杂的意义结构"（基布里克《语言》：[Кибрик 1990: 605]）。在梅里尼丘克的《语言与思维》[Мельничук 1990: 607]一文中意义范畴与思维范畴等量齐观，在此条件下发现意义范畴与语法范畴的局部对应（例如，主体——主语，述体——谓语，限定修饰语——定语）。伊万诺夫在《语言学》[Иванов 1990: 620]一文中，使用"初始意义"术语，在相应定义之后介绍参考《概念范畴》一文，尽管该文完全只字未提"初始意义"。从最新成果之中我们还会提到邦达尔科在论文集《词典。语法。文本》中的一篇文章《关于"意义"概念的解释》[Бондарко 1996]（遗憾的是，这里作者认为语言中存在某种"语义意义"的观点是我提出的：尽管任何类似内容在我的研究中根本就不存在）。

我们提醒读者关注那些之中相当明确地阐述语言意义观点的研究，目的并非是要与其他研究者进行论战。这首先是麦夏尼诺夫的著名著作，其中用术语"概念范畴"分析必须具有系统表达——"语言表现"——的"语言内容"（参见 Мещанинов 1945a; 1946б: 195—198）。接下来是在近些年出版的邦达尔科的研究成果，其中对语言意义的描写借助全部分支概念及其释义，其中包括"语言内容"、"语言的思维内容"、"概念内容"、"语言意义"、"概念范畴"、"语言的语义功能"及其他，把它们置于彼此的相互关系中加以研究并归入"功能—语义场"的界限之内（参见：[Бондарко 1978; Теория функциональной грамматики

1987])。与概念意义直接相关的意义理论在斯捷潘诺夫的研究中得以发展（参见：[Степанов 1981; 1985]）。建立在意义整体性构想基础上的是梅里尼丘克的研究成果，首先是他的专著《语言学模型"意义—文本"理论实验》[Мельничук 1974]，之中意义被理解为一定的信息（所指），即由较为普通的单位（义素）构成的复杂"语义描写"；这个所指由相应的言语符号——能指——文本单位（词形、词组、句子）表达。

对"语言意义"概念所持的不同态度，无疑是可资借鉴的。但是它们最终没有形成足够严谨和意义同一的语言意义定义、没能将这些意义本身及它们所生成的意义范畴列举出来。接下来我们将尝试描写作为**语言范畴**的意义定义的纯语言基础，以及区分和统计这些意义及其形式化可能性的纯语言基础。我们的任务——找到语言意义及语言意义范畴定义的形式基础。为此我们将从这样一个不容置疑的观点出发，根据这一观点语言意义不能脱离于作为语言意义基础、而且包含在该意义组成之中的共同概念本身而存在。因而，语言意义被理解为将以一定语言单位具体化了的某个最共同的概念和纯词汇（以及语法、构词）意义集于一身的客观现实。但为了说明作为语言范畴的概念，需要明确用以准确表示这个概念、以"纯"语言形式将该概念具体化的语言手段。这种具体化手段就是指示词：代词和指示性（纯指示、标记）动词，它们在俄语中形成一个复杂、严谨及高度功能负载的系统。作为语言意义生成基础的概念在指示词中获得物质表达：它由向层次不同、但语义相联的符号单位开放自己一定的"意义空间"的词表示。在用这些单位（纯称名单位或它们的结合、语法手段）填充这一空间的条件下形成分布在不同抽象等级的语言意义范畴。

在代词类别中处在意义范畴顶端的始终是初始代词指示词，它们包含在其他顶端初始代词的闭合系列之中，由语言预先规定以便为有关世界和人的总体性概念是"无处不在的世界的联系"、是存在于这个世界并在认识世界的"生者的中心"（杰尔扎文）概念理解穿上语言的物质外衣。由这种指示初始代词表示的概念属于全体用于概念的语言符号单位；这个概念总是参与形成这个整体以及对它们的划分。

§12. **语言意义**。**语言意义范畴**。上述全部内容得出语言意义和语言意义范畴本身的定义（接下来所有定义我们都将依据代词类别建立，因此要记住相应的研究方法自然也适用于指示性动词类别；参见§15）。**语言意义**——这是一个最概括的概念，它首先由初始代词表示，由该概念所固有的代词手段根据"确定性——不确定性——无体现性"三个特征进行分节并借助于那些不同层次的语言单位具体化,这些语言单位的语义本身包含着相应概念并将所有这些单位统合成某个语义集合。语言意义被整合到包括在由初始代词主导且本身也同样是根据上述三个依据进行划分的集合中的每一个单位的意义之中。

在语言意义的范围内构成语言意义范畴。**语言意义范畴**——这是一种抽象概括,它作为对初始代词表示的概念和语言意义(语义)(形式的、词素的、词汇的、成语性的意义)的共同抽象而存在,这些意义,在构成某些语言集合时,从属于初始意义并将其作为自身意义的高度概括成素纳入其中。

存在共同和局部的语言意义范畴。**共同意义范畴**——这是由初始概念的指示含义及其概括的词汇称名表示的抽象,例如:"кто——动物"、"сколько——数量"、"когда——时间"、"зачем——目的"等。共同意义范畴具有称之为次顶端的("横向")划分。共同意义范畴的次顶端划分是在词汇集合发挥初始意义组成成分作用的条件下进行的,例如:"кто——动物:人(包括被拟人化的生物)——动物";"что——物体:东西、现实存在的物质——状态——行为——事件——存在";"чей——所属性:个人所有的——共同的——他人的";"когда——时间:在与现实时间意义之一的关系之外——在现在——在过去——在将来"等等。**局部意义范畴**——这是由共同范畴的次顶端划分之一(共同范畴的组成成分之一)及属于该组成并使之具体化的语言集合表示的抽象。每个局部意义范畴与其他范畴一起包含在一个共同意义范畴之中:它们一起构成共同意义范畴的组成;参见上面的例子;还可以比较:"почему——原因:原因本身、依据——条件——反原因";"сколько——数量:人的数量——物的数量——次数(动作、行为数量)——时间量——岁数(与年龄有关)";"каково——状态:环境状态、外部状态——主体状态、内部状态——主体受(外部)环境制约的状态"。每个局部意义范畴都含有根据确定性——不确定性——无体现性(不存在或不知道)特征划分的三级("纵向")初始代词分节。

因此,共同意义范畴自身主导着其本身所构成的意义空间;这个空间向参与局部意义范畴构成的、语义相联的不同层次语言手段开放。如同在语言的语法体系中那样,局部意义范畴在划分共同意义范畴的第一步被划分出来并且能够进一步划分出更狭小和明确的组成部分(比较:性的范畴——阳性、阴性和中性;数的范畴——单数和复数;格的范畴——第一格及所有带有自己特有意义的间接格)。然而这些变体只有在语言中存在一定的、能够作为某种语义概括的手段集合时方可实现。

共同和局部的意义范畴构成语言意义体系的基础。这个体系,类似于语言内部的层次——语法、构词、词汇——作为等级上不断缩小的整体而存在:处于其首要位置是最共同的概念——初始意义;从这些初始意义中划分出(由它们生成并由它们整合的)局部意义范畴。整个这个系统由朝向顶端——组成并巩固语言意义体系的表达指示意义的闭合系列——的一套语言手段来表示。

在语言意义范畴与语法范畴之间既存在十分明显的相同点,也存在明显的区别。无论是哪一方面的特点,如果是抽象并且是属于高度的抽象,就不能用于直接的理解:它们只能被自觉地意识到。这种意识通过对一定的物质的语言现实及其集合的分析来实现;区别在于从中抽象出这些或那些意义的材料。语法范畴——这是对语言形式的语法意义的抽象,这些语言形式属于同一个语言层次并因此具有共同的自身意义(比较,例如,格范畴、动词时间范畴、构词范畴、句法主体范畴等)具体化方面的形式特点。意义范畴——这是一种同时对初始代词的概念属性和属于该初始代词并填充其意义空间的不同层次语言单位的意义的抽象。因此,例如,共同意义范畴"зачем——目的"可以由词汇、格的形式、前置词—格组合、完整句法结构、连贯文本、成语来构成。其他意义范畴也具有相同的情况。然而意义范畴的这种特别属性并不能将它们置于纯语言范畴的界限之外;相反,意义范畴构成作为交际手段的语言的框架,使其不同层次相匹配并确保它们的全部存在。

语法范畴和意义范畴重要的相同点是双方的切分特征:两者都存在共同和局部的范畴,这些范畴产生于多步划分、即在等级缩小的方向上对共同意义进行切分的结果。

§13. 语言意义的存在形式。所谓的"相对从属关系"。 由此一来,代词是作为用于使这些或那些语言意义具体化的系统出现的。这些意义在语言中以按"从共同到局部"原则分布的语言特有的范畴形式体现。语言意义范畴存在于文本之外——作为某个抽象范围——和文本之中——作为构成文本内容并同时遵循语言构造规律的客观现实。在对文本进行抽象时语言意义可以体现为由代词(初始代词)具体化的抽象系统;这里它们被当作等值的客观现实加以比较。但就是在这种对比之中语言意义以一定的方式彼此相关、一个属于(或只是间接属于)另外一个。这样直接针对кто和что意义的有каков, какой, чей, который, сколько, 在其他情况下, 对于когда, где, куда, откуда, зачем, почему, 可以讨论的不是直接属于某个明确的意义,而是可能的组合:既有空间,也有——而且在很大程度上——时间和因果联系——它们首先是表述、复杂文本结构的典型现象。

在意义系统中占据中心地位的是意义 кто,它内含表示将自己置于物质和精神世界中心并同时认识这个世界的生命的意义(参见§15)。意义 кто 吸收限定意义(какой, каков, чей)和数量特征意义(сколько, который);它被包括在动词的语法形式及——通过句法的主体和客体范畴(而且在很多情况下还可通过述体和评定语范畴)——句子语义结构中。扩大自己的功能范围,以代词 сам 形式出现的意义 кто 的作用是连接文本对立部分的成分:сам (сама, сами) 比照同一个主体的那些行为,其中的一个伴随行为会降低另一个行为的作用;在这种情况下 сам 揭示的是事物的实际状态、本质和正在发生事件的价值:Ругает, сама (а сама) улыбается; Говорит, что жарко, сам (а сам) весь дрожит; Обещали быть, а сами уехали; Взялась шить, а сама не умеет.

在表述、复杂文本中的语言意义是根据报道单位及其组合的构造和性能规律构成的。因此在产生于此的意义关系(基本的和非基本的、复杂化的意义关系)上增加了文本内部联系、时间、情态、切分主题和叙题、主观评价的"网络";述谓性在此操纵自己的规律和规则。然而语言意义及其错合在这种条件下不仅从未消失,而且用自己必要的存在将报道连接起来并赋予它内容的完整性。因此,当我们谈论报道内容总是个性化的时候,我们应该记住,这种个性化的基础是语言意义最共同的关系——以前面已经阐述的那种理解。在任何表述中都始终存在传统形式语法中用:«кто?»、«какой?»、«чей?»、«когда?»、«где?»、«почему?»等提问方式探索的内容。我们在此并不是建议回到中学式的"按句子成分区分句子",然而,在分析任何表述(在对这个术语的广义理解上)或按严格句法规则构造的句子时,我们总能发现其中一定存在报道内容所依据的这个或那个语言意义、它们的对比和联合。

在文本组成中初始代词的位置直接或间接地与问题相关:这或者是关于一定情景、事件的问题(Кто пришел? Зачем ты остался?),或者是所谓的间接问题(Спроси, когда он приедет; Узнаю, где будет встреча)。以问题为基础,通常脱离于问题,在初始代词的参与下语言中形成大范围的句法成语,例如:чем не... (чем не жених!), что делать, что поделаешь, как быть, что значит (Я не согласен. — Что значит «не согласен»?), почему бы нет, куда тебе! (мне, ему 等), сколько можно!, кто бы мог подумать!及非常大量的其他例子。

初始代词在所谓的相对从属关系条件下的性能需要特别加以研究。代词在此承担的是意义个性化的功能。在像 Я тот, кого никто не любит; Он тот, которого я ждал; Иди туда, куда тебя зовут; Это было тогда, когда я был еще ребенком 等情况下初始代词(кто, куда, когда)将对限定代词(тот, туда, тогда)所表示的意义进行个性化的揭示。在所谓由初始代词引导的从属部分中,意义 тот, туда, тогда 的确定性获得与唯一的(该、个别)情景相关的个性化。在此具有下列并置:(1)占据代词三个等级组中确定性等级的语言意义(тот, туда, тогда)——(2)承担引导之后内容的功能并将限定代词与初始代词(кто, куда, когда)联系起来的初始意义——(3)作为确定性意义个性化的文本成素,本身含有成素的这个唯一概念。在文本中:**Я, который** тебя любил; **Он, чьей** дружбой я дорожил; Пришел **оттуда, откуда** никто не возвращался; Увидел его **таким, каким** не знал раньше——用**黑体字母**加以区分的组合借助代词性词的相互作用表示语言意义的个性化,在代词性词中前者指出确定性,后者引导从含有这一唯一概念的无限"确定性"集合之中排除唯一概念的文本。

上述描写的个性化对属于不确定性和不存在分节的意义也是允许的;然而在这些情况下由初始代词引导的文本部分不具有肯定的信息,而是报道某种不确定的、不明晰的、未被认识或没有实现的信息:Пришел **кто-то, кого** я не знаю; Это было **когда-то, когда** я был еще ребенком; Уеду **куда-нибудь, где** найдется работа; Лежат **какие-то** вещи, **чьи** — неизвестно; нет **никого, кто** мог бы мне помочь。

需要对属于确定性、不确定性和无体现性分节的代词的功能作用加以专门研究;显而易见的只有一点,那就是这种功能作用规则——是其本身所特有的、远非完全与实词使用规则一致的规则。

§14. **"人中心主义"现象**。无论是在初始意义系列的概括分布中(初始代词系列中),还是在文本结构、表述中,意义 кто 都占据首要位置。这里表现出来的"自我中心主义"不止一次地在不同的哲学和语言学理论体系中讨论过。洪堡特曾经极具说服力地阐述过这个问题:"我认为,在较早期的一部著作中我曾经指出,在任何语言中代词都应该是第一位的,代词是言语最后部分的观点是绝对不正确的。关于代词对名词的纯语法置换观点在这种情况下偷换了更为深刻的语言倾向。最初存在的当然是说话者本人,他处在与自然界的不断且直接的接触之中,并且不能不与后者对立甚至是在自己'я(我)'的语言中。但概念'я'本身也要以'ты(你)'为前提,而这种对立招致第三人称的出现,第三人称出自感觉者和说话人范围,并且扩展到非生命事物上。人,尤其是,'я',如果从具体特征中抽象出来,则处在与空间的外部联系和与感知的内在联系之中"[Гумбольдт 1984: 113 – 114]。还可以参见拉塞尔的观点:"我称那些其意义随说话人及其时空位置变化而改变的词为'自我中心词'。这类词的四个基本词是'я'、'это'、'здесь'和'теперь'。'теперь'这个词每次当我使用它的时候,都表示一系列彼此相接的时刻中的某个个别时刻;'здесь'一词表示'я'在任何移动之后所处的某个个别的空间范围;'я'这个词表示与说出它的人相关的任何人"[Рассел 1957: 119]。

就意义 кто 功能作用而言我们将讨论"人中心主义"现象。"人中心主义"在语言中和言语交际条件下的表现不只是在于,语言为意义 кто 建立起最完整和准确的填充确定性分节的代词系统,而且还在于,这个意义,在展示其不仅表示动物(动物或被视为有生命的物质)、而且还表示其他许多基本意义或是意义错合能力的同时,积极地渗透到其他意义范围中。让我们来分析意义"кто"与其他语言意义相比占据优先地位的最明显证据。

语言为初始意义 кто 建立起使所指属于确定的人或人们(я, ты, он, она, оно, мы, вы, они, сам, сама, само, сами, себя)、反映概念的三位一体的代词性词所特有的范围:作为将自己置于整个周围环境中心并感知周围一切的人的"я"——作为最接近 я 并与其直接对立的人的"ты"——作为与他们二者对立并远离他们的人的"он"。以最为抽象且同时严格形式化的形式体现的三位一体确定了本身在动作和行为表达范围中的位置:在此它与动词的人称形式绑定在一起,而且对-л形式而言——是与代词和动词形式的实际结合绑定在一起的。кто 在过程进行范围中的出现与双成素人称句的类型结构绑定在一起;它还可以合并到所谓的确定人称句和不定人称句中。

属于意义 кто 的确定性、不确定性和无体现性分节的还有许多半指示性词:человек(确定和不确定的人), люди, народ, один(名词化词), другой(名词化词), третий(名词化词), последний(名词化词), многие(名词化词), иной(名词化词), иные(名词化词), немногие(名词化词), всякий(名词化词), ни один(名词化词)等等。

在 кто 的一个分节中占有自己位置的代词可以表示泛指的人,将自己其一分节的性质扩展到意义不确定的集合中。кто 微系统与其他代词微系统的功能对比反映出这一"小系统"的复杂性和包含在系统之中的单位的功能多样性。

与其他意义相比,意义 кто 的特点还在于,它力求用自己所特有的手段参与诸如"где——地点"、"когда——时间"、"почему——原因"等意义的体现,以及对整个情景的体现。下列现象即归于此(它们的清单还可以加长)。

(1) 人(«кто — я, он等)喜欢将自己看作任何时空的中心,试比较:Это было еще при мне (при нем, до меня); Это случилось, когда я был ребенком; Это произошло, когда меня еще на свете не было. 任何情景都可以由语言确定适合于кто的年代,即适合于与情景有某种关系、熟悉它、讲述它或,相反,与它没有任何关系的人(Это случилось без меня, до меня, когда меня не было)。

(2) 出现在意义 где, куда, откуда, докуда范围时,意义кто准备成为某个空间中的起点或中心:Передо мной горы; У вас зима, а у нас тепло; У нас водятся волки; Кругом меня народ, толпа; Город недалеко от меня; Вокруг меня чужая страна; 这里在意义кто面前范围广泛的前置词—格形式表现出自己的潜能。

(3) 初始意义кто生产并在很多方面复制意义чей(мой, твой, его, ее, наш, ваш, их, свой),它"横向"划分为"自己的"和"别人的",而且在前者内部划分出"自己本人的:我的、你的、他的"和"共同的"(наш, ваш, их);初始意义чей的构成在整体上是由初始代词кто的构成决定的。在像Иди ко мне в дом(即"进我的房子"); Возьму к себе в рюкзак(即"装进我的背包"),Он у себя в кабинете(即"在自己的办公室里"),Попросился к нему в машину等结构中的意义 кто 也可以进入到чей的范围之中。可以如此理解格的形式的条件是跟在后面的名词的特殊意义:它应该称名或是能够成为某人私有财产的物品、或是不能与人分开的东西:Заглянул к нему в душу; Не знаю, что у него в голове; Посмотри мне в глаза; Поройся у себя в памяти.

(4) 意义кто通过чей阶段出现在意义как范围(怎样的方式)中,由此吸取所属意义;кто将自己作为物质或意识的形式或是真理的中心:Делай по-моему(即"按我所做的那样"); По-моему, все это неправда(即,"我这样认为、确信")。

(5) 经过阶段чей(为此即便是在固定的词形中也要失去所属意义)意义кто宣称自己是数量、程度、以及其他人无法企及的事物的标尺:Поживи-ка с мое; Повоюйте с наше, Пусть поработает с твое; Помучается с его.

(6) кто准备将自己置于情景的中心,在指出(a)独立于情景、对其漠不关心或忽视,或是相反,(b)自己在情景中的中心地位、控制、指引和决定情景的能力:(a')固定形式中的себе:Ему говорят, а он молчит себе; Крик, шум, а он

себе спит; Тебя не трогают, ступай себе мимо;(b')在 у кого, с кем, кому 形式中：Они у меня узнают, как обманывать! У него / с ним не побездельничаешь; Он у нас / у меня / со мной / при мне быстро спесь потеряет; Наплачется он у меня! Поговори мне / у меня еще!(威胁)。

（7）在带有不确定和分散多数意义的固定词组中，кто 将自己置于所发生事件的中心，揭示这类固定词组并将自己的举止、行为作为与所有其他人、别人对立的举止行为：Кто куда, а я домой; Кто к кому, а я к тебе; Кто где, а я на работе; Кто зачем, а я за советом; Кому сколько, а мне и этого достаточно；试比较：Кто гуляет, а я работаю; Кто в ресторан, а я в библиотеку 等。

上述叙述表明，意义 кто 在其他语言意义范围中自我感觉是多么地自由以及这些意义是多么乐意向其展示自身的潜能。

§15. 指示性动词。通常认为俄语中不存在指示性动词。然而这是不正确的：我们既有纯形式构成的动词，也有在功能上与代词吻合的指示性动词。属于纯形式构成的动词的——在自身功能的一个方面上——有动词 быть，它在句子句法聚合体中构成过去时、将来时形式以及非现实句法时间形式(был бы, пусть бы был, пусть будет, будь)。在像 Все может статься, Так и стало / сталось, Так и станет / станется 之中的形式 стать, стало, станет, статься, сталось, станется 可以认为是纯指示性的；试比较动词 стать 在已不再使用的具有确定否定意义的俗语结构"не——动词不定式——стать"中的残留形式：Пахарю работы не занимать стать; Мне с хозяином не спорить стать；在谚语中有：Для тягости родин жениху не отказывать стать; Живут же люди неправдой — и нам не лопнуть стать!

在俄语中既存在自由指示性动词(见下文)，又存在大量关联指示性动词，与它们的搭配是有限制的。这里我们将要讨论的是自由指示性动词和指示性成语，即那些在自身功能、句法性能和聚合体系方面与共同的纯标记(指示)词系统相协调的指示性动词和指示性成语。

整个动词性指示词用于表示过程——存在、运动、动作或时间上持续的状态。在前几个划分步骤上该类别由动词及固定的动词组合主导：(1) быть, (2) делаться, происходить, (3) делать, поступать, (4) испытывать состояние, находиться в состоянии, (5) состоять где, кем, пребывать в каком-нибудь положении, (6) относиться к кому-чему-нибудь, получать, воспринимать отношение извне。这个共同系统涵盖对全部过程性状态的表示：存在的、活动的（主体的和社会的）、情景的状态。针对所指出的每一组都有区分相应意义的指示性动词。这种区分在划分的第二个步骤上揭示的是局部意义，它们受中心指示单位吸引并明确划定其功能范围。这种区分具有下列类型（这里所列举的并非全部，而只是区分共同意义的基本指示单位）：(1) **быть**: существовать, жить; наличествовать, находиться, пребывать, присутствовать; иметь место; (2) **делаться**: происходить; случаться, получаться; (3) **делать**: поступать, действовать, заниматься; (4) **испытывать состояние**: чувствовать; находиться в состоянии; находиться в каком-нибудь расположении духа; находиться (оказаться) в каком-нибудь положении; (5) **состоять кем, где**: находиться в каком-нибудь социальном состоянии; (6) **иметь отношение к кому-чему-нибудь**: получать, воспринимать отношение извне。

语言指示系统——动词性的和代词性的——涵盖整个最必要的、基本的、最共同的概念范围，它们与全部有生命和无生命事物的存在有关、与它们的性质特征有关、与有主体的和无主体的情景有关、与人的行为和状态有关。

指示系统是报道的分类基础。报道类型，因而，是语言交际层面最基本的完整的抽象单位，其中集中了对成为信息对象的现实（存在、行为、状态、某人某事的本质或特征、在时间或空间的驻留）的认识。报道类型，与任何一个语言范畴一样，既可作为共同范畴存在，又可作为由共同范畴联结起来的、用代词性或动词性指示词手段区分共同意义的局部范畴系统而存在。下面我们来分析一些这样的动词。

动词делать — сделать表示来自发挥积极作用的一个主体或多个主体的任何行为或活动：这可以是确定的、一次性的、与行为一致的动作，也可以是广泛扩展的活动：— Что он делает? — Он работает / учится / читает / ищет работу / гуляет / руководит заводом / уехал отдыхать / улегся спать / собирается жениться等。纯粹的状态也可以以这样的行为来表示，试比较对该问题的回答：— Что он делает? — Спит / болеет / погрузился в размышление / бедствует / уже год без работы / бездельничает / ничего не делает等。

动词поступать — поступить表示任何有明确目的的行为或与意志（意志行为）相关的动作，并因而还可以表示任何相关内容的报道：Как он поступил? — Он сделал недоброе дело / Он меня обманул / Он бросил работу / женился / продал дом / унес чужую книгу / уехал жить в другой город等。与动

词делать, поступать合并的指示性形式сделано, 表示作为动作、行为结果的不可逆状态；该形式之后是称名作为确定或不确定主体动作结果的稳定状态的形动词述谓语：Что сделано — того не воротишь; Сказано — сделано（参见我们的文章《俄语指示形式сделано及其所表示的报道类型》[Шведова 2000]）。

动词делаться — сделаться表示由一个确定或不确定主体（多个主体）参与进行的情景；这个主体可以不指出来，但其在该报道中的存在总是以这样或那样的方式被加以提示：— Что там делается? — Шумят, кричат / Драка / Опять воюют / Набилось народу / Кто-то приехал, встречают / Ссора, скандал у соседей等。用动词делаться还可以表示作为某种事件以及完全是偶然发生、意外事件的自然现象：— Посмотри, что делается (происходит) за окном: гроза, ливень; Буря: что сейчас делается в поле!

组合иметь место（"存在"、"具备"）表示带有已排除的主体或其积极性已经消除的主体，即带有消极状态主体的情景；这是对非活动状态的报道、对业已形成的事物状况的报道：Что там?（即"有什么?"）— На дворе мороз, ветер, небо в тучах; — Что с ним, как у него дела? — С ним беда, смешная история; — Что кругом? — Голод, нищета.

动词делать — сделать, поступать — поступить, делаться — сделаться, происходить — произойти, 组合иметь место在语言中具有同义词：совершить, сотворить, учинить, устроить, твориться, вершиться, наличествовать及一系列其他同义词；但在所有这些情况下出现的是有限的搭配、语义复杂化或修辞色彩。

指示性动词的意义空间是十分广阔的：之中包含以相应形式分布的整个动词性词汇和成语；除此之外，每个空间中都包含不同的句法结构，试比较完全进入意义空间"быть"中的纯存在称名句。

《俄语语义词典》(第四卷)把指示性动词当作将纯指示性动词(自由的)和进入非自由组合的动词统一起来的类别加以描述；在这部词典中对整个俄语指示性动词类别的描写是通过它们与纯称名动词的矛盾对立来完成的。

§16. 代词性指示词与动词性指示词的共同特点。无论是动词性的，还是代词性的指示单位都具有共同的、将它们联结成一个完整的指示词类别并使它们与其他全部词汇单位类别对立的重要特点。这些特点如下。

（1）指示词的意义，即指示词所含有的意义，不能分解成部分：指示物体、人、特征、存在、情景及其他的功能是且仅是构成指示词——名词、副词或动词——的意义方面的内容。

（2）在多功能单位中（诸如быть, делать, желаться, что, как, каково等）有别于多义词的意义其功能的产生不是一个源于另外一个：这些功能是等同的。因此动词быть（есть, был, было, будет, был бы, было бы, будь）可以表示时间（在句子的聚合体中），其各种形式的存在本身、存在、所处位置、处于某人所有的状态、驻留、出现在某处、事件本身、某种正在发生的事情（Будь, что будет; Было да прошло и быльем поросло; Что будет, то будет, а будет то, что Бог даст <Даль>），状态——固有的、不可分割的、必然出现或偶尔出现的（Каков есть, такова и честь (谚语); Быть грозе великой; Выскочил из дома как / в чем был / в чем есть）（有关这方面的内容参见我们的文章《再谈动词быть》2001）。正如所见，这些意义中的任何一个都不是源于另外一个：有别于那种一个意义总是以这样或那样的方式从另一个意义中派生出来的多义词的多义现象，指示词的多功能性排除了语义上的派生性并将其与意义表达的等同对立起来。

（3）无论是代词，还是指示性动词都具有使它们区别于其他词汇单位的典型搭配；它们的配价特点——首先在评定范围——是专门描写的对象。

（4）无论是代词，还是指示性动词都能够按照三个依据来划分自己的意义：(a)按单数——复数划分（кто: я, ты, он — мы, вы, они; каков — каковы; чей — чьи; был — были; делал — делали; поступил — поступили）；(b)按极限性——无限性、定点性——非定点性划分（где: тут$_{loc}$ — там; куда: сюда — туда; докуда: досюда — дотуда; когда: тут$_{temp}$ — тогда 和 сделать — делать; произойти — происходить）；(c)按确定性——不确定性——无体现性、不存在划分（кто — кто-то, кое-кто — никто; зачем — зачем-то — низачем, незачем; какой — какой-то — никакой; как — как-то — никак 和 был — был бы — не был; делал — делал бы — не делал; поступил — поступил бы — не поступил）。

不是每一个指示词都能够按照全部三个依据分解其所包含的意义，但是类别本质上的这种划分能力是指示词的典型特点：初始的、基本的意义中包含着建立在递降的抽象水平基础上的局部意义。

动词性指示词和代词性指示词具有功能上使它们联结成一个统一系统的共同点。能够表示状态或情景的代词каково, как和что就是这样的连接单位，试比较：Каково в городе? Каково на дворе? 即"处于什么样的状态"、"情景是怎样的"和Каково больному? Каково теперь путнику в поле?，即"病人状态是怎样的"、"旅行者感觉如何"。代词каково根据自己的意义——是只表示状态或情景并且可以进入动词性指示词范围的唯一的代词性词。代词как和что可以表示这些意义(Как в городе? Как теперь путнику в лесу! Как больной? Что в городе? Что на дворе? Что наше дело?)并使这一能力与自己的基本意义结合起来(有关这些代词参见本文的第二部分)。

§17. 词典中的代词。根据上述的全部论述代词作为词典的描写对象可以从两个不同观点出发进行分析研究。

第一，每一个代词都是词，并且作为词，具有自己的语义结构和自己的语义发展趋势。毋庸置疑的是代词性词的语义结构是独特的：首要的标记(而非称名)功能主宰着代词作为词汇单位的发展规律；它十分谨慎地将某些语义创新包含在自己的组成之中。然而这样的创新仍然不断出现并且词典将其作为代词性词的个别意义加以标注；同时非常明显的是，在非常多的情况下在此作为代词个别意义加以描写的是代词在封闭的上下文条件下的使用。

第二，代词是作为很小的指示系统成分存在的：这是初始代词本身、填充初始代词分节的词和代词性成语以及，在大多数情况下，代词和代词组合或表示涵盖性、普遍性意义的代词性副词。将初始代词作为在某些纯意义特征基础上划分出来的单位加以描述的这些关系的高度规律性，使得提出有关初始代词以及从属于它、构成代词"微系统"的代词可以成为纯词典描写对象的问题。这种描写将能够反映出纳入其中的单位之间的现实意义关系及其牢不可破的语言联系。自然，由此进入词条的描写不会是对每一个进入词条的词的个别词汇结构的详细描写。这里要确定的只是这个或那个代词的意义以及对意义关系在小指示系统中的分布进行说明(参见，例如，带有-то, -либо, -нибудь, кое-的代词之间或ничто和нечего, никто和некого, низачем和незачем之间的差别)。

专门的《代词词典》的词条可以具有下列分区：

I. 初始代词分区：初始代词聚合体，意义，句法位。**II. 分节分区**：(a)属于确定性分节的代词：它们在单数和复数、极限性和无限性特征方面的对立，它们的聚合体，意义对立，初始代词及在确定性分节中带有初始代词的规范组合；(b)属于不确定性分节的代词：它们的聚合体、意义对立、初始代词及与之共同构成的带有不确定性意义的成语；(c)属于无体现性(否定、不存在)分节的代词：它们的聚合体、意义对立、由否定代词位置上的初始代词参与构成的代词性成语。III. 涵盖性、普遍性意义分区：代词本身、它们的聚合体、代词性组合和带有涵盖性意义的成语。

  在所有情况下词典描写都应该伴有说明代词在词组或句子中的使用的实例。这样编集在一起的词条才能清晰展现出整个代词系统及其纯语言组织。因此不将详解词典所采用的传统代词描写排除在外是可以理解的，但是这种描写的实现应该以描写代词"小系统"为目标并且考虑到代词类别整体上的本质特征。到那时才会消除至今仍然存在于我们的详解词典中的那种不协调和不一致。

  §18. 语言意义和语言涵义[1]。因此，本研究所立足的基本概念是：代词作为词，表示一个统一的存在概念并且能用自己固有的划分来体现人对整个现实世界及存在其中的联系和关系的重要且基本的认识水平；语言意义是由相应的指示标记及其语言称名构成的抽象；共同和局部意义范畴是语言意义和本身含有这个意义的符号单位的语言语义共同作用的产物；意义空间，由初始代词及其分节开放并由一定的语义相关的不同层次语言手段集合来填充；语言的意义体系，由意义范畴系统构成，是在整体上组织整个语言材料的基础。

  语言意义是一个深层结构，之中结合着两个结构上的现实情况：一方面是作为认识这个世界的主体的人的物质世界和精神世界的一个基本概念，另一方面是属于该概念的语言手段的概括表达的语义。相应地，每个语言意义都可以（进行）划分，第一，根据认识程度（确定性、客观现实、认识本身——不确定性、不确信认识——不知道或否定存在），第二，根据这些或那些语言语义共同性的涵盖范围。在语言意义内部形成语言意义范畴的结构；这些范畴，与语法范畴一样，都是从语言材料中抽象出来的，同时，作为存在于意识中的抽象，它们又在单个的语言单位及其集合中自我体现。初始意义及由它们生成的意义范畴将语言系统连接起来并确保其完整性。根据"义素"分析语言涵义时所谓的超义子不是概括的最初等级：在它之上向来都有将该意义归入这个或那个语言义范畴的语言意义；语言中没有任何一个符号其语义最初不是起源于初始意义

---

[1] 根据我们对本文思想的理解，языковой смысл译为语言意义，而языковое значение译为语言涵义。而当代语义学对上述两个术语的界定似乎恰好相反，смысл多被理解为涵义，而значение理解为意义。这也是什维多娃思想与众不同的一种体现（译者注）。

的。闭合的语言意义范畴系统构成专业文献中称之为"语义场"的语言符号的类别、集合和子集合得以立足构建的框架：置于这种"场"首位的是语言意义——对带有最抽象意义的单位而言是共同意义范畴，而对单个的语言子集合而言是局部意义范畴。

根据上述的全部阐述来看，对语言意义与语言涵义加以明确区分是必要的。语言意义——这是最共同的概念，它由初始代词及其分节表示并在其所建立的空间界限内通过根据自身属性存在于这个空间之中的语言语义集合具体化。语言涵义——这是由多个（或一个）概括的和有限的义素融合构成并且表示语言符号内容方面的完整单位。在这种符号的两面性中涵义所构成的是符号面对思想、面对与所称名事物有关的认识、对这种认识的集中及其所特有的个性化称名的"面孔"。语言意义与语言涵义的一个根本区别在于，意义是保守的、稳定的，而涵义是不断变化的。本身概念上与整个语言系统相联的意义体系自古以来就一直存在，并且既不会因社会的重大变革、也不会因语言自身的变化而改变：这些由初始代词表示的总体性概念是整个语言符号组织赖以建立的基础。涵义是不稳定、易变化的：这是——活跃的"意义层面"的单位，面向其他类似的单位，把它们吸引过来和背离它们的单位；它处在不断运动和发展的过程中，在自身的存在过程中不断添加"微细差别"并且生成在语言属性方面与自己相同的新单位。

发生在意义体系和词的意义中的语言过程的差别本身是非常有代表性的。在某种语言可以观察到的历史时期意义本身是不变化的，它们的结构是稳定的；可以变化的（逐渐地、缓慢地）是意义的词汇表达：这或者是词的古语化（试比较，例如，азъ — я, негде — когда-то, сей — этот, кой — который），或者是退到个别的语言范围中（例如，доселе, отселе; эдак, посему），或者是构成与词同义的成语（зачем — с какой целью, почему — по какой причине; докуда — до каких пор）。在所有类似的情况下意义都是不变的：变化的只是它的表达。涵义方面的变化则具有性质上完全不同的特点：这里变化的不是词汇表达，而是语言单位的本质本身，体现出来的是其自身发展的特征。

意义组成整个语言称名系统的框架，不管如何来理解称名：是仅就称名单位本身而言或是对整个表述而言；涵义——这是活的语言组织，覆盖这个框架同时不能脱离于该框架而存在。

第二部分
初始代词、它们的微系统及其意义潜能

КТО

1. 代词кто在初始代词体系中占据着重要位置。这是因为它与其他代词相比不仅仅是表示一个统一的存在概念，而且是表示动物体并且首先是将自己置于周围一切认识世界及在其中建立起来的联系的事物的中心的人。由于自己的这一用法代词кто在语言中获得了复杂且分支众多的组织；这种复杂性首先表现在确定性分节中，那里形成了"я（我）"与所有其他代词的对立：你、他、我们、你们、他们的对立；这是在与可以针对任何人的不集中性的矛盾对立中对集中性（定点性、客观现实）的最大限度的准确描述（сам, сама, само, сами, себя）。

属于КТО的代词按如下性质分布：（1）"人或者人格化的生物——动物"以及，在这种切分内部，（2）"一个——不止一个"。由此"纵向"分节看起来各不相同：（1）在确定性分节中对动物而言没有я和мы：它们只能用于被人格化的情况下；ты和вы在此只能用于直接称呼；（2）在不确定性分节中没有я, ты, мы和вы的位置：я（也包括мы）作为个人关系的中心排除不确定性，这一点对作为这些关系组成部分的ты和вы同样适用，它们直接且明确地与将它们组织起来的中心я相对立；（3）在无体现性（不存在、缺少、不知道）分节中没有я和ты的位置，而对动物而言也没有мы和вы的位置。

因此，代词я, ты, он (она, оно), мы, вы, они, сам (сама, само), сами, себя进入代词кто微系统，成为它的意义组成部分。

2. 如同在所有其他情况下一样，初始代词кто关注自己分节的组成：它力求参与它们的填充。

代词кто以与вот（вот кто）的组合形式进入**确定性分节**，通过指出单个人（也可以是动物）或确定的许多人（Это сделал вот кто: Ваня; Это сделали Ваня и Коля, вот кто）而使意义个性化。试比较：я сам, ты сам, я самый, ты самый，即"就只是我（你、他等）"：Кто если не я тебе поможет?; Кто как не ты это сделал! 在不确定性等级上初始代词参与按非多数性或多数性（从不确定集合中选择的可能性）特征，或是按少量、非实质性或有重量、实质性特征分布的整

个成语部分的组成(参见第一部分§6)："随便某人"意义的кто:[Лиза] Ну, кто придет, куда мы с вами? (Гриб.); [София] Ах! Если любит кто кого, Зачем ума искать и ездить так далеко?(Гриб.); кто знает / кто его знает кто, Бог знает кто, Бог весть кто, не знаю / не знаешь / не поймешь / не разберешь кто, неведомо / невесть кто, черт знает / черт-те кто, кто хочешь, кто угодно, хоть кто, кто бы то ни был, кто придется, кто ни попадись, кого (кому, с кем等) ни попадя, мало ли кто, много кого (много кого в жизни встречал), кто-никто, а... (кто-никто, а навестит), кто-кто, а... (кто-кто, а друг не выдаст), кто..., а кто... (кто даст, а кто и нет), кто еще / там / тебе (кто еще / там / тебе поможет——怀疑或相信相反的情况)。在**无体现性**、不存在意义**分节**中:хоть бы кто (хоть бы кто пожалел); 在修辞问题中:(Кто ее полюбил?! 即"没有人爱上她"); (Кому будешь жаловаться?! 即"你没有人可抱怨")。

3. 代词кто及其所有分节的意义空间对不同层次的语言手段开放:之中包含词汇(总体而言对人和动物的全部称名)、人名、词素、成语、语法——人称形式、数、性、句法结构以及构造扩展文本的专门手段。在文本结构中可以取消或改变填充不确定性或无体现性分节方面的这样或那样的限制:偶尔的不确定性或不存在在此可以由词的组合、成语、文本结构本身表示。在运用集中在意义空间кто的不同层次语言手段时形成"кто——人"和"кто——动物"的划分,而其中每一种划分的内部再划分出"一个"和"不止一个"。

在**不确定性分节**中"我"和"你"的位置不能被填补(文本中这里可能会有кто-то来暗示、知道谈论的是我、你或他); 此处可以自由参与的是"半代词性"的词和组合один (один кто-то, один какой-то), иной, другой, один человек: Бегут: иной с дубьем, Иной с ружьем (Крыл.); Один говорит одно, другой другое; — Кто тебе сказал? — Один человек; 通常还有带定语的组合: кто-то чужой, кто-то странный, кто-нибудь из вас, один из них等。

意义空间"кто——人——不止一个"在确定性分节中由动词复数第一、第二、第三人称形式、动词过去时复数形式、词汇(所有称名人的复数形式)、成语、复数形式的姓(Мы, Ивановы, все такие)、类似мы с тобой, я с ним, ты с ними, ты и я, отец и сыновья, мать и сын; мы с ним вдвоем, ты с ними втроем这样的带前置词和连接词的组合来填补; 由类似мы сами, вы самые, они самые (Эти люди приходили? — Они самые)这样的等同意义组合来填补。在**不确定性**分节中мы和вы的位置不能填补(在言语中这种限制可以取消）。对于 они：кто-то (-либо, -нибудь)，名词化的 многие, немногие, иные, некоторые, одни — другие (У одних так, у других по-другому)；不定人称结构 (Говорят, что..; На улице шумят, кричат)；люди, народ 等词 (Что люди скажут? Народ собрался, а докладчика все нет)；这里还包括所有表示不确定多数的代词性成语：кто-кто, а.., кто да кто, кто ни на есть, кто был, кто придется, мало кто, редко кто (Редко кто видел тигра на свободе)。对于 мы, вы：наш (ваш) брат, наша (ваша) сестра (俗语)。在**无体现性**、缺少、不存在意义分节中的所有位置上——нет меня (тебя, его, нас, вас, их)；带有 ни... ни 的结构 (ни меня ни тебя; нет ни их ни вас 等——нас / вас / их не существует, мы отсутствуем)；对于 вы, они——никто, некого, хоть бы кто (Никто кругом / на свете / в мире не знает, куда он пропал), ни один человек, ни одна живая душа, ни души (Кругом — ни души)。

意义空间"кто——动物"在很大程度上由较狭窄范围的不同层次语言手段来填充。я 和 мы 的位置这里只有在人格化的情况下才开放，ты 和 вы——用于直接称呼的情况下；相应地这些位置在系统本身是不被填充的。он, она, оно, сам, сама, само, сами, себя 位置由动词的人称形式、词汇（只是称名和绰号）、构词手段来填充，在"一"位置上——用动词的性别形式。在**不确定性**分节中对于 он：кто-то, кто знает / кто его знает кто, неизвестно (не поймешь, не разберешь, неведомо, незнамо) кто；对于 они：кто-то 及所有属于复数概念的带有 кто 的成语。在**无体现性**分节中——нет, никто, некого, хоть бы кто, никого нет，俗语 ни черта (ни чёрта)，动词 не существует, не бывает, не водится；组合 ни... ни。

在文本结构中，在言语中该意义空间的填充得到扩展；但其概括结构在此条件下仍然是固定不变的。

4. 代词 кто 的三分结构，及其所有分节一起对立于普遍性、涵盖性、总体上表示所有人的意义。这个意义由代词 все (复数)、всякий (名词化的)、каждый (名词化的)、всяк (名词化的) 表示：Что волки жадны всякий знает (Крыл.); Всяк себе норовит (谚语, Даль); Знай всяк сам свое (Даль); 试比较布尔加科夫作品中的一段话："...возможность **каждому** выиграть огромную сумму золотом", — машинально повторял Ежиков, — гм, **каждому**. В сущности говоря, почему я не могу выиграть? Я такой же каждый, как и всякий" (М. Булгаков «Серия ноль-шесть № 0660243. Истинное происшествие»); 成语

кто ни...(кого ни возьми, к кому ни обратись, кого ни спроси...); 组合 всё живое, всё сущее; 代词 всё: Внимало всё тогда Любимцу и певцу Авроры; Затихли ветерки, замолкли птичек хоры, И прилегли стада (Крыл.); Всё хлопает. Онегин входит, Идет меж кресел по ногам (Пушкин);[Лиза] Всё в доме поднялось (Гриб.); 就人而言还有 человек (Человек смертен), смертный (高尚语体), люди (Все люди братья), все мы, 名词化的 любой (Это знает любой)。这里常用像 все люди, все кругом, весь свет 这样的组合，像 и я, и ты, и он 这样的开放的列举组合：Все мы люди, все мы человеки（格言）; — [Чацкий] Дознаться мне нельзя ли, Хоть и некстати, нужды нет: Кого вы любите? — [София] Ах! боже мой! весь свет! (Гриб.); Но если это так, то что есть красота, И почему ее обожествляют люди?(Заболоц.); Все мы, все мы в этом мире тленны (Есен.).

适用于人的普遍性、涵盖性的表达问题需要专门的深入研究。

由此可见，共同意义范畴"кто——动物"体现在前两个次顶端局部意义范畴之中："кто——人"和"кто——动物"；其中第一个局部意义划分出二级局部意义范畴："кто——人"和"кто——人格化的臆造动物"；这里有所不同的是词汇、成语，部分地——构词手段，以及——非常明显地——填充不确定性和无体现性分节的可能性。局部意义范畴"кто——人，人称"本身含有进一步的多步意义切分，这是由将称名意义的词划分出语义集合和子集合决定的。《俄语语义词典》(том I, 1998)中所描述的词汇分类为划分次顶端意义范畴的等级提供了现实的基础。

5. 初始代词意义"кто——动物"在前文本组合中（在词组中）、在言语的基本结合中、在文本中、以及在单个词中可以与其他初始意义错合：在此对它是没有限制的，其原因是本书第一部分§14中所讨论过的"人中心主义"现象：处在认识中的动物决定着自身在自己周围的环境和自己与所有其他事物或人的联系和关系中的地位，由此人自然而然将自己看作与己相关的环境的中心。认清自己、自己的行为和关系若没有对像 где, когда, как, сколько, почему, зачем 这些概念的认识是不可能的。由此产生以之中结合着两个初始意义的词汇组合形式体现的正规意义联合，而且这种联合在该组合中是不可解除的。这样的意义联合是：кто 和 что (Сбежался **весь** город; **Школа** недовольна учеником; Ее знает **вся улица**); кто 和 чей (Зайди **ко мне** в кабинет; Живет **у него** в доме; Все написано **у него** на лице); кто 和 сколько (Пришли **впятером**,

вшестером...); кто 和 какой（形容词和形动词的所有名词化现象）；кто 和 когда (Жил еще **при царе**; Это случилось **без меня**); кто 和 как (Живет **без родных, без родителей**); кто 和 где (Тогда ты был **со мной; На тебе** большая ответственность); кто 和 куда (поход **на печенегов**; пойти **в солдаты**; Поехал **к отцу**); кто 和 откуда (посыльный **от портного**); кто 和 докуда (добежал **до меня**); кто 和 зачем (сделал **для тебя, ради детей**); кто 和 почему (случилось **из-за меня, из-за нас**). 这份清单——只是对意义错合现象本身的一般看法。

具有各种不同意义错合能力的同时，кто的特点是在句子和文本结构中具有多种固有的位置。

6. 意义 кто 的功能作用本身具有一系列的特点。与其说确定性的表达在意义кто条件下是由只表示情景参与者的人称代词的闭合系列承担，不如说对кто本身而言其基本功能始终是表示抽象或概括地想象出来的那个人的功能；但是这种抽象和概括的特征是非常复杂的：这里出现功能转变——从对能够成为已知或某人已知的人的寻找，到高度的概括——对本质或价值本身的寻找——在对相应特征具体承担者进行充分抽象时。可以举出对初始代词所指的人（多人）的若干认识等级，以及相应地，кто所具有的概括功能、属于某一个人、许多人或所有人、属于某种"动物形象"的功能的若干形成等级。

（1）所指的人是已知的或可能是已知的；这是说话人所指的具体人（多人）：ты, кого я любил..; те, кому я верил..; друг, с кем я провел лучшие годы жизни; 在这些情况下代词кто引导使前面的代词填充个性化的文本部分（ты, тот等），或是引导报道作用的定语。属于这种情况的还有类似Мне есть (было, будет) с кем поговорить / к кому идти за помощью / о ком вспомнить等特殊结构；代词кто在这些情况下表示已知的、但没被指出的人或多人：这里存在暗示、避而不谈或多余指称（比较：Тебе есть о ком заботиться: у тебя дети; Было с кем посоветоваться: ведь я рядом）。在所有类似的情况中кто都是对已知的抽象。

（2）所指的人对某个其他人是已知的：他的具体、明确的表示可以找寻并且能够找到，由言语参与者本人揭示出来：— Позвольте спросить, кто вы таковы? — Я дочь капитана Миронова (Пушк.); Кто он таков? Ужель Евгений? Ужели он? Так, точно он (Пушк.); Кто пришел?; Кто это сделал?; Вы к кому? 这个可以揭示出来的кто是对具体存在于该唯一情景中的人的抽象、对使这个情景具体化或直接参与其中的人的抽象。

（3）所指的人（一个人，或常常是许多人）的存在是得到承认或允许的，但他本人被理解为某个集合的代表：Все, кто его знал..; Любой / всякий, кого ни спроси; Спасайся кто может。属于这种情况的有固定组合、之中 кто 表示不规则分布的集合并同时——表示进入该集合的人之一的成语：кто куда, кто где, кто когда, кто о чем, кто откуда, кто зачем, кто с кем, кто кому, кто к кому, кто кого 等。不确定性在文本扩展的条件下消失：Кто про что: ты про Фому, а он про Ерему; Кто где: мать дома, отец на работе, дети в школе.

（4）所指的人作为否定性质的承担者、作为其举止、行为、生活方式必遭谴责的人，大家都知道是什么样的人，或其品质被意外揭露出来的人：— Да кто же доктора? Жрецы науки (Л. Толст.); Кто ты такой, чтобы учить старших?; Кто он, чтобы считать себя умнее других？; 比较大家所熟知的格里博耶多夫的话：А судьи кто?; С кем был!; Куда меня закинула судьба!; А вы! о Боже мой! кого себе избрали? Когда подумаю, кого вы предпочли!

（5）所指的人的存在是令人怀疑的：很有可能他根本就不存在。代词 кто 的这一功能体现在修辞性问题中：Кого любить?!; Кому же верить?!; Кто не ошибается?!; Кто знает, что с нами случится впереди?!; Кто исправит эгоиста?! 带有 бы 的固定组合中：Кто бы мог подумать, что это случится!; Кто бы узнал в ней прежнюю девочку?! 在所有类似的情况中 кто 接近于 никто：所指的人的存在本身受到怀疑。

（6）所指的人不存在：行为及其相应的行为主体存在可能性本身被否定；它在插入不可能的、明显虚假内容的报道的固定组合 кто сказал / придумал / выдумал, что..; кто видел, слышал, что...中具有自己的位置：Кто сказал, что я знаю этого человека?(即"我不认识他"); Кто это придумал, что я женюсь?; Кто слыхивал, чтоб рыба говорила?; Кто видел, чтобы на березе росли шишки? 这是明显不存在的、否定所指的人存在可能性本身的 кто。

（7）所指的人被理解为典型特征、典型行为的概括性承担者：У кого что болит, тот о том и говорит (谚语); Кто жил и мыслил, тот не может В душе не презирать людей; Кто чувствовал, того тревожит Призрак невозвратимых дней (Пушк.).

（8）кто 表示要探求的本质、对某种内容上的充实、人的本质的探索；这是——对 кто 的指示性、代词性本身的最高抽象功能：По свойству своего характера Кити всегда в людях предполагала все самое прекрасное, и в особенности в тех, кого она не знала. И теперь, делая догадки о том, **кто — кто**, какие между ними отношения и какие они люди, Кити воображала себе самые удивительные и прекрасные характеры (Л. Толст.); Он всех одинаково любит или презирает, что все равно, а служит только тому, что заложено в него свыше. Он любит одно — красоту, единственно несомненное благо в мире. **Да вот кто он такой**! Ниц падайте все перед ним, на колена! (Л. Толст.); Кем вырастет этот ребенок?; Стало понятно, **кто есть кто**; Скажи мне, кто твой друг, и я скажу, **кто ты** (格言); 试比较同样的人称代词的本质确定意义：[Молчалин] Дай обниму тебя от сердца полноты. Зачем **она не ты**? (Гриб.); [Федя] А завтра что? Все буду **я — я, а она — она** (Л. Толст.).

由此清晰描绘出本身发展出各种不同概括能力的代词 кто 的功能范围。

7. 正如已经讨论过的那样，所谓的人称代词—— я, ты, он (она, оно), мы, вы, они, сам (сама, само), сами, 反身代词 себя ——在代词 кто 系统中占据确定性分节并在那里根据人或非人情况进行分布；代词 сам (сама, само, сами) 和 себя 与其余所有代词在不集中性、非定点性特征方面是对立的：只有在文本条件下 сам, себя 才表示确定的人；在此它们不仅容易与人称代词组合在一起，而且容易彼此组合在一起，以确认对人的表示：я сам, ты сам, мне самому, мы сами, он сам себе враг, мы сами с усами, я себя не обижу 等。处在整个确定性分节中心的是 я, 表示所有其他人、所有其他事物以这样或那样方式面对着的人：я——这是直接感知、认识、行动、评价以及想象中或实际上将所有自己周围的一切都集中起来的人：я 将自己置于中心并且明显表现出前面所讨论过的"人中心主义"。让我们回忆一下杰尔扎文的颂诗《上帝》中对这种对世界的感知的准确描写，诗中人是作为整个存在的中心出现的：

> Я связь миров, повсюду сущих,
> Я крайня степень вещества;
> Я средоточие живущих,
> Черта начальна Божества...

Я 作为"说话人"隐蔽地存在于任何报道中："я — ты — он" 三位一体中的每个成分都可以充当构成情景的主体 (— Кто открыл дверь? — Я; Опять неприятности, все ты; Из библиотеки пропадают книги: это опять он); 但是, 在

所有类似的情况中确定的人是了解情景根源的那个人,即я——认识的来源:是я,说话人、报道人知道,而不是ты和он。但是这种说话人я的角色出现在文本中、言语中,而非出现在作为指示词类别的代词系统中(关于这一点参见第一部分§14)。

人称代词在文本中的句法位由它们的范畴意义确定并且与名词本身的位置相吻合。概括功能是这些代词的特点:对于я而言其程度较低,对ты、он以及сам、себя而言程度较高。下面是由这样的代词参与构成的格言、谚语的典型例证(所有看起来不常见的谚语均来自于达利词典)。

Я, ты, он, мы: Сегодня ты, а завтра я; Ты мне, я тебе; Без меня меня женили; Всяк о себе, а кто же обо мне?; Я ли не я ли!(自我吹嘘); Я не я, и лошадь не моя и я не возница; Послужи на меня, а я на тебя; Ты — как бы дело сладить, а он — как бы дело изгадить; Отдаст ему — неведомо кому; Не нами мир стал, не нами и кончится; 嘲讽: Мир сотворили, а нас и не спросили; Им свет стоит, к нему солнышко спрашиваться ходит!

Сам, себя: Сами с усами; Сам поет, сам слушает, сам и хвалит; Сам едет, сам и погоняет; Сам-не сам, а при помощи других сладил; Ни себе, ни людям; Выше себя не вырастешь; Знай себя, так и будет с тебя; На себе везут, так прогонов не берут. 在常见的сам себя组合中: Познай самого себя(格言); Знай всяк сам себя; Всяк сам себе хорош. сам的概括意义常常出现在矛盾的情况下;参见达利的例子: Прими зятя в дом, а сам уходи вон; Дурака пошлешь, за ним сам пойдешь. 由此——发展сам自身的连接功能: Улыбается, а у самой слезы текут; Молчит, а сам злится; Сам недоволен, но молчит.

很能说明问题的是,人称代词的概括功能与动词人称形式的这种功能吻合,单数第一人称形式通常不能显示这个功能,但参见达利的例子: Хоть церковь и близко, да ходить склизко, а кабак далеконько, да хожу потихоньку.

8. 有关代词кто的词条可以有两种构建方法。第一种方法——传统的方法:指出кто作为词的用法的全部可能性并且划分出能够作为单个意义归属于它的那些意义;然而最近的分析研究显示,这种词条的大部分内容不是别的,正是一种描写,第一,对кто本身的功能作用及对该功能作用所必需的上下文功能作用进行描写,第二,对那些由кто参与构成并在大多数情况下在其系统中填充不确定性分节(很少——确定性或无体现性分节)的成语进行描写。这种描写仅仅说明кто同其他初始代词一样,主导着自己三分部的"小系统"的思想。

另外一种非传统的词典描写кто的方法——这是对其系统的整体描写。如此一来这里就应该严格区分词条的下列区域：(1)初始代词(确定其语言意义)；(2)确定性分节(对作为概括指示意义载体的代词я, ты, он, мы, вы, они, сам, себя的描写)；(3)不确定性分节(所有相应的代词及代词性成语)；(4)无体现性、不存在分节(所有相应的代词及代词性成语)；(5)属于涵盖性(概括性)意义空间的代词。在这些区域的每一个的内部都应该指出每个代词特有的功能作用，以及给出它的语法属性。如此构建出来的词条，与其他包含在专门的《代词词典》中的词条一样，所描写的代词性词汇将不再是单独的词汇单位，而是根据该系统操控的规则存在并发挥功能作用的系统要素。

ЧТО

1. 代词что作为主导自身指示微系统的初始代词表示任何不是动物的本质、客观现实。在这个意义上что在自身代词类别内部处于与кто对立的位置。由代词что所指的现实范围十分开阔；这可以是生理上直接感知或脑力、精神上所理解的一切，——出现在作为可以感知、理解和认识的动物的人的视野范围内的一切：物体、物品或物体集合、概念、状态、性质、感觉、想法、报道、现象、行为、事件、情景或整个"存在空间"、生命和存在的断面、现实的片断。

包括在что微系统中的代词有это, то, он (она, оно), они, сам (сама, само), сами, себя — нечто, что-то, что-нибудь, что-либо, кое-что — ничто, нечего。

初始代词что，与所有其他初始代词一样，竭力参与对自己分节的填充。这首先关系到不确定性分节，并以极为有限的形式与确定性分节和无体现性(不存在、缺乏、不知道)分节有关。

代词что参与**确定性**分节填充，第一是以带有вот的组合形式：вот что (Странно вот что: он не пришел)，第二是以带有特殊客观存在及所表示事物的唯一性意义的结构组成的形式：что если не.., что как не...(Чем если не / как не музыкой наслаждаться, Чему как не искреннему участию / если не искреннему участию радоваться)。类似的还有同时也属于确定性分节的带有не это ли, не то ли结构的意义(Не этому ли / не тому ли радоваться, Не об этом ли вспоминать)。

在**不确定性**分节中描写的是出现在成语组成中、带有语气词的组合中的

что的广大范围。这或是(1)以不充分的了解、不充分的理解为基础的不确定性，或是(2)与从某个集合中选择相关的不确定性。(1) Неведомо что, невесть что, не поймешь (не понять, не разберешь) что, незнамо что, не знай что, Бог весть что, Бог знает/ведает что, Бог его знает что, кто знает что, черт знает что, черт-те что。(2)在不确定性与选择相关的地方产生不同的补充色彩：(a)从任何可能的集合中选择的不确定性，"无所谓的不确定性"：хоть что, что угодно, что хочешь, чего ни захоти, что ни возьми, что ни на есть (Бери хоть что / что хочешь / чего ни захоти / что ни на есть); (b)选择上的偶然性、随机性、随意性：что придется, что ни попадись; что ни попадя, что бы то ни было (Хватает, что придется, что ни попадись; Бьет чем ни попадя); (c)对不确定多数或不确定少数的选择：много чего, мало что /чего, редко что, мало ли что, что-ничто, а... (Мало что знаем, Редко чем порадует, Много чего повидал, Чем-ничем, а угостит, 即"东西可以不要求很多，但必须招待"; О чем ни о чем, а поговорим); 参见达利：что не что (西伯利亚方言) "少许、少量、一点"; (d)选择的局限性和模棱两可：что... а что... (Чем угодишь, а чем и нет, Что запомнишь, а что и нет); (e)对选择可能性的不相信：что там /еще / "语气词意义上的" тебе (— Им помогут. — Чем там /еще / им помогут!; Чему еще / там мне радоваться!)。此外，代词что可以在轻松随意的言语中表示与其他词限制性搭配之外的不确定性：Случится что, позвони; — Почему не разговариваешь, обиделся на что (即"на что-нибудь"之义)。

在**无体现性**（不存在、不知道）分节中：хоть бы что (хоть бы чем порадовал!); 修辞性问题中：Что теперь от него получишь?! (即"你将一无所获"); Что этот бедняга может сделать?! (即"什么都做不成")。在带有только的组合中，以及在带有ни, только ни的组合中代词что参与涵盖性、普遍性的表达：Чего только я ни насмотрелся! Чем только ни занимался, о чем только ни думал!

2. 正如已经说明过的那样，由代词что开放的意义空间非常广阔，事实上它比任何其他初始代词所拥有的意义空间都更为广阔；这是由上面曾经讨论过的所表示事物的多样性决定的；在详解词典中这种多样性通常全部都集结在"指出物体或现象"的释义下。参与相应意义范畴体现的既有代词что本身，又有包括在其各分节中其他代词；这里最为正规的是代词он, это, то, нечто, что-то；对个别系统要素产生作用的是对这些或那些局部表示的限制或禁止。下面呈现的是对这些表示的可能性的概括观点：

（1）代词что可以表示**物体**、物品、单一的物质现实，以及物体或物体和人的集合：— Что он подарил тебе? — Вот это. / — А вон оно, лежит на столе. / — То, чего я и ждал. / — Что-то очень красивое. / — Ничего не подарил; — Чем открыть банку? — Вот этим. / — Чем-нибудь. / — Чем-то острым. / — Ничем ее не открыть; Что с возу упало, то пропало（谚语）; Чем богаты, тем и рады（谚语）; Чем вы, гости, торг ведете? (Пушк.).

（2）代词что可以通过情景阶段间接指**动物**，在情景之中这个动物是以不确定的和可能的体现情景者的身份出现的：Сил нам нет кружиться доле; Колокольчик вдруг умолк; Кони стали... — «Что там в поле?» — «Кто их знает? пень или волк?» (Пушк.); — [Барыня] (指着农夫们) Это что? Что это? Что это за люди? [Федор Иванович] Это крестьяне из Курской о покупке земли к Леониду Федоровичу. [Барыня] Вижу, что крестьяне, да кто их пустил. (Л. Толст.); — Что ни родится, все пригодится (谚语, 关于期待出生的孩子).

（3）代词что可以包含物体、现象的**本质意义**、其基本本质特征的本质意义：... И вообще странная вещь музыка. Что это такое? Я не понимаю. Что такое музыка? Что она делает? И зачем она делает то, что она делает?(Л. Толст.); Что наша жизнь. — Игра!

（4）代词что(то, это)可以表示**性质**、内部**状态**、**感觉**、直接**感受**、**思维**、**言语**：Что он сказал?; О чем речь?; Что у него на уме?; Это ложь; — Что с ним? — Хандра; О чем толкуете?; — Одним, одним нехороши... — А чем же? расскажи, служивый (Пушк.); — Что в сердце вашем я нашла? Какой ответ? одну суровость (Пушк.); ... но что-то кроме этого есть, что тебя тревожит и мешает. Что это? ...Вы спрашиваете, что? То, что я любила (Л. Толст.); Быть может, юнаша веселый В грядущем скажет обо мне: Простим угрюмство — разве это Сокрытый двигатель его? Он весь — дитя добра и света, Он весь — свободы торжество! (Блок).

（5）代词что可以表示**行为**或者**事件**、**偶发事件**：— Что делал там? — Я слушал Терек (Пушк.); То было раннею весной, В тени берез то было (А. К. Толст.). 偶发事件：Что ни случится, поможет; — Что произошло? — Ничего / — Что-то непонятное; — Что случилось? — То самое, что и ожидали; —

Что с ним? — Он упал; Из-за чего шум? 在已过时的、保留在成语中的带有第三格的结构中代词то, это表示过去的事件、偶发事件: **Тому лет пять**, когда зимой кормы Нам были худы, На грех меня лукавый натолкнул... (Крыл.); Прошло **тому** тринадцать лет (Пушк.); **Тому** назад одно мгновенье В сем сердце билось вдохновенье, Вражда, надежда и любовь, Играла жизнь, кипела кровь (Пушк.); **Этому** очень давно (Тург., 参见第一部分§10)。

（6）代词что (通常在问题中) 可以指出**生活方式**、**消遣**、某人某事的**一般状态**、事物在相对漫长的时间段中的**状况**: — Ну, что соседки? Что Татьяна? Что Ольга резвая твоя? (Пушк.); Мои богини! Что вы? Где вы? (Пушк.); [Самозванец] Что Годунов? [Пленник] Он очень был встревожен Потерею сраженья... (Пушк.); [Самозванец] Ну, что в Москве? [Пленник] Все, слава Богу, тихо (Пушк.); [Самозванец] Ну, войско что? [Пленник] Что с ним? Одето, сыто, Довольно всем (Пушк.).

（7）代词что 可以表示**完整的情景**、正在发生的事情: Но **что** же, возвратясь, он видит? На полу Объедки пирога, А Васька-кот в углу, Припав за уксусным бочонком, Мурлыча и урча, трудится над курчонком (Крыл.); То не ветер ветку клонит, Не дубравушка шумит, **То** мое сердечко стонет, Как осенний лист дрожит (歌词); Я давно предчувствовала **это**: День последний и последний дом (Ахм. «Приговор», 最初版本)。

（8）代词что的最重要功能之一是表示不属于任何确定时间的**存在**、某个"**存在空间**"**的断面**; 因此不能说所表示的是物体、现实, 是确定的情景、事件: 这是表示业已形成的, 完全属于生存、生存条件、属于存在着的事物以及, 作为已知, 存在过或将要存在的事物: Будь что будет; Чему быть, того не миновать; Чем люди живы?; Во что же верить?; Что впереди?; [Чацкий] Помилуйте, не вам, чему же удивляться? Что нового покажет мне Москва? (Гриб.). что 与 все, всякое (涵盖性) 的相互关系是"存在空间"表示的特点: Всякое бывало; Всему свое время; И вспомнил он свою Полтаву, Обычный круг семьи, друзей, Минувших дней богатство, славу, И песни дочери своей... И старый дом, где он родился, Где знал и труд, и мирный сон, И все, чем в жизни насладился, Что добровольно бросил он. И для чего? (Пушк.); За все, за все тебя благодарю я: За тайные мучения страстей, За горечь слез, отраву поцелуя, За месть врагов и клевету друзей, За жар души, растраченный в пустыне, За все, чем я обманут в жизни был (Лерм.).

代词 что 的特殊功能是指人。这里需要对两种个别情况进行说明。

(a) 就人而言 что 指出人的本质、指出人是其最主要的、决定性品质、性质、特征的中心：Что такое станционный смотритель? Сущий мученик четырнадцатого класса... (Пушк.); Что ж он? Ужели подражанье, Ничтожный признак иль еще Москвич в Гарольдовом плаще (Пушк.); [Чацкий] Перед Молчалиным не прав я, виноват: Быть может, он не то, что три года назад (Гриб.); — Да, но ты не забудь, что ты и что я... И кроме того, продолжала Анна, — ... ты не забудь, главное, что я теперь нахожусь не в том положении, как ты (Л. Толст.); Так вот что значил мой сон. Пашенька именно то, что я должен был быть и чем я не был (Л. Толст.); Все равно, что бы я ни был: такой же зверь, как и все, на котором трава вырастет и больше ничего, или я рамка, в которой вставилась часть единого божества, все-таки надо жить наилучшим образом (Л. Толст.).

(b) 代词 что 这一功能的缩小——表示某人是微不足道的、什么都不是的人：Виноват я сам. Какое право имел я думать, что она захочет соединить свою жизнь с моею? Кто я? И что я? Ничтожный человек, никому и ни для кого не нужный (Л. Толст.); [Юсов] Обратили на тебя внимание, ну, ты и человек дышишь, а не обратили, — что ты?.. Червь! (А. Остр.).

所有这些局部意义构成代词 что 意义空间的结构总图并且，在一系列情况下，构成填充 что 分节的代词性词的意义空间结构总图。

3. 正如所见，在确定性分节中的代词 что 构成中，也像在其他代词中一样，存在集中性、定点性 (это, он, вот что) 与不集中性和非定点性 (то, сам, себя) 的对立。在不确定性分节中存在单一不确定 (нечто, что-то) 与非单一不确定 (что-либо, что-нибудь, кое-что) 的对立；但是这种对立在很多情况下是不明确的、是模糊不清的。集中性同样可以体现在高频组合 что это, что такое, что это такое 中，它还可以由与 это, то, оно 自由搭配的代词 самый 置入 (— Что случилось? — Это /то / оно самое; — О чем речь? — Вот о чем / — Об этом / о том самом)。

属于存在空间或对某事物的抽象描述的 что 非常经常处在文本开头并且在该文本中由具体的内容即刻加以填充：Что его ждет? Нужда, лишения;

[София] Что, Лиза, на тебя напало? Шумишь... (Гриб.); Что слава? — Яркая заплата На ветхом рубище певца (Пушк.); Что дружба? Легкий пыл похмелья, Обиды вольный разговор, Обмен тщеславия, безделья Иль покровительства позор (Пушк.).

4. 由代词что及其分节所开放的意义空间由不同层次语言手段来填充，正是这些手段的分布成为区分第2点中所讨论的局部意义的基础。这些手段在从对现实称名本身到整个报道或相对完整的复杂文本片断之间摇摆。

代词что的共同意义范畴——**非动物的客观存在**（物体、现象、概念、情景、事件、存在本身）；这种客观存在——单数的或复数的——被表示为可以找寻的、能够成为可以感知和认识的客观存在：对它的认识程度体现在对它进行"纵向"划分的初始代词分节中。"横向"建立起次顶端的一级局部意义范畴，它们同样还可以再从自己的组成中划分出更为局部的意义。

5. 代词что可以用作连接作用的词：它引导使意义个性化的复合句部分：Случилось то, чего не ждали (чего не ждали —— 是由个别内容填充"非定点的"、分散的то的成素；类似的有：Не верь тому, что говорят; За что купил, за то и продаю; Что дал, то и взял (Даль).

由多部详解词典相当完整地记载下来的许多成语中都含有代词что。词典还记载了代词что业已形成的各具体词汇意义。但缺乏对что微系统的整体词典描写。而且，这种描写（也同样适合于所有其他代词），正是在作为词典学研究对象的这一系统的存在和功能作用视角下实现的，它能够反映出包含在该微系统之中的单位的内部联系并且展现出这种统一体本身的特殊性以及它与其他相关的词汇统一体的区别。

КАКОВ

1. 代词каков（какока, каково, каковы）可以表示特征并将其描写成为稳定的、本质的、不可分割的性质或特征：这种某人某事身上所具有的特征体现为基本的——内部或外部的——特征描述：Каков этот человек? — Он умен, добр; Он высок, красив; Он лжив, груб。каков的不确定性分节是不填充的，该微系统的整个结构整体上并不复杂：каков — таков — никаков，原因在于其本质意义。

初始代词каков可以包含在成语组成中或与语气词组合；在这些情况下分

节填充的可能性扩大。在确定性分节中——是以带有语气词вот (вот каков:..)
的组合形式 (Трудненек путь!.. Да вот-с каков: Отправится пятьсот, А до
нерчинских рудников И трети не дойдет!⟨Некр.⟩);不确定性分节对带有ни的
结构开放: каков ни... (Каков ни будь жених, все-таки жених) 和带有无重读语
气词еще的组合开放——在表示没有把握的推测时 (Каков еще окажется
жених! Каковы еще соседи, а то хоть из дому беги; Ехать или не ехать: какова
еще будет погода...)。

2. 属于каков意义空间的是相当确定的语法和词汇手段范围。

(1) 这首先是短尾形容词,它在现代俄语中固定在述体位上,揭示主体的
基本性质、主要特征:属于此类的还有带有相应语义的成语:Он немолод —
Он уже в летах, в возрасте / на возрасте。由短尾形容词所称名的性质可以体现
在比较级中,这样一来在相应的述体位上出现的是比较级形式:Ты хитер, а
она еще хитрее; Ты прекрасна, спору нет; Но царевна всех милее, Всех
румяней и белее (Пушк.); А ночь была тюрьмы черней, И на дворе шумела
буря (Пушк.)。

(2) 专门用于表示本质的、不可分割的特征、性质的所谓"性质二格"结构
属于каков意义空间: Он доброго нрава, строгих правил, примерного
поведения, хорошего воспитания; Он высокого роста, крепкого
телосложения。在现代俄语中这种结构是非能产的,但在19世纪的文学中广泛
使用;比较: Начальник их был нраву прекрутого (Крыл.); Царь этот не
чурбан, совсем иного нрава (Крыл.); Мой сын не любит шумной светской
жизни: Он дикого и сумрачного нрава (Пушк.); Богатырского сложения,
Здоровенный был детинушка!(Некр.)。

(3) 属于处于述体位的каков还有类似мальчик — с пальчик, мужичок —
с ноготок, огурец — с гору, дырочка — с булавочную головку以及带有第五格
的类似 Он ростом с меня, Яма — глубиной в метр / с метр, Глыба —
величиной с дом; Смотри-ка, квакушка, что, буду ль я с него?(Крыл.)的组合。

(4) 带有表示主体本质特征的с чем的结构属于каков意义: Кто знатен и
силен, Да неумен, Так худо, ежели и с добрым сердцем он (Крыл.)。

(5) 意义каков可以包含在带有сам的等同意义组合中 (Соня — сама
любовь);还有: Эта девочка — сама нежность / воплощение нежности /
воплощенная нежность。下面就是一些报道例子,之中各种不同的句法形式中

都含有意义"каков — таков",即表示不可分割的本质特征、性质。克雷洛夫作品中的例子：Что то за зверь? какого роду? Чай, он зубаст? Рогов, чай нет числа?; Осел был самых честных правил, Ни с хищностью, ни с кражей не знаком; Да вы уж родом так: Собою невелички, А песни — что твой соловей; **В ком есть и совесть и закон**, тот не украдет, не обманет; В Восточной стороне какой-то был Брамин Хоть на словах и теплой веры, **Но не таков совсем житьем**. 还可以比较如下例子：У старинушки три сына: старший умный был детина, средний был и так и сяк, Младший вовсе был дурак (Ерш.); Он был уже летами стар, но млад и жив душой незлобной: Имел он песен дивный дар И голос, шуму вод подобный (Пушк.); 〔Аграфена Кондратьевна〕Посудите, люди добрые, каково житье в чуждальней стороне, чужим куском давиться, кушаком слезы утираючи (Остр.); Вы могли презирать его, мучить, унижать, **а он был, есть и будет неизмеримо выше всех вас** (Л. Толст.).

3. 代词каков生成共同意义范畴"каков——本质的性质特征、本质的性质"。用各种不同层次语言手段填充каков意义空间时从该共同范畴中划分出首批局部的次顶端意义范畴：(1)"本质特征本身——外部或内部性质、品质"(Он умен, высок, красив; Он доброго нрава, с добрым сердцем)；(2)"在比较、对照条件下反映出来的本质特征"及(3)"通过同质鉴别反映出来的本质特征(见上文)。还可以将次顶端意义范畴进一步划分成更局部的意义范畴，它们以语义为基础组成若干不同层次的语言手段集合。

4. 代词каков, таков在位置上被固定在述体位上：каков通常是用于疑问之中(А видел ли слона? Каков собой на взгляд! <Крыл.>; — А какова у вас река? — Да не мелка. <Крыл. >; Какова ситуация?; Каковы будут последствия?), таков用于肯定(Всегда так будет, так бывало, Таков издревле белый свет: Ученых много, умных мало, Знакомых тьма, а друга нет < Пушк.>)。同其他初始代词一样, каков也是以在所谓的相对从属关系条件下引入个性化意义的功能为特征，见谚语：Каков поп, таков и приход; Каков привет, таков и ответ; Каков в колыбельку, таков и в могилку; Каково дерево, такова и отрасль.

可见，带有стать, делаться, становиться及其他表示从一种状态转入另一种状态的半实体动词的组合对каков, таков而言是非典型的：这种转变与本质、不可分割的性质或特征意义不能组合在一起。

当каков以及каково用在修辞性问题中(参见下文)则发展出评价、主观态度成素：Нет, но каков результат!(即"好"或"坏")；Наш Ваня-то каков! Каково положение?!在旧时语言里常将каков用于有关健康状况的问题中：Наталья Павловна, привстав, Осведомляется учтиво, Каков он? Что нога его? (Пушк.)；— Что батюшка? Где он? Каков он?(Пушк.)。

5. 在文本结构中意义каков与каково相互作用以报道内部或外部状态，比较：Какова погода? 和 Каково на дворе?; Каково теперь его состояние! 和 Каково теперь ему!；在此条件下каков所针对的是有主体的或无主体的情景(详见《Каково》章节)。

КАКОЙ

代词какой表示某人某物——人、人或事物集合、物体集合、状态、性质、概念、现象、情景、事件、存在本身——的特征。这可以是能够直接感知、发现的特征或补充、附加的(分等级)特征，源于物质实体本身(不分等级并自我内在体现出来)的特征；或是把自己表现为随时间流逝并与过程直接相关、由过程生成的特征。在用各种不同层次语言手段填充какой意义空间之前该代词结构组织以下列形式呈现：какой — такой, этакий (эдакий) — некий, какой-то, какой-нибудь, какой-либо, кое-какой — никакой。

此处(与其他代词相比)确定性分节的填补是要区别对待的：应当体现特征的集中性、定点性的代词этакий (эдакий)在现代俄语中转到俗语范围并因性质因素而复杂化；而且集中性意义在такой身上是模糊不清的。代词таковой存在功能方面的限制：它在句法上与каковой相联(таковой, каковой...)；在自由运用方面已经过时，转到狭窄的正式—公文言语范围。属于确定性分节的是由达利记载、被他解释成"такой"的方言用词сякой："Нету такого (никакого), выйдешь и за сякого"。

如同在其他情况中那样，初始代词какой力求参与自己分节的填充——首先是不确定性分节。这里是对同样存在于其他初始代词中的成语和带语气词的组合组的整体性描写。在**确定性分节**中：вот какой (Цвет у василька вот какой: синий; Человек он жесткий, вот какой; Что же ты потупилась в смущеньи? Посмотри, как прежде, на меня. Вот какой ты стала — в униженьи, В резком, неподкупном свете дня <Блок>); 在结构组成中：какой (же), если не такой; какой (же) как не такой 等，即"正是那样的"：какой же, если не синий。在**不确定性**分节中：какой 本身 (Не будет ли каких распоряжений?), кто знает какой, бог весть (ведает) какой, бог (его) знает какой, не поймешь (не понять) какой, не разберешь какой, неведомо (незнамо) какой, черт знает (черт-те) какой, хоть какой, какой угодно, какой хочешь, какой ни возьми, какой ни на есть, какой бы то ни было, какой ни попадя, какой придется, редко какой, мало какой, мало ли какой, какой-никакой, а...(какой-никакой, а подарок); 比较达利词典中带有不确定多数意义的组合：Каких-никаких обнов ей не справляли. 所有这些组合根据本身不确定性、选择的可能性、少数、多数、全然不知、接近于否定的怀疑等更为狭小的意义加以分布。在**不存在、无体现性**分节中：хоть бы какой (хоть бы какой подарок принес, 即"什么礼物都没带来"); какой еще / там / тебе (Какой там / еще / тебе от него подарок!); 以及在修辞性问题中：Какой он друг?!; Какие от него подарки?!; Какой помощи ждать от лентяя?!

2. 属于初始代词какой及其分节的有各种不同层次的语言手段：带有所有将其组织起来的词汇类别的形容词、词素、与形容词同义的格和前置词—格形式、成语、以及集какой意义和过程意义于一身的主动形动词和被动形动词的全部长尾形式。在用所有这些手段填充какой意义空间时产生一级次顶端（直接从属于初始代词的）三位一体划分：(1)能够直接感知、补充或发现的特征,(2)不分等级的、由物质本身构成并内在体现出来的特征和(3)与时间相关、形成于过程之中或过程结果之中并且集какой意义与过程性意义或其保留下来的结果意义于一身的特征。

用于表达性质特征（即那种可以改变、能够在不同程度上加以体现的特征或是对某人某事物而言本质的、可以体现或不体现、评价、评定的特征），可以发现、补充、直接感知的特征的系统组成部分,在确定性分节中向所谓具有性、数、格一致形式的性质形容词开放，这些形容词可以构成长尾以及短尾形式、比较级、词尾为 -ость 的指大或指小的派生名词：Погода несносная, дорога скверная, ямщик упрямый, лошади не везут, — а виноват смотритель (Пушк.); 这里还包括形容词的词汇类别本身、构词手段、成语；能够表示任何一个特征等级的带有что за的成语结构在此积极活跃（Что там за домы <Крыл.>, 即"非常小的"，但在另外的上下文中，还可能是"非常大的"或"非常好的", Что за ухa! Да как жирна! <Крыл.>)。性质形容词所属的系统组成部分中含有代词такой；该代词不是其他两个系统组成部分的本质成分（比较：* такой деревянный, * такой бегущий）。属于不确定性分节的，除了代词和代词性成语外，还有形容词один (один человек сказал, в одном городе, читал в одной какой-то книге)。不确定性分节中还有代词никакой，口语组合никакой не... (— Он добрый. — Никакой он не добрый), ничего не... (Ничего он не добрый)。

由称名不分等级的特征和内在源自某人某物、由物体物质本身或其使用构成的特征的词和词组占据的系统组成部分由所谓的关系形容词填充，这里建立起自己的词汇集合和子集合，存在自己的构词手段，此处包含前置词—格组合для чего ("用于某种用途")，из чего ("由某种材料构成"）及其他)。不确定性和不存在分节在这一部分是不存在的。

对于"可以体现、补充或发现的特征"，以及"内在自我体现出来的特征"而言在一系列情况下都有可能存在"涵盖性、普遍性"意义，由代词всякий和形容词 разный, самый разный, всяческий 表示；例如：всякий / разные цвета, всякие / разные люди, всякие / разные изделия。这种意义不是存在整个意义范畴中的：它只是在分解这些或那些形容词语义集合的条件下才体现出来。

由长尾的主动形动词和被动形动词短语构成的系统组成部分只在确定性分节中加以描写。不确定性意义由带有какой-то, какой-нибудь的组合补充，但在此条件下形动词形式中的主导意义是性质意义：какой-то пришибленный, какой-нибудь нищенствующий, взгляд какой-то ускользающий。形动词是构成性质形容词的基础（比较：монашествующий, фашиствующий, соленый, копченый，以及历史上词尾为 -лый 的形容词：посинелый, огрубелый)。形动词本身属性就足以解释语言中意义какой上述三个部分的一贯相互作用；比较初始代词какой与такой的典型组合，以及与形容词和形动词的组合：— Какая, какая она? Та ли, какая была прежде, или та, какая была в карете?... Она была ни такая, как была прежде, ни такая, как была в карете. Она была совсем другая. Она была испуганная, робкая, пристыженная, и оттого еще более прелестная (Л. Толст.).

3. 共同意义范畴"какой——人或事物具有的特征"在一级次顶端切分中出现在三个局部意义范畴中：1)"分等级的、可以发现、补充或直接感知的特征"(Какой он? — Он умный, красивый 等，— Какой это цвет? — Синий /

темно-синий / чистый синий / синеватый / в синеву / сине-зеленый）；2）"不分等级的、内在自我体现的特征，源于事物的属性、其物质材料、用途或所属类别、种类的特征"（Какая это чаша? — Деревянная / из дерева /из кости; Какое это растение? — Многолетнее / из семейства розоцветных; — Что это за заболевание? — Инфекционное）；3）"与时间、在时间中进行或作为结果固定下来的过程相关的特征"，在这种情况下代词какой的地位被削弱：过程意义超过其意义（Что это за постройка? — Это какая-то разваливающаяся / развалившаяся развалюшка）。

　　这些一级次顶端局部范畴具有自身的进一步划分。第一个范畴，涵盖所有所谓的性质形容词，明显是在纯词汇集合的基础上划分出来的；这种划分得到在此条件下形成的功能相同或近似的词和词形、成语系列的证实（比较：синий — синего цвета — посинелый — в синеву — с синевой; умелый — мастеровитый — с умелыми руками — золотые руки等）。第二个局部范畴也可以划分出下列（还可以再进一步划分）次顶端局部范畴：这种划分由所谓的关系形容词词汇集合和属于这些集合的构词手段和同义单位的组成所决定。第三个局部意义范畴也同样包含随后的次顶端范畴：参见诸如极限性和无限性、现在时和非现在时、态的特征，即所有从动词到其修饰形式的那些参数等这样的划分基础。此处与定语结构的相互关系是正规的（бегущий — который бежит, убежавший — который убежал, пойманный — которого поймали等）。

　　从上面所说的局部意义范畴三位一体中析出的代词какой，与который相关并且与它意义相同："在一系列被计数的事物中计数顺序、所占位置"：— Какой это ребенок в семье? — Третий; — Какой твой номер по списку? — Сороковой.

　　初始代词какой自由地用于问题中；在句子组成中它与такой联系在一起，以实现意义的个性化：Подарок такой, какой ты хотел; Какие родители, такие и дети; Какая погода, такое и настроение. 以疑问功能为基础在какой中发展出来否定词意义：— У него есть деньги. — Какие у него деньги! / Какие деньги!; — Ты здоров. — Какое здоровье! / Какое тебе / еще / там / у меня здоровье! 和直接用Какое! 在这个代词中还可以分离出纯评价意义：Какой простор!; Какая воля!; Какой же он негодяй!; Какие перушки! какой носок! (Крыл.). 在评价和否定意义上какой与成语что за同义：— Ты здоров. — Что за здоровье!; Что за перушки!; Что же за негодяй он оказался!

在现代语言中意义какой与意义каков通过长尾形容词与名词的组合方式相关联，该名词使主体归入某个概括形式，例如：Он человек старый; Она женщина молодая; Она девушка красивая; Он мужчина высокий, статный; Арбат — улица старая; Пес — животное умное; Волк — зверь хищный.

ЧЕЙ

1. 代词чей表示所属性：所属性本身是指拥有或归属，源于人/事物或是属于人/事物。在初始代词体系中чей也同какой, каков一样在直接从属于кто, что的条件下占有自己的位置：这是由所属性意义必须要以所有者和拥有的事物为前提来决定的。在自己的结构中代词чей完全再现其他代词微系统的结构：这是初始代词本身及其由三个部分组成的分节：чей — мой, твой, его, ее, наш, ваш, их, свой — чей-то, чей-нибудь, чей-либо, кое-чей — ничей。用这个系统的代词性词本身的手段首先是使"个人所有的"（мой, твой, его, ее）、"共同的"（наш, ваш, их, кое-чей）和"不属于任何人的"（ничей）的意义对立起来。

在确定性分节内部，表示集中、"定点的"所属性（мой, твой, его, ее, наш, ваш, их）与表示这些点中的任意点（свой）相对立；在不确定性分节内部表示本身不确定性（чей-то）与表示对包含在不确定集合中的某人的所属性（кое-чей）相对立；代词чей-нибудь和чей-либо能够将这两种可能性结合起来。

2. 初始代词чей——чей本身或是以成语组成的形式——准备参与三个分节中的每一个分节的填充。这种参与总是与某种意义的复杂化相关；这就是确定性、无体现性、不存在分节十分谨慎地属于这种包孕关系的原因；这种参与的最大自由度是不确定性分节的典型特征。

在**确定性**分节中代词чей与语气词вот组合起来——在必须对所指在之后或之前加以具体化的条件下：Это дом вот чей: Иванова / Это дом Иванова, вот чей；这种确定性还可以通过证明所获悉、认识的情况的上下文本身加以提示：Так вот чей это дом! И вот чьей дружбой я дорожил! 在填充确定性分节时чей还参与类似чей если / как не мой (твой, его, ее等)结构的构成，即"是且仅是我的（你的、他的等）"：Чьи же это проделки если / как не твои! Чья же еще это вещь как не ваша?! 代词чей可以没有任何复杂化地纳入**不确定性**分节，试比较俗语：Забежит чья собака, узнай, кто хозяин; Взял чью вещь, так верни;

这里描写的是不确定性本身。然而更为经常的是代词чей,像其他代词一样,可以出现在与语气词组合的成语组成中,由此产生这样或那样的意义复杂化(参见第一部分§6): кто знает чей, Бог знает чей, Бог весть чей, не понять (не поймешь, не разберешь) чей, неведомо (невесть) чей, не знаю (незнамо) чей, черт знает чей, черт-те чей, хоть чей, чей угодно, чей хочешь, чей бы то ни было, чей придется, чей ни попадя, чей ни попадись, мало ли чей, редко чей, чей-ничей, а... (чья-ничья вещь, а хозяин найдется), чей ни будь, а... (чей ни будь щенок, а все божья тварь), чей ни возьми, чей-чей, а... (чьи-чьи, а свои книжки бережет), чей... а чей (чьи книжки бережет, а чьи и нет)。在**不存在**(否定、不存在、无体现性)分节中代词чей占有与ничей并列的位置,第一,在成语хоть бы чей的构成中(Хоть бы чей голос услышать!即"听不到任何人的声音"; Хоть бы чья душа откликнулась!),第二,在修辞性问题中(Чьим же словам теперь верить?!,即"不能相信任何人的话")。代词чей在其分节方面的这种情况与其他初始代词完全相同。

3. 代词чей——初始代词本身及其分节——对不同层次的语言手段(词汇的、语法的、构词的、成语的)开放自己的意义空间,这些手段的语义中含有所属、归属某人某物的概念。集中于此的是围绕"所属性"、"所有权"(所有权、私有的)、"个人所有的"意义加以分类的词: 名词化的чье, мое, твое, свое, ее, его, наше, ваше, 俗语 ихнее, ничье (Что мое — мое, что твое — твое; Мое и больше ничье; Слушай людей, а делай свое <Даль>); нашенский, вашенский, общий, ничейный等词。所有带有所属性(物主性)意义的构成都集中于此: Ванин дом, сестрина книга, отцовская шапка, поповские проповеди。意义空间чей由所谓的"所属意义二格"句法结构(дом отца, портрет героя, сочинения Пушкина)、前置词—格组合 за кем, у кого (Покупаю: вещь за мной; Дом был деда, а теперь он у внуков)填充。带有不是属于一个人、属于若干人意义的特殊形式是类似наш с тобой这样的结构, мой с ним: Мой с братом дом / мой и брата / мой вместе с братом / мой совместно с братом / мой и братнин; Сад мамин с папой, сестрин с братьями / сестры и братьев / общий сестры и братьев。不确定性分节组成中包含表示"不属于任何人但同时属于所有人"意义的形容词божий,比较谚语中的用法: Божья вода по божьей земле течет (Даль). 这种用法也是现代言语的本质用法,例如: На африканском континенте земля была божья (радио,7. VIII. 1996).

在用不同层次语言手段填充意义空间чей的条件下它的构成获得新的形式,这里"横向"出现的是新意义"别人的",而在每个分节组成中出现相应的词汇表达。

意义"别人的"与代词чей的两个主要意义("自己本人的"、"私有的"和"共同的"),以及它的全部分节都是对立的;чужой中包含的是涵盖性,属于所有与我、你、他、我们、你们或他们(已知多人)无关的人的意义。

在文本结构中否定参与与代词чей及属于它的语言手段的相互作用:语气词не承担区分"自己的"和"别人的"的功能,因此产生这样的关系:не твой, не его, не ваш..., а мой (не его, а твой等); не его, а ваш; не чей-нибудь, а мой; не ничей, а их; не мой и не твой, не мое и не ваше, не наше с тобой, не свое, чей-то не мой (не наш, не их...)等。

4. 代词чей统领共同意义范畴"чей——所属性";这种表达,如同在其他情况下一样,由初始代词与相应意义的词汇称名的组合构成:这样的表达涵盖初始代词的所有分节,以及所有填充意义空间的不同层次的语言手段。

局部意义范畴——直接次顶端(一级次顶端)以及随后对它们进一步划分得出的局部(非一级次顶端)意义范畴——从属于共同意义范畴(纳入其中、对其进行填充并加以区分)。"чей——所属性"所具有的一级次顶端局部范畴是(1)本人的——自己的,(2)私人的——公共的 (3)别人的——不是自己的并且也不是公共的。接下来再把每个一级次顶端范畴以意义为基础划分成若干更局部的意义范畴:(a)私自占有、拥有某种作为财产的东西(мой дом, наши вещи, чужое имущество),(b)不可分割或十分密切的关系(мои дети, его отец, своя семья, наша страна),(c)属于某人(твой портрет, твоя биография)和(d)源于某人、由某人某物生成(мое произведение, их исполнение)。

人在词组和文本中的位置可以由表示拥有者、占有者或某事物所属主体或来源主体的非人的称名来填补。

5. 在初始代词系列中代词чей首先属于意义кто(чей сын, чей дом, чье решение);在基本的前文本组合和文本中意义чей可以与кто错合(дом отца — чей和кого, памятник писателю — чей和кому, 试比较:Вот это часть моя по договору; Вот эта мне, как Льву, принадлежит без спору; Вот эта мне за то, что всех сильнее я... <Крыл.>),在使用非动物名词时则与какой错合(пена волны — чья, чего和какая; песни пустыни — чьи, чего和какие; набережная Невы — чья, чего和какая; голос крови, узор оград, сумрак ночи等)。

文本结构中进入与чей直接相互关系的是带有кому, к кому, у кого的结构; 格形式或前置词—格形式的名词在此不是任意的: 它是对附属于某个人的或是不可分割本质的事物的称名: И всю ночь ходил дозором **У соседки** под забором (Ерш.)(试比较: под забором соседки / соседкиным); садись ко мне в лодку / в мою лодку; у себя в кабинете / в своем кабинете; лицо у него в веснушках; попал ко мне в сети; посмотри мне в лицо / в мое лицо; заглянул к нему в душу / в его душу.

初始代词чей本身功能作用的发挥在文本中是受限制的: 第一, 它表示有关所属性或归属性的直接或间接的问题(Чья вещь? Чье произведение?), 在此通常使用代词это作为帮衬(Узнай, чья это вещь? Интересно знать, чьи это выдумки?); 第二, чей构成了所谓的相对从属关系, 使结构其他部分的代词意义个性化: Чья земля, того и хлеб (谚语); По чьей воде плыть, того и волю творить (谚语, Даль); Ты, на чью помощь я надеялся..; Явился тот, чьего посещения никто не ждал; 第三, 代词чей参与泛指人称句和不定人称句的构成(Чья бы корова мычала, а чья бы молчала, 谚语)(也可参见此处援引的其他谚语)。这种功能мой, твой, наш, ваш, свой也同样具有: Мой дом — моя крепость (格言); Скажи мне, кто твой друг, и я скажу, кто ты (格言); Моя хата с краю (谚语); Что мое — мое, что твое — тоже мое (玩笑); Своя рубашка ближе к телу (谚语)。

代词мой, твой, его, ее, наш, ваш, их, свой以及处于不确定性和无体现性分节中的代词在文本中的功能作用发挥没有明显的限制: 一致关系词的所有句法位都对它们开放, 名词化词对它们而言也是规范的。

СКОЛЬКО

1. 代词сколько指出一个基本的生活本质和作为对这一本质的认识结果——数量——而形成的概念。在用不同层次语言手段填充初始代词及其分节的意义空间之前代词сколько的结构呈现出如下形式: сколько — столько — несколько, сколько-то, сколько-нибудь, сколько-либо — нисколько。

在代词сколько的小系统中——其本身的结构中——确定性分节中没有表现出集中性和非集中性的对立; 这种对立的缺失得到带有вот的组合的补偿: столько — вот сколько和вот столько。在方言中这种对立得以保留, 达利那里将它记录下来：сколько — столько — эсколько；参见：«Эстоль, эстолько, вот сколько, толико, так: Эстоль маловато, а вот эстолько хватит... Хоть бы эстолько дал. Эстолький — вот сколький (тверск.)», «Сэстолько — вот сколько. Хоть сэстолько дай. Вот сэстоль ему хлеба отрежь».

  如同在其他情况下那样，初始代词сколько以这样或那样的形式——以带有语气词的组合或成语组成的形式——参与填充自己的分节。在**确定性**分节中：вот сколько, сколько, как / если не столько（即"正是这样多"）。在**不确定性**分节中：сколько本身 (Получишь сколько, поделись со мной), кто знает сколько, Бог (его) знает (ведает) сколько, Бог весть сколько, неведомо (невесть, незнамо) сколько, не знаю (не поймешь, не понять, не разберешь, не разобрать) сколько, черт знает сколько, черт-те сколько, сколько ни попадя, хоть сколько, сколько угодно, сколько хочешь (пожелаешь), сколько бы то ни было, сколько ни на есть, сколько придется (получится), сколько ни.., а... (Сколько ни дай, а все мало), сколько ни возьми, сколько еще / тебе / там (Сколько еще / тебе / там я заработаю!, 即"不确定少量"), сколько-нисколько (Сколько-нисколько, а получишь)。在**无体现性**、不存在分节中：хоть бы сколько (Хоть бы сколько дали, 即"一丁点儿也没有给")；在修辞性问题中：Сколько (сколько там, сколько еще) он мне помогал?!, 即"一点儿忙也没帮或帮了非常多的忙"。所有这些方式分布于确定性、不确定性和无体现性的不同意义细微差别之间。

  2. 意义范畴"сколько——数量"——语言最主要的共同意义范畴之一。在将不同层次语言手段引入其意义空间时该范畴可以划分出五个一级次顶端局部意义范畴：(1) "сколько кого (动物)"；(2) "сколько чего (非动物的事物：物体本身、现象、情景、概念)"；(3) "сколько раз (关于动作、行为、过程性状态)"；(4) "сколько времени"和(5) "сколько лет кому-чему"。每一个局部范畴都有自己特有的划分并需要加以单独的研究。

  3. 意义空间"сколько кого"最初"横向"切分成"一个"和"不止一个"。意义"一个"在确定性分节中不是由代词本身来表示，不确定性分节此处不需要填充，在无体现性分节中——нисколько, ни одного。意义"不止一个"在确定性分节中切分成"可数的数量" (столько, вот сколько)和"列举出来的数量" (все: явились все / все до одного)；不确定性分节划分出如下意义："本身不确定性" (несколько, сколько-то, сколько-либо, сколько-нибудь)、"不确定多数"

(много) 和"不确定少数"(мало); 在无体现性分节中——нисколько, ни одного, ни единого。属于这些分节和局部意义范畴的有多种不同层次的语言手段(下面它们是以概括图景的方式加以体现,但远没有哪怕只是相对完整的清单)。

ОДИН：在**确定性**分节中：один(одна, одно)本身, один единственный, один-одинешенек, 名词 одиночка (волк-одиночка), 副词 в одиночку; 带有 одно- 的合成词; 动物名词的单数形式; 动词的单数人称形式; **不确定性**分节不需要填充; 在**无体现性**分节中：нисколько, ни одного, ни единого, хоть бы один (— Сколько у тебя помощников? — Да хоть бы один, 即"一个也没有")。

НЕ ОДИН：在**确定性**分节中：可数的数量和列举出来的数量：столько, вот сколько; 数词; сам-друг, сам-третей, сам-шёст(旧); 名词 троица (неразлучная троица), пара, парочка (влюбленная парочка); 副词 вдвоём, вчетвером, впятером..; 类似 в количестве пяти человек, стадо в количестве / счетом в сто голов 的组合; 带有 всего-то, только (Живности всего-то / только петух да кошка) 的列举; 带有 двух-, дву-, трех-, пяти-, десяти- 等的合成词; 类似 Имущества — дом и огород, Детей у него сын и дочка 的闭合连接词组合; 列举、有限的数量：все, все до одного, все до единого, все как один (Явились все, все десятеро, все до одного; К ней в светлицу Раз, лишь только рассвело, Всех их семеро вошло <Пушк.>; Всех офицеров скакало семнадцать человек <Л. Толст.>)。在**不确定性**分节中存在"本身不确定性"、"多"和"少"的划分。"本身不确定性"：несколько, сколько-то, сколько-нибудь, сколько-либо, кто знает сколько, Бог их знает сколько, хоть сколько, не поймешь сколько, сколько придется, сколько ни возьми, сколько-нисколько 等(参见第1点), сколько(俗语：Помощников мало: найдется сколько, и то хорошо); приблизительно (Гостей приблизительно человек десять), около (Всадников около сотни), с сотню, до сотни 类型的组合, 词序 (человек десять / с десять, скота голов пятьсот / с пятьсот)。"多"：сколько угодно, сколько хочешь, черт-те сколько, черт знает сколько, сколько, что (用于"多"的意义：Сколько людей! Что зевак собралось!), много, масса, множество, уйма, тьма, море, сотни, десятки, тысячи; 集合名词：студенчество, солдатня, голь; 类似 Народу! Гостей! (Гостей-то, гостей со всех волостей! 谚语) 的结构; 带有 много- 的合成词 (многолюдье, многолюдство); 成语：хоть пруд пруди, хоть отбавляй, девать некуда, видимо-невидимо, яблоку негде упасть, семеро по лавкам у кого（即"有很多小孩子"）。与"多"这个意义相联的是"涵盖性、不可胜数"意义：не счесть кого, числа нет кому, бессчетно, без конца, конца не видно, миллионы и миллионы кого, тьмы и тьмы (Мильоны — вас. Нас — тьмы, и тьмы, и тьмы <Блок>), неисчислимое количество。"少"：мало кого (В городе мало кого знаю), немного, недостаточно, чуть-чуть, чуточку, сколько-нисколько, сколько тебе / там / еще (— Много помощников? — Сколько там / тебе / еще помощников!, 即"非常少"), единицы, всего несколько, всего-то столько, всего-навсего, 带有мало-的合成词(малолюдье, малочисленный); 成语（它同样也针对非动物性）：раз-два и обчелся, курам на смех, с гулькин нос, кот наплакал, по пальцам пересчитать кого。在**无体现性**、不存在分节中：нисколько, ни одного, ни единого, хоть бы сколько, хоть бы один, ни столечко, нисколечко。

4. 意义空间"сколько чего"在结构上与"сколько кого"一致，在很多情况下填充这一空间组成部分的手段亦相一致。

ОДИН：**确定性**：один (одна, одно), один единственный; 单数形式的非动物名词; 单数形式的动词; 带有одно-的合成词(одноместный, однослойный, односторонний, однодневный, одноколейка; 不存在**不确定性**; **无体现性**：нисколько, ни одного, ни единого, хоть бы один。

НЕ ОДИН：可数事物的**确定性**：столько, вот сколько, вот столько; 数量词：вдвое, втрое больше / меньше; 带有单位 в количестве / количеством, в числе / числом, счетом 的组合 (Багаж в количестве десяти мест / количеством в десять мест / счетом в десять мест / всего в десять мест); 带有дву-, двух-, трех-等的合成词; 列举、有限数量的**确定性**：все (получила все письма), все до одного, все полностью。**不确定性**：**本身不确定性**：несколько, сколько-то, сколько-нибудь, сколько-либо, сколько (用于"сколько-нибудь"意义：Заработаешь сколько, принеси домой), кто его знает сколько, Бог его знает сколько, приблизительно, около, с десяток, с сотню, штук десять / с десяток, домов в селе эдак с полсотни / до сотни будет。

МНОГО：много, достаточно, довольно, сколько угодно, сколько хочешь, сколько душе угодно, масса, уйма, гибель, пропасть, тьма, сотни, тысячи, десятки; 带有много-的合成词(многоместный, многочасовой); сколько (用于

"много"意义：Сколько подарков! Сколько новых идей!），что（Что грибов, орехов!）；类似В лесу ягод! Подарков, поздравлений!的结构；集合性；成语：хоть отбавляй, хоть пруд пруди, куры не клюют, девать некуда；类似Еды — ешь не хочу, Вина — пей не хочу的结构。在扩展性文本中这种意义的表达方式还可以进一步扩展，试比较：Сокровищ у него нет сметы, В доме сластей и вин — чего не пожелай, Всего с избытком, через край（Крыл）。与"多"的意义相关联的是"涵盖性"、不可胜数意义：бессчетно, не счесть, не сосчитать, конца нет, видимо-невидимо, не окинешь взглядом（Цветов на лугу — не окинешь взглядом）。

МАЛО：мало, немного, недостаточно, сколько-нисколько, сколечко, чуть-чуть, один-два, два-три；带有 мало- 的合成词（малокалорийный, малоэтажный）；всего-навсего, всего-ничего；成语（它也同样适用于动物性）：кот наплакал, курам на смех, по пальцам пересчитать, раз-два и обчелся等。

无体现性、不存在：нисколько, нисколечко, ни одного, ни единого, ни вот столько, ни черта, ни шута, ни шиша, хоть бы сколько，在修辞性问题中（— У тебя же есть деньги. — Сколько у меня денег?!，即"一点儿也没有"）。

我们将再次重申，在这里，如同在其他内容相似的各点中，给出的不是属于相应意义空间的语言手段的清单，而只是指出相应语言手段存在的语言环境。

5. 意义范畴"сколько раз"（即动作、行为、过程、时间上持续着的过程性状态的数量是多少）"横向"切分成"一次"和"不止一次"。"一次"意义空间在**确定性**分节中由组合один раз, один единственный раз, один только раз, 副词однажды（Видел его только однажды），единожды（Единожды солгав, кто тебе поверит？<格言>、带有одно-的合成词（одноразовый, однократный）、带有一次性意义的结构（Как закричит!; От неожиданности так и сел）、一次性动作动词、所谓的动词性感叹词来填充。**不确定性**分节不需要填充：该意义排除一次性意义；在**无体现性**、不存在分节中：нисколько（— Сколько раз ты там был？— Нисколько / Ни разу не был），ни разу, ни разочка, хоть бы раз（Хоть бы раз навестил!，即"一次都没有"）。

"不止一次"意义空间切分为"可数的次数"和"计算完成、可数数量的有限性"。"**НЕ ОДИН РАЗ**"本身：在**确定性**分节中：столько, вот сколько, 带有数词（два, три... раза）的组合；двухкратно, пятикратно..; сделал за два, три раза, за пять... раз；副词дважды, трижды, четырежды；带有пятью, шестью, семью, восемью, девятью, десятью (пятью пять, шестью шесть...)的组合；带有двух-, тре(х)-的合成词(двухразовый, трехкратный, пятиразовый) 等；"可数事物的穷尽"：все разы, каждый раз (Три раза обещал, и каждый раз / всякий раз / все разы обманывал). **不确定性**分节可以切分成"本身不确定性"、"多次"和"次数少"。**本身不确定性**：несколько раз, сколько-то раз, раз пять-шесть；多次动作动词；сколько (бы) раз ни... (Сколько раз ни пробовал, не получается), хоть сколько раз (Хоть сколько раз говори, не послушается)."**МНОГО РАЗ**"：много раз, не раз, не один раз, сколько раз (Сколько раз я тебя просил!), не раз и не два, десять / сто / тысячу раз, раз за разом (Выстрелы гремят раз за разом), 带有много- (многоразовость, многократный), неодно- (неоднократный)的合成词，副词 многажды(旧), неоднократно。表示**涵盖性**意义：каждый / всякий раз (Сколько ни начинал, всякий / каждый раз бросает; сколько раз ни... (Сколько раз ни проси, все равно не сделает)."**МАЛО РАЗ**"：всего несколько раз, считанные разы, два-три раза, раз-другой, раз в год по обещанию ("少有"、"次数少"), сколько там / тебе / еще раз... (Он к тебе приходил. — Сколько там / тебе раз он приходил!, 即 "少、不经常")。在**无体现性**、不存在分节中：ни разу, нисколько, хоть бы раз, ни единого разу, ни разика / ни разочка；带有"从来没有"意义的成分：ни разу в жизни, ни разу за всю жизнь。

在文本结构中意义"сколько раз"能够与意义"сколько чего"错合，试比较：сколько раз уговаривали — сколько уговоров, несколько раз встречались — несколько встреч, хоть бы раз взглянул — хоть бы один взгляд, пять раз звонил, напоминал — пять звонков, напоминаний, всего один раз напомнил — только одно напоминание 等。

6. 局部意义范畴"сколько времени"首先切分成"持续的、可以计算的时间是多少"和"'停止'的时间是多少('几点钟？')"；在第一个范畴内部"计算时间本身"和"计算中完成的计算时间"是对立的；语言手段在所有这些情况下是多种多样的。

持续的、正在流逝的时间要么是直接在自身过程中用语言表示出来并在该过程中可以准确计算、可以计数的时间，或者是作为已经计算出来的并在该计算中是有限的时间。持续的和可以计算的时间量在**确定性**分节中由带有进一步称名数量意义的代词 столько, вот сколько 来表示：Сколько времени ты ждешь? — Час (два часа, год...), вот сколько / именно столько；时间的计算由 час, минута, секунда 以及像 сутки, день, месяц, год 等这样的词、它们与数词的组合 (пять минут, два года, три недели...) 来表示；由带有 в течение, в продолжение, за сколько времени 的组合 (в течение / в продолжение часа, сделал за час / за неделю...)；带有前置词 с, от... до / начиная с, от... до (Сколько длится лекция? — Час / с двенадцати до часу / от двенадцати до часу) 的组合表示。计算出来的全部时间由带有 весь, целый (весь год жду；целый месяц прошел) 的组合表示。**不确定性**分节 (可以计算的时间) 切分成"本身不确定性"、"很多时间"(долго) 和"很少时间"(недолго)。**本身不确定性**由组合 несколько времени, некоторое время, сколько-то / сколько-нибудь времени, какое-то время, хоть бы сколько времени, Бог его знает сколько времени, неведомо (неизвестно) сколько времени, лет десять / около десяти / с десять / приблизительно десять, ждать придется часов пять-шесть / часов пять или шесть / часиков так с пять-шесть / около пяти-шести часов / примерно / приблизительно пять-шесть часов 表示。"**不确定的长时间**(долго)"意义具有自己的内部切分：(1) 本身不确定的长时间和 (2) 从某个不确定的久远时刻起一直持续并仍在继续着的长久时间：(1) много времени, Бог знает сколько времени, сколько угодно / сколько хочешь времени, годы, месяцы, недели, десятилетия, жду часами, месяцами, годами..；сколько, столько (用于"长时间"意义：Столько / Сколько ждал, и все напрасно)；带有 долго- 的合成词 (долголетие, долговременный, долгожданный, долгоиграющий)；(2) давно (давно не виделись, давно жду), год от году, из года в год, из месяца в месяц, час за часом, неделя за неделей。与"长时间"意义相关的是**涵盖性**意义：бесконечно долго, целую вечность。"**不确定的短时间**(недолго)"意义：мало времени, недолго, 用于"不长时间、用很短的时间"意义的 скоро (Скоро, да не споро；谚语), час-другой, год-другой, месяц-другой, день-два, год-два, всего только час-два, остались считанные минуты, времени в обрез / всего-ничего；езды — всего десять минут；живет здесь без году неделя；带有 скоро- 的合成词 (скороварка, скоропортящийся, скорозамерзающий)。在**无体现性、不存在**分节中——仅就持续着的、可以计算的时间而言 (但不是就已经算出的、自身过程中是有限的时间而言)：нисколько, ни часу, ни минуты (У меня времени нет нисколько / ни часу / ни минуты / ни одной секунды).

意义范畴"相对停止的时间"中包含的是与确定昼夜时间相关、与"几点钟?"问题和相应报道有关的语言手段。如同在其他情况下一样,参与其中的有代词性词、相应的词汇、词素、语法;不确定性分节在此缩小到不知道、不熟悉的意义;无体现性分节不用填充:在类似нет и десяти, не было еще трех的情况中包含的不是不存在,而是近似、接近于已知、确定时间的意义。

在**确定性**分节中时间表示为相对停止的,时间过程中的某一具体点、时刻: столько, вот сколько времени, сейчас час, два, три.., половина, четверть девятого, десятого..; полночь, ровно полдень; ровно половина второго; на башне било (бьет) двенадцать; на часах ноль часов десять минут; пять часов утра (вечера); явились в десять часов пополудни; встреча назначена на три часа; уже без пяти шесть. 在**不确定性**分节中: — Который час? — Приблизительно час, около часу, двух часов, близко к полудню, десять с минутами, время к полудню, сейчас часа два или около того; между часом и двумя; ближе к одиннадцати, скоро семь, двенадцатый час, первый час ночи, за полночь 及其他。

7. 意义范畴"сколько лет кому-чему"含有对年龄的认识和表示;它以主体的动物性和非动物性为基础进行划分。(1) 某人多大岁数。在**确定性**分节中: столько, вот сколько; ему год, два, три года; ему четыре, пять, десять... лет; младенцу два дня, неделя, месяц; она младше (старше) меня на десять, пять... лет; годовалый, двухмесячный, двухлетний, десятилетний... ребенок; человек в возрасте сорока лет; ему уже сорок стукнуло; двухлеток, сеголеток (当年出生的小孩,专业术语); дочке пять с половиной лет. 在**不确定性**分节中: под сорок, лет сорок кому, ей лет двадцать-двадцать два, около пятидесяти, сыну шестой год 及俗语: пять-шестой (比较: «А кой тебе годик? — Шестой миновал» <Некр.>), ему нет (и) десяти лет, ему все сорок, сорок с хвостиком (с гаком); дети до шестнадцати лет; она уже пятый десяток разменяла; перешагнула за шестьдесят. **无体现性**分节不用填充,然而在文本中是允许的: — Сколько времени детенышу? — Нисколько, он только что родился, пять минут тому назад вылупился. (2) 某事 (事物、状态、出现的情况、团体) 多少年。在**确定性**分节中: Этому зданию — сто лет; Памятнику — три столетия; Возраст этого дерева — пятьдесят лет; Городу — три тысячи лет;

Этой новости — всего два дня; Столице — два столетия. **不确定性**：приблизительно, около ста лет; года три-четыре; дому — годов с полсотни; новому журналу еще и года нет; старому пиджаку без малого десять лет. 在不确定性分节中还可以分离出来"从过去起算"的意义：Этому событию уже давно.

对属于"сколько лет кому-чему"意义的语言手段进行全面分析时应该准确、严格地指出它们的分布。

总之，共同意义范畴"сколько——数量"划分出五个一级次顶端局部意义范畴：(1)"多少人——人、动物——动物的或可以动物化的事物数量"，(2)"多少东西——事物、现象、概念、情景的数量"，(3)"多少次——动作、过程、过程性状态在时间上进行的次数"，(4)"多长时间——时间的数量、计算"和(5)"某人(事)多少岁(年)——经历的一段时间量"。这些局部意义范畴中的每一个范畴都具有自己(二级和后续的)意义切分：第一、第二和第三个意义范畴每个都可以切分成"一个"和"不止一个"，第四个范畴切分成"持续时间"和"停止时间"，第五个范畴切分出"人的年龄"和"物的年岁"。由此，对共同意义范畴的划分在这里完成两步。正如上面已经强调过的那样，属于上述意义空间的不同层次语言手段，在前面篇幅中的描写非常不全面；对这些手段的充分描写，显然，能继续不断向前推进并且确定接下来的、从属于上一级意义范畴的局部意义范畴(例如，在"多少人"内部——人的数量和动物的数量；在"多少东西"内部——事物和现象或事件的数量；在"某人多大岁数"内部——可以在人的年龄表达方式基础上加以划分，等等。

8. 在进入文本之前意义"сколько——人的数量"和"сколько——东西的数量"直接从属于意义кто和что；сколько自然与第二格形式的动物和事物名词组合在一起。在句子中，在扩展性文本的结构中带有сколько的格的组合在主体和客体位上发挥功能作用(Сколько лет прошло! Сколько горя он видел! Скольким людям он помог! О скольких друзьях он вспоминает!)。在感叹称名句中，在修辞性问题中出现意义增生：сколько和意义"多"和"少"合而为一(Сколько забот! Сколько раз я тебя просил! Старик уже не работник: сколько он там / тебе / еще наработает!)。

сколько与所有其他初始代词一样，进入带有所谓"相对从属关系"的复合句中时，在邻近的部分引导文本片断、代词的个性化意义：Дал столько, сколько просили; Звонил столько раз, сколько ты велел; Сколько голов, столько умов(谚语).

根据此处阐述的观点构建的代词词典中сколько词条应该包含有关代词 сколько, столько, несколько, сколько-то, сколько-либо, сколько-нибудь, нисколько的各个部分——包括所有归入其中的代词性成语。在该词条的构成中，在它的各个部分中，都应该反映出对共同意义范畴"сколько——数量"的意义切分、这种切分的等级以及这种切分所带来的所有形式上的特征描述。

НАСКОЛЬКО

1. 代词насколько表示等级、程度、数量上的对比；这可以是事物、人在数量上的对比，特征、性质、现象、情景、行为程度的对比，时间上的程度对比。由于代词насколько的这一意义要求使用该代词时用比较级：насколько больше或меньше, умнее或глупее, чаще或реже, старше或младше等等。在文本结构中要进一步指出——确定的或不确定的——用以比较事物的程度(— Насколько это дороже? — Намного / Ненамного / На значительную сумму; — Насколько он старше? — Заметно старше / — На пять лет / Всего на два месяца等等)。在用不同层次语言手段填充意义空间之前代词насколько构成具有下列形式：насколько — настолько — насколько-то, насколько-нибудь, насколько-либо — нинасколько.

在自身微系统中确定性分节中集中性和不集中性方面的对立是不存在的，它的实现只有在настолько与语气词вот的组合条件下：настолько — вот настолько（参见代词столько中的相似关系），参见达利的例子：сэстолько, сэстолечко, сэстоль.

初始代词насколько在成语组成或带有语气词的组合中参与填充自己的各个分节。在**确定性**分节中：вот насколько (подрос вот насколько / вот насколько подрос)；在带有насколько если (как) не настолько的结构中，即"正是这么多"。在**不确定性**分节中：Бог весть насколько / Бог знает (ведает) насколько, черт знает насколько, черт-те насколько, хоть насколько, насколько угодно, насколько хочешь, неизвестно (невесть) насколько, насколько-нинасколько, а... (насколько-нинасколько, а за лето подрос), насколько ни... (насколько ни прибавляй, все мало), насколько бы ни было, насколько ни на есть, насколько там / еще / тебе(即"很少, 多这么多是值得怀

疑的"：Насколько там / еще / тебе он подрос, 即"非常少"）, насколько придется / получится / выйдет; кто знает / кто его знает насколько。在**无体现性**分节中：хоть бы насколько, хоть бы вот настолечко。

2. 意义空间насколько在**确定性**分节中采用不同层次的语言手段：词汇、词素、前置词—格组合、语法形式、句法结构：这之中包括带有前置词в的组合，像в два раза, в десять раз, 带有表示"настолько-то"意义的前置词на的组合(на два шага дальше, на год, на час позже, на рубль дороже), 类似вдвое, втрое, вчетверо, наполовину (двумя рублями дешевле)的副词。在**不确定性**分节中：намного, гораздо（намного / гораздо больше, меньше), ненамного (ненамного, рубля на два дешевле), чуть, чуть-чуть, чуточку (чуточку глубже, чуть дальше), во много раз (во много раз интереснее), 在带有еще的组合中的比较级(еще дальше, еще интереснее), 类似часа на два дольше的组合，带有не в меру的组合(не в меру заважничал, не в меру навязчив); 带有表示"非常高程度"意义的как的组合(Как мил! Как долог путь! Как она похорошела!)。完全程度（达到极限）用带有前缀до- 的构词和带有前置词до的组合：догола, допоздна, досыта, до отвала, наполнил до краев, промок до нитки, до костей, 带有по的组合(сыт по горло); 副词сполна, полностью来表达。在**无表现性**（不存在、缺乏、否定）分节中：ниасколько, хоть бы наколько, ничуточку, ииначуточку, нинасколечко; 比较特里福诺夫（«Студенты»）的例子：Не считается с ней ни вот настолько(引自科学院大词典)。

3. 共同意义范畴"насколько——程度等级、加以比较时的可测量性"之中汇集的局部意义范畴有：(1)数量本身、可数性方面加以比较时的可测量性；(2)被比较事物在对特征加以补充的质量、性质方面的可测量性；(3)被比较事物在空间大小方面的可测量性；(4)被比较事物在时间量方面的可测量性；(5)被比较事物在重量方面的可测量性；(6)被比较事物在价值、价格方面的可测量性。在这些局部意义范畴内部还可以划分更局部的意义分组，例如：被比较事物在长度、高度、深度、容量等方面的可测量性；被比较事物在内在价值和本身价格方面的可测量性等等。在所有这些情况中，比较级参与比较的表达是正规的：намного больше, меньше, впятеро дороже, на два года старше, гораздо умнее, часом раньше, вдвое длиннее, на сто рублей дороже等。

4. 代词насколько——初始代词本身和属于其分节的代词——填充文本中表示数量或质量特征成素的位置——评定语或述体；程度意义本身将所有这样

的单位与动词和名词结合起来：поступил гораздо умнее, получил ненамного меньше, этот ученик намного способнее других, старается значительно больше твоего, эта дорога длиннее на целый километр等。

5. 根据第一部分§17中明确的那些依据建构的代词词典中，由初始代词开放的词条насколько应该包括所有属于其分节的代词；举例说明其使用的各个部分，除了展示句法和语义搭配外，还可以包含相关的同义词。在该词条中сколь, столь, столько过去用于"настолько"意义的用法应该得到反映，试比较：Не надобно было тебе по миру славить, Что столько ты богат (Крыл.); За что ж к ослам ты столько лих, Что им честей нет никаких... (Крыл.). 而且还要包括这样的词条构成，它要对属于语言、按局部意义范畴及其内部的进一步划分所进行的单位分布进行说明。

КОТОРЫЙ

1. 代词который表示从可数的集合中区分或从类似的集合中提取出一个并在计数时将之归于顺序位置。代词который中隐含的是数、可数的集合及从该集合中提取一个的思想。在这个代词的意义中存在其很久以前生成（时）的痕迹；参见法斯默尔的观点，他把который归入古印度语 kataras——"两个中的一个"。Который微系统的构成具有下列形式：который — этот, тот, сей, оный — некоторый, который-нибудь, который-либо — никоторый。

代词который的意义从其构成中排除不定代词который-то，在 -то中实际上活跃着单数意义，因此，限制住了总是存在-либо, -нибудь中的那种选择的可能性意义。代词оный（过时不用和书面语）表示"已知的或已经提到过的那一个"；参见达利的解释：оный——"就是那一个"。初始代词который可以参与自己各个分节的填充；但是这种参与，与其他初始代词相比较，是有限的。在**确定性**分节中：вот который (Он по счету вот который: пятый / пятый, вот который)。**确定性**分节中集中性和不集中性的对立由"этот, сей, оный — каждый из（义为'某人（事）中的一个'）"的相互关系来体现：каждый из присутствуюших（即"包含在集合中并与其他一起共同组成集合的一个"），каждая из выставленных картин хороша по-своему；这种对立还存在于带有数词的组合中：каждый пятый, из шеренги выступил вперед каждый третий。在**不确定性**分节中词汇手段很少：计数意义并不促进不确定性表达手段的扩充；который所具有的手段，除了некоторый, который-нибудь和 который-либо之外，有：который本身(Уже которое письмо пишу, который раз прошу, который год жду, 即 "多个中的一个并且在计数上不确定的一个")；参见达利的例子：«Березы не натыканы, а которые посажены, которые посеяны»; который хочешь, хоть который, который ни на есть, который ни есть (Даль), который бы то ни было, который придется, который ни… (который ни возьми, с которого ни начни), который…, а который…(которого приласкают, а которого и прогонят).

2. 与初始代词本身的意义及其所有分节对立的意义是 "涵盖可以计数或总体上是可数数量的所有人"。这个意义由代词все(复数形式)，каждый，всякий, 形容词любой, 代词всё——来表示本身全面完成或全面完成计数 (Считаю: первый, второй, третий, четвертый — все!)。代词все的特点是表示某个集合的功能，而且，这可能只是人的集合，或是人和事物的集合，总之是存在事物的全部：Внимало все тогда Любимцу и певцу Авроры: Затихли ветерки, замолкли птичек хоры И прилегли стада (Крыл.); Все уселось и примолкло, последние звуки увертюры прогремели… (Пушк.); В девять часов утра заблаговестили к обедне, и все потянулось к новой каменной церкви (Пушк.); Все смолкло. В грозной тишине Раздался дважды голос странный… (Пушк.). Все хлопает. Онегин входит… (Пушк.); [Лиза] Все в доме поднялось (Гриб.).

不集中性、计数结束和涵盖性本身的对立在文本中常常是模糊不清的：Всякий / каждый / любой прохожий / каждый из прохожих дорогу покажет; Это знает каждый / всякий / знают все; Каждый, кто видел… / всякий, кто видел / каждый из тех, кто / все, кто видели; на каждом шагу, каждую минуту, при каждом слове, за каждую ошибку, на всякий случай, от всякой / каждой / любой болезни помогает.

3. 在用不同层次语言手段填充意义空间который时首先使用的是顺序数词：这是它们的范围、它们使用的范围；试比较：Так, не ошиблись вы: три клада В сей жизни были мне отрада. И первый клад мой честь была, Клад этот пытка отняла; Другой был клад невозвратимый Честь дочери моей любимой. Я день и ночь над ним дрожал; Мазепа этот клад украл. Но сохранил я клад последний, мой третий клад: святую месть. Ее готовлюсь

Богу снесть (Пушк.). 从假设可以计数的集合中区分出来的意义也存在于所谓的最高级中(лучший из всех); 这个意义同样包含在 кто из кого, что из чего 结构中 (кто из вас идет / который из вас; [Фамусов] Который же из двух? < Гриб. >); единственный из (выход, единственный из возможных); из кого–чего (я не из их числа; выбрал из всех одного); 这种情况同样存在于不确定性条件下: тот или этот, тот или другой, тот или иной。

代词 который 的范围中包含成语中保留下来的代词 кой(旧)(А кой тебе годик? <Некр.>), 它也同样存在于旧式的仿公文体裁的言语中——作为连接成素: происшествие, коему я был свидетелем; Люди, коим можно доверять。

参与集中性、定点性表达的代词有 самый: этот самый, тот самый, те самые, эти самые, в ту / эту самую минуту; на этом / том самом месте; те / эти самые места。

4. который 的共同意义范畴——"与集合的数关系, 从可数的集合中提取一个"; 局部意义范畴根据词及称作可数集合的其他单位的词汇语义来决定, 例如: который из солдат, стоящих в шеренге.., которая из этих вещей.., которое время года.., которые сутки 等。

5. 代词 который 在组合 который по счету, который по порядку (比较: третий по счету, сотый по порядку), который из кого–чего 中 (который из вас, который из ожидающих; которое из этих зданий гостиница?), 在固定组合 который час? 中 (即"'相对静止的'时刻在当前时间序列中所处的位置"); 对某人(事)在某个集合中的位置进行提问时 (— Скажи, которая Татьяна? — Да та, которая грустна И молчалива, как Светлана, Вошла и села у окна. <Пушк.>) 发挥功能作用。

代词 который 的功能之一是连接功能, 在与 вот 组合中 (— Мы те, Которые, здесь роясь в темноте, Питают вас <Крыл.>; Я тот, которому внимала Ты в полуночной тишине. <Лерм.>; Она была та, совершенно та, которую он любил, и одежда ее была та же <Л. Толст.>)。在这个位置上 который 使包含在 тот 之中的意义个性化。连接功能是 который 的典型特征且不属于 тот 功能之列 (человек, который смеется; вещь, которая тебе понравилась)。在这个位置上(亦如同在纯问题中一样)与 который 竞争的是 какой, 此种情况下从集合中提取的意义消失, 试比较: Который / какой твой номер?; Которое / какое сегодня число?; 这对 некоторый 也同样适用 (В некотором царстве, в некотором государстве..,即"在某个（国家）"）。

КОГДА

1. 代词когда表示时间。这是最重要的概念之一，它反映着这样的认识，所有存在着的事物都处于某种看不见的、从其存在之初到结束、从某个存在点向另一个存在点、从一个存在时间段向另一个时间段的运动中；换言之，"когда"这一概念表示这样的认识，无论是物质还是精神的存在都在时间中消逝，而且这种过程本身可以理解为具有能够划出界限或者能够平稳地从一个过渡到另外一个的阶段。在用不同层次的语言手段填充意义空间之前代词когда的构成具有下列形式：когда — тогда, тут$_{temp}$ — некогда, когда-то, когда-нибудь, когда-либо, кое-когда — никогда。

初始代词когда，与其他初始代词一样，竭力参与自身分节的填充。在**确定性**分节中这是组合вот когда，以及类似Когда как (если) не теперь（即"正是且只是现在"）的结构：Это случилось вот когда: вчера; Когда же повеселиться, если / как не в молодые годы?!**不确定性**分节中初始代词最为活跃，它既可本身独立参与（Ты с ним когда<即"随便什么时候"> встречаешься?）也可以通过带有语气词的组合和成语形式参与：кто знает когда, Бог знает когда, Бог весть когда, неведомо (незнамо, невесть) когда, не понять (не поймешь, не разберешь) когда, черт знает (черт-те) когда, хоть когда, когда угодно, когда хочешь, когда бы то ни было, когда придется (получится, случится), когда ни возьми, мало когда, редко когда, мало ли когда, когда-когда, а... (Когда-когда, а навестит), когда.., а когда...(Когда похвалит, а когда и обругает), когда-никогда, а... (Когда-никогда, а повстречаемся), когда еще / там (Когда еще /там увидимся!), когда ни... (Когда ни попроси, сделает), когда ни на есть (Когда ни на есть, а чем-нибудь кончится)；在表示不确定的时间遥远程度时使用带有语气词вон的组合：Встречались еще вон когда（即"无法确定的很久以前"）, Увидимся еще вон когда（即"不会很快"）。在**不存在、无体现性**分节中：хоть бы когда (Хоть бы когда позвонил!, 即"从来也没打来过电话"），以及在修辞性问题中(Когда я тебя обманывал?!, 即"从来也没有欺骗过"）。

在用不同层次语言手段填充意义空间когда时所有类似的组合在相应的集合中都能找到自己的位置。

2. 属于意义когда的有多种语言手段,既表示适用于过程(即形式上或词汇上表示现在时、过去时或将来时的时间过程)的时间,又表示对过程及其进行的确定时间的抽象。相应地,属于意义空间когда的语言手段分成两大类:(1)表示任一现实时间意义之外的时间的手段,和(2)表示属于任一现实时间意义的时间的手段。参与这种对立的还包括属于初始代词三个分节中任一分节的代词。由此产生的切分内部保留着"集中性、定点性"和"不集中性、非定点性"的对立,而且,除此之外,产生本身所特有的不一致的双重关系——表现或不表现与其他时刻或与其他时间意义的内在联系。在填充相应部分时代词тогда和тут$_{temp}$的作用极为重要。代词тогда既可以表示"与此同时"、"在那个时候"(这是тогда$_1$,通常,与когда, в то время как对应, 比较:Когда волнуется желтеющая нива.., Тогда смиряется души моей тревога... <Лерм.>),又可以表示"在当时"、"在那时"(这是тогда$_2$,与тут"正是在这个时刻"相对应, 比较:Беда, тогда / тут уж не до шуток)。代词тут$_{temp}$总是表示集中性、定点性:Орел Немного посидел И тут же на другой овин перелетел (Крыл.).

3. 参与表达任一现实时间意义之外的意义когда的既有词汇手段、又有语法手段,它们根据特征分布,第一是根据时间上的集中性和不集中性特征,第二是根据与某个时刻、时间片段或阶段的相关性或非相关性特征。确定性分节在此由代词тогда和тут$_{temp}$统领。Тогда:(a)与以后时间没有关系,在任何可能的时间——тогда$_1$ (Приходит / пришла / придет старость, тогда наступает / наступило / наступит прозрение)和(b)在相应关系中——"正是在那个时刻,紧接着某事"——тогда$_2$ (Все смолкли. Тогда заговорил старик)。тут$_{temp}$总是用于表达集中性和时间上的相关性(Все смолкли. Тут заговорил старик)。与тут$_{temp}$相近的有здесь, вот тогда, вот тут (А ныне, ах! ее зовут уж на бостон! Вот тут спесивица переменяет тон <Крыл.>)。

根据所说明的对立形式分布着词汇、词汇—成语和语法手段:(1)与时刻、时间的阶段或片段**无关**的手段:зимой, летом, осенью, ночью, вечером, днем, чуть свет; в мае, в праздник, в войну, в грозу, в полночь; в старости, в юности; при царе, при новом правительстве;在不确定性分节中与代词发生相互作用的有однажды, иногда, иной раз, один раз, как-то раз, в один прекрасный день;(2)与时刻、时间的片段或阶段**相关**的手段:в тот мотент, при этом, прежде, ранее, напоследок, первое время, поначалу, снова, наутро, там("然后"), вскоре, накануне; при виде кого-чего, в это время, в этот момент, до поры, до времени, пока, к вечеру, к утру, на другой день, на третьи сутки, едва лишь, между тем как, в то время как, тотчас；不确定性和无体现性分节因此很多情况下是不用填充的。

属于一个现实时间平面的意义 когда 由不同层次语言手段表示，之中起到极其重要作用的是现在时、过去时和将来时形式的动词，它以不同的方式与词汇和句法结构相互作用；此时在集中性和不集中性意义的区分中起决定作用的是动词体的意义。

在确定性分节中属于"**在现在**"意义空间的代词 тогда₁ 和 тогда₂，与它们相互作用的副词 теперь, сейчас, 组合 в настоящее время, в настоящую минуту, в настоящий момент, в денный момент, сегодня, нынче, ныне, этой зимой, этим летом, в этом году。在此属于不确定性分节的有代词性成语（参见第1点），组合 как-то раз, иной раз, когда как, 副词 иногда, временами。在表示运行、连续、时间上的重合、从某个时刻出发或在那个时刻之前：по сию пору, отныне, с тех самых пор, впредь, до сих пор, уже, еще, ранее（не знал я ранее——即"到现在为止"），пока, пока что, покамест, давно（Давно не встречались）, только что（Только что был здесь）, между тем как（在后面这几种情况中不确定性和无体现性分节不需要填充）。参与集中性和不集中性意义在时间上、运行方面，以及与其他时间（时刻、阶段）相关或不相关意义分布的是时间形式和整个句子表达的句法时间意义的使用。

属于"**在过去**"意义空间的是动词过去时形式和句法过去时、词汇、成语、连接词手段。主持确定性分节的是代词 тогда₁，在表示集中性时，还有 тут_temp；词汇和成语、固定组合与它们相互作用：вчера, вчерашним днем, позавчера, в прошлом / позапрошлом году, намедни, в те поры, в ту пору, 带有 до-、пред- 的构成体(довоенный, предвоенный)。不确定性分节中已在第1点中加以说明了的代词性成语中加入 недавно, во время оно, как-то раз, было время, бывало 等。在"在过去"意义空间中，如同"在现在"和"在将来"中一样，存在着对立，第一是"集中性、定点性——不集中性、非定点性"的对立（тогда₁ "那时候，在过去"——тогда₁, тут_temp "就在那个时刻"），第二是"与其他时刻或阶段的非相关性（тогда₁）——与这个时刻或阶段的相关性（тогда₂, тут_temp）"的对立。参加"在过去"意义及其所有变体表达的是时间形式的意义、句法时间、连接词手段。

意义空间"**在将来**"的构成与之相似。属于它的有动词的时间形式、连接词、词汇、成语。统领确定性分节的是代词 тогда₁ 和 тогда₂, тут（时间上的不集中性和集中性、以及与某个在时间上进行的事情不可比性和可比性）；这里还包括词汇和固定组合：в будущем, будущим летом, в будущем году, на будущей неделе, потом（"不是现在，在将来"），отныне；带有после- 的构成体（послевоенный, послеобеденный）。不确定性分节中包括带有语气词的组合、代词性成语。在所有存在"时间上的集中性——不集中性"对立的情况下，起作用的是代词самый——单独使用或用于组合тот самый, этот самый：这个代词能够与时间的任何名词性表达结合以实现自己的基本功能——说明被称名事物的集中性、单一性、现实性：в ту самую зиму, на самое Рождество, в самый сочельник, в этот самый миг, на самый праздник, к самому его приходу, с тех самых пор, до самой этой минуты, в этот самый год 等。

属于涵盖性意义空间（"总是，一直"）的是现在时：动词形式和句法现在时、词汇和固定组合：всегда, вечно, вовек, во все времена, отныне и навеки；ежечасно, постоянно, испокон века, во веки веков, каждую минуту, каждый день и каждый час, денно и нощно, год за годом, день за днем, каждый божий день；带有вечно- 的合成词（вечнозеленый, вечномерзлый——关于土壤）。意义"总是"内部划分成"一直"、"从……开始到结束"和"从今到永远"，比较：всегда, вечно — сроду, издревле, отродясь — до скончания веков, навечно。在无体现性分节：никогда, никогда в жизни, ни в жизнь（俗语）；不确定性分节不填充。

4. 在划分意义空间并在之中分布不同层次语言手段（它们的集合由代词或功能上与之相近的词汇统领，见всегда, постоянно）的基础上，语言中形成由多个部分构成的系列，其内部保有集中性、极限性——不集中性、无限性的对立，以及，另一方面，与这个或那个时间平面的可比性、属于该时间平面或源于该时间，或与某个时间平面不可比性、摆脱那种可能的对比方面的对立。这些系列的组成中有词汇—成语手段、语法形式、词素、句法结构。在前面这些可能性已经通过个别例子进行了最为概括、远非充分的说明；以相应视角对材料进行深入的研究（更确切地说——对已经步入科学短语的材料进行反思）将展示填充意义空间"когда——时间"内部那些系列的全部丰富性和多样性。应该说明这种系列是建立在上述基础上的组织，要充分展现该组织的这些或那些组成部分相互作用的各种可能性。

5. 初始代词когда的范围内形成共同和局部的意义范畴。共同意义范畴"когда——时间"由初始代词和该初始代词所表示的概念的词汇称名加以描写；这一范畴，如同所有其他范畴，从认识等级的角度出发以确定性（现实）、不确定性（怀疑、认识的不充分）和不知道（无知、无体现性、不存在）为基础进行分节。在共同意义范畴范围内形成对其进行划分和填充的局部（次顶端"横向"划分的）意义范畴，由属于确定性分节的代词（тогда$_1$, тогда$_2$, тут）统领；属于这些意义（被这些意义连接在一起、包含这些意义）的是相应系列的不同层次语言手段。一级次顶端局部意义范畴这里有：（1）"тогда$_1$——在任何可能的进行时间——现在时、过去时、将来时"（зимой, летом, в молодости, на праздниках；（2）"тогда$_1$——在现在"（сейчас, сегодня, в эту минуту, этим летом）；（3）"тогда$_1$——在过去"（вчера, прошлым летом, той зимой, на прошлой неделе）；（4）"тогда$_1$——在将来"（завтра, в будущем году, сразу вслед за предстоящим праздником）；（5）"总是、一直"（всегда, искони, испокон, веку）。前四个局部范畴中每一个都可以"与某个时刻、时间片断无关（тогда$_1$）——与某个时刻或片断的相关（тогда$_2$, тут$_{temp}$），即'在某事发生时、某事之前或之后'"的对立为基础划分出二级次顶端范畴。由此产生二级次顶端局部意义范畴：（1）"在任何可能的时间——在现在、过去或将来——不直接与当前时刻或时间片断相关——тогда$_1$"（见上文）；（2）"在任何可能的时间——在现在、过去、将来——与时间时刻、片断相关，即'在某事发生时、在某事之前或之后'——тогда$_2$, тут$_{temp}$"（приходит, тогда / тут и разговариваем — пришел, тогда / тут и поговорим — придет, тогда /тут и поговорили）；（3）"在现在——不直接与时间时刻或片断相关——тогда$_1$"（Он молод, тогда не думают об опасности）；（4）"在现在——与时间时刻或片断相关，即'某事发生时、在某事之前或之后'——тогда$_2$, тут$_{temp}$"（Когда он встает, тогда / тут все замолкают — Тут / тогда он встает и все замолкают — Он встает, тут / тогда все замолкают）；（5）"在过去——不直接与时间时刻或片断相关——тогда$_1$"（Тогда была зима; Тогда он был молод）；（6）"在过去——与时间时刻或片断相关，即'某事发生时、在某事之前或之后、紧随某事之后'——тогда$_2$, тут$_{temp}$"（Пришла зима, тут / тогда грянули морозы; Тогда / тут подули ветры и пришла зима）；（7）"在将来——不直接与某个时间时刻或片断相关——тогда$_1$"（Верили в будущее: тогда придут лучшие времена）；（8）"在将来——与时间时刻或片断相关，即'某事发生时、在某事之前或之后'——тогда$_2$, тут$_{temp}$"（Кончается война, тогда / тут наступает мир — Кончилась война, тогда / тут наступил мир — Кончится война, тогда / тут наступит мир）。代词 тогда$_2$, тут$_{temp}$ 所指的每一个局部范畴（2、4、6和8），进一步按下列依据切分：（a）与某个时刻、时间片断重合、集中在这

个时刻、片断(во время, в момент);(b)发生在某个时刻、片断之后(вслед за, после)和(c)发生在某个时刻、时间阶段之前(до, перед чем-н.)。用生动的材料填充起来的所有这些范畴是一个用语言建立起来的丰富而复杂的时间关系系统。

6. 意义范畴"когда——时间"及其所有局部范畴首先属于扩展性文本;**前文本位置**上(在词、词形、词组中)此处常常出现与где (погибнуть в бою, рожден в бедности, познакомиться в походе), сколько (сиживал, хаживал, говаривал, 即"在过去发生并且不止一次")的错合。最为典型和明显的前文本意义错合出现在形动词(когда和какой)和副动词(когда和как)中。

在文本中范畴"когда——时间"是组织起来的:它出现在述体位和整个句子的时间意义中:在此基础上建立起句法时间范畴。在文本构成中这一范畴还起评价作用:包含这一范畴的词形和组合实现着对整个句子的时间限定或对句子各成素的时间上的评价特征描述。когда与其他意义(как, почему, зачем等)的各种形式的错合出现在所谓的独立短语中。在文本结构中动词形式的时间意义及其与语气词的组合以不同的方式错合并得到充实。

意义"когда——时间"的功能作用的最大特点是形式各异的确切意义组合,例如:в прошлом году весной, этим летом в праздник, рано утром, поздно вечером, ночью в самую темень, каждое воскресенье летом, той весной в мае, в тот год под Рождество; как-то раз летом, однажды осенью, иной раз под вечер, когда-нибудь потом, когда-то в молодости等类型的组合。这样一些组合对无体现性分节而言则不那么典型,尽管它们是完全合乎规则的:никогда в прошлом, никогда больше, никогда в прежнее время, никогда за всю свою жизнь等。

文本中属于初始代词когда本身的功能,第一是纯问题功能,第二是在复合句中与不同时间意义的对比功能;正是这种对比功能使得когда形成纯连接作用的词的意义。此外,与其他情况中一样,代词когда在所谓的相对从属关系条件下行使意义个性化的功能(参见第一部分,§3)。

ГДЕ

1. 代词где表示地点、空间归属;其中包含对事物、人、情景和事件的定位意义。在用不同层次语言手段填充意义空间之前代词где的构成呈现出如下形式：где — тут_loc, там — негде² (旧，高尚："在某处"), где-то, где-нибудь, где-либо, кое-где — нигде, негде¹ ("没有地方用于……")。

在进入初始代词где本身的一个分节时——где单独使用或用于成语组成、带有语气词的组合中——**确定性**的表示包括вот где(含有在前或在后的展开式：Познакомились в Париже, вот где)，以及带有где если не.., где как не...的结构(где отдохнуть, если / как не на даче，即"正是在别墅里")。在**不确定性**分节中：где (Встречу его где, сразу узнаю), кто знает где, Бог знает (ведает) где, Бог весть где, невесть (неведомо) где, где ни попадя, не поймешь (не понять, не разберешь, незнамо) где, черт знает где, черт-те где, хоть где, где угодно, где хочешь, где придется, где получится, где бы то ни было, где ни на есть, где бы ни пришлось (ни случилось), где ни попадись (ни случись), мало ли где, мало где, редко где, где-нигде, а...(Где-нигде, а повстречаемся), где-где, а... (где-где, а дома ждут), где.., а где... (Где помогут, а где и нет), где там / тебе /еще (Где еще повстречаемся!)；在"不确定的远处"意义条件下的带有语气词вон 的组合中：До них не доберешься — живут-то вон где; [Расположенский] А домишко-то эвоно где! Что сапогов одних истреплешь, ходимши к Воскресенским воротам с Бутырок-то!(Остр.). 在**无体现性**分节中：хоть бы где; 在修辞性问题中(Где можно увидеть такое чудо?!, 即"任何地方都不会见到")。

2. 意义空间где由不同层次语言手段填充；在填充时产生下列意义划分：(1)表示地点,不包括指出集中性或不集中性、空间上的近或远,而是同样既包含这方面,也包含那方面；(2)"在这里"、"附近"或"在那里——不在这里或远处"；(3)"处处、到处"。在第二个集合内部划分出三个子集合：(a)"在这里"——集中性、定点性、现实性,"正是在这个说出名字的地方"；该子集合由代词тут_loc、代词性副词здесь统领；(b)"近处、附近"；该子集合由组合тут близко, тут рядом统领；(c)"不在这里,在某个遥远的地方或远处"；该子集合由代词там统领。

空间上的**纯地点**,除了"тут — там"、"这里——附近——那里、在远处"对立之外,在确定性分节中有词汇上的表达,也可以用格和前置词—格形式、成语来表达。这里汇集着最为多样的空间定位表达手段：в ком-чем, на ком-чем, при ком-чем, под кем-чем, около кого-чего, за кем-чем, перед кем-чем, справа, слева от кого-чего等。在文本结构中,在相关搭配的条件下,这些手段可以分布在тут_loc和там之间，例如：тут в лесу和там в лесу, здесь за горой和там за горой, здесь в городе和там в городе, тут где-то за домом和там где-то за домом, здесь где-нибудь на столе和там где-нибудь на столе等；参看词和组合：сзади, спереди, сбоку, внутри, снаружи, в лесу, в городе, на горе, на заводе, у леса, около стены, над крышей, под забором, справа, слева от ворот, по улицам, по горам, на чужой стороне, по-над берегом, по-за огородами等；不确定性分节在此由代词性成语自由填充。

空间上的**集中性**由代词тут_loc、副词здесь、组合вот где, вот тут, вот здесь, в этом / в этом самом месте表示；这个意义建立在形容词тутошний, здешний的基础上。空间上的集中性表达手段的有限性通过самый得到补偿，самый在其他情况中也承担着表示集中性、定点性的功能：на самой вершине, в самом углу, под самым берегом, на самом краю, за самым домом, под самым забором, у самого крыльца等。不确定性分节的填充这里只能增加где-то здесь, где-нибудь тут, где-нибудь в этом месте, где-то вот тут这样的类型。

邻近由组合тут близко, тут недалеко、副词близко, недалеко, рядом、组合в двух шагах, рукой подать等表示；在不确定性条件下：где-то близко, где-нибудь недалеко, где-то здесь рядом。

空间上的**不集中性**，以及遥远，由代词там、组合не здесь, в том месте, вдали, далеко表示；在不确定性分节中：негде² (旧，高尚；参见：Негде, в тридевятом царстве, В тридесятом государстве, Жил-был славный царь Дабон; Пушк.), кое-где, Бог знает где, неведомо и невесть где, где-то там。

上述所有类别都与意义"处处"对立：везде, всюду, повсюду, повсеместно, на всем белом / божьем свете, во всей вселенной, во всем подлунном мире; куда ни взгляни / ни погляди / ни глянь；在结构где только ни (не)...中：Где он только ни побывал...; Где только о нем не говорят!

3. 带有地点意义的不同层次语言手段组成不同的系列，在共同意义范畴内部根据其局部范畴的组成进行分布。从以上描述中可以看出，共同意义范畴"где——地点"可以初步划分出五个一级次顶端局部范畴：(1)"где——完全在所指的地点"；(2)"где——在这里，正是在这个地方、该地点"；(3)"где——近处、在旁边"；(4)"где——在那里，不在这里，不在这个地方"和(5)"где——到处、处处，在任何一个可能的地方"。第一个局部意义范畴把若干后面的、以构成相应集合的语言单位语义为基础划分的次顶端范畴统一起来；这样的语言单位有："на чем-н."、"в чем-н."、"под чем-н."、"внутри чего-н."、"снаружи чего-н."、"сбоку от чего-н."、"посреди чего-н."、"перед чем-н."、"позади чего-н."等；手段的多样性及其差别使此处表现出多级的意义划分。

而且所有其他局部意义范畴都具有自己的进一步划分。

4. 意义"где——地点"可以与когда自由错合；试比较：узнал его в бою, познакомились в ссылке, встречались еще в Париже, крики в тишине。在文本结构中意义结合的可能性得以扩大：这里出现与主体和客体意义上的кто的错合 (У нас тишь да гладь, Среди собравшихся — шум, Между участниками — споры), 与что和когда的错合 (Среди рукоплесканий и похвал — неожиданное оскорбление)。

意义"где——地点"在文本结构中通常用词汇增生、一系列定位意义词形的集合表示：А далеко, на севере — в Париже — Быть может, небо тучами покрыто (Пушк.)。所有类似的增生在地点限定联系条件下，即对整个句子进行评价时，是典型的，例如：За горами, за долами, За широкими морями, Не на небе — на земле Жил старик в одном селе (Ершов); Далеко, в лесу огромном, Возле синих рек, Жил с детьми в избушке темной Бедный дровосек (Ахм.)。特别典型的是那些对不确定性加以确切情况下的增生：где-то в доме, где-нибудь на севере, Бог знает где — в чужих краях, где-то в городе на окраине。这种情况也存在于出现там, тут, здесь, везде等的情况下：там вдали за рекой, тут где-то совсем рядом, везде по городам, повсюду в стране, здесь у нас в деревне等。形式多样的定位意义词形在述体位上自由发挥功能作用(Дом — за углом, Магазин — справа, Деревня — недалеко等)。

初始代词где在自身功能作用方面是受限的：它构成纯问题，以及，在相对从属关系条件下将代词там, тут, где-то, где-нибудь, нигде的意义个性化：Там, где кончается окраина; Стой тут, где я велел; Спрятался где-то, где его и не найти; Не встречал такого нигде, где бы я ни побывал. 同样的功能亦保存纯连接用法的情况下：Город, где я родился; Народ толпится на площади, где идет бойкая торговля.

意义范畴"где——地点"及其全部局部意义范畴即使是在它们的进一步划分中，也与"когда——时间"一样，都是实现报道的最活跃的范畴之一：кто作为存在着并且感受着他周围一切的主体，写下自己和他所感知的事物，首先就要按照"где"和"когда"的坐标。让我们回忆一下普希金《一朵小花》一诗的开头部分对这种感受的出色描写：

> Цветок засохший, безуханный,
> Забытый в книге вижу я;
> И вот уже мечтою странной
> Душа наполнилась моя:
>
> Где цвел? когда? какой весною?
> И долго ль цвел? и сорван кем,
> Чужой, знакомой ли рукою?
> И положен сюда зачем?

КУДА

1. 代词куда表示朝某个地方去的方向、到某个地点的上面去、某个地点的里面去的方向；与куда相关联的是空间上朝某个点运动的方向和目的地意义。在用不同层次语言手段填充意义空间куда之前该代词（及其微系统）的构成有以下形式：куда — сюда, туда — куда-то, куда-нибудь, куда-либо, кое-куда — никуда, некуда。

初始代词куда，如同初始代词在所有其他情况中的表现一样，竭力参与填充自己的各个分节，并将意义和修辞色彩纳入这些分节之中。在**确定性**分节中：вот куда, куда как / если не... (куда как / если не домой, куда как / если не в город, 即"正是、确定去那里")。在**不确定性**分节中：куда本身(Пойдешь куда, возьми меня с собой), кто знает куда, Бог (его) знает (ведает) куда, Бог весть куда, неведомо (невесть, незнамо) куда, не знаю (не поймешь, не понять, не разберешь, не разобрать) куда, черт знает куда, черт-те куда, хоть куда (Пошлите хоть куда — пойду), куда угодно, куда хочешь, куда бы то ни было, куда придется (получится), куда ни... (Куда ни пошли — пойдет), куда ни попадя, куда ни на есть, редко куда (Редко куда хожу), мало куда, мало ли куда, куда-куда, а... (Куда-куда, а к родителям съезжу), куда.., а куда... (Куда пойдет, а куда и нет), куда еще / тебе / там (Куда еще забросит судьба! 即"不知道去哪里")；在表示不确定遥远意义时——带语气词вон的组合：Заслали вон куда!; Пошли на лыжах вон куда: к самому полюсу! 在**无体现性**（不存在、未知）分节中：хоть бы куда (Хоть бы куда позвали!, 即"哪儿都不让去")；在修辞性问题中(Куда меня зовут?!, 即"哪儿都没让去")。在表示**涵盖性**意义时：Куда ни глянь (ни погляди, ни обратись, ни оглянись), куда только ни... (Куда его только ни посылали!), куда бы ни... (Куда бы ни пойти, везде одно и то же)。

2. 在用不同层次语言手段填充意义空间куда时最初产生的是与集中性和不集中性意义参与相关的切分。

（1）纯方向表示，本身不包含空间上的集中性或不集中性成素，涵盖范围广泛的语言手段——格和前置词—格形式、副词、成语、词素、句法结构——表示到某物那里去、朝向某物、到某物后面、下面、到某物体的上面、内部去：вниз, вверх, вправо, влево, в дом, в город, на крышу, за забор, к воротам, под крыльцо, внутрь здания; Ко мне! Домой! Правее! Левее!等等。依赖于上下文在这些表达后面还可以有сюда和туда。在不确定性分节这里还有代词куда-то, куда-нибудь, куда-либо, кое-куда。

（2）方向表示，本身包含对立的意义成素"集中性、定点性"和"不集中性、非定点性"，由代词сюда和туда表示。

集中性由代词сюда本身、该代词与属于第一类单位的组合（сюда в город, сюда наверх, сюда к берегу, сюда под крышу等），以及这些单位与在此体现唯一性和现实性表达功能的代词самый的组合表示(под самую крышу, на самый верх, к самому верху, под самый край; 在重合条件下：сюда под самую крышу, сюда на самую верхушку, сюда в самое нутро等)。不确定性分节这里出现的是代词куда-то, куда-нибудь, куда-либо, 以及这些代词与сюда的组合：спрятал куда-нибудь сюда, убери это куда-нибудь сюда, куда-то вот сюда, куда-нибудь вот сюда。

不集中性由代词туда本身、以及带有前置词в направлении к, по направлению к的组合表示 (в направлении к вокзалу, по направлению к дому)。不确定性分节这里由代词куда-то, куда-нибудь, куда-либо, кое-куда, 以及这些代词与纯方向表达的高频组合来表示(куда-то в угол, куда-то за забор, куда-то вниз, спрятал куда-нибудь в шкаф, отправилась кое-куда по магазинам等)。

属于整个由"只去某个方向"和"由集中性或不集中性成素而复杂化的方

向"之间关系联系起来的意义空间的是涵盖性意义、朝向任何空间、任何可能地点的意义；这里使用成语 во все концы, во все пределы, на все четыре стороны, 以及代词性成语 куда ни.., куда только ни.., куда ни погляди.., куда ни глянь... (Куда ни погляди, повсюду ледяные просторы).

3. 意义空间"куда", 与"где"、"откуда"一样, 特点是其所有组成部分的相互紧密作用。这种相互作用不仅体现在"纵向", 而且体现在"横向"。"纵向"相互作用表现在填充确定性分节的手段自由地并且经常与表示不确定性的代词和代词组合结合起来；产生某种对不确定性的确切并与此同时削弱确定性：куда-то в лес, куда-нибудь под крышу, куда-нибудь на чердак; куда-то направо, куда-нибудь внутрь, куда-то вниз; положил куда-то сюда, куда-то вот в это место, засунул куда-то туда, не сюда; спрятался куда-нибудь за сарай, куда-нибудь сюда положил; 同样的作用也发生在使用 никуда 的情况下：никуда в лес не ходил, никуда в карманы не клал, сюда никуда не убирал, туда никуда не поеду.

系统各组成部分"横向"相互作用表现在类似 сюда в деревню, туда на горку, иди сюда ко мне, пошел в лес в то самое место, сюда вверх, бросай туда вниз, тащи сюда наружу 等的广泛的组合可能性。

如上所述,参与意义空间 куда 的集中性、定点性表达的是代词 самый；它能够消除纯方向与其集中性的矛盾,试比较：на самую середину, в самое пекло, за самую черту, в самое нутро, к самому берегу, в то самое место, к самой верхушке, на самую глубину 等等。正是因为自身"从集合中提取一个"意义的作用代词 самый 不能为不确定性分节和不体现性分节,以及意义"在任何可能的方向、去任何可能的地方"所接受。

4. 共同意义范畴"куда——朝某个地方去,朝某个地方的方向去"将局部意义范畴结合在一起,这些局部意义范畴一方面由具体的前置词语义和相应词汇确定,另一方面由涵盖性意义所决定；这些意义范畴是："куда — 到某物那里去(во что)"、"куда — 到某物那里去(на что)"、"куда — 到某物下面去"、"куда — 到某物后面去"、"куда — 朝某物去"、"куда — 朝某物方向去"和"куда 去任何一个可能的地方"。

5. 在最基本的前文本组合中意义 куда 可以与 кто 和 что 错合(поход на печенегов, ввязаться в драку, пойти на шум, на зов, на крик, на голоса),同 как 错合(посмотри мне в глаза, в лицо)。在文本中这些可能性得以扩大：这里为偶

尔使用的组合和增生开辟了广阔的空间。初始代词куда在问题中、在"相对从属关系"界限内发挥作用(туда, куда..; иди туда, куда велят; в то место, куда...)。在这些情况中，以及在像 в лес, куда боятся ходить; внутрь, куда трудно попасть; иди вслед, туда, куда я пойду这样的情况中——代词куда引导使意义个性化的文本组成。与其他初始代词一样，代词куда是具有自己语义结构的词汇单位，在其语义结构框架内形成自己的词汇意义——直至完全丧失代词性(参见否定类型：— Он тебе помогает? — Куда! / Куда там / Куда тебе!）。

专门的代词词典中代词куда词条应该与词条"Откуда"和"Докуда"严格对应。

ОТКУДА, ОТКОЛЕ

代词откуда和过时的高尚语体代词отколе表示来自某个地方、来自某个方向。在代词откуда这里这个共同意义具有二重性：这是来自某个地方、来自某个方向（定位意义的откуда：откуда$_{loc}$）和来自某个时刻或阶段、时间度量的开始："从某事开始"（时间意义的откуда：откуда$_{temp}$)；这两个意义由来自某个方向意义统一起来。在用不同层次语言手段填充意义空间откуда之前该代词的构成有以下形式：

откуда$_{loc}$ — отсюда, оттуда — откуда-то, откуда-нибудь, откуда-либо, кое-откуда — ниоткуда, неоткуда

откуда$_{temp}$ — отсюда, оттуда — откуда-то, откуда-нибудь — ниоткуда

对откуда$_{loc}$和откуда$_{temp}$进一步的研究需要进行单独的描写。

• ОТКУДА$_{loc}$, ОТКОЛЕ$_{loc}$

1. 在表示运动方向的三分部系列"откуда — куда — докуда"中откуда$_{loc}$表示起点、出发点。如同其他所有初始代词一样，откуда$_{loc}$——单独或以成语组成形式——努力参与自己各个分节的填补。在**确定性**分节中：вот откуда (Письмо пришло из Москвы, вот откуда), откуда как / если не... (Откуда как / если не из дома ждать помощи, 即"就是从家里")。在**不确定性**分节中：откуда (позвонят откуда, скажи, что меня нет дома), кто знает откуда, Бог знает (ведает) откуда, Бог весть откуда, неведомо (невесть, незнамо) откуда,

не знаю (не поймешь, не понять, не разберешь, не разобрать) откуда, черт знает откуда, черт-те откуда, хоть откуда, откуда хочешь, откуда угодно, откуда ни на есть, откуда бы то ни было, откуда придется (получится), редко откуда, мало откуда (Редко откуда приезжают; Мало откуда пишут), откуда-ниоткуда, а... (Откуда-ниоткуда, а появится), откуда.., а откуда и... (Откуда напишут, а откуда и нет); 在表示不确定遥远意义时——用于带有语气词вон的组合中:Слухи-то ползут вон откуда!; Дороги нет, а добираться-то придется вон откуда! 在**无体现性**、否定分节中:хоть бы откуда (Хоть бы откуда пришло письмецо!), 在修辞性问题中(Откуда мне ждать писем!, 即"无从")。

2. 在用不同层次语言手段——词汇、构词、语法、成语手段——填充意义空间откуда_loc 时系统构成变得复杂起来。这里首先划分出称名纯来向(从某物那儿来、从某物后面来、从某物下面来、从某物内部来)的手段:из леса, от берега, с реки, из-за горы, из-под камня, изнутри здания, 副词 изнутри, снаружи, сверху, снизу, извне 等;这些词和组合,依赖于上下文,既可以表示集中性、定点性,也可以表示不集中性、非定点性;不确定性分节这里有代词 откуда-то, откуда-нибудь, откуда-либо, кое-откуда, 在无体现性分节中是——ниоткуда 和 неоткуда; 在表达不确定性时通常使用类似 откуда-то из-за леса, откуда-то с реки, откуда-нибудь из деревни, откуда-то из-под горы 等的组合。这个部分整体上与依据空间上的集中性或不集中性特征所进行的意义划分是对立的:отсюда 和 оттуда。第一种情况中主持不确定性分节的是代词 отсюда (вот отсюда), 以及带有 самый 的组合 (из-за самого леса, с этой самой горки, с самого верху, с этой самой стороны, от самого краю, из-под самого крыльца 等)。在表达空间上的不集中性意义时主导确定性分节的是代词 оттуда; 这里还包括组合 со стороны чего (ветер со стороны леса), 副词 издали. издалека; 在不确定性分节中:откуда-то, откуда-нибудь, откуда-либо, кое-откуда, 类似 откуда-то с горы, откуда-нибудь из города, кое-откуда из деревень, откуда-то со стороны дороги, откуда-то издалека 等的组合。对于无体现性、不存在意义这里最为典型的是类似 Ниоткуда из города не пишут, Ниоткуда из деревни не выезжал, Ниоткуда из дома не выходил 等的组合。

与整个构成对立的是涵盖性、来自任何可能的地方的意义:отовсюду, со всех сторон, со всех концов, из всех возможных мест, откуда только можно;

这一意义能够与单纯对来源地称名的意义结合(Отовсюду из окон — флаги; Со всех сторон из-за домов бегут люди; Отовсюду из-под снега текут ручьи)。

3. 代词 отколе (отколь)$_{loc}$——已过时，现在属于高尚语体。它的结构与 откуда$_{loc}$ 的结构一致，但是其各分节的填充在这里受到非常多的限制：отколе$_{loc}$ (отколь) — отселе (отсель), оттоле (оттоль) — отколе-нибудь, отколе-либо — ниотколе。

代词 отколе$_{loc}$ (отколь, отселе, оттолева, отселева) 在民间方言中得以保留下来；大量记录参见达利（词典）。

4. 由初始代词 откуда (отколе)$_{loc}$ 构成的共同意义范畴表示为"откуда——来自某个地方"，局部意义范畴由前置词和相应副词的意义决定："从某物那儿来"，"来自某物"、"从某物后面来"、"从某物下面来"、"从某物方向来"、"从某物里面来"、"从某物外面来"。代词 откуда (отколе)$_{loc}$ 在问题中、在复合句组成中发挥作用(Откуда ветер, оттуда и счастье <谚语>; Город, откуда я приехал)；在最为基本的前文本组合中该意义通常会与 кто 和 что 错合：письмо от друга（"从哪里和从谁那里"），вход со двора / со стороны двора（"来自何方和从哪里"），удар из-за угла（"来自何物后面和从哪里来"）等等。

ОТКУДА$_{temp}$, ОТКОЛЕ$_{temp}$

1. 代词 откуда$_{temp}$ 和 отколе$_{temp}$ 表示源于某个时刻或阶段、时间度量的开始。代词 откуда$_{temp}$，像其他初始代词一样，参与——通过成语阶段——填充自己的各个分节；然而这种参与的界限在此十分狭窄：在**确定性**分节中是带有 вот 的组合(Еще с детства, вот откуда началась наша дружба); 在**不确定性**分节中：кто знает откуда, Бог знает откуда, Бог весть откуда; 在表示时间上非常久远意义时——通过带有语气词 вон 的组合：Обычай идет еще с допетровских времен, вон откуда!

代词 откуда$_{temp}$ 和 отколе$_{temp}$ 的意义空间构成具有下列形式：

откуда$_{temp}$ — отсюда, оттуда — откуда-то, откуда-нибудь, откуда-либо — ниоткуда;

отколе$_{temp}$ — отселе, оттоле — отколе-либо, отколе-нибудь — ниотколе.

属于意义 откуда$_{temp}$ 的词汇和组合有：с тех пор, с этого времени, с той поры, начиная (с того времени, момента), с некой поры, с неких пор, с той минуты, давно (意为"很久以前就开始": Я давно его знаю, Знаю его давно, еще со школы), больше (意为"从某个时候起并持续至今": Эта была последняя встреча, больше я его не видел), отныне, впредь. 在表示涵盖性意义时: искони, исстари, издавна, издревле, с давних пор, из глубины веков。

2. 共同意义范畴"откуда$_{temp}$, отколе$_{temp}$——从某个时间开始"划分出两个局部范畴: (1) "计时本身": с тех пор, с этих пор, с той поры, с того самого момента, с того времени等(Метрополия наша раздвоилась оттоле на две <Карамзин>; Отколе помню себя <Даль>) 和 (2) "计时开始并且对时间延续开放": впредь, далее, больше, потом (Больше / впредь так не поступай; Посмотрим, что будет дальше / потом)。

对代词 откуда, отколе 结构的分析、откуда$_{loc}$, отколе$_{loc}$ 和 откуда$_{temp}$, отколе$_{temp}$ 意义关系的相似性、它们修辞上的异同、各个分节结构上的相似及分节本身都证明了这样一个思想: 该微系统整体本身能够而且应该独立成为整个词典描写的对象, 通过描写指出整体上构成这一代词分类部分的各个单位间实际存在的异同。

ДОКУДА, ДОКОЛЕ

代词 докуда 存在于由终点方向的共同意义统一起来的两种分割中: докуда$_{loc}$——"空间上的终点方向"和 докуда$_{temp}$——"时间上的终点方向"; 代词 докуда 在代词系统中的作用是非常重要的: 在此, 如同在 откуда$_{loc}$ 和 откуда$_{temp}$ 中, 直接表示极限性意义, 在整个代词系统中该意义体现在"集中性、定点性——不集中性、非定点性"相互关系中, 这几乎是每个确定性分节中的初始代词的本质关系, 并且直接与动词体的意义加以比较。

在用不同层次语言手段填充意义空间前代词 докуда 的结构具有下列形式:
докуда$_{loc}$ — досюда, дотуда — докуда-то, докуда-нибудь — нидокуда
докуда$_{temp}$ — досюда, дотуда — докуда-то, докуда-нибудь — нидокуда

与代词 докуда 并列在语言中发挥功能作用的是已经过时的高尚语体代词 доколе$_{loc\,и\,temp}$。代词 докуда$_{loc}$ (доколе$_{loc}$) 和 докуда$_{temp}$ (доколе$_{temp}$) 需要进行单独的分析研究。

ДОКУДА$_{loc}$, ДОКОЛЕ$_{loc}$

1. 在表示运动方向的概括系列："откуда — куда — докуда"中докуда$_{loc}$表示终点，"目的地"。代词докуда$_{loc}$，作为初始代词，与其他初始代词一样，参与填充自己各个分节。在**确定性**分节中这是带有вот的组合(вот докуда)；在**不确定性**分节中：кто знает докуда, Бог знает (ведает) докуда, Бог весть докуда, неведомо (незнамо) докуда, не поймешь (не разберешь, не понять, не разобрать) докуда, черт знает докуда, черт-те докуда, хоть докуда, докуда хочешь, докуда ни на есть, докуда угодно, докуда бы то ни было, невесть докуда, мало докуда, редко докуда, докуда-нидокуда (Докуда-нидокуда, а дойдем), докуда.., а докуда... (Докуда доберешься, а докуда и нет)；表示不确定遥远意义时——用带有语气词вон的组合：Поклажа тяжелая, а ехать-то вон докуда! 在**无体现性**、否定分节中：хоть бы докуда (Хоть бы докуда добрался, 即"哪儿都没到达过"), 在修辞性问题中(Докуда такой калека дойдет?! 即"哪儿都不能到")。

2. 属于意义空间докуда$_{loc}$的有带有до (до кого-чего), по что (по пояс, по грудь)的前置词一格组合、带有前缀до-的副词(доверху, донизу)、副词потуда, посюда (方言докудова, дотудова)、组合до каких / сих / этих пор (即"到这个地方、终点")、带有前缀до-的运动动词。所有这些手段都能够既表示界限的集中性，又表示界限的不集中性；集中性、极限性：досюда, посюда, вот досюда, до этого места, до сих пор / до этих пор / до сих пор, до самого леса, по самую шейку；不集中性、无限性：дотуда, потуда, до тех пор, до того места。属于整个相应手段组成的是三个分区：集中性——不集中性——无限性、涵盖性 (нет конца, нет предела чему, Беспредельны пути планет)。

3. 共同意义范畴"докуда$_{loc}$——空间上的终点方向"存在于有两个次顶端局部范畴的切分中：(1)"朝着终点方向本身或达到终点"(до чего)和(2)"向着大概的、预先约定的终点"(по что), 比较：вода до пояса和вода по пояс, он ростом тебе до груди和он ростом тебе по грудь, до шейки和по шейку等。

代词докуда$_{loc}$的状况在文本中与代词откуда$_{loc}$的状况相似(参见上文)。

在俗语和方言中存在покуда$_{loc}$ — посюда — потуда的相互关系(— Покуда в реке вода? — Вот посюда / — Вот потуда)。

4. 代词доколе$_{loc}$已经过时，在现代俄语中它具有高尚语体色彩。其意义空间的结构与докуда$_{loc}$的结构相吻合，但无论是填充代词分节，还是填充局部意义范畴都更加受限和严格；到终点方向本身：до чего (— Доколе путь держите? — До святых мест)；不确定性：доколе-либо, доколе-нибудь；否定：нидоколе；集中性：доселе, до сего места；不集中性：дотоле, до того места。初始代词参与各分节填充是受到限制的：Бог ведает доколе, Бог весть доколе, неведомо доколе, невесть доколе。

属于古语言的поколе$_{loc}$ — поселе — потоле相互关系现在已经消失。

ДОКУДА$_{temp}$, ДОКОЛЕ$_{temp}$

1. 代词докуда$_{temp}$（及高尚语体、已过时的доколе$_{temp}$）表示时间的终点方向。属于докуда$_{temp}$是这样一些语言手段，像带有до сих (этих) пор, до той (этой, сей) поры的组合、带有до чего的组合(до утра, до ночи, до зари, до света, до третьих петухов; до старости, до могилы, до гробовой доски)、带有по что的组合(по сю пору, по сей день)；类似дотемна, доныне, поныне的副词，方言досе，带有前缀до-的动词(дожить, договорить...)；带有пока, до тех пор пока, до тех пор покуда的结构。表示不确定性——成语：до некоторых пор, до поры до времени, до второго пришествия；表示不确定的久远——带有语气词вон的组合：Велели ждать до самого Рождества, вон докуда! 表示时间上的无限性：беспредельно, бесконечно, навеки, навсегда (Беспредельно познание; Нет конца течению жизни на Земле; Было горе, будет горе, Горю нет конца < Ахм.>)。

无论是对докуда$_{loc}$，还是对докуда$_{temp}$其特点都是代词самый参与集中性的表达：它或是重复集中性意义(до этой самой минуты, до этих самых пор, по самую эту пору)，或是本身增添这一意义(до той самой поры, до самого моего ухода, до того самого времени)。

像在其他情况中一样，在докуда$_{temp}$中存在集中性、极限性(досюда, до сих пор, до этой самой минуты, доныне, поныне, до этой поры, до самого утра及其他) 和不集中性、无限性的对立(дотуда, до той поры пока, покамест, до тех пор пока及其他)。

2. 代词доколе$_{temp}$，也像доколе$_{loc}$一样，已经过时，在现代俄语中它属于高尚语体。它的结构与докуда$_{temp}$的结构相一致，然而对意义空间的填充在修辞上是有限的，该初始代词参与填充其各个分节的情况亦如此(Бог знает доколе, Бог ведает доколе, кто ведает доколе, неведомо доколе, невесть доколе)。各分节填充：**确定性**：доселе(集中性)和дотоле(不集中性)；**不确定性**：доколе-либо, доколе-нибудь；**否定**：нидоколе；参与意义空间填充的还有：по сей день, до сей поры, по сию пору, по сей час, до сего времени, до сего часа及其他。

属于古语言的поколе_temp — поселе — потоле相互关系已为现代语言消除。

3. 共同意义范畴"докуда_temp (及доколе_temp) ——时间上的终点方向"存在于两个初步划分出来的局部意义范畴之中：(1)"朝着期限方向本身或达到期限"(до чего: до конца дней, по сию пору, по сей день)和(2)"朝着延至不确定的未来并明显不指出其界限的方向"；这是带有пока, пока еще, еще, покуда: Съел полпуда, сыт покуда(俗语玩笑话)；Пока / пока еще он об этом не знает; Ему еще / пока еще не сказали的结构。这种意义切分同докуда_loc的切分一样，之中本身的界限方向和预先约定的界限方向是对立的(参见第3点)。

在专门的代词词典中对докуда_loc, доколе_loc, докуда_temp和доколе_temp的词汇描写可以在前面所阐述的适用于其他代词微系统的原则基础上进行。

КАК

1. 代词как——在自身意义构成及以该构成为条件的功能范围方面是十分复杂的：它表示情景状态或情景本身，或与这样或那样一些情况相关的情景，以及那些状况本身及其交叉。相应地，针对这一在一系列情况下都以语义扩散为特征的意义，可能有如下问题："所发生的情景是怎样的？"、"某事的行为特点、实现方式是怎样的？"、"伴随行为、状态或整个情景的状况是什么样的？"、"属于行为、状态或整个情景的特征是什么？"、"伴随行为、状态、或整个情景的过程是怎样的？"。在大多数情况下这种意义的融合业已存在于初始代词本身(как)和开放确定性分节的代词так中；意义的非唯一性和意义的混合是发展как的连接功能、以及在意义参与下构成大量成语的原因所在。

在用不同层次语言手段填充意义空间前代词как的构成具有下列形式：как — так, этак (эдак) — как-то, как-нибудь, как-либо — никак。这种构成在对как进行意义区分时是不稳定的：相对稳定的只有так的位置；其余的代词可以不与这些或那些初始代词生成的局部意义组合。同样的情况也涉及由代词всячески, по-всякому, 带有как ни.., как только ни...的结构(Как ни кинь, все клин(谚语); как ни старался.., как ни убеждали...)即"千方百计地努力","用所有可能的方式来说服")表示的涵盖性意义(参见第3点)。

代词 этак (эдак) 现在已经过时, 退居俗语范围; 在19世纪的语言中它的使用是合乎规范的(参见[Чацкий] Вы ради? в добрый час. Однако искренно кто ж радуется эдак?<Гриб.>; Тут этак, там не так <Крыл.>). 代词 * сяк 只在成语组合 и так и сяк, не так не сяк, то так то сяк 中保留下来: Вертит очками так и сяк (Крыл.); 试比较达利词典中相对自由的与так对立的сяк的使用: Так ли, сяк ли, а делать надо; Я и так, я и эдак, а он — ни так, ни сяк!; И так дурак, и сяк дурак, и эдак не так, и всячески дурак.

像其他初始代词那样, как 参与自己各个分节的填充; 但是上面指出的意义差别在此增加明显的限制; 对这种参与的概括描写体现在对这些限制的抽象概括中。在**确定性**分节中: вот как (Это сделано вот как: с умыслом), как же, если не так。在**不确定性**分节中: как本身(Нельзя ли как помочь?), кто знает как, Бог знает (ведает) как, Бог весть как, черт знает как, черт-те как, хоть как (Помоги хоть как), как угодно, как хочешь, как придется, мало ли как, неведомо (невесть, не поймешь, незнамо) как, как бы то ни было, как никак, а.., как ни на есть。在**无体现性**分节中: хоть бы как (Хоть бы как объяснил, 即"根本就无法解释清楚"); 在修辞性问题中; 比较对白的轮替: — Он все понимает. — Как там / еще / тебе / он понимает!, 即"他不明白"。

2. 在用不同层次语言手段——副词、格和前置词—格形式、副动词、情态述谓词、完整句法结构、成语——填充意义空间时"как — так — как-то — никак"微系统添加各种局部意义并以一个分支众多的意义空间形式呈现。

我们的各种详解词典不是一贯的, 而是有时、偶尔反映代词как(和так)的一个基本功能——表示**整个情景**或其情态特征描述。其实, 大量被确定为"行为方式意义"、"状态意义"或"方法意义"的用法实际上是在表示情景本身——没有把情景划分成这些或那些情景成素。试比较: Как будет потом?("有关未来的概括通告"); Расскажи, как было / как будет / как оно есть на самом деле; — Ты был у них? Ну как там?; Как будет дальше, непонятно; — Ну что там, как? — Да ничего особенного, все в порядке; [Хлестаков] С Пушкиным на дружеской ноге. Бывало часто говорю ему: «Ну что, брат Пушкин?» — «Да так, брат, — отвечает, бывало, — так как-то все...»(Гоголь). 这里包括所有情景相同的情况, 通过一个情景证实另一个情景, 传统上视为比较: Наташа стала, как была, Опять румяна, весела (Пушк.); Все как прежде / как всегда / как обычно; Хотели как лучше, а получилось как всегда（有关不聪明的人和不聪明的领导的格言）；在带有как... так и的结构中：Как аукнется, так и откликнется; Как предполагали, так и случилось; Как жил, так и помер (Даль); И от лености или со скуки Все поверили, так и живут: Ждут свиданий, боятся разлуки И любовные песни поют (Ахм.).

属于情景相同现象的是как用于所谓的插入意义（как говорится, как водится, как принято, как бывает, как заведено），概括关于情景的已有说法：Если/раз так, то я согласен; Пусть так, но...（随着так自身确定性意义的不断发展）。比较扎博洛茨基的《不漂亮的女孩》中的если так, то...：А если это так, то чтó есть красота И почему ее обожествляют люди?

借助как... так и表达的一个即刻、急速地替换另一个的情景间意义相互关系是十分典型的：Увидела его, как сидела, так и замерла; Как стоял, так и грохнулся; Пожар: как были, так и выскочили.

表示情景时代词как进入代词каково的意义环境。这里在下列所指情景集合中体现出一种平行关系：(1)存在位置已限定的情景：Как в городе? Как кругом? Как там на площади?；(2)自然状况、周围环境状态的情景：Как в лесу? — Ни звука, ни шороха; Как с погодой? — Дожди；(3)主体生理状态的情景：Как больной? Как здоровье?; — Как тебе? — Больно；(4)主体智力或情感状态的情景：Тебе все равно, а ему как?; Подумай только, как ему будет узнать о такой беде; А ему как, разве не обидно?；(5)已经形成的、接受的情景：У вас тут как, курить можно?; У вас постоянно бранятся, а у нас не так；(6)日常的、生活的情景：Как живется? — Да все так же; Как дела?; Как дома, в семье, на работе?; Как с едой, с деньгами?；(7)社会情景：Как в обществе?; Как настроение у людей?; Властям хорошо, а народу-то как?

下面就是用代词как, так表示已知的或不言而喻的整体情景的几个例子：[Фамусов] Изволили смеяться, как же он? Привстал, оправился, хотел отдать поклон, Упал вдругорядь — уж нарочно (Гриб.); [Устинья Наумовна] Да и девку-то раздразнила, на дню два раза присылает: что жених да как жених? (Остр.); Если допустить даже, что мужчина предпочел бы известную женщину на всю жизнь, то женщина-то, по всем вероятиям, предпочтет другого, и так всегда было и есть на свете (Л. Толст.); Нет, хоть он и отец, а не люблю я его. Не знаю, все ли так, но я не люблю (Л. Толст.); [Князь Абрезков] А особенно трудно матери, приучившей себя к мысли о своем счастье для сына. Все женщины так (Л. Толст.).

由副词和副词组合体现的как的特殊意义功能是赋予表述这种或那种情态意义：可能性、必要性、适当性、目的性、适时性、愿望、强制性、符合应该的（做法）、偶然性；意义"как"存在于 зря, напрасно, охотно, впору, невольно, недаром, не по летам, не по положению 及其它许多词和组合中：согласен безусловно, сделаю обязательно, съездил зря, напрасно, попусту; отдам при первой возможности, как смогу; умен не по годам; Не по чину берешь (Гоголь); Сделал поневоле, неохотно, по принуждению, не случайно, недаром.

3. 属于代词"纵向""как — так, эдак — как-то, как-либо, как-нибудь — никак"本身的是手段意义："这样的手段"、"这样的方式"：Как это сделать? — А как / вот как / вот так / вот эдак — Как-нибудь так — А никак не сделать; — Как он поступил? — А так / а вот как: встал и ушел — Как-то странно — Никак не поступил; — Как открыть дверь? — Вот как/Вот так — Как-нибудь откроем — Ее никак не открыть: как ни старались, пробовали и так и эдак. 参见达利的例子：Туда так, а оттуда-то как? — сказала лиса, нюхая под углом курятника; 还有（同上）：Вот так, вот сяк, вот и эдак, вот и так (种罂粟时唱的歌曲);试比较：[Царь] Предупредить желал бы казни я, Но чем и как? (Пушк.); Как сердцу высказать себя? Другому как понять тебя? (Тютч.).

属于手段意义本身的还有带有普遍性、"涵盖性"意义的相互关系：Как только ни пробовал!（即"千方百计"、"以各种各样的方式"、"用所有可能的手段"）.

手段意义还出现在как进入кто和что范围的条件下（参见第5点）。

4. **不确定的大小、尺度、程度**意义是как(как — так)固有的意义。как的这个意义具有完全的确定性还是达利提出的："Как (сколь) : Как далеко отсюда до Москвы?". 这里как总是与так一致（而不是与как-то или никак一致）: Не так страшен черт, как его малюют(谚语); Как велики потери? — Не так уж велики / так велики, что не счесть; — Как долго ждать? — Не так уж долго; — Как долог путь? — Так долго, что и недели не хватит; — Как высока цена? — Да не так высока, чтобы нельзя было купить / — Так

высока, что не подступишься. 带有增加纯加强性意义的结构：Как здесь красиво! — Здесь так красиво!; Как я устал! — Я так устал!; 在已经过时的和俗语组合中：Куда как мил! Куда как весело! Страх как устал! Чудо как хороши! — Так хороши, что чудо; Жуть как далеко — Так далеко, что жуть. 比较只有 куда 的结构：Куда я беден, Боже мой!(Крыл.). 带有词汇重复的结构（口语）：Нужно, еще как нужно / ох как нужно!; Обижен, еще как / как еще / ох как / ах как обижен!

对于代词 как 而言不确定的高等级意义本身排除对不确定性分节（как-то）和无体现性分节（никак）的填充。

5. 代词 как 可以表示所谓的**行为方式**：使某事发生、实现的条件，伴随情况，通过相似、类比、与某事物近似或通过与某事物质量等同所建立起来的行为或状态的情景特征。此时代词 как 进入代词 кто, что, чей 的意义范围并与它们的意义错合（参见下面的例子）。突出的特点是，在所有这些情况下"纵向"的"как — так, эдак — как-то, как-либо, как-нибудь — никак"实际上被削弱：它的个别位置（甚至几个位置同时）是不被填充的。

我们来分析"行为方式"意义的现实体现（此时不要忘记该术语的条件性）。

（1）"Как：什么样的方式，在什么样的决定或伴随条件下"：Расскажи, как это случилось?; Как он был ранен: в бою?; 该意义还包含在个别词形和组合中，例如：Дерево не спилили, оно упало **само**; Все решилось **само собой**; Явился без **спутников**; Работает с **помощниками**.

（2）"Как：与某人/某事相似、与某人/某事类似、像某人/某事那种方式、像在某个时刻时那样"：Всяк спляшет, да не как скоморох（谚语, Даль）; Сделал иначе, не как ты, по-другому, по-своему, похоже, близко к оригиналу; Как / по-каковски он говорит? — По-русски, по-английски; Поступил по-дружески, по-соседски; Делает по-моему, по-своему, по-папиному, по-маминому; Оделся по-зимнему, по-летнему; 在词形和组合中：Волком выть, Столбом стоять; Нарисовал похоже, близко к оригиналу. 这里还包括通过本身已经包含与别的、相似的、被比较事物相比较意义的比较级来确定"行为方式"的所有情况：Подойди ближе; Отойди дальше на шаг; Нарисовал лучше, чем ты; Добежал быстрее.

（3）"Как——以什么样的身份替代或代表某人/某事，是某人/某事，以某人/某事的形式"：Работаю как секретарь / в качестве секретаря; Явился как утешитель / в качестве утешителя / в роли утешителя; 在词形和词组中: И всю ночь ходил **дозором** У соседки под забором (Ершов); **Невидимкою** луна Освещает снег летучий (Пушк.); Покину хижину мою, уйду **бродягою** и **вором** (Есенин).

（4）"Как —— 运用某种手段、利用某事, 借助于某事": — Как это сделано? — Сделано руками, вырезано ножом; Как добирались? — Ехали на лошадях / лошадьми, добирались на плотах, поездом / на поезде; Носит ребенка на руках; Держит добычу в зубах.

在上述1-4点中所说的所有情况中, 用"как?"来提问是规范用法; 这一共同意义在此存在于其各局部体现之中。不确定性和无体现性分节在所有这些情况中都不能被填充。

6. 正如在第3点中已经说明过的那样, 意义как始终与其他意义相互作用; 在语言中高度规范的是类似хороший — хорошо, плохой — плохо, умный — умно, понятный — понятно, ласковый — ласково等的相互关系; 简明详解词典通常不把如此构成的副词分离到特殊的词汇意义中去并把它们与形容词一起描写, 这当然是非常粗浅的。在上述相互关系的基础上形成十分典型的意义"как —— 特征本身: 质量或性质 —— 对性质特征加以描述的行为、状态或整个情景"; 这种特征可以补充、揭示和体现为固定不变的或不可分割的特征、本质。接下来发挥作用的是相应副词的语义, 它把局部意义划分出初始代词的概括意义结构、其整个意义空间的进一步（非一级）次顶端分支。

参与表达可以发现的（表现出来的、揭示出来的、能够感知的）特征、质量、性质的既有副词, 也有格和前置词—格形式、成语, 以及带有как的结构：Сделал плохо, кое-как — без старания; Повел себя предательски / как предатель; Повеселились вволю / на славу; Как-то уладилось, с грехом пополам; Сделал умело, мастерски / как настоящий мастер; Съездил бесполезно / напрасно / без пользы / зря; Несется быстро / стрелой / как стрела; Поступил необдуманно / очертя голову / как дурак; Пошел добровольно / без всякого принуждения / как сам захотел.

"纵向""как — так, вот как — как-то — никак"在此不是总能以完整的形式出现: 最后面分节的填充受到限制。试比较完全填充"纵向"的情况:

— Как решилось дело? — Как и должно было решиться: положительно, без проволочек. — Как-то непонятно: как-нибудь должно решиться. — Да никак не решилось.

— Как он работает? — Как и полагается: хорошо, усердно. — Да как-то будто бы работает. — Никак он не работает.

— Как на него повлиять? — Только так, как ты умеешь: уговорами, ласково, постепенно. — Как-нибудь сумеешь повлиять. — На него никак не повлияешь.

7. 与意义 каков 错合时，как 可以表示某人/某事的**本质特征**，其不可分割的状态；这里揭示出两种意义关系类型：

（1）代词 как 表示现实的、稳定的、已形成的、不受偶然变化的影响、已丧失偶然性的相互关系的本质；这里不存在"как — как-то — никак"相互关系：Как ваше имя, фамилия, отчество? Работник он хороший, а характер у него как? Как там климат / с климатом?

（2）как 表示不稳定的、易变化的、充满细微差别和各种不同可能性的相互关系的本质；这里存在的是"как — так — как-то — никак"相互关系：Как дела? — Так, помаленьку. — Да так как-то. — Да никак; — Как жизнь? — Как успехи? Как с учебой? Как настроение? — Да так как-то. — Да никак; Как здоровье? — А вот как: ложусь в больницу. — Да так как-то: то одно болит, то другое. — Да никак: некогда о нем думать. 前一种情况表现的是状态的本质，第二种情况中——是易变化状态的本质。

8. 意义 как 可以进入意义 сколько 的范围；这发生在一定的上下文条件下。

（1）有关价格、付费的问题中：Вещь хорошая, а как цена?; За квартиру сто рублей, а как за услуги?; Сейчас стоит тысячу, а как по новой цене, не знаю; На ценнике — двадцать долларов, а как в рублях / на рубли?; Отдал рукопись и даже не спросил, как заплатят; Им заплатили по сотне, а тебе как?

（2）在 вдвоем, втроем, впятером 等副词中和同义组合中：Явились вдвоем, втроем, вдесятером..; Отправились добровольцами в количестве / в числе ста человек.

（3）在带有 все, вместе 的数词组合中：... Везти с поклажей воз взялись, И вместе трое все в него впряглись (Крыл.); Помощники пришли все трое вместе / все вместе втроем.

在 2 和 3 情况中就是 как（什么样的方式）和 сколько 意义的结合。

9. 意义 как（什么样的方式）可以与意义 **где, куда, откуда** 结合：

（1）как 和 где：Добирались болотами, охотничьими тропами; Ехали санным путем; Идем вдоль по берегу; Шагает прямо по траве.

（2）как 和 куда 或 откуда：Полез вверх по откосу; Скатился вниз с лестницы; Дверь заперта, лезь в окно / через окно.

在这些情况下"как — так"的关系是合乎规范的：Как шли, болотами? — Приходилось и так; Добирались как, санным путем? — И так, и на вертолете.

10. 代词как可以含有**目的**意义(зачем)——通常是在意义错合中。

（1）как中的意义зачем因否定色彩(不为什么)变得复杂：Он занят, как я буду его беспокоить?; Он только что заснул, как его будить!; Там холодно и голодно, как я повезу туда детей?

（2）意义зачемя在как中与行为方式或手段意义错合：Как все это было задумано? — Чтобы всех удивить; — Как он это сделал? — Нарочно / без злого умысла / назло / нечаянно / в насмешку / в отместку / в угоду начальству / в назидание другим. 在这种情况中存在的是"как — так"的相互关系：— Как это было задумано? — А так: нарочно / а вот как: чтобы всех насмешить.

11. 代词как可以包含**原因**意义(почему)。这可以是纯原因或存在于带有情况或某种状态的组合中的原因。

（1）纯原因：Как не помочь другу в беде?; Как он, человек порядочный, решился на обман?; Как это, чтó мы ни начнем, Суды ли, общества ль учены заведем, Едва успеем оглянуться, Как первые невежи тут вотрутся (Крыл.). 此时存在的是"как — как-то, как-то так"的相互关系：Чиж робкий на заре чирикал про себя, Не для того, чтобы похвал ему хотелось, И нé за что: так как-то пелось!(Крыл.), 即"就是如此"、"没有任何理由"。

（2）存在于含有某种情况的组合中原因：Как это могло случиться?; Как это сталось?; Как может быть, что он об этом не знает?(即"为什么"、"情况是怎样的")("как — так, вот как"的相互关系)。

（3）存在于带有本身特有状态的组合中的原因("为什么"和"以某人/某物的身份"、"作为某人/某物")：Кольцо, как вещь ценная / будучи вещью ценной / в качестве вещи ценной хранилось под замком; Ермолай, как человек не слишком образованный.., начал было его «тыкать»(Тург.).

12. как含有伴随过程或过程性状态的意义。这一意义首先含在具有纯过程意义和伴随过程或过程性状态的情况意义的副动词中：Стесняясь, сердце ноет (Пушк.); [Лиза] Что, сударь, плачете? живите-ка смеясь (Гриб.). 这里，下一步是在类似Слушал молча, Живет играючи, Читает лежа, стоя, сидя的情况中将副动词"副词化"。同样的情况也存在于副词组合中：повернулся ко мне на бегу, остановился на всем скаку, на ходу, ударил со всего размаху。这里存在"как — так"相互关系。

因此，初始代词как的共同意义范畴"评定整个情景、确定其本质、或评定其某个外在的、伴随的或内在的、纯评价的成素"可以分成一系列局部意义：只评定情景、事件、行为，情态方面的评定，手段方面的评定，不确定的大小、程度方面的评定，行为方式和伴随情景、事件、行为的情况方面的评定，相似、类似、替代状态方面的评定，不可分割、实质特征方面的评定，数量方面、计算上的评定，空间、目的、原因的评定，伴随过程性特征——行为或状态方面的评定。根据语言填充和每个局部意义内部不同层次语言手段的综合可以划分出如下（二级或三级）次顶端局部意义范畴。

Как的意义空间区别于代词каково实际上对最为不同的语言手段开放：它由副词、格和前置词—格词形、副动词以及十分经常地——由整个表述或对话的答话填充。这正是因为前面业已说明的初始代词как意义的多功能性（意义容量）。

代词как和так生产出大量成语，以不同的充分程度在各详解词典中加以说明；确定成语组成中的某一个代词意义是不可能的；比较：Как можно!（惊讶和责备或不同意）；Как бы не так!（反对、否定可能性）；Как знать!（怀疑、不相信）；Как быть?（惊慌失措、寻找解决方案）；Как так?（惊讶和重复问）；и так и сяк; как (это) так; Вот так так等。

Как意义的扩散毫无疑问地体现在其连接功能之中：这里存在从公然保留这个或那个代词意义到其完全丧失并构成纯连接词的运动。

ЗАЧЕМ

1. 代词зачем指出目的、预定性是动作、行为、情景间两个基本和首要的联系之一。在用不同层次语言手段填充意义空间前"зачем"微系统的构成具有下列形式：зачем — затем — зачем-то, зачем-нибудь, зачем-либо, кое-зачем — низачем, незачем。

如在所有其他情况下一样,初始代词以成语组成或带有语气词的组合的形式参与自己各个分节的填充。在**确定性**分节中:вот зачем, зачем же, если / как не за этим。在**不确定性**分节中:зачем本身(Придет зачем, спроси, что ему нужно), кто знает зачем, Бог знает (ведает) зачем, Бог весть зачем, неизвестно (неведомо, невесть, незнамо) зачем, не поймешь (не понять, не разобрать) зачем, черт знает зачем, черт-те зачем, хоть зачем, зачем угодно, зачем хочешь, зачем бы то ни было, зачем придется, зачем получится, зачем ни попадя, зачем ни на есть, мало ли зачем, зачем-низачем, а... (Зачем-низачем, а забежит на минутку)。在**无体现性**、否定分节中:хоть бы зачем (Хоть бы зачем заглянул!);在**修辞性**问题中(Зачем мне тебе это объяснять?!即"无须,不需要");зачем там / еще / тебе (Зачем там / еще / тебе ему об этом знать, 即"没必要")。在表示**涵盖性**意义时:зачем ни возьмись, зачем ни... (Зачем ни приди, никогда не откажет), зачем только ни... (Зачем только ни приходят!)。

2. 属于"зачем——目的"意义空间的是不同层次的语言手段:词汇、成语、词素(前缀на-:назло, насмех, напоказ)、带有前置词в, в знак, для, ради的组合(в отместку, в наказание, в назидание, для смеха, для удовольствия, ради шутки, в знак уважения, любви)、带有连接词чтобы, зачем чтобы, для того чтобы, затем чтобы, ради того чтобы的结构、带有动词不定式的结构。

参与共同意义表达的有各种固定组合、副词、句法结构:пошто(方言和俗语), на кой (俗语), что("为什么":Что тут хитрить?), на что (На что мне знать о твоих делах?), к чему (К чему лгать?), для чего, ради чего, не затем ли (Не затем ли ты пришел, чтобы меня уговаривать?), на что / на то и... чтобы (На то и щука в море, чтобы карась не дремал, 谚语)及其他。在无体现性分节中:так, просто так, без всякой цели (— Зачем пришел? — Да низачем / так / просто так / без всякой цели)。

3. 从集中性、现实性、和不集中性、非唯一性、非定点性的对立角度出发,用于表示目的的语言手段找不到自己的顺序分布;无论是这个意义,还是另一个意义可以同样包含在затем, чтобы, для чего, ради чего, к чему, на что, на то и...之中;然而集中性主要是用带有动词不定式的结构(пришел поговорить / чтобы / для того чтобы / затем чтобы поговорить)、带有前置词в的结**构**(сделал в отместку, в насмешку)表达。表示集中性、现实性的功能由带有вот,

самый, именно, это, то 的组合承担：за тем самым, за этим самым, именно за этим, для этого самого, для того самого, вот зачем, вот за этим 等；试与 зачем 本身比较：Я, конечно, обещал. Но всему же есть граница. И зачем тебе девица?(Пушк.); Зачем тебе ее? Она меня любит, она отвыкла от прежнего своего состояния... (Пушк.); Зачем весь мир, вся прелесть его, если он греховен и надо отречься от него?(Л. Толст.).

相反,非现实性、非集中性意义更经常由带有 что("为什么")的组合来表达：ради чего, на что, к чему: Друзья! К чему весь этот шум? (Крыл.); [Фамусов] Ты, посетитель, что? Ты здесь, сударь, к чему?(Гриб.); [Графиня-внучка] Мсье Чацкий! вы в Москве! Как были, все такие? [Чацкий] На что меняться мне?(Гриб.); — На что мне тебя? — отвечает младая чинара, — Ты пылен и желт, — и сынам моим свежим не пара (Лерм.).

共同意义范畴"зачем——目的"划分出若干局部意义范畴，它们之间以足够的确定程度分布着连接作用的语言手段，以及属于不确定性分节和无体现性分节的代词。(1)"目的——某种行为、状态、情景的完成、实现"；相应的手段：чтобы, для того чтобы, с той целью чтобы, с тем чтобы, в целях того чтобы, для чего-нибудь, ради чего-нибудь, во имя чего-нибудь, 动词不定式：приехал учиться / чтобы учиться / для того чтобы / с той целью чтобы / имея цель / ради того чтобы учиться, уйти чтобы остаться(格言)；带有否定的评价——к чему (К чему все эти объяснения?); 不定代词 зачем-то, зачем-нибудь, 否定代词 низачем 和 нéзачем, ни к чему (зачем-то приходил; Ведь приходил же он зачем-нибудь? — Приходил в общем-то низачем / Нéзачем ему было приходить; Ради чего он старается? — Уж ради чего-нибудь, да старается; К чему эти разговоры? — Совершенно ни к чему).(2)"目的——具体的单次行为"；相应的手段：чтобы, для того чтобы, 动词不定式(Постучал, чтобы войти, зашел взять книгу / чтобы взять /для того чтобы взять книгу / за книгой), 不定代词 зачем-то。(3)"目的——使用"；相应的手段：чтобы, для, для того чтобы, 动词不定式(журнал, чтобы почитать в вагоне / почитать в вагоне; цветы, чтобы подарить имениннику / подарить имениннику / цветы в подарок имениннику; лента, чтобы завязать косу / завязать косу)。(4)"伪目的"(反目的)；相应的手段：чтобы (Прошел всю войну и вернулся невредимым, чтобы дома погибнуть от нелепой случайности; Помогал каждому, отдал все, чтобы потом быть обвиненным в расточительности).

5. 在前文本组合中(在词组中)意义 зачем 可以与 кто 或 что 错合(сделал ради тебя, сказал для шутки, для потехи), 与 как 错合(сделал назло, непоказ, в насмешку, в знак уважения), 与 какой 错合(краска покрасить раму, 即"什么样的"和"用于油漆")。

初始代词 зачем 在问题中发挥功能作用(Спроси, зачем он прищел; Идти так далеко... Зачем это?!)。与此同时 зачем 在复合句中所发挥的功能作用是使意义个性化("情景化")的连接手段作用：Пришел затем, зачем позвали; Сделал это затем, зачем было нужно.

зачем 代词微系统词条，如在其他情况中那样，可以这样构成，使其能对由四个部分组成的代词体系进行描写：初始代词及其各个分节和表示目的涵盖性的代词性成语单位(зачем хочешь, для чего угодно, зачем ни возьми)。所有相应单位的词典描写都紧紧围绕着它们的语法、搭配及它们的典型意义。

ПОЧЕМУ, ОТЧЕГО

1. 代词 почему 和 отчего 表示存在于行为、现象、事件、特征之间的基本关系之一——一个制约另一个的关系：原因、依据、理由、后果。如同其他初始代词那样，代词 почему 和 отчего 同样也是按照确定性、不确定性和无体现性(缺少、不存在)等级进行划分的。代词 отчего 在自身意义和功能上与 почему 没有差别，然而在确定性分节中二者却有明显的区别：почему 身上存在集中性和非集中性的对立，отчего 身上则不存在这种对立(它由"от этого — оттого"的相互关系加以弥补)。此外(而且这是最重要的)，意义 отчего 不进入属于代词 почему 的局部意义范畴的全部范围(参见第4点)。在用不同层次语言手段填充意义空间之前及初始代词参与填充各分节之前代词 почему 和 отчего 的构成，如同其他初始代词那样，具有如下形式：

почему — поэтому, потому, посему — почему-то, почему-нибудь, почему-либо — нипочему.

отчего — оттого — отчего-то, отчего-нибудь, отчего-либо — ниотчего, неотчего.

2. 初始代词 почему (отчего) 以带有语气词的组合或成语组成的形式，像其他初始代词一样，参与填充自己的各个分节。参与填充**确定性**分节的初始代词，第一，是以带有语气词вот的组合形式——在必须具备之后或之前揭示所指、所讲述事件的条件下；确定性此时伴有强调意义并集中于一点(Не приходил вот почему: болел; Болел, вот почему и не приходил); 第二，是以带有если не... то的结构组成形式：Если не из ревности, то почему же?(即正是由于吃醋)；Почему же если не по недомыслию?(即正是、无疑是由于考虑不周)。在**不确定性**分节中：意为"因为某种缘故"的почему本身(Задержишься почему, обязательно позвони), кто (его) знает почему, Бог знает (ведает) почему, Бог весть почему, неведомо (невесть) почему, неизвестно (незнамо) почему, не знаю (не поймешь, не понять, не разберешь, не разобрать) почему, черт знает почему, черт-те почему, хоть почему (— Почему он будет хитрить? — Да хоть почему, 即"由于任何可能的原因"), почему угодно, почему хочешь, мало ли почему, почему-нипочему, а...(Почему он обиделся? — Почему-нипочему, а целый день не разговаривает)。在含有**涵盖性**意义的组合中：почему бы то ни было(即"由于任何可能的原因")。

3. 代词почему (отчего)，像其他初始代词那样，向不同层次语言手段——词汇、语法、成语、构词、语调、纯连接手段——开放自己的意义空间。为此共同意义可以划分出多个局部意义：(1) 纯原因(по причине, на основании, из-за чего, благодаря чему, по поводу чего); (2) 原因——条件(при условии, если, если бы, раз)和(3) "反原因"(несмотря на что, вопреки чему, хотя и...)。纯原因——这是正在进行、已经实现了的和将要实现的事情的现实理由；条件，即刺激原因——这是可以允许的理由，在受到这些或那些限制时、在约定的情况下有积极作用的理由；"反原因"(所谓的让步)包括以下意义："存在(存在过, 将要存在)能提供理由的某事物，它可以作为不进行某事的原因，但该理由没有引起注意、不予接受"(Несмотря на дождь, едем, 即"雨是原因、是不走的理由，但该理由不被接受")。

属于**纯原因**、理由、根据意义空间(почему, отчего)的有带有前置词по, из-за, за (по групости, из-за неосторожности, за ненадобностью)的组合、连接词手段(по причине чего, вследствие чего, вот и, ну и: проспал, вот / ну и опоздал)、词汇、词素及其他一些语言学家们从不同角度多次描写过的语言手段。属于**刺激原因**意义空间的有称名条件、可能性的词汇(при возможности, если будет, представится возможность...)、连接词если, коль, коли... то, если... то, если бы, раз, раз... то, 在扩展性文本中——还有语调(Уйдешь — я обижусь),类似：Приди он, все было бы иначе这样的结构，成语ни за что（即"没有任何条件"），ни за какие блага, 像Убей не пойду（即"没有任何条件、什么原因都没有"）这样的口语结构。属于"反原因"意义空间的有下列手段：несмотря на, невзирая на, вопреки чему, наперекор чему, несмотря на то что, невзирая на то что, вопреки тому что, хотя и... но; 组合 все равно: Уговаривали — все равно пошел; 像Проси-не проси — не пойду, Лечись-не лечись, все равно болеешь这样的结构。

这样建立起来一些意义系列（这里所展示的，当然，只是非常有限的一部分），如：почему, отчего, потому, оттого, от этого, по причине того что, по поводу, на основании, почему-то, кто знает почему, без всякой причины; при условии, если, коли, раз, если бы, случись бы.., ни при каком условии; вопреки чему, несмотррая на, невзирая на, все равно。文本结构中对这些系列的描写十分详尽：它们包括所有相关的词汇和成语、词素、格和前置词—格形式、句法结构、动词的形容词形式、语调。

对如此形成的、属于这个或那个意义空间的一系列不同层次语言手段的充分分析使这些**系列**本身的**分类**问题、它们的系统化问题以及从系列本身组成、界限、开放性和闭合性、它与语言系统其他类似部分的相互作用等角度对它们进行研究的问题变得十分迫切。

4. 于是，初始代词почему所生成的共同意义范畴可以表示为"почему——原因"。在用词汇、成语、语法形式和结构、词素，文本中还要用这些或那些语调特征填充其意义空间时——形成局部次顶端意义范畴：(1)纯原因、理由、根据（по причине, по поводу），(2)原因—结果（вследствие чего, потому и...），(3)作为动机、条件的原因（при условии, если... то）和(4)"对立的原因"（несмотря на, вопреки）。

区别于почему, 代词отчего仅对纯原因、理由意义（Отчего ты расстроен? — Оттого, что кругом неприятности）和原因、结果意义（Опять неприятности, оттого и расстроен）开放自己的意义空间；条件、动机和反原因意义在"отчего — оттого"空间中是不存在的。

5. 在初始代词系列中代词почему属于特征表达（какой, каков）之列，但首先属于整个报道或述体；这种趋势是在почему和отчего参与下构成复杂连接词结构的原因所在。

在最基本的前文本组合（词组）中意义 почему 与кто (Опоздали из-за

тебя)、与что (За что полюбил: за красоту)错合，在古语言中——与зачем 错合([Фамусов] Сеней не запер для чего? И как не досмотрел? и как ты не дослышал?<Гриб.>). 在文本中最为典型的是意义почему与借助все形式表示完全、结果完成意义的错合：Все ты! (即"发生的一切都是因为你、是你引起的、原因在你"；[Фамусов] Ты, быстроглазая, все от твоих проказ <Гриб.>).

初始代词почему (отчего)在文本中发挥的是纯问题的作用；在复合句组成中——发挥的是"关系词"的作用(Узнай, почему это случилось)或是使意义个性化的词的作用(Не пришел потому, почему не пришли и другие; Расстроен оттого же, отчего и ты)。

针对代词почему, отчего的词条可以基于建立其他所有代词词条的基础来建立。这里在专门的区域中代词потому, поэтому, посему, оттого，所有表示不确定性和无体现性的相关代词、所有归于此类的代词性成语都应该得到词汇特征方面的详细描述。

КАКОВО

1. 代词каково表示主体的状态(каково кому)或整个情景(каково где)。在任何情况下каково中都具有(是其本质的)对时间的态度：каково——现在时，каково было——过去时，каково будет——将来时，каково было бы——不确定的、非现实时间；这正是каково与其他初始代词的本质差别和它与指示性动词成语иметь место, пребывать в состоянии, испытывать состояние的相近之处。因此，каково实际上是代词性指示词与动词性指示词之间的连接环节。

作为代词性述谓词，作为词，каково具有与其他代词一样的结构。在用不同层次语言手段填充意义空间"каково"之前该代词的构成具有下列形式：каково — таково — никаково。由于那种使代词каково与代词каков接近的实质性意义(在类似Каково-то ему придется的情况下 -то——是加强部分、而非形式构成部分)不确定性分节此处不要填充。代词никаково在使用上实际上是没有得到确定的，在达利词典中它被解释为方言词汇："никаково (тверск.)"。

初始代词参与自己各个分节填充十分受限。在**确定性**分节：вот каково；在**不确定性**分节(在之中不存在形式构成部分 -то, -нибудь, -либо, кое- 的条件下)：кто знает каково, Бог весть каково / Бог знает (ведает) каково, не поймешь (не понять, не разобрать) каково, каково еще (Каково еще придется в жизни!), каково ни... (Каково ни придется, будем терпеть), мало ли каково (Мало ли каково в жизни бывает), каково ни на есть (Каково ни на есть, а приходится терпеть).

2. 意义空间каково具有各种不同的填充。这里划分出相当明确的范围用以确定局部意义范畴组成。

（1）**Каково где 和 когда**：① 外部自然情景——环境状态：Каково на дворе?(Даль); Каково сегодня утра? — Жарко；② 外部存在情景，环境（"这里、周围是什么样情况？"）：Кругом темно, мрачно; Никого не видно; Голосов не слышно / не слыхать; В лесу таинственно, глухо; У тебя светло и просто (Ахм.)；③ 生活中、习惯上业已形成的情景（"那是已经形成的、通行的、经常发生的、公认的；的确是这样的"）：У нас так не положено, не разрешено; Но в дележе когда без спору?(Крыл.).

（2）**Каково кому**：① 主体生理状态的情景：Каково сегодня больному? — Лучше; Тебе тесно, жарко, душно; Вашему пахарю моченьки нет (Некр.)；② 主体内在（智力——情感）状态：Ему стыдно, обидно, страшно; Ему все нипочем.

（3）**Каково кому где, в какой обстановке, в каком окружении**：① 所产生情况的情景（"某人在某种情况下会怎样"）：Каково же им в море! (Даль); Смеялся над чужой бедой, а теперь самому каково?; Вам ничего, а мне каково? (Даль); Каково ему придется!; Он остался совсем один, каково ему?; ② 日常的、生活情景：Каково вам живется на новом месте? Каково живется-можется? — Теперь слава Богу!

正如所见，意义каково具有相当严整的内部组织。所指出的全部意义整体上都与涵盖性、扩展情景或主体状态到任何可能的——并且之后总是不确定的——时间中的意义对立；这种涵盖性由副词всяко, по-всякому (всяко бывает; по-всякому приходилось)、组合каково ни.., а表达：Каково бы то ни было / каково ни будь на дворе, а ехать надо; Каково в жизни ни прийдись / каково бы ни привелось, надо терпеть; Каково ни будь / каково бы ни было на душе, виду не покажет.

在表示大多数上述情景时каково可以与как自由替换，试比较：Каково / как на дворе? — Холодно; Каково / как в лесу? — Пусто, мрачно; Каково / как живется?; Каково / как остаться одному! Ему весело, а мне-то каково / как?!

在古语言和方言中каково发挥的是"什么方式、什么手段"意义的功能作用：«А каково стрелял он? — спросил меня граф. — «Да вот как, ваше сиятельство: бывало увидит он, села на стену муха... Бывало, увидит муху и кричит: Кузька, пистолет! Кузька и несет ему заряженный пистолет. Он хлоп, и вдавит муху в стену!»(Пушк.); 参见达利的例子：Каково испекла, таково и подала.

属于意义каково的有述谓词：жарко, тихо, плохо, грустно, стыдно, опасно 等(На улице жарко, В лесу тихо, Нам грустно, Так поступать стыдно, Там опасно 等)。还有报道外部情景状态的称名句：каково где (На улице холод, Кругом тишина, Всю осень дожди)，以及报道内部状态的称名句：каково кому (В душе обида, Видеть его мне тяжело, На сердце легко); 相应的还有带有否定意义的句子：Все лето нет дождей, Ни звука; В душе нет обиды, Мне нет покоя. 类似Я один / одинок, Он всеми забыт, заброшен ("我怎么样，他怎么样？")的句子的共同意义也是如此。

3. 共同意义范畴"каково——无主体的或有主体的情景"最初划分出两个次顶端局部意义范畴："无主体(非人称主体)情景"和"主体(人称主体)情景"；进一步的(而非一级次顶端)意义划分在第2点已经进行了说明；在那里还指出属于意义каково并由它生成的局部意义范畴；这些二级(非一级次顶端)意义范畴，本身也还要进行进一步的划分，依据不同层次语言手段的局部语义分类。

意义范畴"каково——无主体的或有主体的情景"完全属于报道、属于文本：它在前文本组合(词组)中是不能体现的，而只能体现在表述中、句子中、扩展性的连贯文本中——因此这一范畴中总是出现作为"说话人"的主体：这或者是那个直接建立情景的人，或者是那个以这样或那样方式与情景有关、报导、评价情景的人，对情景感兴趣的人。

4. 代词каково和其他构成其微系统的代词及代词性成语，在专门的代词词典中应该拥有单独的词条；词条的各个部分，也应该与初始代词所揭示的其他词条中的各个部分是一样的。然而此处应予以特别关注的是каково(和таково, никаково)在近标准和非标准语言环境中的用法，以及在18世纪和19世纪的文本中的用法，当时该代词在修辞上是中性的并且十分活跃，而且它与代词как的目前的这种相互关系还只是处在形成之中；所有这些用法都可补充说明каково在现代标准语中的功能作用发挥以及与之相关的意义关系的形成趋势。在此提供有说服力材料的有达利词典，以及十七卷本的科学院大词典。

结　语

　　上面阐述的全部内容都在说明,俄语代词类别具有严密的形式组织,其组成的本质特征是典型的作用分布:初始代词表示整体性的存在概念——与人们在认识物质世界和精神世界基础过程中所形成的概念是一致的。这些代词具有非常大的意义潜能:用该类别词汇手段所表示的概念按照"确定性、现实性、已知性——不确定性、不充分的已知性——非现实性、无体现性、不存在"的特征进行分节,前两个划分中的每一个分节都具有自己建立在本身内部划分基础上的组织:"确定性:极限性、集中性、定点性——无限性、不集中性、非定点性";"不确定性:单一性——非单一性"。包含在代词类别中的词的作用,在该系统内部是按照处于高度抽象程度的意义来分布的。

　　代词系统中包含着属于语言整体的最重要的思想;这些思想中包括动物和非动物的、人和非人的思想,运动中、存在过程中的相位思想,界限和无界限的对立思想,数量、尺度、单一性和多重性的思想,确定性和不确定性、存在或不存在、有知或无知的思想。代词类别,与具有存在、具备、动作或活动、有主体或无主体的状态、关系、业已形成的地位、事件意义的指示性动词一起,共同构成语言意义体系的基础。

　　作为词的类别的代词展现的是自然语言系统的全部性质和特征:这是一个完整的、历史上形成的自给自足和自我调适控制的语言整体,之中包含着一系列"微系统",它们在闭合的、具有首要基础作用和功能的代表性系列领导下构成各子集合。代词类别的特点是,该类别以自身特有的手段建立起自己的成语库,这个成语库以高度的准确性和连贯性服务于初始代词的每个分节、它的整个微系统并准确地为微系统的意义切分润色。

　　代词、代词类别具有语言本身生成的、表示语言意义的作用以及建立涵盖不同层次语言单位的意义空间的作用,这些语言单位在语义共同性和对同一个确定的意义初始的趋向性基础上进行分类。

　　本书中意义可以理解为语言范畴,它由初始代词表示并由统领该初始代词生成的语言空间的语言符号来称名。因此,语言意义既不等同于词的词汇意义,又不等同于述体的特征,既不等同于句子的语义结构或报道的内容,也不等同于逻辑范畴或语言共性成分;它存在于语言自身的系统中并且被看作抽象的语言范畴,在一定的语言单位和这些单位的共同性中具体化。一开始由初始代词表示的语言意义,作为一个范畴存在,一方面是基于确定性、不确定性或否定所指划分出来的(这是——"纵向"分节);另一方面,是基于对属于该初始代词的语言集合的初步、最概括的划分划分出来的(这是——"横向"分节)。语言意义具有生成能力:在此基础上构成集合着语义上彼此联系的不同层次语言单位的意义空间。代词微系统的三分部结构——系统的"纵向"分节及从而对初始语言意义以最概括的形式进行的三级切分——反映着人的认识等级并且揭示出这种认识的本质图景。语言意义彼此并不孤立:代词系统中用闭合词汇系列(初始代词)描写的语言意义,它们的特征是,第一,——已经是在该系列本身的组成中——一个对另一个的正规所属或不所属,第二,在前文本组合中的最简错合和文本内部的复杂多样的错合能力。

由语言的意义生成——并且如若生成,还归属于它们——语言的意义空间。意义空间——这是现实的环境,它由初始代词向语义相近的不同层次语言手段开放并由这些手段按照合乎实际的压缩集合构造规则来填充:位于意义空间顶端的是共同意义范畴,它还可以进一步切分出局部意义范畴——一级次顶端及其后续的意义范畴;填充意义空间的语言手段按这些范畴分布并构成既对不同形式单位、又对语言创新不同程度开放的部分。意义空间作为语言系统必须具备的特征彼此关联,第一,通过意义的最简前文本错合的可能性,第二,通过它们在正规的前文本和文本内部的彼此吸引体现出来的意义的可互属性。

由初始代词及其进一步的次顶端划分统领的意义空间在它们之间的对比和联系过程中构成语言的意义体系。语言的意义体系是其意义空间的集合,并且是一个具有自己独特形式特征的整体,这些特征是:(1)进入该系统的意义空间的可列举性;(2)纯语言指示单位及其严密构成的微系统对这些空间的主导性;(3)由一系列初始代词的闭合性决定的该体系本身的绝对闭合性,这些初始代词,一方面,表示物质世界基本的总体性概念,另一方面,表示为自己打开这个世界的人的自古以来的认识。

以上述观点为基础方可实现对俄语的完整描写,我们先假设将之称为"俄语意义语法":这部书将集语言意义描写、语言意义体系描写,以及对属于这些意义并由源于这些意义本身的关系结合起来的不同层次语言手段的描写于一身。

1998 年

关于动词быть

> 如果动词являться的意义是"显示自己的存在"，казаться——"显示自己外在的不稳定的存在"，оставаться——"继续自己的存在"，则быть已经是在表示"存在本身"且仅表示这个意义。**这是整个语言中最抽象的动词和最抽象的全词**（当然，不算代词）。要知道"存在"——这是物质最共同的特征。
>
> A.M.彼什科夫斯基

1. 在阐述自己对动词быть属性及其在报道描写中的作用的看法之前，我们首先要简要地明确几个在之后阐述中所要依据的基本概念：这是**报道**概念、作为指示本身的**指示**概念及作为语言范畴的**语言意义**概念。

报道将被理解为最低限度的述谓意义单位，其内容上含有相对完整的信息片断。表述（语法上成型的简单句或它们的功能相似体）被看作是最低限度单位的报道，它独立于半述谓扩展成分，是纯（未被复杂化的）形式的信息单位类型——作为一定语言意义载体的报道类型（参见下文）。对大量报道的研究和系统化为我们展现出它们作为最高语言抽象的特别领域的类型。

这种或那种类型的报道是根据指示单位——动词性或非动词性的——即根据专门用于表示语言意义，进而表示本身特征和信息形式的词来确定的。指示词作为有指示作用的词其意义方面的特质受到指示词特点的制约：这里要说明的不是语言符号内容方面的意义——这方面总是非常复杂的，——而是这个符号的语义功能方面的标记。这个术语我们还将在进一步的阐述中加以使用（关于意义和标记的区别参见下文）。俄语中存在指示（指示的，非称名意义的、而只是标记作用的）单位类别，专门用于体现整个报道，对其具体的、个别的、现实的内容进行抽象。这个类别具有两重性：它由彼此对比和对立的非动词性和动词性指示词系统构成，属于类别第一部分的是代词，属于第二部分的是指示性动词和指示性动词成语[1]。

指示性动词及动词性成语（下面，简洁起见，直接统称为动词）类别的存在（像所有其他词汇类别一样）是作为具有核心和围绕核心的外围的系统而存在，

---

[1] 关于作为语言意义载体的代词参见：[Шведова 1998]。

外围的一部分紧紧地与核心联通，而另一部分与全义动词相互作用。分析这个系统的最概括特点，我们深信它用语言手段能够再现人及人周围事物的所有基本的存在形式、人的"宏观"和"微观"世界、那些如果缺少这种存在就完全失去可能的条件和现实性。这些存在形式和条件到底是什么样的呢？可以轻松地把它们列举出来：人存在、生活、处在某个位置，他周围存在着如果缺少人就无以生存的环境；他感知周围的事物并对它有所了解；他在活动——体力上和智力上，实施行为；他周围发生很多事件，事态在不断扩展，而人以这样或那样的方式参与其中；他是某些状态的承受者——本身或由外力刺激的状态：生理的、情感的、脑力的、情态的——或偶然产生、偶尔出现的状况的承受者；他一定具有某种东西、占有某种东西；他处在与其他人和社会的一定的关系之中、与它们相互作用。对所有这些存在的形式和条件而言动词指示系统具有自己的标记：最概括的、"核心的"和它们的区分、划分标记。这里我们要描写的只是这个系统的核心、中心及（在括号里标明的）那些相关的动词性指示单位，其第一步骤是用于确切和区分包含在直接属于系统中心的动词之中的基本意义。

（1）**Быть** (существовать, бывать, водиться, вестись, случаться; находиться, иметься, иметь место, наличествовать; пребывать, побывать).

（2）**Делаться** (происходить, сбываться, осуществляться, случаться, получаться).

（3）**Делать** (поступать, действовать, вести себя, вести какой-н. образ жизни, заниматься чем-н.).

（4）**Испытывать состояние** (пребывать в состоянии, находиться в состоянии, чувствовать, ощущать, испытывать).

（5）**Воспринимать** (видеть, чувствовать, находить "感受"之义, ощущать, замечать).

（6）**Знать** (осознавать, быть осведомленным, иметь сведения).

（7）**Владеть** (иметь, обладать, есть ⟨что у кого⟩, располагать чем).

（8）**Находиться в случайном положении** (попасть в какое-н. положение, очутиться, оказаться в каком-н. положении).

（9）**Относиться к кому-чему-н.** (иметь отношение к кому-чему-н., воспринимать чье-н. отношение, находиться в каких-н. отношениях с кем-н., быть связанным с кем-чем-н., заслуживать чего-н., слыть кем-н., занимать какое-н. положение где-н., состоять где-н. в качестве кого-н.).

当预见到不可避免的问题和意见时,我们将即刻强调两个重要观点:第一,所提供的清单——在每一点的组成中——是不完全的:它的目的——反映出指示性动词类别核心的概括结构并指出描写核心外围的最初几个步骤;第二,在此有意将有关可以称其为"伴随意义"动词,即有关含有这个或那个指示性动词意义并根据该意义发展自身称名意义的动词的问题搁置一边(试比较,例如,быть, жить, существовать——和прозябать, влачить существование或сделать和учудить, вытворить; стоять"位于、坐落在某处之义"和лепиться: по берегу стоят дома和по берегу лепятся деревушки等许多其他类似的例子)。

每一个指示单位都是语言意义的载体:这是其表意的——内容的、非物质的方面;指示单位的本质特征决定这一内容是高度抽象的:根据最概括的定义,语言意义——这是一个由指示单位表示并根据自身的抽象程度获得不同物质表达的概念。与此同时语言意义本身、它们的系统是语言的闭合部分:它们存在、体现并根据作为纯语言标记的闭合类别的指示词(动词性的和非动词性的、代词性的)类别进行统计。

有关时间中进行的(任何)事物的报道意义完全取决于属于这个或那个指示性动词单位的意义:作为该双边语言符号的表意方面而从属于动词性指示单位的概念被纳入报道意义。在同一个意义条件下报道的物质方面(它们的形式、词汇组成)可以有所不同:起决定作用的是可能用这个或那个指示词进行标记的一致性;比较:Зима — Стоит зима; Остров на море лежит, Град на острове стоит (Пушк.)和Есть остров..., Есть град.... 这是一个说明同一个意义"делать"、"заниматься чем-н"的不同语法形式和词汇形式的有力例证:« — Вот тут отдохните. Не взыщите. А мне идти надо. — Куда? — **Уроки у меня тут**: совестно говорить — **музыке учу**»(Л. Толст., Отец Сергий). 另外一个例子:表达"находиться"意义既可以用该动词本身,又可以用带有空间位置意义和生理状态意义的相同功能动词、带有体力动作意义的动词形动词形式以及无动词(称名)句:« В доме Гаврилы Афанасьевича из сеней направо **находилась** темная каморка с одним окошечком. В ней **стояла** простая кровать, покрытая байковым одеялом, а **перед кроватью еловый столик**, на котором **горела** сальная свеча и **лежали** открытые ноты. На стене **висел** старый синий мундир и его ровесница, треугольная шляпа; над нею тремя гвоздиками **пробита была** лубочная картинка, изображавшая Карла XII верхом» (Пушк., Арап Петра Великого).

出现在其语言意义共同性条件下的各种报道"材料"的类似不吻合的例子

读者可以在下文——在分析研究动词быть的意义功能时找到。

  2.有大量研究专门针对动词быть、它的形式及其在相关同义词范围中的存在；多部详解大词典中亦对动词быть进行过细致的描写——首先是在达利词典和十七卷本的科学院词典中；为研究动词быть在新时期的发展提供可靠且有价值的材料的是《十八世纪俄语词典》(第二版)。本文研究任务中未能纳入对这些描写的哪怕是最概括的综述。如果说关于这个动词——它的形式和"意义"，它的相关配价和广泛分布的可能性、它在不同类型上下文中的使用、它与其他语言中相应词汇单位的比较——的任何一点都不曾躲过研究者的视野是不会有错的。在最近数十年的研究著作中处于关注中心的问题，首先是动词быть的语义结构问题、其"意义"系统问题，第二，是其在存在句构成中的作用及与此相关的、它在称名句及其他句子类型中的"零位"问题、以无动词句的初始形式(句法现在时形式)存在的"零位"问题。

  在不同的研究著作中可以找到不同数量的动词быть的意义；如果将这些研究的结果汇总起来并尝试列举全部这些"意义"和"子意义"，它们将超过30个；在阿普列相专门针对动词быть的"词典学概貌"研究中[1995:503-537]区分出"6个大的意义组"(连接、区域、领属、存在、情态—存在、辅助意义)，而且，这些意义中的每个意义的内部，平均划分出2-3或4个子意义；这些意义系统中还包含类似于Задача трудная, Больная в обмороке, Мне незачем спорить等类型句子中的"动词的零位形式"。与把动词быть(英语是to be)作为多义动词进行描写相对立的是把它作为"有多个变体的"动词进行描写，这是一种通过四种变体形式——存在、位于、具备和在场——来体现"быть"意义的不同用法的描写[Селиверстова 1977: 5-67]。我们将在下文说明赋予动词быть数量繁多的意义是多么地令人信服(这些意义在专题学位论文研究中是根据大量的上下文推导出来的)；这里我们还将着重研究各种不同类型的无动词句中的"动词零位"。这种解决问题的方法是非常有争议的。在分析句子Край был в запустении中的动词был的基础上为像Край в запустении这样的句子补充"动词零位"时，不应该脱离于聚合体关系 Край был / будет / был бы / будь / будь бы... в запустении (Мне незачем / незачем было / будет / было бы спорить; Шум / был / будет /был бы шум; Праздник был / будет / был бы / пусть будет праздник等情况亦完全如此)：这里动词быть处处都把所报道的内容归于时间——现实时间(过去时或将来时)或非现实时间(假想的时间)，而它们的功能亦到此结束：这不再是连接，而是进入句子句法聚合体的形式构成成素，句法聚合体中初始形式（句法现在时）没有动词，在自身性能方面自给自足[参见：РГ-80，т. II：глава «Формы простого предложения»]。

动词быть在多部大词典中被如此细致地描写并且如此多次地引起研究者的关注，以至于未必能即刻将与之相关的某些新材料纳入日常应用（尽管在此可以指出部分漏洞）。但是可以从它在动词和动词性成语的概括系统中所处的特殊、固有和唯一的位置观点出发看待这个"神秘的"动词。在后面的篇幅中我们将尝试把动词быть，不是作为实词（全义词），而是作为**多功能的指示性**动词加以研究，该指示性动词能够指示这个或那个报道类型并由于这种能力而与其他一系列动词单位有机融合并与它们发生紧密的相互作用。

3. 在前面已经讨论说明过的那些语言意义中，而且相应地，在表示它们的动词性指示单位中，动词быть占有特殊地位：之中含有在报道组成中不仅表示存在本身、而且还表示其他形成动词性指示词中心的意义的能力：不同表现形式的存在标记功能在动词中与单独拿出说明的情景或事件、活动、处于（某种）状态或某种偶然的处境、对某人某事的态度或领会来自外部的态度的标记功能结合起来；此外，在严格的限制条件下，动词быть表现出自己业已丧失的、"残留的"功能并且在我们面前略微展现自己以往的、更加宽广的意义潜力。

第一步，在允许的概括阶段，动词быть的意义结构以它所具有的五种标记能力体现出来。这是——I：表示时间——句子句法聚合体中的现实时间（现在时、过去时，将来时）或非现实时间（假定、条件、应该、愿望、祈使）（Зима теплая — была // будет // была бы // будь / будь бы зима теплая...; Весело — было // будет // было бы // будь / будь бы <Будь / будь бы там весело, я бы туда пошел>等）；关于动词быть的这一纯语法功能在前面已经讨论过；我们只是会发现，把动词быть的形式称作系词在此未必正确：这是表示时间的纯句法指标，在大多数情况下——首先是在句子的主题—叙题切分条件下——它的位置是自由的；II：表示存在、具有、具备；III：表示在场、驻留某地；IV：指出处在它这种、平静状态中的情景或事件、事故；V：指出某人某事处在某种状态或处境中。我们将进一步详细地重点研究这些体现быть的复杂的意义潜力的每一个功能，作为动词，быть这个词能够标记报道类型并在自身这一性能上与跟它一起进入功能一致性关系的其他动词性指示词相互作用。

I. **表示**现实或非现实的**时间**（参见上文）；这是动词быть最抽象的功能、最高的概括程度；源于这个功能产生的是未完成体动词中的быть形式构成（буду, будешь, будет жить）。在这个表示时间的功能中动词быть也可以以初始形式出现——当报道属于恒定不变的或持续不变的状态，试比较：[Репетилов] Да умный человек не может быть не плутом (Гриб.); [Фамусов] Что за комиссия, Создатель, Быть взрослой дочери отцом!(Гриб.); Я была и не могу не быть в отчаянии (Л. Толст.); Мы продолжаем быть благополучны и здоровы (Л. Толст.).

II. **表示存在**：1）本身存在：(a)向来、本来就存在；(b)从类似的集合中分离出来而存在；(c)在生命、(物质和自然界)存在过程中的存在；(d)已经固定下来且持续不断的存在；2）在场，处在某处；3）处在占有状态之中或与某人的密切关系之中：(a)处在占有状态、为人所有或使用之中；(b)处在与某人某物稳定而紧密的关系中、与某人某物的相关性中。

1）本身存在——本来、向来就存在或不知何时、不知怎地、在某处、某人那里存在着。

（a）向来、本来就存在 (есть — было — будет — было бы — будь)：Везде есть прекрасное (Л. Толст.); — Да, я знаю, — перекрикивал нас седой господин, — вы говорите про то, что считаете существующим, а я говорю про то, что есть (Л. Толст.); — Но есть же между людьми то чувство, которое называется любовью и которое дается не на месяцы и годы, а на всю жизнь? — Нет, нету (Л. Толст.); Было горе, будет горе, Горю нет конца (Ахматова).

（b）由于自身特点而从类似的集合中分离出来，存在、时常出现、发生 (есть — был — будет — был бы — будь)：А ведь признайся, есть Из кумушек моих таких кривляк пять-шесть (Крыл.); [Чацкий] Кто более вам мил? [София] Есть многие, родные... [Чацкий] Все более меня? [София] Иные (Гриб.); Есть в осени первоначальной Короткая, но дивная пора (Тютч.).

（c）存在——处在生命过程中——生存 (есть — был — будет — был бы)：Жил не жил, был не был (谚语，达利); Будет и наша правда, да нас тогда не будет (谚语，达利); Был человек, который никакого Не знал ни промысла, ни ремесла (Крыл.); Был некто Анджело, муж опытный, не новый В искусстве властвовать (Пушк.); — Зачем ему продолжаться, роду человеческому? — Как зачем? Иначе бы нас не было. — Да зачем нам быть? — Как зачем? Да чтобы жить. — А жить зачем?(Л. Толст.); Меня не будет, так что же будет? Ничего не будет. Так где же я буду, когда меня не будет? Неужели смерть? Нет, не хочу (Л. Толст.). 试比较混合用法：жил-был, жили-были。

（d）自古以来就存在、已经固定下来且持续不断的存在、历来如此、一向如此(есть — было — будет)：Если даже допустить, что мужчина предпочел бы известную женщину на всю жизнь, то женщина-то, по всем вероятиям, предпочтет другого, и так всегда было и есть на свете (Л. Толст.).

（e）存在是属于某人、处在某人拥有状态或与某人某物的密切关系之中(есть — был — будет — был бы — будь — будь бы)。(1)作为私有财产、为某人所拥有的存在：И зубы есть, да нечего есть (谚语，Даль); [Молчалин] Есть у меня вещицы три: Есть туалет, прехитрая работа (Гриб.); Был тулуп, да что греха таить? Заложил вечор у целовальника (Пушк.); (2)处于利用、使用中的存在：И ноты есть у нас, и инструменты есть; Скажи лишь, как нам сесть! (Крыл.); Что ты хлопочешь? Будет тебе оброк, коли захочешь (Пушк.); Старик объявил ребятам, что «Машкин Верх скосить — водка будет» (Л. Толст.); (3)存在亲属关系、与某人某物有牢不可破的密切性、与某人某物有紧密的相关性、有来往：Будет с нас, не дети у нас, а дети будут, сами добудут (Даль); [Скалозуб] Жениться? Я ничуть не прочь. [Фамусов] Что ж? У кого сестра, племянница есть, дочь... (Гриб.); У дочери его была мадам англичанка (Пушк.); [Репетилов] У нас есть общество, и тайные собранья По четвергам. Секретнейший союз (Гриб.).

2）在场、存在、处在某处(есть — был — будет — был бы — будь — будь бы)。

（a）位于某处、坐落在某处、在某处占有位置：Вот ива... Были здесь ворота... Снесло их, видно... Где же дом? (Пушк.); Там за речкой тихоструйной Есть высокая гора, В ней глубокая нора (Пушк.); Есть остров на том океане — Пустынный и мрачный гранит; На острове том есть могила, А в ней император зарыт (Лерм.);

（b）在某处存在、在某人处出现、在场：[Молчалин] Я только нес их для докладу, Что в ход нельзя пустить без справок, без иных: Противуречья есть, и многое недельно (Гриб.); [София] Он не в своем уме. [Г. Н.] Ужли с ума сошел? [София] Не то, чтобы совсем... [Г. Н.] Однако есть приметы? (Гриб.); Лучшего не надобно дохода, Да есть на них недоимки за три года (Пушк.).

III. 表示驻留、在场：1）纯驻留；2）在场；3）访问；4）在某处出现。

1）驻留（был — будет — будь — будь бы）：a）纯驻留：[Чацкий] С кем был! Куда меня закинула судьба! (Гриб.); [Загорецкий] Схватили, в желтый дом, И нá цепь посадили. [Г. Д.] Помилуй, он сейчас здесь в комнате был, тут (Гриб.); b）持续、延长的驻留：Где был, там и будь (Даль); [Чацкий] Буду здесь, и не смыкаю глазу Хоть до утра (Гриб.).

2）在场（был — будет — был бы — будь）：Но куча будет там народу И всякого такого сброду... — И, никого, уверен я! Кто будет там? своя семья (Пушк.); Бедный отец не сразу решился спросить у дьячка, была ли она у обедни. Дьячок отвечал, что не бывала (Пушк.); [Чацкий] Прикажете мне за него терзаться? [София] Туда бежать, там быть, помочь ему стараться! (Гриб.); Но самый вечер был веселый. Было лучшее общество (Л. Толст.).

3）访问（"посетить, побывать"）（был — будет）：Если Алексей будет у меня всякий день, то Бетси должна же будет в него влюбиться (Пушк.); [Фамусов] Его величество король был прусский здесь, Дивился не путем московским он девицам (Гриб.).

4）来到、到达、出现（был — буду — будь）：Улита едет, когда-то будет (谚语); Не было ли тут солдата? — Коли что пропало, так был (Даль); [Лиза] Сударыня, за мной сейчас К вам Алексей Степаныч будет (Гриб.); [София] Вы вечером к нам будете? [Скалозуб] Как рано? (Гриб.);Того и гляди, злодеи будут сюда (Пушк.); — Ступайте к Акулине Памфиловне, я сейчас туда же буду (Пушк.).

IV. 表示情景、事件、事故。这里明显显现出动词быть表示各种不同报道类型的可能性，这些类型通过与其他指示性动词和动词性成语正规而明确的相互作用加以确认：1）иметь место；2）делаться；3）случиться；4）выйти；получиться。

1）表示在时间中进行着的情景,但不是作为出乎意料和非同寻常的事件，而是作为处在"时间范围"中、在之中占有自己的位置并且不会破坏时间进程、而是融入其中的情景（было — будет — было бы）：[Чацкий] Что нового покажет мне Москва? Вчера был бал, а завтра будет два (Гриб.); На другой день был праздник (Л. Толст.). Значит — страна Так не сдана, Значит — война Все же была! (Цвет. Один офицер). 对быть的这种用法而言最为典型的

是通过集中体现该事件的那个事物的名称对所描写的情景称名：Была в провинции и связь с одной из дам, навязавшейся щеголеватому правоведу, была и модистка, были и попойки с приезжими флигель-адъютантами, и поездки в дальнюю улицу после ужина, было и подслуживание начальнику и даже жене начальника (Л. Толст.); Но, вспоминая все то, что я пережила с тех пор, всегда спрашиваю себя: да, а что же все-таки было в моей жизни? И отвечаю себе: только тот холодный осенний вечер. Ужели он был когда-то? Все-таки был. И это все, что было в моей жизни (Бунин). 这些情况中的特点是借助代词это, то, что来表示情景：Что было, то прошло, что будет, не ушло (Даль); Чредою всем дается радость; Что было, то не будет вновь (Пушк.); И всем становилось страшно, что вдруг нарушится эта приличная ложь и всем будет ясно то, что есть (Л. Толст.); [Вышневская] Пожалуйста, не думай, чтобы ты говорил что-нибудь новое. Все это было и всегда будет (Остр.).

2）表示破坏事物进程的单个事件、事故："происходить, делаться" (было — будет — было бы)：Что будет, то будет, а будет то, что Бог даст (Даль); Вот ужо будет нам потеха, Вам, собакам, великая помеха (Пушк.); — Знаете, что я делал предложение и мне отказано... — Я не знала этого. Я знала только, что что-то было, но чтó, я никогда не могла узнать от Кити, Я видела только, что было что-то, что ее ужасно мучило и что она просила меня никогда не говорить об этом... Но что же у вас было? Скажите мне. — Я вам сказал, что было (Л. Толст.).

3）表示出乎意料的单个情景、意外事件："случиться" (было — будет)：Чему быть, того не миновать (谚语); И я подумал, что мы поссорились и помирились и что больше этого уже не будет (Л. Толст.).

4）表示情景是结论、结果、预见的结果："выйти", "получиться", "статься" (есть — было — будет)：Делать как-нибудь, так никак и будет (Даль); — Господи боже мой! Вишь, какие новости! Что из этого будет? (Пушк.); Как им сказал Старик, так после то и было (Крыл.); [Хозяйка] ...только здесь и добрым людям нынче прохода нет — а что из того будет? — ничего: ни лысого беса не поймают (Пушк.); Знает, что кроме лжи и обмана из этого ничего не будет, но ему нужно продолжать мучить меня (Л. Толст.); [Федя] Да, я своим распутством помогал их сближению. Что же делать, так должно было быть (Л. Толст.).

V. 表示状态是动词быть在报道中的本质特征：1）；固有的、不可分割的内部状态，自身的本质 2）情态状态；3）偶然的状态、偶然出现的状况。

1) 动词быть总是通过与代词каков, какой, как, таков, такой, так的组合来表示本质的、不可分割的状态，本质的特征：Каков есть, такова и честь（谚语，Даль）; Каков я прежде был, таков и ныне я. Беспечный, влюбчивый (Пушк.); [Графиня-внучка] Мсье Чацкий! вы в Москве! как были, все такие? [Чацкий] На что меняться мне? (Гриб.); Так пускай я буду какая есть, но не буду притворяться (Л. Толст.). 试比较固定组合：так оно и есть; это как есть（即"就是这样"）。实质性的意义还包含在等同意义的系词есть之中（и есть, это и есть）: Театр есть училище нравов（格言）；还可以与动词不定式连用：Следовать за мыслями великого человека есть наука самая занимательная (Пушк.).

2) 情态状态总是某个人的状态，该状态由那种从中可以产生另外的、与之相关、以其为条件的情景的情景所生成，这正是必要状态（"存在某个事物，从中一定会产生某个另外的、随之而来的事物"）、可能状态、预定状态、合理状态、应该状态、许可状态、假定状态；动词быть——在明确的形式限制条件下——还含有表示相似状态的能力。

a) 预定性、必然性（быть）: Быть бычку на веревочке (谚语); Так вспомни же меня, что быть тебе без шубы (Крыл.); Коль то когтей у них дойдет, То, верно, Льву не быть живому (Крыл.); [Шуйский] Весть важная! и если до народа Она дойдет, то быть грозе великой (Пушк.); 比较玩笑话：Быть было ненастью, да дождь помешал (Даль).

b) 假定性（будет）: Смотри-ка, квакушка, что буду ль я с него? — Нет, кумушка, далёко (Крыл.); — А они далеко тут? — Верст тридцать. Пожалуй, и сорок будет (Л. Толст.). 比较方言中быть用于"也许、可能"意义：— Пройду ли я тут? — Быть пройдешь (Даль).

c) 被迫性："不得不"（будет）: Ешьте, дорогие гости, все равно будет собакам выкинуть (Даль). 方言中：Сколько ни плакать, а быть перестать; Сколько ни браниться, а быть помириться (Даль).

3) 某人所处的偶然的状态意义，以动词быть的现在时、过去时和将来时形式出现在带有代词的组合中，例如：Пожар! Выскочили как / в чем были; Как

был, так и свалился; — Я не одет. — Выходи как / в чем есть. [Липочка] Да давно ль ты его видела? [Устинья Наумовна] Нынче утром была. Вышел как есть в одном шлафоре (Остр.); ... как был в пыльных сапогах ложась на приготовленную постель (Л. Толст.); 来自口语：Не буду переодеваться пойду в чем буду.

动词быть及其不同形式所涵盖的报道的共同范围就是如此——在这些或那些限制条件下或在这些限制之外。在固定组合、固化下来的句子中动词быть还保有业已失去的表示动作、行为、举止表现的能力。在此意义上成语как быть("怎么办？"、"怎样行事？")的状态最为典型：之中完整保留着行为的意义；这显然源自как бы与теперь, тут, мне / нам, с тобой / с ним等搭配的上下文、以及报道积极行动、刻不容缓行为的必要性的语境，试比较：Как быть и как с соседом сладить, Чтоб от пенья его отвадить? (Крыл.); [Аграфена Кондратьевна] Ах, батюшки! Да как же это быть-то? (Остр.); [Князь Абрезков] Что делать! Но как же быть с ними? (Л. Толст.).

Быть (был — буду — был бы) 可以表示行为举止（"вести себя"、"держаться"），试比较：Будь со мною, как прежде бывала, О скажи мне хоть слово одно (Лерм.); Стараюсь быть умницей.

在个别脱离于聚合体的动词быть形式中形成了独特的词汇意义。这是1) 表示"轮到"、"落到"意义的будет (以及было, было бы) (Вот ужо тебе будет, гарнизонная крыса! (Пушк.); 2) 表示未来仅有的相似行为意义的буду (будешь, будет) (Прости, я так больше не буду); 3) 表示"进食、进水"意义的буду (будешь, будет)（口语）(— Чай будешь?; — Кофе не буду). 作为个别词素存在的будь, будь бы, буде (连接词), было (语气词), будет ("相当"、"足够")形式；方言中：быть是"真相"、"实情"(быти достоверные)和"造物"、"现有的生物"(Всякая быть создана Богом)之义；быто表示"家具什物、家当"之义；已不再普遍使用的形动词形式быто (Не дорого пито, а дорого быто)(全部例子——根据达利词典)。重要的是指出，即使是在过去，在某种目前已经丧失的情况中动词быть所表现出的是自身意义的"不集中性"，是表示有时彼此相距遥远的现象的能力。俄语方言中诸如此类的现象参见文章[Кузьмина, Немченко 1968].

4. 由上述简要概述可以看出，动词быть尽已所能与大量指示性动词相互作用，而且这种相互作用不仅仅、而且不单单表现在同义词方面，还表现在动词

быть在报道中占据该共同范围内若干或一个单位的位置的能力。提请大家注意,动词быть可以起什么样的作用。它的可能性非常之广,这是:实际上的存在(总是随处可见、随处出现、随处都有);继续、很久以来就存在(开始进行、发生);生存、存活;出席、在场、处在某处、具备;某人所具有、属于某人;来临、出席;出现、参观、访问;产生、出现、存在;发生、出现、显现;成为、出自、变成;举行、实现;成为本质、某人或事物的本质;经历由其他状态或外力刺激而生的状态(面临不可避免的事情、预定、被迫);处于偶然的状态;行为或举止的状态。所有这些"意义"的共同点是什么?仅仅是包含在作为多功能标记单位的动词быть之中的"быть"意义。

区别于一个意义总是以这样或那样的方式产生于其他意义的多义现象,多功能性排除这种派生特点并以意义的同等地位(并重状态)与之对立。另一点也十分重要:区别于称名(实体)词,指示词——动词、代词——的内容方面是不可分割的。无论如何看待成素分析,显然,在词的意义中存在中心及较局部的组成单位;在指示意义词(指示词、代词)的内容、意义方面没有这些组成单位,而且动词быть非常有力地表现出这一特性。与其他体现其直接语境的指示性动词单位相比,动词быть具有特别宽广的功能范围——从表示时间本身到指出偶然的状态或行为。动词быть的这一为研究者准确定义为其特性的独特性即包含于此。显然,正是因为作为多功能指示词的быть(不是称名,而是指示、标记的быть)的这一本性,使许多研究者很轻易地就赋予它数十个独立的词汇"意义"。

在不同类型的报道中быть与实体动词和个别词形发生直接的联系,例如:Жил на свете рыцарь бедный (Пушк.) / 誊清的版本был на свете; Был бы отец жив, он бы тебя научил / Был бы отец... / Жил бы отец...; Так оно издавна есть / Так издавна ведется (повелось) / заведено / установлено / устроено; Он уходит, а я буду с тобой / останусь; Быть беде / беды не миновать; Каким я был, таким и остался / остался прежним; — И что же, успехи делают?.. — Делают и успехи (Л. Толст.) / — Успехи есть? — Есть и успехи. быть与具有位置状况或运动意义的动词的相互关系也是正规的: [Рисположенский] ... тут я вспомнил, что, должно быть, я его [дело] в погребке забыл. Поехали с экзекуте́ром — оно там и есть (Остр.) / там и лежит; Надобно знать, что бабушка моя, лет шестьдесят тому назад, ездила в Париж и была там в большой моде (Пушк.) / была, побывала в Париже; Будьте сегодня в семь часов в беседке у ручья (Пушк.) / приходите в беседку; [София] Была у батюшки, там нету никого (Гриб.) / Ходила к батюшке; — Моя обязанность ясно начертана для меня: я должен быть с ней и буду (Л. Толст.) / и останусь. 所有这些相互关系明显体现出指示性动词быть与在上下文条件下与其同义的全义对应单位在意义本质方面的区别。

在对动词быть进行描写时,多部详解词典把其意义上的表现描写为词汇意义的多重性。这自然是受词典体裁的约束而且不可能是其他原因;然而这个动词的符号本质、它的语义结构及其在语言中的地位——本质上与那些纯称名的多义实体动词是完全不同的。

2002 年

俄语指示形式сделано及其所表示的报道类型

  在研究俄语(而且不仅仅是俄语)动词的多数著作中,以及在动词词典描写中都不止一次地强调过,在语言中存在动词及动词性成语,即带有所含动词与名词的关联意义的单位,它们或是已经丧失称名功能,或是本身含有非常广的意义;不同的研究者按其特征将这些动词称作"非实体动词"、"语法化动词"、"去词汇化动词"、"带有融合意义的动词"、"去语义化动词"等等。在《代词与意义》(M.1998)这本著作中曾尝试把些动词作为独立的词汇类别加以描写,这一词汇类别集合了具有概括指示过程(行为、过程性状态)的功能、并在该功能方面与代词相近的动词;这些词的特点并不在于它们意义的"扩散"和它们的"去词汇化"(由布拉霍夫斯基引进的术语),而首先在于它们代词性的、纯指示作用的、指示功能。这些动词类别在任何地方的描写都是不充分的[1];然而整个纯语言的报道系统本身,它们的共同分类依赖的正是这一类别。

  需要对"指示功能"、"指示性动词"这些词的使用进行专门的说明。在大家熟悉的阿普列相[1995]、帕杜切娃和克雷洛夫[1984;1992]的著作中以及同一方向上[2]的对布鲁格曼、本维尼斯特、布龙菲尔德、比勒、菲尔墨、莱昂兹等人思想加以深化和发展的大量文章中都把指示功能理解为最为不同的语言手段的角色分配,它们在言语(文本、连贯文本)中围绕я, здесь和сейчас分组并且将所有实义化、情态、评价现象以及并列关系和所有既属于说话人又属于"言语观察者立场"的现象纳入自己的范围。这种理解使得我们能够深入到文本的深处、进入到整个言语情景的多样性之中。然而它并不排除术语"指示功能"用于基本的纯指示性初始意义的可能性以及,从无限的言语范围中抽象出来、将之用于描写语言系统本身的现象、构成系统的结构和各个部分的可能性。

  在此我们允许自己作出小小的让步。不管语言学家持何种观点,他总是要面对两种现实情况:面对包含在语言概括系统中的语言单位(而且必然纳入与系统其他单位的结构关系之中),和面对这个单位在言语中功能作用、它与已不

---

  1 在别洛乌索夫的文章中对指示性动词的研究是在非实体动词的上下文中进行的并且有意不与它们相对立[Белоусов 1989]。在各种不同的研究著作中首先要看的是乌菲姆采娃的研究[1974];还可参见斯捷潘诺夫著作中的论述[1973;1989]。

  2 参见《Человеческий фактор в языке: Коммуникация. Модальность. Дейксис》一书中的《дейксис》篇(1992)。

属于该语言系统部分、而属于完全是另外的、系统不同的客观现实的单位的关系。暂时还没有人驳斥传统的观点，依照这个观点对这些现实(情况)必须加以区分并且分别加以研究；将这两个方面混合在一起是可以的，但却没有必要，因为在将它们混合起来的情况下语言学家将被迫永远放弃语言符号是任何语言系统基本单位的理解。这有一个最为典型的例子。针对语言指示功能的当今研究成果，最初几步一定是从作为说话人的"我"开始的；同样，所有详解词典在对这个代词的意义进行描写时也是遵循这一根深蒂固的传统的。其实"人称代词"я的存在不是始于言谈，而是始于它作为词在其他代词性词的微观世界中的地位，并且首先是——始于它与"ты"和"он"的关系就是与词的关系、而非与言语参加者的关系。从而，作为词，作为词汇单位，代词я应该获得词典定义，从它与构成其相关语境的那些词的关系出发到它的一个"小词汇类别"，并且只有在此之后才能够开始研究这个词在言谈和言语中的角色。完全脱离传统、"忘记"说话人，赋予代词я严格的词典定义是十分困难的，因为它的词汇意义是高度抽象的；然而显而易见的是，首先应该进入这个释义组成中的是指出代词я的词汇意义中包含人称与ты和он(以及мы, вы和они)的关系的中心思想，这些关系在一个单数人称中的统一，语言本身使该人称与它周围的其他所有人称对立起来。я——不是微不足道的单位，准备服务任何人：这是具有自己的——尽管是非常特殊的——词汇意义，具有自己的语义结构，即若干由基本的初始意义生成的意义(参见词典中所描写的其意义系统)，以及自己的构词潜力的词；代词я在言语中、在言语参加者之中的特殊作用没有使其丧失全部这些特征，而且没有使之成为单纯的"指示符号"。

在所提及的文章中术语"指示功能"将用来表示纯指示意义，而且是那种首先属于语言体系本身并且能够研究到它与说话人或观察者之间的关系或围绕言语的语言外环境的纯指示意义。这种对术语"指示功能"的理解取决于它的起源，指示性动词和指示动词性成语，在形成一个完全确定的词汇类别时，在自身功能的特点、自身语言的预定性方面与纯代词性词非常准确地配合也决定了对该术语的这种理解：如果这些刚刚提到的词表示统一的语言意义并用自己独特的手段把它们划分成更局部的语言意义，则指示性动词和指示性动词组合(往下，简称为——指示性动词)，尽管已经丧失称名功能，即不称名任何确定的动作或状态，但是能够表示这种或那种报道类型，而报道的分类本身取决于这些动词的类别。在这篇文章中我们没有机会描写这个类别本身及其结构，尽管专门从俄罗斯经典文学作品中、从它的供给源泉(普希金、莱蒙托夫、格里博耶多夫、克雷洛夫、阿·奥斯托洛夫斯基、列夫·托尔斯泰、布宁等）首先抽取出来的材料允许做到这一点。但这是一个需要专门重点研究的题目；在此我们将注意力只投放在用于表示某种积极活动——动作本身或与被指称或隐性主体（多个主体）动作相关的状态——的指示性动词组上；这些动词围绕三个中心单位进行分组：делать / сделать, делаться / сделаться 和 сделано。

接下来研究的对象是指示形式 сделано，它是对作为动作、活动、确定的单个或多个主体或多人活动的不可逆转的现实结果状态的报道，作为经验概括或是上级命令、最高权力的结果；在所有情况中概括意义由问题 что сделано? 决定并在三个局部意义之一基础上加以区分：что исполнено / совершено — что заведено, установлено 和 что суждено, предназначено, дано свыше。作为现实的和无条件的结果的状态（情景）对报道所属的时刻而言永远是无条件和不可逆转的；试比较固定词组：Что сделано, того не воротишь; Что сделано, то сделано; Сказано — сделано; Ловко сделано!; Решено и подписано. 这种意义还存在于带有主要成分是形动词述谓语（但不只有这种形式，参见下文）的句子中：Принято!; Условлено; Улажено; Обо всем договорено; Так заведено, принято; Решено; Кончено 等；带有谓语是被动形动词的人称句中：Все кончено; Все решено; Старое прощено и забыто; — Ага, — сказал Муромский, — да у вас, кажется, дело совсем уже слажено (Пушк.); Все было бы спасено, если бы у моего коня достало сил еще на десять минут (Лерм.).

我们将在生动的语言材料的基础上说明这种前面已经谈到过的概括意义的三分部划分。

I. Сделано, исполнено. 这个意义——作为概括意义组成的一个局部意义——通常出现在关于结局本身、最终的决定、最后结果不可动摇的报道中。在带有 конечно, решено 的无人称句中：[Шуйский] Народ идет, рассыпавшись, назад. Пойдем скорей, узнаем: решено ли? (Пушк.); [Дон Гуан] Вставай, Лаура, конечно. [Лаура] Что там? Убит?(Пушк.); [Дон Гуан] Я гибну — конечно — о, Донна Анна! (Пушк.). 带有强调状态的不可逆转、导致这一状态的整个事件终结的 все 的句子：[Статуя] Все кончено. Дрожишь ты, Дон Гуан (Пушк.); [Чацкий] И я чего хочу, когда все решено? (Гриб.).

通常这些报道中所说的状态是意志行为、言语、认识的现实结果；动作主体被去除：— Я пришла к тебе против своей воли... но мне велено выполнить твою просьбу (Пушк.); [Патриарх] Я посылал тогда нарочно в Углич, И сведано, что многие страдальцы Спасение подобно обретали (Пушк.); [Царь] Гонца схватить. [Семен Годунов] Уж послано в догоню (Пушк.); [Григорий] Царь повелел изловить его... [Пристав] И повесить. [Григорий] Тут не сказано повесить (Пушк.); Ничего не названо, — опять говорил себе Пьер, — ничего не придумано. Знать мы можем только то, что ничего не знаем (Л. Толст.). 动作主体可以这样或那样的形式表示出来或是已知的:此时作为现实结果的状态——决定、意志——是针对主体的: О свадьбе Ленского давно У них уж было решено (Пушк.); [Лиза] Однако велено к сердечному толкнуться (Гриб.); Все было между нами решено (Пушк.); Положено было... на другой день утром послать в С * * * за лекарем (Пушк.).

  同样的现实结果意义还存在于对来自确定主体的一次性具体动作所引发的状态的报道中:它存在,尽管没有被说出来: [Фамусов] Моя невестушка, которой уж давно Об вас говорено (Гриб.); [Фамусов] А у меня что дело, что не дело, Обычай мой такой: Подписано, так с плеч долой (Гриб.); Мне только тысячу мою скорей додайте — ...Мне две не додано (Крыл.); Пустынник был не очень говорлив, Мишук с природы молчалив, Так из избы не вынесено сору (Крыл.).

  在含有"что сделано"意义的报道中语法上占主导地位的是带有述体——被动形动词短尾形式——的结构,不在于句子是人称句还是无人称句;后一种情况中甚至是在有主语(承受状态的主体)的条件下,报道的意义也不发生改变;这是一个十分有趣的现象:概括语言意义占句子语义结构的上风;试比较: Что написано пером, не вырубишь топором (谚语); ...двор... обращен был в некошеный луг (Пушк.); Мария Гавриловна долго колебалась; множество планов было отвергнуто (Пушк.); Явились: им расточены Порой тяжелые услуги Гостеприимной старины (Пушк.); Вдруг Евгений хватает длинный нож и вмиг повержен Ленский (Пушк.); Иные даже утверждали, Что свадьба слажена совсем, Но остановлена затем, Что модных колец не достали (Пушк.). 在句子中出现直接指出生成现实结果状态的动作来源于谁的情况也不改变报道的概括意义,比较: Рукопись Петра Андреевича Гринева доставлена мне от одного из его внуков (Пушк.); И, словом, от родных и от друзей любезных Советов тысячу надавано полезных (Крыл.); В овечьи старости у Льва просился Волк. Стараньем кумушки-лисицы Словечко за него замолвлено у Львицы (Крыл.); Дорога в Симбирск мною очищена и безопасна (Пушк.); Таким образом, тайна была сохранена более чем полудюжиною заговорщиков (Пушк.).

在第 I 点中分析研究的所有情况中，我们面对的是——关于作为动作、行为、举止的现实结果的状态的报道，它不在乎是否指出主体、是谁的动作造成了这种状态；这种主体本身可以是完全确定的或者是想象出来的概括主体；报道的语言意义，"压缩"成指示词形式сделано，在此依旧是不可改变的：蕴含着报道的语言类型。

在构成报道纯语言类型的概括的意义体系中，依赖сделано, исполнено意义的有对作为结局、稳定的结果的情景的报道，它们依赖于动词делать / сделать的指示功能并和动词получаться, статься及其他一些动词共同构成：Так и сталось / сделалось; Так получилось / сложилось; 比较：Нет, она хорошо сделала, что умерла! Ну что бы с ней сталось, если б Григорий Александрович ее покинул? (Лерм.). 参见神话中的例子：Приезжаю — тьма народу! Ну, ни выходу, ни входу. Что тут делать? Приказал Гнать народ, чтоб не мешал. Так и сталось, Царь-надёжа! (Ершов).

II. Заведено, установлено. 另外一个包含在指示词сделано之中的局部意义是对作为业已形成的、为人所接受的事物的情景的报道，确定存在着的习惯：так заведено, принято, установлено, положено, так уж устроено на белом свете; Не нами заведено, не нами и кончится (谚语). Пишите оды, господа, Как их писали в старые годы, Как было встарь заведено (Пушк.); — Они все плачут при помолвке... это у них уж так заведено (Пушк.); — Лучший стрелок, которого удалось мне встречать, стрелял каждый день, по крайней мере, три раза перед обедом. Это у него было заведено, как рюмка водки (Пушк.); [Рисположенский] А уж это, Аграфена Кондратьевна, первый долг, чтобы дети слушались родителей. Это не нами заведено, не нами и кончится (Остр.); [Устинья Наумовна] ...всякий человек — живая тварь, тому невеста понадобилась, то жениха хоть роди, да подай, а там где-нибудь и вовсе свадьба. А кто сочинит — все я же. Отдувайся одна за всех, Устинья Наумовна. А отчего отдуваться? Оттого, что так уж, видно, устроено — от начала мира этакое колесо заведено (Остр.).

这些报道与带有повелось / ведется, вошло в обычай的动词性存在句的意

义相关性是显而易见的，这些句子报道历来就作为业已形成、固定不变的事物加以采用和存在的事物：Так испокон веку велось / повелось / ведется, так издавна ведется / повелось на Руси. [Фамусов] ... у нас уж исстари ведется, Что по отцу и сыну честь (Гриб.); И так, как исстари велось, в аду на суд явился (Крыл.); В Египте в старину велось обыкновенье... Наемных плакальщиц пускать за гробом выть (Крыл.); — Знаешь, как-то напрашиваться в дом неловко, хотя здесь это и водится (Лерм.). 这些报道通过作为习惯状态的情景的概括意义组成成分与заведено, принято, установлено 联系。

III. **Суждено**。这种意义包含在对不可违抗性、必然性、上苍安排的报道中，对某人状况因某种最高权力、上级的意志、命运、劫难而注定失败的报道中：так назначено судьбой, суждено, дано, на роду написано. 无人称句中：[Лиза] Кому назначено, не миновать судьбы (Гриб.); [Плотон Михайлович] И кто жениться нас неволит? Ведь сказано ж иному на роду... (Гриб.); — Да, жаль беднягу... Черт его дернул ночью с пьяным разговаривать! Впрочем, видно, уж так у него на роду было написано! (Лерм.). 在не дано——带有不可能意义的组合中：Что ж делать? Речью неискусной занять ваш ум мне не дано (Лерм.); Нам не дано предугадать, Как слово наше отзовется (Тютч.). 带有直接或间接指出上级意志的报道：Природой здесь нам суждено В Европу прорубить окно (Пушк.); [Чацкий] Опять увидеть их мне суждено судьбой! (Гриб.); Так, видно, небом суждено (Пушк.); То в вышнем суждено совете, То воля неба — я твоя! (Пушк.); Но, видно, было написано на небесах, что в эту ночь я не высплюсь (Лерм.).

同样的"суждено"、"предназначено"意义还存在于带有主语的人称句中，该主语称名必然的、上苍安排的状态的主体。这些报道，与第一点和第二点中所描写的那些人称句一样，——是有说服力的例证，证明语言意义是强于、重于句子的语法意义的，它使语法意义听命于自己并将相应的结构纳入由这个或那个概括语言意义统合起来的统一报道类型。下面是源自普希金诗歌中的尽人皆知的例子：Нет, не могу противиться я воле, Судьбе моей: я избран, чтоб его Остановить; Быть может, это все пустое, Обман неопытной души, И суждено совсем иное; Я знаю, век уж мой измерен; Ах, он любил, как в наши лета Уже не любят, как одна Безумная душа поэта Еще любить осуждена; Но я не создан для блаженства; Ему чужда душа моя... 同样的情况在"为某事物而

创造"之义的 рожден 中亦存在：[Чацкий] Ах, если рождены мы все перенимать, Хоть у китайцев бы нам несколько занять Премудрого у них незнанья иноземцев (Гриб.); Я был рожден для жизни мирной. Для деревенской тишины (Пушк.); Быть может, он для блага мира Иль хоть для славы был рожден (Пушк.).

最后，这些报道最完整的形式——要指出状态主体和预先决定这种状态的那个最高权力，参见普希金作品中的例子：Ужели жребий вам такой назначен строгою судьбой?; Я знаю: ты мне послан Богом, До гроба ты хранитель мой; ...Что так доверчива она. Что от небес одарена Воображением мятежным...; Ты угадала. Разлука нам судьбою суждена; Как знать? Дни наши сочтены не нами; Ах вижу я: кому судьбою Волненья жизни суждены, Тот стой один перед грозою, Не призывай к себе жены. 托尔斯泰作品中的例子：Он, как соломинка, сгорел весь от того священного огня, которому мы все служим, — но он исполнил все то, что было заложено в него Богом («Альберт»).

带有"суждено"意义的句子与包含在积极动作（делать, поступать）意义系统中的动词句具有直接的相关性：[Борис] Дитя мое! судьба мне не судила Виновником быть твоего блаженства (Пушк.); 比较：Так Бог судил, Так рок судил.

读者可能会产生疑问：标记功能形式суждено在自己的意义方面难道不就是动词делать/сделать的指示功能变体吗？难道与它们的指示功能范围不相吻合吗？可是这样的一致是不存在的，而且从这个观点出发对材料进行专门研究所得出的结论是这些单位在这种或那种报道类型的概括标记体系中是独立、自主的。动词делать/сделать中具有广泛的指示范围指出来自活动主体的积极性，它既体现在积极性本身意义、整个动作的意义之中，又体现在较为局部的意义中，在这些意义中这种积极性体现为行为、某人遭遇的事情、举止、劳作、生活方式、消遣等。我们将用典型例子说明这一点，同时不要忘记这里提供的只是例子，在每一个例子的背后都可能存在全面的描写和对报道的这种或那种意义进行进一步的自身内部区分。

1）指出积极性本身、整个动作：Да наши предки Рим спасли... Все так. Да вы что сделали такого? (Крыл.); Папенька сердит и запретил всему дому вас слушаться, но велите мне сделать, что вам угодно, и я для вас все сделаю

(Пушк.); Стар, государь, я нынче: при дворе Что делать мне? (Пушк.);Отдай мне свою лошадь, и я сделаю все, что ты захочешь (Лерм.); Бог видит, что жизнью моей рад бы я заплатить тебе за то, что ты для меня сделал (Пушк.); Что Бог ни делает, все к лучшему（谚语）。

2）指出行为：Как часто, что-нибудь мы сделавши худого, Кладем вину в том на другого (Крыл.); [Герцог] Это очень странно. Или вам стыдно за кого? [Барон] Да... стыдно... [Герцог] Но что же сделал он? (Пушк.); [Лаура] Как хорошо ты сделал, что явился Одной минутой позже! (Пушк.); У меня остались ваши бумаги. Что мне с ними делать? (Лерм.).

3）指出正在进行的事情：Если решитесь прибегнуть ко мне, то принесите кольцо сюда〈...〉Я буду знать, что делать (Пушк.); Она упрекала себя в неосмотрительном поведении и не знала, что ей делать (Пушк.); — Будьте спокойны, я им не поддамся. — Что же вы хотите делать? — Это моя тайна (Лерм.); Многие, невольно вскрикнув, схватили его за руки. — Что ты хочешь делать? Послушай, это сумасшествие (Лерм.).

4）指出使某人遭遇某事的动作、行为：Не делай другому того, чего не хочешь себе (谚语); Вся кровь от яду в нем горит. — Что сделал я тебе? — Змее он говорит (Крыл.); Авось ревность сделает то, чего не могли мои просьбы (Лерм.); Жить приучил в самом огне, Сам бросил — в степь заледенелую! Вот что ты, милый, сделал мне. Мой милый, чтó тебе — я сделала? (Цветаева).

5）指出举止：[Фамусов] Вот то-то, все вы гордецы! Смотрели бы, как делали отцы? Учились бы, на старших глядя (Гриб.); Многочисленная челядь ее, разжирев и поседев в ее передней и девичьей, делала, что хотела, наперерыв обкрадывая умирающую старуху (Пушк.); А вы, что делали, скажите, в это время? Когда в полях чужих он гордо погибал, вы потрясали власть, избранную, как бремя? Точили в темноте кинжал? (Лерм.). 参见文字游戏：[Франц] Помилуй, батюшка, за что ты на меня сердишься? Я, кажется, ничего не делаю. [Мартын] Ничего не делаю! То-то и худо, что ничего не делаешь. Ты, ленивец, даром хлеб ешь да небо коптишь (Пушк.).

6）指出生活方式、消遣：Ты хочешь знать, что делал я На воле? Жил, и жизнь моя Без этих трех блаженных дней Была б печальней и мрачней Бессильной старости твоей (Лерм.).

7) 指出活动和工作：Но так как, живучи, я был здоровьем слаб, То сам я областью не правил, А все дела секретарю оставил. — Что делал ты? — Пил, ел и спал, Да все подписывал, что он мне подавал (Крыл.); [Царь] Он вновь собрал рассеянное войско И нам со стен Путивля угрожает. Что делают меж тем герои наши? Стоят у Кром, где кучка казаков Смеются им из-под гнилой ограды (Пушк.); — Вы замужем? — Да. — А муж ваш что делает? — Работает в Югославии (Бунин).

从所有类似的意义和其他意义中抽象和分离出大量带有 делать / сделать, поделать 的成语：Делать нечего / Нечего делать; Что же делать!; Ничего не сделаешь; Что ты будешь / вы будете делать!; Что прикажете делать; Что тут сделаешь; Ничего не поделаешь; Что тут можно сделать! 等。

指示词 сделано 是将两个不同程度的抽象——形动词转化的述谓词的语法意义与指示性动词 делать / сделать 所含有的意义——组合成一个新性质的现象。

上述对作为现实和无条件动作结果的状态的报道的研究分析是全面描写指示性动词和动词性组合所表示的报道的意义分类的一个部分。当然，这种描写要求详细研究和充分说明这些单位的类别以及它们表示这种或那种报道类型的可能性。目前可以确信，对建立在语言意义体系基础上的报道类别进行足够严格的说明将是这种研究的结果。

2000 年

以语言指示单位为基础的报道类型描写尝试
（делать — делаться — иметь место — каково）

这篇文章是以我们1998—2001年间研究成果中所阐述的那些有关指示性动词和作为语言意义载体的代词的理论观点为依据的。这里我们将简要回顾下文提供的描写所要依据的基本观点。

整个语言词汇(词汇—成语)系统由两个数量不等、在自身使用方面有所差别的集合构成。基础部分——这是纯称名词汇,它称名与人的物质世界和精神世界、人的环境及其周围一切有关的实际事物和概念。另一个小得多的词汇系统部分由用于概括表示与所有有生命和无生命事物**存在本身**有关的最基本的、总体性概念的词汇构成:关于存在、时间、空间、运动、事件的概念,关于事物——人或非人、其特征、数量、程度的概念,关于动作、行为、状态的概念,关于事物、特征、动作、情景间关系和联系的概念。这是表示整个称名系统围绕其分类的抽象概念的指示单位。称名系统属于最高概括程度的、纯**语言意义**载体范围的指示系统。

词汇指示系统具有两个方面:它一方面属于"静止范围",另一方面属于"存在和运动范围"。所有与存在本身、其形式和表现形式有关的基本概念由语言表示为或是处于稳定状态(代词性指示词)的概念、或是与运动、过程——存在、其运动或动作、时间上进行着的状态——有关的概念。动词性指示词、它的全部单位表示属于这一范围的概念。这个类别在划分的前几步由指示性动词和动词性成语主导: 1)быть, 2)делаться, происходить, 3)делать, поступать, 4)испытывать состояние, находиться в состоянии, 5)состоять где, кем, пребывать в каком-нибудь положении, 6) относиться к кому-чему-нибудь, получать, воспринимать отношение извне。这个概括系统包括全部过程性状态的表示:存在状态、活动状态、情景状态、主观状态、社会状态的表示。区分相应意义的指示性动词属于上述每一个集合。这种区分在下一步划分时展现出依赖中心指示单位并决定其功能范围的局部意义。这种区分具有下面的形式(这里列举的不是全部、而只是基本的区分共同意义的单位): 1)**быть**: существовать, жить; наличествовать, иметь место; пребывать, присутствовать; 2) **делаться**: происходить; случаться, получаться; 3) **делать**: поступать, действовать, заниматься; 4) **испытывать состояние**: ощущать, чувствовать, находиться в каком-нибудь состоянии; находиться в каком-нибудь расположении духа; оказываться в каком-нибудь положении; 5) **состоять кем, где**: находиться в каком-нибудь социальном состоянии; 6) **иметь отношение к кому-чему-нибудь**: получать, воспринимать отношение извне.

指示系统是报道的分类基础。**报道的类型**——这是语言交际层面最基本的抽象单位,它将信息归入一个基本成形的现实环境(归入存在、动作、状态、时间和空间上的驻留、事物或现象的本质和特征)并且能够成为上述由语言专门规定用于这种意义表达的指示词表示的单位。报道的类型,如同任何一个语言范畴,其存在既可以是一个共同的范畴又可以是一个用代词性和动词性指示词手段区分共同意义的局部范畴系统。

在对上述研究中已详细说明其形成且论据充足的理论观点加以阐述的基础上对标题中指出的三种报道类型进行描写。

ДЕЛАТЬ

动词делать / сделать在指示性动词系统中占据其中一个中心位置:它可以表示任意一个来自活动主体的积极动作(多个动作、活动),而且这个动作既可以是意志决定的,也可与意志的直接表现无关:这可以是行为、生活方式、消遣(在言语条件下这个动词所表示的积极动作意义可能在语境影响下受到削弱)。达利词典中对这个动词的定义很能说明问题:"делать——工作或劳作、生产、实施、做、练习、从事;活动、表示、给予;给某人引起、带来、招致某事;对待某人;安顿到某地"。

动词делать / сделать自身主导着一系列动词和动词性固定组合,由源自主体的积极动作的相同概括意义统一起来。这个系列的组成如下(必不可少的修辞特征描述在此权且当作是毫无疑义的特征搁置不议):

动词: делать / сделать, вершить / свершить, вести / свести (что к чему), выполнять / выполнить, действовать, держаться (как), жить (кем, как), заниматься / заняться, исполнять / исполнить, использовать ("采用、使用"), поступать / поступить, произвести / производить, сладить / ладить (сладить дело), совершить / совершать, творить / сотворить, употребить / употреблять (употребить все способы, все возможные меры), устроить / устраивать, учинить / чинить, учредить / учреждать。固定组合：вести жизнь, вести себя, держаться чего (каких-н. правил, привычек), иметь обыкновение, исправлять обязанности (должность), проводить время, ставить / поставить себя (кем, как)。在全部这些动词和动词性单位间分布着表示纯动作、行为、活动、干活、举止、生活方式、消遣及其他功能（参见下文）；然而动词делать / сделать作为一个可以表示对任何积极活动及其表现——体力、劳动的动作、干活、任何意志行为、思维、言语——进行报道的动词与它们全部都是对立的。此外，动词делать / сделать具有表示**积极活动整体**的能力——对一个或多个确定动作进行抽象；这种对动作思想的浓缩概括体现在诸如Чем думать, так делай; Слушай людей, а делай свое; Меньше говори, да больше делай; Что бог ни делает, все к лучшему（全部例子出自达利）这样的谚语中，以及像Что же делать, Что мне делать, Нечего делать, Ничего не сделаешь, Что прикажете делать, Что остается делать, Что тут делать及其他许多为数众多的成语中。

此外，在固定组合之外，动词делать / сделать与上面指出的全部动词的区别在于它能够表示大量可以实现的动作、表示它们选择的可能性和预定性；在这些情况下它在句中与代词всё, что (что угодно, что хочешь), ничего, чего (чего не сделаешь), что ни (что ни сделает)相结合：

С нуждою, однакож, хоть большою, Чего не сделаешь терпеньем и трудом? (Крыл.); На свете кто силен, Тот делать все волён (Крыл.); ...велите мне сделать, что вам угодно, и я для вас все сделаю (Пушк.); Вот уж три дня как я в Москве, и все еще ничего не сделал (Пушк., письмо Н. Н. Пушкиной, 1836); Ступай себе на все четыре стороны и делай что хочешь (Пушк.); Отдай мне свою лошадь, и я сделаю все, что ты хочешь (Лерм.); Чего женщина не сделает, чтобы огорчить соперницу? (Лерм.); Все сделаю, решительно все сделаю, чтобы помочь ему (Л. Толст.); [Лиза] Ну так скажите ему, чтобы он вернулся, что ничего не было, что все забыто. Сделайте это из любви к нему и дружбы к нам. [Каренин] Сделаю все, что могу (Л. Толст.).

除了这个能力之外，动词делать / сделать可以表示范围广泛的报道，它们可以是纯动作、行为、作用、举止、从事某种活动及其他范围的报道。用这个动词(以及上面说明的一系列以相应功能与它相关的其他指示性动词)可以表示下列报道类型：1)对纯动作、一次积极行为——体力的、脑力的、意志力的行为——的报道；2)对是有意的、非偶然的动作行为的报道：3)对意在实现的开端行为的报道；4)对是实现、完成、利用的行为的报道；5)对某人遭遇某事、生成、结果的报道；6)对活动、从事的某种活动的报道；7)对举止的报道；8)对消遣的报道；9)对生活方式的报道。

上述每一种类型报道都可以用动词делать / сделать来表示，这些或那些具有缩小的(局部的)指示功能的动词都归属于它(参见上文)。这些报道在语法上的构成各不相同：这可能是带有不同述体形式的动词句或非动词句。在对相应报道类型举例说明的进一步阐述中将援引带有动词делать / сделать(数字1下面)的句子和带有其他属于该类的指示性动词(数字2下面)的句子；包含同样意义但本身不含有指示性动词的句子只有在必要的情况下才会被援引，当这种或那种报道类型需要相应的说明时。

I. 对来自积极明确主体的**一次性积极行为的纯动作的报道**：Что он делает / сделал? 动词：делать / сделать, вершить / свершить（高尚语体），творить / сотворить（高尚语体）。

1) — Да наши предки Рим спасли! — Все так да вы что сделали такое? —Мы? Ничего! (Крыл.); Как часто, что-нибудь мы сделавши худого, Кладем вину в том на другого (Крыл.); Вы видиде, что я играю в ваших глазах самую жалкую и гадкую роль и даже в этом признаюсь. И это все, что я могу для вас сделать (Лерм.); Думая о близкой возможности смерти, я думаю об одном себе; иные не делают и этого (лерм.); [Федя] Я негодяй. Но есть вещи, которые я не могу спокойно делать. Не могу спокойно лгать (Л. Толст.).

2) Вспомни, матушка царица, Ведь нельзя переродиться, Чудо Бог один творит (Ершов); [Царь] Нет, милости не чувствует народ: Твори добро — не скажет он спасибо (Пушк.); [Басманов] Дай Бог ему с Отрепьевым проклятым Управиться, и много, много он Добра в России совершит (Пушк.).

这些报道与指称源于积极主体——实现体力动作、运动、意志行为的主体，起精神和情感作用的主体、说话人、与某人发生联系的人——的一次性(一次性或重复的)动作的动词一同出现。除了动词句之外这种报道的构成可以无需动词变位形式的参与：(а) 用所谓的"动词性感叹词"构成；(b) 动词不定式；(с) 带有名词间接格形式及其他形式谓语的句子——当言语所指的是直接源于主体的单次积极动作时，例如：Татьяна ах!, а он реветь (Пушк.); Мартышка, в

Зеркале увидя образ свой, Тихохонько Медведя толк ногой (Крыл.); Шалун какой-то тень свою хотел поймать: Он к ней, она вперед; он шагу прибавлять, она туда ж, он, наконец, бежать (Крыл.); ...она, Одной ногой касаясь пола, Другою медленно кружит, и вдруг прыжок, и вдруг летит... (Пушк.); [Чацкий] Вон из Москвы! Сюда я больше не ездок (Гриб.); [Лиза] Улыбочка и пара слов, И кто влюблен — На все готов (Гриб.); [Устинья Наумовна] (садясь) Присесть, серебряная. Измучилась я нынче (Остр.).

II. 对故意、非偶然实现的动作行为的报道，可能是深思熟虑的动作行为：Что сделает / делает, Как поступил / поступает? 动词：сделать / делать, поступить / поступать。

1) В Москве, видно, барышни подались в ученость — и хорошо делают, право! (Лерм.); [Лепорелло] А завтра же до короля дойдет, Что Дон Гуан из ссылки самовольно В Мадрид явился, — что тогда, скажите, Он с вами сделает. [Дон Гуан] Пошлет назад. Уж верно головы мне не отрубят (Пушк.); [Герцог] Это очень странно, Или вам стыдно за него? [Барон] Да... стыдно. [Грецог] Но что же сделал он? (Пушк.); [Маша] А что ты плохо живешь, пьешь да кутишь. А ты живой человек — брось. [Федя] Легко сказать. [Маша] И сделай так (Л. Толст.); На другой день он объявил регенту свое намерение немедленно отправиться в Россию. — Подумайте о том, что вы делаете, — сказал ему герцог (Пушк.); [Липочка] Что же это такое со мной делают? Воспитывали, потом и обанкротились! (Остр.).

2) Как братья, все друг с другом поступают (Крыл.); [София] Я очень ветрено, быть может, поступила. И знаю, и винюсь; Но где же изменила? Кому...? (Гриб.); ...в тот страшный час Вы поступили благородно (Пушк.); Вы согласитесь, мой читатель, Что очень мило поступил С печальной Таней наш приятель (Пушк.); [Подхалюзин] ...потому он сам несправедливо поступает, против закона идет (Остр.).

对行为的报道通常包含在纯动词句中，比较：И сам не знаю я, Как впал во искушенье; Ах, наустил меня проклятый бес! (Крыл.); Зачем ты, Балда, к нам залез? (Пушк.); Впервые входила она в тайные, тесные сношения с молодым мужчиною (Пушк.).

III. 对意在实现的开端行为的报道：Что сделал? Что предпринял? 动词：

делать / сделать, предпринять / предпринимать。

1) [Лаура] Что там? Убит? прекрасно! в комнате моей! Что делать мне теперь, повеса, дьявол? Куда я выброшу его? (Пушк.); Если решитесь прибегнуть ко мне, то принесите кольцо сюда, опустите его в дупло этого дуба. Я буду знать, что делать (Пушк.); ...будьте спокойны, я им не поддамся. — Что же вы хотите делать? — Это моя тайна (Лерм.); Многие, невольно вскрикнув, схватили его за руки. — Что ты хочешь делать? Послушай, это же сумасшествие, — закричали ему (Лерм.).

2) ...дал обещание, что он ничего не предпримет тайно от родителей (Л. Толст. БСл); Надо было что-то предпринимать. Стоять неподвижно перед толпой было невозможно (Н. Остр. БСл).

这种意义通常包含在纯动词句中，例如：[Фамусов] Молчать! Ужасный век! Не знаешь, что начать! (Гриб.).

IV. 对**实现、利用、完成的行为**的报道：Что сделал? Что устроил? 动词：сделать / делать, исполнить / исполнять, произвести / производить, устроить, учинить, сладить (口语体), употребить (陈旧)。

1) А что же сделал он такого? Всего-то лил часа два-три (Крыл.); И. узнав, что караульщика нет, что лошади в денниках, в конюшне, — подвел воров и сделал все дело (Л. Толст.).

2) [Графиня-бабушка] Что? что? Уж нет ли здесь пожара? [Загорецкий] Нет, Чацкий произвел всю эту кутерьму (Гриб.); Если Алексей будет у меня всякий день, то Бетси должна же будет в него влюбиться. Это в порядке вещей. Время все сладит (Пушк.); Устрой лишь так, чтобы тебя отныне Недолго я еще благодарил (Лерм.); ...решил вернуть свои деньги. И устроил дело (Л. Толст.); Выходит, что Бог не понимал того, что нужно, и потому, не спросившись у волхвов, дурно устроил (Л. Толст.); Да скажите, что же я мог сделать? Ведь я употребил все, чтобы удержать ее: я говорил и о средствах, и о детях, которых мы должны оставить, и о моих делах, — она ничего слышать не хочет (Л. Толст.); Но он исполнил все то, что было заложено в него Богом, за то он и должен называться великим человеком (Л. Толст.).

V. 对某人所**遭遇**的事情、结果、由某事引起的事件的报道：Что сделал? Что причинил? 动词：делать / сделать, причинить / чинить (陈旧) /

причинять, приключить кому что (陈旧)。

1) Да что же я сделал матушке твоей? — Что ты сделал?.. Кто просил тебя писать на меня доносы? (Пушк.); Вся кровь от яду в нем горит. Что сделал я тебе? — Змее он говорит (Крыл.); Любовь, как огонь, — без пищи гаснет. Авось ревность сделает то, чего не могли мои просьбы (Лерм.); Страшная вещь музыка. Что это такое? Я не понимаю. Что такое музыка? Что она делает? И зачем она делает то, что она делает? (Л. Толст.); [3-й мужик] Вот что делает винцо-то! (Л. Толст.); Не делай другому того, чего не хочешь себе (谚语)。

2) Не приключа нигде ни бед, ни горя, Вода моя до самого бы моря Так докатилась чиста, как серебро (Крыл.); Простите мне огорчения, которые я вам причинила (Тург. БСл).

在古语中причинять——没有否定色彩：...какую красоту причиняет слово (Лажечников, БСл); Стрельба в цель укрепляет руку и причиняет верность глазу (Козьма Прутков, БСл).

VI. 对**活动**的报道：（a）对许多同时实现的有针对性行为、动作的报道（делать, действовать）或（b）对经常不断的活动、从事的活动的报道（что делает? чем занимается?）。动词：делать, действовать; заниматься, быть занятым, исправлять дело (陈旧)。

(a) **Как действует кто-нибудь**(某人如何行动)?

Вы пишите мне: действуйте или дайте мне действовоть. Как скоро получу рукопись переписанную, тот час и начну. Это не может и не должно мешать вам действовать с вашей стороны (Пушк., письмо Н. Н. Дуровой, 1836); Мысль быть сподвижником великого человека и совокупно с ним действовать на судьбу великого народа возбудила в нем в первый раз благородное чувство человеколюбия (Пушк.); Отец Сергей заметил, что купец что-то строго действует, и слабым голосом сказал келейнику, чтобы тот не гнал народ (Л. Толст.).

(b) **Чем занимается, что делает, чем занят**(从事什么, 做什么)?

1) Но так как, живучи, я был здоровьем слаб, То сам я областью не правил, А все дела секретарю оставил. — Что ж делал ты? — Пил, ел и спал, Да все подписывал, что он ни подавал (Крыл.); А что же делает супруга Одна

в отсутствии супруга? Занятий мало ль есть у ней: Грибы солить, кормить гусей, заказывать обед и ужин, В амбар и в погреб заглянуть (Пушк.); Скажите какой-нибудь матушке или самой девушке правду, что она только тем и занята, чтобы ловить жениха. Боже, какая обида! А ведь они все только это и делают. И больше им делать нечего (Л. Толст.); ...с пятью рублями пришел домой. Дома делать нечего было: лошади не было (Л. Толст.); — Вы замужем? — Да. — А муж ваш что делает? — Работает в Югославии (Бунин); 2) Как я рад, — продолжал Корсаков, — что еще не умер от скуки в этом варварском Петербурге. Что здесь делают, чем занимаются? (Пушк.).

构成这种报道的句子既有动词句,也有名词句。例如,下列名词句的意义亦如此:

[Фамусов] ...день целый Нет отдыха, мечусь как словно угорелый. По должности, по службе хлопотня, Тот пристает, другой, Всем дело до меня! (Гриб.); Там [в суде] уже был обмят тот хомут, в котором он работал: он сразу попадал а него. Просители, справки в канцелярии, сама канцелярия, заседания — публичные и распорядительные (Л. Толст.).

比较并存的动词句和非动词句中的同一个意义(从事什么):Вот тут отдохните. А мне идти надо. — Куда? — Уроки у меня тут: совестно говорить — музыке учу (Л. Толст.).

VII. 对**举止**的报道:Что делает? Как себя ведет? Как держится? 动词:делать, вести себя, держаться, держать себя。

1) Многочисленная челядь ее, разжирев и поседев в ее передней и девичьей, делала что хотела, наперерыв обкрадывая умирающую старуху (Пушк.); [Фамусов] Вот то-то, все вы гордецы! Спросились бы, как делали отцы? Учились бы, на старших глядя (Гриб.); А вы, что делали, скажите, в это время? Когда в полях чужих Он гордо погибал, Вы потрясали власть избранную как бремя? Точили в темноте кинжал? (Лерм.); Ну хоть бы как те, в Саратове, кажется, поехали и замерзли. Ну, что бы наши сделали? Как бы вели себя? Да, наверно, подло. Каждый бы за себя. Да и я тоже подло вела бы себя (Л. Толст.); [Федя] Или третье: забыться, пить, гулять, петь. Это самое я и делал. И вот допелся (Л. Толст.); [Акулина Кондратьевна] Сама ты,

мать, посуди, что я буду с благородным-то зятем делать? Я и слова-то сказать с ним не умею, словно в лесу (Остр.).

2) [Фамусов] Пожалуйста при нем веди себя скромненько... (Гриб.); [Фамусов] Вы повели себя исправно, Давно полковники, а служите недавно (Гриб.); Здравствуй, друг мой Павел! Держись моих правил: Делай то-то, то-то, Не делай того-то. Кажется, что ясно: Прощай, мой прекрасный (Пушк.).

3) 含有"如何表现,举止像某人"意义的报道要么由扩展性描写文本构成(a),要么由在具有动作意义的动词内部构成相当广的子类别的专门动词构成(b),由成语构成(c)或静词(无动词)句构成(d)。

(a) Один Иван Петрович был как дома: ел за двоих, пил в свою меру, смеялся своему смеху и час от часу дружелюбнее разговаривал и хохотал (Пушк.); Грушницкий юнкер. Он только год в службе; носит по особенному роду франтовства толстую солдатскую шинель... Он закидывает голову назад, когда говорит, и поминутно крутит усы левой рукой (Лерм.); Сначала, чтя его особу превысоку, Не смеет подступить из подданных никто: Со страхом на него глядят они, и то Украдкой, издали, сквозь аир и осоку (Крыл.).

(b) 动词: блажить, дурить, дурачиться, дичиться, гоняться за кем ("得到关注"之意), повесничать, хозяйничать, не церемониться с кем, увиваться за кем, удариться во что (в разгул), разливаться (в пирах, в мотовстве), сумасбродить, чиниться с кем, чудесить 及其他许多动词(超过100个)。

(c) 成语: На сей раз Бог простит, Но берегись вперед И знай, с кем шутишь! (Крыл.); ...размышлял о том, какую роль играть ему в присутствии Лизы (Пушк.); ...Они немножечко дерут; Зато уж в рот хмельного не берут, И все с прекрасным поведеньем (Крыл.); моду взял кто (делать что-то), дня не проведет кто без чего, мелким бесом рассыпаться, быть как дома, много позволять себе 等等。

(d) 非动词句: [Репетилов] Не любишь ты меня, естественное дело: С другими я и так и сяк, С тобою говорю несмело, Я жалок, я смешон, я неуч, я дурак (Гриб.); [Хлестова] ...Сердитая! все кошачьи ухватки! (Гриб.); [Чацкий] Как суетится! Что за прыть!(Гриб.); Смотрите: вот пример для вас!

Он горд был, не ужился с нами (Лерм.).

VIII. 对 消遣 的 报道：Что делает? Как проводит время? 动词：делать, проводить время。

1) В глуши что делать в эту пору? Гулять? Деревня той порой Невольно докучает взору Однообразной наготой. Скакать верьхом в степи суровой? Но конь, притупленной подковой Неверный зацепляя лед, Того и жди, что упадет. Сиди под кровлею пустынной, Читай: вот Прадт, вот W. Scott. Не хочешь? — поверяй расход, Сердись, иль пей, и вечер длинный Кой-как пройдет, а завтра тож, И славно зиму проведешь (Пушк.).

2) Один среди своих владений, Чтоб только время проводить, Сперва задумал наш Евгений Порядок новый учредить (Пушк.); [Лепорелло] Вы приятнее здесь время проводили — Чем я, поверьте (Пушк.).

这里通常是带有 проводить дни, провести день (вечер, ночь), провести лето (зиму, осень, месяц) 等组合的 报道：Потом не могут уж расстаться И целые проводят вместе дни (Крыл.); [Молчалин] Поди, Надежды много впереди, Без свадьбы время проволочим (Гриб.); Он три часа по крайней мере Пред зеркалами проводил (Пушк.); Я не держу тебя; но где ты Свои проводишь вечера? (Пушк.); Лето он провел в своей деревне, устраивая свои дела (Л. Толст.).

IX. 对 生活方式 的 报道：Что делает? Какую жизнь ведет? Какое имеет обыкновение? Каков образ жизни? 动词和动词性成语：делать, вести жизнь, иметь обыкновение。

1) Ты хочешь знать, что делал я На воле? Жил, и жизнь моя Без этих трех блаженных дней Была б печальней и мрачней Бессильной старости твоей (Лерм.); 比较文字游戏：[Франц] Помилуй, батюшка, за что ты на меня сердишься? Я, кажется, ничего не делаю. [Мартын] Ничего не делаю! то-то и худо, что ничего не делаешь. Ты ленивец, даром хлеб ешь, ешь да небо коптишь (Пушк.).

2) Он вел жизнь самую рассеянную: торчал на всех балах, объедался на всех дипломатических обедах (Пушк.); Мы ведем жизнь довольно прозаическую (Лерм.); Покамест мирно жизнь она вела, Не думая о балах, о Париже, Ни о дворе (Пушк.); Каждому казалось, что та жизнь, которую он ведет, есть одна истинная жизнь (Л. Толст.). 带有成语的变体：Презрев оковы

просвещенья, Алеко волен как они; Он без забот и сожаленья Ведет кочующие дни (Пушк.); [Григорий] Как весело провел свою ты младость! Ты воевал под стенами Казани... (Пушк.); Он стада малого был мирный обладатель И век спокойно проводил (Крыл.); И так он свой несчастный век Влачил, ни зверь, ни человек, Ни то ни се, ни житель света, Ни призрак мертвый... (Пушк.).

3) 除了动词句之外,这个意义还可以用静词句包括纯称名句来表达,例如: Прогулки, чтенье, сон глубокой, Лесная тень, журчанье струй, Порой белянки черноокой Младой и свежий поцелуй, Узде послушный конь ретивый, Обед довольно прихотливый, Бутылка светлого вина, Уединенье, тишина: Вот жизнь Онегина святая (Пушк.); [Чацкий] Нам, Алексей Степаныч, с вами Не удалось сказать двух слов. Ну, образ жизни ваш каков? Без горя нынче? без печали? [Молчалин] Попрежнему-с. [Чацкий] А прежде как живали? [Молчалин] День за день, нынче как вчера. [Чацкий] К перу от карт? и к картам от пера? И положенный час приливам и отливам? (Гриб.).

因此,指示性动词делать / сделать既参与表达源自积极行动主体的一次性行为,亦参与表达形成活动的动作,或构成举止、消遣、生活方式的行为和动作。这个动词主导一系列指示单位——动词和动词性成语,——处在这个系列的一个端点上的是这个动词本身,它是具有最广的功能范围的单位,而在另一个端点上——是那些具有有限功能范围的单位,像вести себя, вести образ жизни或причинить, сладить, устроить等。

动词делать在表示积极动作的功能上从不与каково发生关系,这与иметь место和испытывать состояние是不同的,在иметь место和испытывать состояние中存在这种关系而且指示性动词与代词类别间的联系就是通过这种存在实现的。

让我们把对普希金的童话《神甫和他的仆人巴尔达的故事》中由动词делать, поступать, действовать表示的报道的分析作为结语吧。这个童话普希金写于博尔金斯克的秋天(1830),在他生前没有发表。1831年在写给达尼列夫斯基的信中果戈理写道,普希金曾给他朗读过自己写的童话;关于《神甫的故事》他写道,童话"不是'鲁斯兰和柳德米拉'",而是"完全俄罗斯的、有着难以想象的魅力"。1824年在米哈依洛夫斯克讲给普希金的童话笔记中童话的结尾是另外一个样子：巴尔达落入皇宫，用巧妙的手段使公主摆脱掉魔鬼并施之以惩罚，整个这个结尾在普希金的童话中被彻底抛弃。

《神甫和他的仆人巴尔达的故事》在普希金的其他童话中占有特别的位置：用"西洋景风格"写就（托马舍夫斯基）的童话，在体裁和结构上这是一个生机勃勃的缩影，一部由十二个场景组成的戏剧作品，这些场景通过承担独特侧幕布景作用的作者说明联结起来。整个叙述是对情景、事件和行为的描绘，它们彼此动态转换并互为因果；这些事件、情景、行为穿插分布在主要人物之间：巴尔达、魔鬼、神甫之间；这种分布精准地与报道类型概念相对应——适合于每一位主人公。

居于描写中心位置的自然是巴尔达。这是一个传统的童话主人公，然而，有别于很多民间童话，主人公发挥作用没有借助任何外在的神奇力量，而且正相反，从最开始就驾驭着这些力量。唯一顺应传统的是无所事事的傻瓜形象——在童话最开始部分有一句话：Навстречу ему Балда Идет, сам не зная куда. 接下来对巴尔达的特征描写仅是通过对他动作行为的报道——对有针对性的行为、建设性的思维——决定、在积极合理的活动中所表现出来的生活方式的报道。思维体现为总是能够导致行动、导致实施的决定：Балда мыслит: Этого провести не штука!；行为本身——紧接着刚刚产生的决定之后出现积极动作：Балда, с попом понапрасну не споря, Пошел, сел у берега моря; Там он стал веревку крутить Да конец ее в море мочить；还有围绕大海的奔跑：行为紧随顷刻间作出的有关"小兄弟"的决定发生：Пошел Балда в ближний лесок, Поймал двух зайков, да в мешок. 行为直接导致预想的结果；还有向云后抛掷木棍和举起木块。和巴尔达一同行动的还有帮助他的自然界：大海和波浪、附近的小树林和理智行动的兔子。

童话中对巴尔达的所有描述都是用对动作进行报道的方式建立的，这些动作要么汇合成一个完整的活动，要么是一连串连贯的理性行为，他的生活方式本身与活动密不可分：Живет Балда в поповом доме, Спит себе на соломе, Ест за четверых, Работает за семерых; До светла все у него пляшет, Лошадь запряжет, полосу вспашет, Печь затопит, все заготовит, закупит, Яичко испечет да сам и облупит——以及，作为收尾的特征：Кашу заварит, нянчится с дитятей. 还可以比较在对捕获两只兔子和之后发生的所有事情进行描写时对依次连续动作——决定和行动——的详细描述。

在对巴尔达的描述中我们不会找到任何关于情感、心理状态、思考的报道，任何关于其周围环境、外部与事件无关的情景的报道:这里一切都集中在形成一系列有针对性动作的活跃的思维、决定、行动上;这种决定、行动和结果的连贯性在主人公的意识中早就存在: Да жду вон этой тучки; Зашвырну туда твою палку, Да и начну с вами, чертями, свалку. 尤为突出的是,巴尔达的行为模式仿佛就建立在童话的结构本身之中:这个决定(Балда говорит: «Буду служить тебе словно, Усердно и очень исправно...»),源于这个决定的一连串的动作和行动以及——自然而然实现全部先前的活动: Балда его тут отыскал, Отдал оброк, платы требовать стал.

  魔鬼们也在行动,但以自己的方式行事:在他们的行为中没有任何来自理智和建设性思考的决定,没有任何有针对性的行为,没有任何由这些行为组成的活动。他们指望对手现出弱点的行为,总是以失败告终;他们的想法不是行动,而是消极的状态(Старый Бес стал тут думать думу...);情感和心理状态,在巴尔达身上总是与决定和行动密不可分的,而他们表现出的却是灰心丧气、惊慌失措和恐惧害怕的状态: Беса старого взяла тут унылость...; Испугался бесенок да к деду...; Бесенок оторопел, Хвостик поджал, совсем присмирел...; 他们的身体状态——是一种软弱和无知的状态: Вот, море кругом обежавши, Высунув язык, мордку поднявши, Прибежал бесенок, задыхаясь Весь мокрешенек, лапкой утираясь...; Бедненький бес Под кобылу подлез, Понатужился, Понапружился, Приподнял кобылу, два шага шагнул, На третьем упал, ножки протянул. 最为典型的是,根本没有对巴尔达身体状态的报道,他的状态是从行为中显现出来的(比较普希金所作的笔记中的描写: Балда дюж, работящ)。

  从类型分析的角度来看对魔鬼行为的报道常常只是描述非事件情景的手段,在该情景中主体是作为描述"现实存在片断"的必要成分出现的(Вот из моря вылез старый Бес: «Зачем ты, Балда, к нам залез?»; Вынырнул подосланный бесенок...; Вылез опять бесенок: Что ты хлопочешь?»)。魔鬼们身上唯一特有的行为——他们全部努力都以迫不得已和可耻的结局收场: Делать нечего — черти собрали полный оброк Да на Балду взвалили мешок.

  我们力图通过这些章节来证明,报道的类型、它们在文学作品中的选择和分布(同样的还有就一般而言的个体言语中)是一种非常富有表现力的手段。在文学作品中这种选择是作品体裁的重要组成部分,——其重要性不逊于作品的词汇和语法结构。

ДЕЛАТЬСЯ

在俄语指示性动词之中,在它们的概括系统中,动词делаться属于表示这样一些情景(事件、事故、偶发事件)的范围,它们与быть(существовать, иметь место, иметься, наличествовать)的区别在于它们是某种动态的情景、场面,其中——以明确或暗含的方式——存在一个(或多个)积极的活动者或这个活动所针对的那个(那些)人。动词делаться统领一系列以这样或那样的方式区分这种概括意义的指示性动词。这个系列具有下列形式:делаться / сделаться, выходить / выйти, дойти / доходить (до чего), обернуться / оборачиваться (чем), обойтись / обходиться (как), повернуться / поворачиваться (как), получиться / получаться, приходиться / прийтись, приключиться / приключаться, произойти / происходить, сбыться / сбываться, случиться / случаться, совершиться / совершаться, свершиться / свершаться, стать («произойти»之义), статься, стрястись, твориться / сотвориться, устроиться / устраиваться。所有这些动词是根据局部意义来分布的,并且只有делаться / сделаться能够表示这些局部意义中的任何一个。引人注目的是,这个系列,区别于其他指示性动词微系统,其组成中不具有固定的动词组合(看来只有唯一一个具有"прийтись, случиться"之义的组合пасть / выпасть на долю除外)。

我们的详解词典(区别于быть)非常吝于全面描写动词делаться / сделаться的语义结构;实际上,其语义结构是相当复杂的,而包含在该动词中的局部意义构成一个远非简单的系统。前面所罗列的每一个动词身后都有一个固定的报道类型。在文本结构中、言语中报道本身远非总能包含相应的指示性动词(甚至,常常是不含有相应的指示性动词),但它可以由描绘被报道事物的最抽象意义(有关事件、偶发事件、事故的信息,有关是期待结果的事件信息,有关中断事物已形成的进程的意料之外事件的信息等)的指示性动词来表示(见下文)。

动词делаться / сделаться可以表示被报道事物的下列意义[1]:1)对产生于"非事件背景"并且安于该背景、安于事物业已形成的进程或当前的进程的情景

---

[1] 在此该动词的下列意义被搁置一边:1)从一个状态转到另一个状态(半实体性)的意义,例如:На улице совсем весна делается; Делается тепло和2)被动意义,例如:Скоро сказка сказывается, да не скоро дело делается(谚语);比较:Дома, Федору Михайловичу казалось, все делалось ему наперекор (Л. Толст.)。

的报道；2)对扰乱事物已形成的进程或通常的进程的情景的报道；3)对扰乱事物进程的意料之外、不可预见的情景的报道；4)对形成一个完整情景的多个积极情景的集合的报道；5)对单个偶然的情景、纯偶然事件的报道；6)对破坏、"毁坏"事物进程的事故、意外事件的报道；7)对其形成是作为在此之前发生的事情的结论、结果、结局的情景的报道；8)对内心不安的情感状态、感情斗争的报道。前面指出的那个系列中的指示性动词按全部这些局部意义的标记功能进行分布；在此指出同一个动词可以表示不止一个而是多个前述局部意义是非常重要的；但是属于每个具体局部意义的"小系列"无论何时都不能完全彼此叠加。在这些可能性实现方面最自由的是动词делаться / сделаться本身（它可以表示前述任何一个局部意义），动词произойти / происходить, случиться / случаться也能够表示不止一个而是多个局部意义；其他动词的功能更为狭窄而且时常受到只能表示前述一个局部意义的能力的限制（参见，例如，статься, выйти, получиться, обернуться, устроиться或стрястись, приключиться）。

接下来我们将详细研究集合在动词делаться / сделаться中的前述所有局部意义，并且使用从俄罗斯经典文学作品中提取的材料对它们进行说明；在数字(1)下所举例句是用指示性动词本身表示的报道，数字(2)下是本身不包含这个动词但能够成为由它表达的报道。

I. 对产生于"非事件背景"并且安于事物进程的单个、个别情景的报道，是自然包含在共同事件过程中的情景中的一个：Что произошло? Что сделалось?

(1) Все сели, опять спросило о здоровье. Произошло молчание. Лиза спросила у матери о бинокле. Произошли пререкания между матерью и дочерью, кто куда его дел. (Л. Толст.).

(2) Успех нас первый окрылил (Пушк.); Братья милую девицу Полюбили. К ней в светлицу Раз, Лишь только рассвело, Всех их семеро вошло (Пушк.).

II. 由于对某人积极性、外部环境的干扰而发生的扰乱事物进程、事物过程的情景的报道：Что произошло? Что сделалось? Что приключилось?

(1) В долгом времени, Аль вскоре, Приключилось им горе: Кто-то в поле стал ходить И пшеницу шевелить (Ершов); [Чацкий] Уж Софье Павловне какой Не приключилось ли печали? (Гриб.); Спокоен от Мышей Купчина: По кладовым и день и ночь дозор; И все бы хорошо, да сделалась причина: В дозорных появился вор (Крыл.); Жива ли, нет ли, Бог весть.

Всякое случается (Пушк.); Он часто удивлялся тому, как это случилось, что ему, Степану Касатскому, довелось быть таким необыкновенным угодником и прямо чудотворцем (Л. Толст.).

(2) — О други! — начал Лев. — По множеству грехов Подпали мы под сильный гнев богов (Крыл.); [Лиза] Мне-с... ваша тетушка на ум теперь пришла, как молодой француз сбежал у ней из дому. Голубушка! хотела схоронить Свою досаду, не сумела... (Гриб.); Вот однажды царь Дадон Страшным шумом пробужден (Пушк.); — Обидел кто тебя, Скажи; Хоть только след нам укажи (Пушк.); [Репетилов] Пускай лишусь жены, детей, Оставлен буду целым светом, Пускай умру на месте этом, Да разразит меня Господь...(Гриб.).

III. 对意料之外、不可预见的情景的报道，对突然发生的事情的报道：Что вдруг сделалось? Что произошло? Что случилось? Что приключилось?

(1) [Басманов] Что сделалось такое? [Пятый] Царь занемог. [Шестой] Царь умирает. [Басманов] Боже! (Пушк.).

(2) Наутро сваха к ним на двор Нежданная приходит (Пушк.); Ведь кошка, говорят, попалась в когти к Льву (Крыл.); Волг ночью, думая залезть в овчарню, Попал на псарню (Крыл.); В нежданной встрече сын Гасуба Рукой завистника убит Вблизи развалин Татартуба (Пушк.); И пришлось нам нежданно-негаданно хоронить молодого стрелка (Некр.).

此处还包括由含有突然、意料之外意义的词和成语构成的报道：вдруг, как вдруг, очутиться, оказаться, попасться; встретить, повстречать(ся); ахнуть не успел, оглянуться не успел, откуда ни возьмись, только успел, как... :

Тихонько брел домой проселочным путем, Как вдруг Разбойнику попался (Крыл.); Вдруг это мертвое лицо изменилось неузнаваемо (Пушк.); Рассуждая таким образом, очутился он в одной из главных улиц Петербурга, перед домом старинной архитектуры (Пушк.); Только вымолвить успела, Дверь тихонько заскрыпела, И в светлицу входит царь, Стороны той государь (Пушк.).

IV. 对形成一个完整情景的多个积极情景的集合的报道：Что делается? Что происходит? Что творится (где-нибудь, у кого-нибудь, кругом)?

(1) По его словам, я отряжен был от Пугачева в Оренбург шпионом,

ежедневно выезжал на перестрелки, дабы передавать письменные известия обо всем, что делается в городе (Пушк.); Но возвратимся к добрым ненарадовским помещикам и посмотрим, что-то у них делается? А ничего (Пушк.); ...притворившись дураком, казалось, не обращал никакого внимания на все, что около него делалось (Пушк.); Все было так, как он ожидал: все было так, как всегда делается. И ожидание, и важность напускная докторская, и выстукивание, и выслушивание, и значительный вид (Л. Толст.).

(2) Медведь повалился. Все сбежались, дверь отворилась, Кирила Петрович вошел, изумленный развязкой своей шутки (Пушк.); [София] Мы в темной комнате. Для довершенья чуда Раскрылся пол — И вы оттуда, Бледны как смерть, и дыбом волоса! Тут с громом распахнулись двери, Какие-то не люди и не звери, Нас врознь — мучили сидевшего со мной (Гриб.).

V. 对单个偶然的情景、偶然事件的报道：Что сделалось? Что случилось?

(1) Ягненок в жаркий день зашел к ручью напиться; И надобно ж беде случиться, Что около тех мест голодный рыскал Волк (Крыл.); По счастью, близко тут Журавль случился (Крыл.); [Фамусов] На куртаге ему случилось обступиться; Упал, да так, Что чуть затылка не прошиб (Гриб.); Лиза прибегает в слезах. — Что-нибудь сделалось? — Мамы не слышно (Л. Толст.).

(2) Иной бы был такой доволен частью; Но Скворушка услышь, что хвалят соловья (Крыл.); Он хотел в открытых игорных домах Парижа вынудить клад у очарованной Фортуны. Случай избавил его от хлопот (Пушк.); А, старый хрыч, — сказал Пугачев. — Опять Бог дал свидеться (Пушк.).

VI. 对"毁坏"事物进程的离奇情景、意外事件的报道：Что сделалось? Что случилось? Что произошло? Что стряслось? Что совершилось?

(1) Убирайтесь все отсюда! Здесь сейчас случится чудо (Ершов); Сделалось смятение. Люди бросились в комнату старого барина (Пушк.).

(2) [Фамусов] А? бунт? ну так и жду содома (Гриб.); Надеждой счастие сперва ему польстило; Но бурею корабль разбило (Крыл.); Государь!

проснись! беда! — Что такое, господа? ...А?... кто там? беда какая? Воевода говорит: Петушок опять кричит (Пушк.); Осада! приступ! злые волны, Как воры, лезут в окны (Пушк.).

VII. 对作为结果、结论、预料之中或意料之外的结局、后果的情景的报道：Что сделалось? Что получилось? Что вышло? Что сталось? Что сбылось?

(1) Пугачев мог проведать истину и другим образом... Тогда что станется с Марией Ивановной? (Пушк.); Нет, она хорошо сделала, что умерла! Ну, что бы с ней сталось, если бы Григорий Александрович ее покинул? (Лерм.); Петр Андреич сочинил недавно песню и сегодня запел ее при мне, а я затянул свою любимую... Вышла разладица (Пушк.); [Подхалюзин] Я это к примеру говорю — в добрый час молвить, в худой промолчать, от слова не станется (Остр.); К нему [идеалу] всегда стремились и стремятся люди. И посмотрите, что выходит. Выходит, что плотская любовь — это спасительный клапан (Л. Толст.).

这个意义还可以增加结果（a）和评价（b）成素：

(a) Дошло что до чего, довело что до чего, пришло (дошло до чего 之义)：Не может Волк ни охнуть, ни вздохнуть, Пришло хоть ноги протянуть! (Крыл.); Коль до когтей у них дойдет, То, верно, Льву не быть живому (Крыл.); ...Все перерост, пересадит На новый лад и образец. Какой же выдался конец? (Крыл.);

(b) И на этот уже раз Обошлося без проказ (Ершов); Сегодня удалось, А завтра кто порукой? (Крыл.); Он должен был настоять на том, чтобы дело обошлось как можно секретнее (Лерм.); 在口语中：Все устроилось к лучшему.

属于这个意义的还有固定词组：так получилось, может статься, вышло так, что..., как бы чего не вышло 及其他。

(2) Проказники тут до того шумели, Что захватило их в дыму (Крыл.); А Балда наделал такого шуму, Что все море смутилось И волнами так и расходилось (Пушк.); [Фамусов] Дай волю вам, Оно бы и засело (Гриб.); А если корень иссушится, Не станет дерева, ни вас (Крыл.).

VIII. 与在 I-VII 中描写的并且属于外部情景的全部报道相对立的是对主体内心状态的报道：(a) 对复杂不安的情感活动的报道：что делается, что происходит, что творится в ком / в душе у кого / с кем? 和 (b) 对由某种外部作用所决定的主体状态的报道: что сделалось с кем?

(1) И что с ним делается теперь? О чем он думает и грустит? (Л. Толст.); Но как она может не понимать этого, и что в ней делается? — говорил он себе (Л. Толст.); Ей казалось, что он насквозь видит ее и понимает все то нехорошее, что в ней делается (Л. Толст.); Степан Аркадьевич улыбнулся. Он понимал, что делалось в душе Левина (Л. Толст.); ...Как огромно и значительно кажется ей, бедняжке, то, что происходит теперь в ее душе (Л. Толст.).

(2) Что это с вами сделалось? — сказала она, увидев меня. — Как вы бледны! (Пушк.); [Лепорелло] — Ай, ай! умру! [Дон Гуан] — Что сделалось с тобою? [Лепорелло] — Статуя... (Пушк.). 比较无动词成语: что́ с ним? что с тобой? что со мной?

(2)中所描写的存在于固定词组 что делается / сделается кому 中的意义由主体坚决不接受某种外部作用的意义繁化: что ему делается 表示 "ничего с ним не сделается, не произойдет, он не таков, чтобы с ним что-нибудь случилось" 之义: — А что Казбич? — спросил я нетерпеливо у штабс-капитана. — Да что этому народу делается! ... ведь ускользнул! (Лерм.); [Устинья Наумовна] Здравствуй, живая душа! Каково попрыгиваешь? [Подхалюзин] Что нам делается (Остр.).

如上所述,在文章开篇所列举的作为闭合系列的动词从自身功能的观点出发意义各不相同: 像 делаться, происходить, случаться 这样的动词组成这个系列的核心: 它们可以表示不同的情景、事件、情况; 其他动词, 如 статься, выйти, устроиться 及其他构成其外围并且只能与特定报道类型绑定在一起。但在所有情况中都能非常准确地表现出围绕动词 делаться / сделаться, происходить / произойти, случаться / случиться 进行分组的每一个动词的指示功能。

我们用一个十分有说服力的例子来说明动词 случиться 的特征, 该特征可以使动词既能表示纯偶然事件又能表示由依次进行的行为、动作组成的意料之外的情景和事件: «В Петербурге в сороковых годах случилось удивившее всех событие: красавец, князь, командир лейб-эскадрона кирасирского полка, которому все предсказывали и флигель-адъютантство и блестящую карьеру при императоре Никалае I, за месяц до свадьбы с красавицей-фрейлиной, пользовавшейся особой милостью императрицы, подал в отставку, разорвал свою связь с невестой, отдал небольшое имение свое сестре и уехал в монастырь, с намерением поступить в него монахом» (Л. Толстой, «Отец Сергий», I, 小说开头部分).

ИМЕТЬ МЕСТО

指示性词组 иметь место("在场"、"存在于何地何时")用以表达对非事件情景的报道，即报道不与任何积极活动、活动者或是所发生事件、事故、偶然发生的意外情景(干扰事物进程、对它造成破坏或是中断)发生直接联系的"现实片断"。这里报道对象是那种被平和地加以描述、描绘，完全属于扩展陈述层面的情景。此处典型的例子有由否定形式表示的一般否定句，——通常是在对被否定事物和被肯定事物的报道进行对比的情况下，例如：Не серна под утес уходит, Орла послыша тяжкий лет; Одна в сенях невеста бродит, Трепещет и решенья ждет (Пушк.). 最基本的形式——这始终是相对完整的对外部环境、外部非事件情景的报道，在这种非事件情景中活动者或是状态的承受者、或是完全被排除、或是"虚设的"、仅仅是为了某个"情景"围绕其出现的那个事物能处在陈述中心位置才需要的。适用于这种情景的问题有"那里是什么？"、"事物的状况如何？"、"目前存在着的情景是怎样的？"；试比较：Старый князь, ступая на пятку, ходил по кабинету и послал Тихона к Марье Богдановне спросить: что? — Только скажи: князь приказал спросить что? и приди скажи, что она скажет. — Доложи князю, что роды начались (Л. Толст.).

可以说出几个基本的情景类型，它们可以用指示性词组 иметь место 来表示；这首先是本来就存在的自然状态情景或是外部环境情景以及带有"虚设主体"的非事件情景；二是带有"隐性的"或被排除的主体的非事件情景，或是带有消极状态主体的那种情景。在任何情况下——这都是对外部情况的报道，与确定主体的积极活动、其有针对性的行为、意志、情感无关；这种确定主体的存在在此或是被消除、或是间接的、不确定的、要通过这个或那个主体与之有某种关联的情景才能够观察到。后面我们将研究分析每一个情景以及它们较为局部的变体。

I. 本来就存在的情景——周围环境、天气的自然状态。这里意义 иметь место 与意义 каково где и когда 结合起来：На дворе холодно, тепло; За окном метель, вьюга; Ненастье, дождь; Холод, ветер. 这里常见的句子不仅可以是带有述谓词的句子，还可以是动词句：

[София] Сидим, а на дворе давно уже побелело (Гриб.); Зима. Что делать нам в деревне? Я встречаю Слугу, несущего мне утром чашку чаю, Вопросами: тепло ль? утихла ли метель? Пороша есть иль нет? (Пушк.); В тот год осенняя погода Стояла долго на дворе (Пушк.); Все дороги занесло (Пушк.); Весеннее солнце взошло и жар уже наспевал (Пушк.); В четверг ветер затих и надвинулся густой туман (Л. Толст.); Весна долго не открывалась. Последние недели поста стояла ясная, морозная погода (Л. Толст.); Днем таяло на солнце, а ночью доходило до семи градусов (Л. Толст.).

II. 外部环境的情景、事物的现存状态的情景可以表现为局域的、已知的情景（1）或是普通的、相同类似的情景之一（2）。

（1）Добро бы было в гору Или в ночную пору — А то и под гору, и днем! (Крыл.); Ладно ль за морем иль худо, И какое в свете чудо? (Пушк.); Видно: на море не тихо; Смотрит — видит дело лихо (Пушк.); Пойдем опять к Анне Ивановне, там весело, шум, народ, музыка (Л. Толст.); Танцы и шум не переставали, но было как-то скучно, неловко (Л. Толст.).

在这些报道中通常都有总括词 всё，指出所包括情景的广泛性，指出之中包含的多数——全部该情景用以建立的事物（同时不排除想象不到的事物）：

Все счастливо: уж есть и дети у Орлицы (Крыл.); Заздравный ковш кругом пошел: Все шумно, гости пьяны (Пушк.); И все дремало в тишине При вдохновительной луне (Пушк.); Коль кругом все будет мирно, Так сидеть он будет смирно (Пушк.); Время шло медленно. Все было тихо. В гостиной пробило двенадцать (Пушк.); И вот она одна. Все тихо. Светит ей луна (Пушк.); Гаврила Афанасьевич, послав за лекарем, закрылся в своей комнате, и в его доме все стало тихо и печально (Пушк.); Вид ужасный! Все перед ним завалено; Что сброшено, что снесено (Пушк.).

（2）外部环境情景可以表现为普通的、重复的情景之一；此时时间限定语可以没有，但并不彻底排除：

Там будет бал, Там детский праздник (Пушк.); [Фамусов] То бережешься, то обед (Гриб.); [Чацкий] Вчера был бал, а завтра будет два (Гриб.); Татьяны именины в субботу (Пушк.); Послали купить рубашку.

Лакей вернулся: все зекрыто — воскресенье (Л. Толст.).

III. 带有"虚设主体"的非事件情景存在于报道是类似描写图景的情况下，即整个情景是报道对象，该情景是由其赖以存在的事物的存在所建立的：主体位形式上没有空出，表示着他的动作或状态，然而报道的意义并没有包含在这个组合中，而是包含在对该词组所建立的、由它所表达或推动的事物的复现之中。这里需要指出几种这样的报道形式。

（1）对自然状态、外部环境的报道——围绕着使其成为一个整体的事物加以描绘的图景：

Сквозь туман кремнистый путь блестит; Ночь тиха. Пустыня внемлет Богу, И звезда с звездою говорит (Лерм.); По камням струится Терек, Плещет мутный вал (Лерм.); Горные вершины Спят во тьме ночной, Тихие долины Полны свежей мглой; Не пылит дорога, Не дрожат листы... (Лерм.); В синем небе звезды блещут, В синем море волны хлещут; Туча по небу идет. Бочка по морю плывет (Пушк.).

（2）对情景——以某些状况结果形式出现的情况的报道：

Надеждой счастие сперва ему польстило (Крыл.); [София] Привычка вместе быть день каждый неразлучно Связала детскою нас дружбой (Гриб.); Нечаянный случай всех нас изумил (Пушк.); Обстоятельства некогда сблизили нас (Пушк.); Радость произвела в больном самое сильное впечатление (Пушк.).

IV. 与本身包含иметь место意义并排除这种或那种对主体、对一个或多个活动者的针对性的报道相对立的是含有同样的概括意义但使这个意义和情景与主体——活跃的、积极的或是消极的、承受这样或那样状态的主体——的间接关系结合起来的报道。这两种情况中都不同程度地存在隐性主体或被消除主体，具有主体身上的某种附属于情景的状态，情景的实现看起来却似乎没有它的参与，仿佛是自然而然发生的。这里可以说出几种这样的报道类型，——预先声明一下，这个清单既不是全面穷尽的，也没有达到必要的细致分析：自身含有适用于外部情景的иметь место, наличествовать意义的报道构成的几乎是共同的语言叙述范围空间中最基本的组成。

（1）主体、活动者隐藏在所谓的"不定人称"后面。这或是带有主要成分——复数第三人称形式的动词——的动词句，通常它们报道来自不确定的、没有说明来源的信息、资料（a），或是带有相同概括意义的静词句（b），或是报道不确定的人(人们)的具体动作或状态(c)。

(a) И вдруг, как будто наяву, Изба передо мною. Я к ней, стучу — молчат. Зову — Ответа нет (Пушк.); От старой графини таили смерть ее ровесниц (Пушк.).

带有概括—称名意义主体的报道：— Но, быть может, люди врут. Князю Лебедь отвечает: Свет о белке правду бает (Пушк.).

(b) Ведь идет слух, Что все у богачей лишь бисер да жемчуг (Крыл.); — Какой набор? — Да так. Есть слух: Война с Китаем (Крыл.); [Скалозуб] Я вас обрадую: всеобщая молва, Что есть проект насчет лицеев, школ, гимназий (Гриб.); Нынче поутру у колодца только и было толков, что о ночном нападении черкесов (Лерм.).

(c) По улицам Слона водили, Как видно, напоказ (Крыл.); За волком поиски, клянет его весь свет (Крыл.); [Чацкий] Кому нужда: тем спесь, Лежи они в пыли (Гриб.); Однажды играли в карты у конногвардейца Нарумова (Пушк.). 在带有指出能推动情景的单个或多个事物的词组中：Началась панихида — свечи, стоны, ладан, всхлипывания (Л. Толст.).

(2) 数量众多并且众所周知的主体被概括地表达出来：作为一个整体、一个集合：Внимало все тогда Любимцу и певцу Авроры: Затихли ветерки, замолкли птичек хоры, И прилегли стада (Крыл.); [Лиза] Все в доме поднялось (Гриб.); Все уселось и примолкло, последние звуки увертюры прогремели (Пушк.); Все хлопает. Онегин входит (Пушк.); В девять часов утра заблаговестили к обедне, и все потянулось к новой каменной церкви (Пушк.); — Государь! Государь! — вдруг послышалось между гусарами. Все побежало, заторопилось (Л. Толст.).

同样的情况也存在于报道概括表达为一个共同行动整体的那些人的动作或状态的静词句中：[Чацкий] Умолк. И тут со всех сторон Тоска, и оханье и стон! Ах, Франция! Нет в мире лучше края! (Гриб.); Это похоже было на поединок: глубокое молчание царило кругом (Пушк.); В комнате пронесся чистый, стройный звук и сделалось совершенное молчание (Л. Толст.).

(3) 主体是众所周知的，但没被说出来，而且主体的动作表现为属于一定时间、时刻的独立外部情景：

Вот пуще прежнего и кваканье, и стон, Чтоб им Юпитер снова

Пожаловал царя иного (Крыл.); Пустилися мои ребята в разговоры, Пошли догадки, толки, споры (Крыл.); [Лиза] Переведу часы, хоть знаю: будет гонка, Заставлю их играть (Гриб.); Алексей Александрович не успел прочесть брошюру вечером и дочитал ее утром. Потом явились просители, начались доклады, приемы, назначения, удаления, распределения наград, новости, жалования, переписки — то будничное дело, как называл его Алексей Александрович, отнимавшее так много времени (Л. Толст.); Приводим в чувство. Еще слезы, и, наконец, примирение. И не примирение: в душе у каждого та же старая злоба (Л. Толст.).

（4）动作或状态主体体现在其建立的情景中，但他的积极性在形式上被削弱：他或是被描写成（a）情景的拥有者（у кого），或是（b）情景的区域限制者（между кем, среди кого），或是（c）情景的限定者（чей），或是（d）情景实现的工具（кем）：

(a) Зарей, где спят еще, а уж у них давно Пошло плясать веретено (Крыл.); [Чацкий] У вас в лице, в движеньях суета (Гриб.); Вот пуще прежнего пошли у них разборы и споры, Кому и как сидеть (Крыл.); До светла все у него пляшет, Лошадь запряжет, полосу вспашет, Печь затопит, все заготовит, закупит, Яичко испечет да сам и облупит (Пушк.); Как-то раз перед толпою соплеменных гор У Казбека с Шат-горою был великий спор (Лерм.).

(b) Меж ими все рождало споры И к размышлениям влекло: Племен минувших договоры, Плоды наук, добро и зло (Пушк.); Меж юных жен, увенчанных цветами, Шел разговор веселый обо мне (Лерм.).

(c) [София] Хочу к нему, вы тянете к себе! Нас провожают стон, рев, хохот, свист чудовищ (Гриб.); В передней толкотня, тревога; В гостиной встреча новых лиц, Лай мосек, чмоканье девиц, Шум, хохот, давка у порога, Поклоны, шарканье гостей, Кормилиц крик и плач детей (Пушк.).

(d) То солнцем дерево печет, То градом, то дождем сечет, И ветром наконец, то Дерево сломило (Крыл.).

（5）作为动作发出者或状态承受者的主体在带有иметь место意义的报道中出现是当谈及习惯情景，谈及经常、一直以来就存在，已经是众所周知的事物的时候：Ведь это все, чай, знают, Что ласточки к нам прилетают Перед весной (Крыл.); Люди женятся; гляжу, Неженат лишь я хочу (Пушк.); Миленькие вдовушки в девках не сидят (Пушк.); [Чацкий] Молчалины блаженствуют на свете (Гриб.).

在所有分析过的情况中成为报道对象的是外部非事件情景,它既不直接与任何人的积极行动、行为相关,也不与任何事件、事故、意外事件相关。这些报道的典型特征是借助指示词组 дело было (тогда-то, там-то) 的表示,试比较:— Дело в пятницу на масленой было, так никого не было: все по балам (Л. Толст.); — Так часу в третьем было дело. Играли господа: гость большой (так его наши прозвали), князь был (что с ним все ездит)... Народу было порядочно (Л. Толст., «Записки маркера»).

КАКОВО

I. 我们将根据这一论点对代词 каково 语义功能进行描写:俄语中存在完整的词类,它们由语言预定,不是供称名确定的现实——事物、过程、特征——之用,而是用于表示整个报道。这是整个能够在句子中占据述体位的代词系统,以及闭合的指示性动词和带有纯指示(标记)功能的动词性成语类别。所有这些词通过它们表示整个报道的共同功能联结起来,即体现报道类型、这个或那个表述所具有的信息特征本身的能力。

II. 代词 каково 是代词性指示词与动词性指示词之间的联系环节:形式上这是述谓语,因而,为它提供的位置,与起着整个报道的标记功能的纯代词一样,是述体位。同时,它还是指示词,在功能上接近动词性指示词。代词 каково 所表示的报道,在概括意义上可与指示性动词和指示动词性成语表示的报道相吻合: иметь место (关于非事件的存在情景), испытывать состояние, находиться в состоянии (关于非事件的主体情景、有关主体的状态);同时 каково 还保有表示特征的功能: каково = 'как'; 试比较:...А каково стрелял он? (Пушк.); Каково поживаете? 口语 (参见下文有关内容)。在所有情况中 каково 本身都含有状态或情景的最为本质、实质的意义;从这一观点出发 каково 与非动词指示词系统中表示某人或物本质特征的 каков (какова, каково, каковы) 保有相应的意义联系。

代词 каково 在句子中的位置——始终是述体位,而且,取决于所表达的情景, каково 可以是单成素句中的述体 (Каково сегодня на дворе? Каково сегодня больному?) или是双成素句中以带有动词不定式组合形式出现的述体 (Каково мне это терпеть? Каково ему жить одному!)。

下面我们将分析代词 каково 的功能及那些依赖这个多功能指示单位意义的报道类型。

1) 代词 каково 指出与一定时刻相关的外部环境状态("哪里是怎样的?"，"天气、环境的状况如何?"，"外部的非事件情景是什么样的?")；在这种情况中代词 каково 始终是述体，而且所表示的情景总是属于一定的时间：— Каково на дворе? — Солнышко. Тепло (С. — Щ.); Каково сегодня, холодно? В лесу тихо, а каково-то в поле? 这个意义包含在带有相应的述谓语的报道中(a)以及，在可能的情况下，带有名词述体、动词的无人称形式或存在动词的报道中(b)，而且这些形式非常经常并存于紧密的上下文中。

(a) [Чацкий] Куда ни взглянешь, Все та же гладь и степь, и пусто, и мертво... (Гриб.); В небе, в полях, по дороге было также серо и пасмурно, и та же осенняя мгла сыпалась на грязь дороги, по крыльцо, по карету (Л. Толст.); На улице было пусто, но длинный ряд фонарей еще светил красными огнями, на небе было высоко и звездно (Л. Толст.).

含有动词不定式的词组在这些情况中表示集中在某个动作上的状态：Читать было темно, и поэтому я закрыл глаза и притворился, что хочу заснуть (Л. Толст.); Гулять сегодня холодно; На солнце сидеть жарко.

(b) Уж было поздно и темно; Сердито бился дождь в окно, и ветер дул, печально воя (Пушк.); — А какова погода? Кажется, ветер. — Никак нет-с, ваше сиятельство, очень тихо-с (Пушк.); А далеко на севере — в Париже, Быть может, небо тучами покрыто, Холодный дождь идет и ветер дует (Пушк.); Днем таяло на солнце, а ночью доходило до семи градусов (Л. Толст.); — А холодно на дворе? — спросил Делесов. — Мороз здоровый (Л. Толст.).

在全部这些报道中意义"此时某处是什么样子"与意义"存在"结合起来——适用于属于外部环境状态并从属一定的时间和地点的非事件情景。

(2) 代词 каково 把目前具有的、业已形成的情景表示为某人所感知和加以特征描述的情景，这种描述、特征仿佛原本就存在，并与事物现存的该种状况相适应：Черт догадал меня родиться в России с душой и талантом! Весело, нечего сказать (Пушк.); Право, кажется, военные цензоры марают для того,

чтобы доказать, что они читают. Тяжело, ничего не скажешь. И с одною цензурою наплачешься, каково же зависеть от целых четырех? (Пушк.); — Что? — спросил импровизатор. — Каково? — Удивительно, — ответил поэт. — Как! Чужая мысль чуть коснулась вашего слуха и уже стала вашею собственною. Удивительно, удивительно! (Пушк.); ...говорил он все быстрее, не давая никому вставить слова и все больше и больше разгорячаясь. Все молчали. Было неловко (Л. Толст.); Ведь посмотреть на нынешних красавиц, смех и жалость! (Пушк.); [Борис] Но если в ней единое пятно, Единое, случайно завелось, Тогда — беда! (Пушк.); [Федя] Пошло. Скучно. Скучно. Бессмысленно (Л. Толст.); [Аграфена Кондратьевна] Я и слова-то сказать с ним не умею, словно в лесу. [Устинья Наумовна] Оно точно, жемчужная, дико сперва-то, ну, а потом привыкнешь, обойдется (Остр.).

同样的情形还出现在使用总括词все, это的情况下: И все бы хорошо, да сделалась причина: В дозорных появился вор (Крыл.); Что Москва говорит о Петербурге, так это умора (Пушк.).

在这些报道中使用称名被加以特征描述的动作或状态本身的动词不定式是规范的: Сгубить легко, да душе-то каково? (Даль); Вот видишь ли, Петр Андреич, каково погуливать! (Пушк.); Когда перенимать с умом, тогда не чудо И пользу от того сыскать; А без ума перенимать И боже сохрани как худо! (Крыл.); [Большов] Сидят-то сидят, да каково сидеть-то? Каково по улице идти с солдатом? (Остр.). 含有带каково意义的成语的报道: [Фамусов] Что за комиссия, Создатель, Быть взрослой дочери отцом! (Гриб.); А угодить на Льва, конечно, не безделка (Крыл.); [София] Гоненье на Москву! Что значит видеть свет! (Гриб.); 在动词不定式位置上带有从句的报道: Какая вещь пустая! Не глупо ль, что его высоко так ценят? (Крыл.).

3) 代词каково表示主体体力或精神状态、情感状态, 这种状态由他本人造成或受到外界的刺激, 而且在任何情况下都集中在他本人身上。集中在自己内心、本人身上的意义是使这种当它出现时主体总是处于两个作用——强制、刺激情景与被看作、理解为是源自前者、由它要求的情景——的中心的状态区别于情态状态(感到必要、应该、被迫、可能、合理)的事物(参见第2点)。区别于情态状态, каково中这是可以感觉、感受到的状态, 而且是那种不知道为什么、或由于什么原因产生或是无意识中产生的、但能够被意识到的状态, 比较: мне

радостно, грустно, неприятно видеть этого человека, мучительно быть с ним 和 мне весело, грустно, на душе легко, светло。区别于其出现之时总是存在情景的情态状态，这种状态是生成情景和由情景生成的情景，即状态的动因及其应该得到的结果（мне необходимо ехать, следует подождать, должно согласиться 等表示"存在某种迫使我去做某事的事物、某种促使我必须做某事的事物"），在带有 каково 的情况中基本结构中仅仅包含刺激情景（没有被指出、隐性的或是由动词不定式表示的情景），而被生成的、被刺激的情景不被表示出来：主体的状态集中在主体自身和结构本身上或是由动词不定式表达出来（мне страшно оставаться одному, ему стыдно лгать, мне грустно слышать об этом）或不表达（мне страшно, стыдно, грустно...）。

我们将进一步以从经典言语中提取出来的材料为例分析研究含有"谁怎样了"意义的相应报道类型，将它们按顺序排列为：(a) 对主体状态本身（述谓语本身）的报道和 (b) 对某事物所引起的、以某事物为条件的状态的报道（以带有动词不定式的组合形式出现的述谓语）。在 (a) 中引文按 каково 意义的形式表达排列为：述谓语本身 (a^1) 或是发挥述谓语功能和占据述谓语位的其他词形 (a^2)。

(a^1) Вам-то ничего, да нам-то каково? (Даль); Он разлучен с подружкой был своей, Ему тошнее всех в неволе (Крыл.); [Фамусов] Терпенья, мочи нет, досадно (Гриб.); [Хлестова] Знакомит, не спросясь, приятно ли нам, нет ли? (Гриб.); [Чацкий] Блажен, кто верует, тепло ему на свете (Гриб.); [Липочка] Да, легко вам разговаривать, а позвольте спросить, каково мне-то? (Остр.); Отец Сергий видел, что молодой человек не верит и что, несмотря на то, ему хорошо, легко и спокойно (Л. Толст.); Чем крепче прижимал он к груди скрипку, тем отраднее и слаще ему становилось (Л. Толст.); И ему не только легко и радостно, умиленно стало (Л. Толст.); Такое же неприятное чувство испытывал Михайлов при виде живописи Вронского: ему было и смешно, и досадно, и жалко, и оскорбительно (Л. Толст.); Но мне вдруг стало страшно за свою голову..., за свой бедный ум стало страшно (Л. Толст.). 比较典型的外部和内部状态意义组合：Пришла весна... Радостно, молодо было и на небе, и на земле, и в сердце человека (Л. Толст.).

(a^2) Где горки, рытвины, ухабы — Котлу безделица, Горшки натурой слабы. От каждого толчка Горшку большой наклад (Крыл.); Не то бы в Питере, да не о том уж речь; Все лучше, чем голодным лечь (Крыл.); Льву смех, но наш Комар не шутит (Крыл.); Судьям худые шутки: В холодный пот кидает их боязнь (Крыл.); Худые песни Соловью В когтях у Кошки (Крыл.); У Льва как гору с плеч свалило (Крыл.); [Марина] О стыд! О горе мне! (Пушк.); Оно, кажется, страшно жить в таких условиях, а им было ничего, жить можно было (Л. Толст.).

（b）[Чацкий] Служить бы рад, прислуживаться тошно (Гриб.); Неприятно было Чарскому с высоты поэзии вдруг упасть под лавку конторщика (Пушк.); [Она] Но больно мне с тобою не грустить (Пушк.); Мне было совестно на него глядеть (Пушк.); Мне жутко стало лежать в темноте, я зажег свечу, и мне как-то страшно в этой маленькой комнате с желтыми обоями (Л. Толст.); А с ним жить я не могу, мне мука видеть его (Л. Толст.).

早在19世纪的语言中发挥述谓语功能的代词каково在所有位置上都与как彼此相关，后者积极发挥着相同意义，比较：Каково / как в городе?; Тебе хорошо, а каково / как мне-то? 请看克雷洛夫的例子：Смотри-ка, квакушка, что, буду ль я с него? — Подруге говорит. — Нет, кумушка, далеко. — Гляди же, как теперь раздуюсь я широко. Ну, каково? Пополнилась ли я? — Почти что ничего. — Ну, как теперь? — Все то ж.

代词каково已经失去了纯副词功能；请看普希金的例子：— А каково стрелял он? — спросил меня граф. — Да вот как, ваше сиятельство: бывало, увидит он, села на стену муха <...> и кричит: Кузька, пистолет! Кузька и несет ему заряженный пистолет. Он хлоп, и вдавит муху в стену! («Выстрел»); 达利词典中的例子：Каково испекла, таково и подала; Каково кликнется, таково и аукнется.

III. 总之，含有"谁怎样了"意义的报道，其基本结构可以表示主体的内部状态（мне весело, грустно, стыдно等）或是受来自外部的其他某种事物刺激所产生的状态（мне грустно быть одному, тяжело осознавать свою ошибку, приятно встретить друга）。区别于其他关于情感、意识状态的报道，前面分析的表述总是含有针对主体并且不会被扩展到其他人（多人）身上的状态意义：意义"谁怎样了"属于更宽泛的"承受（某种）状态"、"处在（某种）状态"、"感觉、感受"意义；其他不相干的情景这里要么不存在，要么成为对主体所承受的状态产生刺激作用的情景。

像这种符合"谁怎样了"意义的报道的特别性质通过它与有关主体情态状

态的报道(即对必须、必要性、可能性、应该、遵循、合理性状态的报道和对这些意义细微差别和组合的报道)的对比清晰地呈现出来。

包含在带有所谓的情态述谓词、情态动词和属于它们之列的名词和专门的句法结构(необходимо, надо, нужно, потребно, должно, надлежит, следует, стоит (надо, можно之义), можно, подобает, незачем (не нужно, не следует之义), вынужден, принужден, возможно, нельзя, целесообразно, пора, время (следует наступило время делать что-н.之义)及其它)的句子中的报道即是如此。在所有这些情况中,状态集中在主体本身的意义是不存在的。承受状态的主体处在两个情景的中心：一个是刺激引发主体状态的情景,另一个是从前者和对前者的认识中得出的情景;主体此时是理解、认识两个情景相互关系的主体,他处在两个情景之间;他受它们约束并且认识到第二个情景源于第一个情景。受刺激产生的情景(源于第一个情景及主体对它的认识的情景)可以是任意的,截然不同的;刺激情景(促使认识随后动作和行为的情景)总是以这样或那样的方式与环境、主体所处的状况相关:这可以是偶然的事件、事故、某人的需要或完全是他人意志的体现,已经形成的局面,受习惯、惯例支配的情景,或是对必须、需要、应该做的事情的应有认识。通过下文提供的、从我们所有的并在其基础上形成相应总结的材料中简短摘录的例子可以直接发现和透彻理解所有这些起生成、刺激作用的情景,以及整个在其基础上形成"承受的状态是某种可以认识、可以估量的随后动作、行为或整个后续情景出现的必要性、被迫性、必然性、可能性"意义的三位一体。

处在这个三位一体中心位置的是集所承受的、由某事物引起的状态和意识、思维状态,受作出决定、判断和行动的必要性制约的状态于一身的主体。这个复杂的双重状态自身将始终与主体内部状态的实质性、体现在一个对象身上的集中性、完整性思想密不可分的意义"谁怎样了"排除出去。

下面是一些例子,将对包含在报道主体所承受的、夹在两个情景中间而且还必须要对这种情况加以理解、认识的情态状态中的意义三重性进行说明。

1) 即将发生的事情的**必然性、不可避免**——用带有第三格主体的动词不定式结构：[Лиза] Кому назначено-с, не миновать судьбы (Гриб.); Он слеп, упрям, нетерпелив, И легкомыслен, и кичлив, Бог весть, какому счастью верит, Он силы новые врага Успехом прошлым только мерит. — Сломить ему свои рога (Пушк.); Жить вам осталось недолго (Пушк.).

2) **必要性、必需、要求**：[Григорий] Да кого ж им надобно? Кто бежал из

Москвы? (Пушк.); Мария Ивановна... объявила, что необходимость ее заставляет ехать в Петербург (Пушк.); [Моцарт] Всю ночь я думал: кто бы это был? И что ему во мне? (Пушк.); Где силой взять нельзя, там надобно уменье (Крыл.); [Липочка] Мне замуж надобно! Что это такое! Страм встречаться с знакомыми (Остр.).

3) 应该、必须：[Фамусов] Ох, род людской! пришло в забвенье, что всякий сам туда же должен лезть, В тот ларчик, где ни стать, ни сесть (Гриб.); [Марина] Тебе твой сан дороже должен быть Всех радостей, всех обольщений жизни. Его ни с чем не можешь ты равнять (Пушк.).

4) 遵循：必须、应当：[Царь] Я подданным рожден и умереть Мне подданным во мраке б надлежало (Пушк.); Государь мой, ты провинился.., чего ради имеешь ты быть весьма наказан, именно, должен выпить кубок большого орла (Пушк.); [Молчалин] В мои лета не должно сметь Свое суждение иметь (Гриб.); Хоть слушать всякий вздор Богам бы и не сродно, На сей однако раз послушал их Зевес (Крыл.); Но кстати ли Орлу принять совет из норки, И от Крота!.. И что за стать кротам мешаться сметь в дела Царь-птицы! (Крыл.); Хоть у ворот перед двором Пристойнее б стеречь им было дом (Крыл.).

5) 迫不得已：不得不：Она Певцу присесть принуждена (Пушк.); Кони измучились, и кучер как ни бился, Пришло хоть стать (Крыл.); И пришлось нам нежданно-негаданно Хоронить молодого стрелка (Некр.).

6) 可能性：...видел актера Щепкина, который ради Христа просит его (Гоголя) приехать в Москву прочесть «Ревизора»: без него актерам не спеться (Пушк.); Издать книгу нельзя в одну неделю: на это требуется по крайней мере месяца два (Пушк.); Ехать к государю на маневры мне невозможно по многим причинам (Пушк.); [Григорий] Ни на челе высоком, ни во взорах Нельзя прочесть его сокрытых дум (Пушк.); Но долго он заснуть не мог В волненье разных размышлений (Пушк.); [Марина] Димитрий ты, и быть иным не можешь; Другого мне любить нельзя (Пушк.); В одну телегу впрячь неможно коня и трепетную лань (Пушк.).

7) 允许：Не продается вдохновенье, Но можно рукопись продать (Пушк.); Но старость ходит осторожно. И подозрительно глядит. Чего

нельзя и что возможно, Еще не вдруг она решит (Пушк.); Но я не в состоянии жертвовать необходимым в надежде приобрести излишнее (Пушк.); Вы не можете не пускать меня, у меня паспорт, я ничего не унес у вас (Л. Толст.); Какое право имеете вы обвинять его? Разве вы жили его жизнью? Испытывали его восторги? (Л. Толст.).

8）合理性、适时性：[Шуйский] Теперь не время помнить, Советую порой и зыбывать (Пушк.); В Оренбург возвращаться тебе незачем (Пушк.); Улика налицо, И запираться поздно! (Крыл.).

正如前面指出的那样,情态状态主体把这种状态与情感或意识、评价状态结合起来；这里包括一套表示这种结合的丰富手段：在述体位上是名词、动词和带有相应意义的成语：грех, не грех ('не следует','следует' 之义), не резон ('не целесообразно' 之义), не в силах ('не может' 之义), волен, не волен ('может','не может'之义), смеет, дерзнет, осмелится, способен ('может'之义), устоял ('смог' 之义), вправе, смешно ('не следует' 之义), стыдно ('не следует' 之义), охота была ('не нужно было' 之义), не сумею ('не смогу' 之义), умудрился ('смог' 之义), не снес ('не смог' 之义), нет сил ('не могу' 之义), не в моей власти ('не имею возможности'之义)等。

在情态状态的所有类型中主体都不是状态的中心：他与那些他处在其中心的情景确立相互关系并理解它们。对意义каково кому而言情景作用不是决定性的作用：主体状态集中在主体自身,此时此刻这种状态是主体内在的本质状态。

我们尝试用呈现在此的描写证明报道类型是属于语言意义体系范围的、在语言中具有自己相应标记手段的语言范畴这一观点。

2001 年

关于意义交点的两则札记

  关于词的词汇分类描写的大量研究中,总是——直接或间接——提出词汇类别的交点问题:研究者们提醒自己和彼此,这些类别并非十分精准地彼此分离,词的意义一个"漫入"另外一个并因此使任何词汇分类都显得不那么严谨,在某种意义上是词汇学家强加给语言的分类。同时要承认,词汇分类是存在的,是能够把它们列举出来的。实际上有关词汇类别的交点问题归根到底是一个意义交点问题。很多词典都用各种不同标记手段来说明这些交叉倾向,这些标记应该传递的信息有所描写的意义是模糊不清的,意义界限是有条件的,语义和句法搭配、而且常常是在聚合体方面的限制破坏了意义的完整性,在之中造成兼有多义词其他意义特征的可能性。同时不应该否认,单个词的意义作为词的符号、内容方面的一个部分存在并具有自己的形式特征描述;属于这些特征描述的有形式系统(聚合体,常常表现出对这个或那个意义的选择),任何一个句法和语义搭配的必要性或规律性,本身固有的词派生能力。这个特征描述综合体属于单独、确定的意义,以此证明该意义作为独立的语义单位的客观现实性。多义词的每一个单独的意义在整个特征描述综合体方面是完全不交叉的:可能出现的只有构成这个综合体的个别意义的重合。

  但如果不是意义的交叉、它们彼此的趋向,那么是什么使多义词融合成一个统一的词汇单位,又是什么成为被我们看作是意义交点的那个事物的现实基础?这个基础就是存在于多义词每一个意义之中并且在其周围排列着词汇意义的所有组成部分的那个概括意义。如此一来,例如,动词идти词典给出20多个意义,它们全部(除了"подходить, быть к лицу"意义上的仿造词之外)含有匀速平稳运动的意义;相反,动词бежать的全部意义则是由加速运动的意义联结起来的;动词прыгать的所有意义则是通过不均匀的跳跃式运动意义结合在一起;动词жить(和名词жизнь)的不同意义是通过持续存在的意义相关联的等等。这种意义的共同性就是我们称作意义交点的那个事物。但问题并不在于名称。意义的共同性作为连接不同语言单位的事物不单单属于词汇:它还存在于报道范围,以确保意义在任何一种报道类型中的牢固性。由语言指示单位系统表达的语言意义体系对意义的相互作用开放;这种相互作用所构成的已经是报道层面、交际方面的复杂意义整体。

  下面是两则札记,用实例一方面说明仅在词中存在的意义融合,及另一个方面在某一个报道类型中的意义融合。这两则札记依据的理论观点是在我们如下著作中阐述过的观点：《代词与意义》[Шведова 1998]；《再谈动词быть》[Шведова 2001а]；《以语言指示单位为基础的报道类型描写尝试》[Шведова 2001б]；《俄语指示形式сделано及其所表示的报道类型》[Шведова 2000]。

I
ВОСПРИНИМАТЬ — ПОНИМАТЬ — БЫТЬ

  称名身体感觉的动词在若干文章和学位论文研究中得到相当充分的描写。我们这篇短文的任务不是要补充或深化这种描写或是对个别研究进行批判性分析。在此我们将研究有能力成为上述指示性动词(和指示性动词成语)的语言意义的相互作用,以及由于其存在借助那些相互作用可以形成动词特有意义的条件。

  指示性动词所表示的语言意义在很多情况中都有交叉并且一个意义会转化为另外一个意义。在对感官的感觉、由这种感觉生成的状态以及感官上所能感知、感觉到的事物的存在、出现的表达中所呈现的正是这种交叉。

  动词воспринять (восприять)还是在18世纪——19世纪初就表现出这种自古以来就属于它的意义不可分割性。在《18世纪俄语词典》(第四版)中以单个意义形式描写了该动词的全部意义系列,它在现代俄语中被分成多个意义由于语义和句法搭配可能性的差异和独立。在18世纪的语言中我们还能看到该动词非常宽的、几乎不受限制的语义搭配——从表示具体的体力动作(如брать, принимать)到表示意志行为(如решиться, согласиться)再到完全丧失自身称名功能的搭配：восприять яд в уста, восприять полные стаканы, восприять лиру в руки; восприять письмо от кого; океан восприял воды, могила восприяла кого; восприять в гости кого; восприять в супружество, в жену; восприять под свое покровительство; восприять награду; восприять в рассуждение, во внимание; восприять кого за чужеземца; восприять побег; восприять начало; восприять участие, сочувствие; восприять что-н. в привычку, в обыкновение. 在现代俄语中动词воспринять已经失去了这种意义的广泛性：它的痕迹只在一些固定词组中有所保留(восприять схиму, восприять младенца от купели)。

  动词воспринять — воспринимать的"承受、遭受"意义出现在表示身体感觉(воспринимать боль, тепло, холод)、感官感觉(воспринимать зрительно, на слух, осязать, обонять, ощущать на вкус)以及表示对所感知事物的发现、了解、理解和觉悟情况下:"理性或感性地接受"(воспринять чьи-н слова всерьез);同样的意义潜能还存在于带-ся的动词中:восприниматься, ощущаться, чувствоваться, видеться, слышаться, замечаться 及其他一些动词。

属于本身含有"感官、体力或内心——理性、感性接受"意义的动词之列的有:воспринять / воспринимать, видеть / увидеть, встречать / встретить, заметить / замечать, знать / узнать, испытать / испытывать, ловить / уловить, найти / находить, ощущать / ощутить, различать / различить, разобрать / разбирать, распознать / распознавать, слышать / услышать, чувствовать / почувствовать(往下我们将概略地列举成对的动词体中的一个)。这些动词中的一部分能够表示身体感觉、感觉器官的全部知觉类型以及心理状态(1),其他部分是有选择地、不完全地体现这种意义潜能(2)。

1)воспринимать, находить和增生不完备、有缺陷、偶然性因素或相反增生难度因素的动词——заметить, различить, распознать, разобрать;2)видеть(只表示感官感受中的视觉感受),встретить(不表示味觉感受),испытать(表示身体感觉,但不是感觉器官的感受),ловить / уловить(表示视觉、听觉和味觉方面的感受),ощущать(不表示视觉感受),слышать(不表示视觉感受),чувствовать(不表示视觉或听觉感受)。因此,身体状态和感官感受的表达功能分布在不同动词之间,并且它们之中只有一部分能够表示这些感觉和感情的全部范围。

下面我们将从属于它们的语义和意义潜能角度研究分析该集合全部组成中的基本单位。

动词НАЙТИ / НАХОДИТЬ可以表示身体感觉和每个感觉器官的感受:ощутить телесно, увидеть, услышать, воспринять осязанием, обонянием, на вкус,例如:Войдя в комнату, он нашел там приятное тепло; Вглядевшись, он нашел в саду неясные очертания человеческой фигуры; Прислушавшись, он нашел вдалеке отзвуки голосов; Рука нашла подо мхом что-то твердое; В сарае он нашел запах гари; В вине он нашел странный привкус. 在所有这些情况中对感觉、感受的报道都与发现密不可分,试比较:Сорвав печать, он нашел свое письмо и ответ Лизаветы Ивановны (Пушк.). 这种不可分割性尤为明显

地体现在报道认识、理性或感性印象的时候：[Чацкий] ...спешу к вам, голову сломя, И как вас нахожу? в каком-то строгом чине! (Гриб.); [г. N] Как его нашли по возвращеньи? [София] Он не в своем уме (Гриб.); Что в сердце вашем я нашла? Какой ответ? Одну суровость (Пушк.). 经过发现阶段动词 найти 毫无限制地进入理性或感性接受、了解、理解的表达范围：Я нахожу, что ты неправ; Он нашел, что все его усилия были напрасны; Не нахожу в моих словах ничего обидного 等。

意义复杂化的下一个阶段——用动词 найти / находить 表示具备、存在 (быть)。这存在于对惯常、普通状态的报道中，使用概括主体，通常还有地点限定语；例如：Тут (в альбоме) непременно вы найдете Два сердца, факел и цветы, Тут верно клятвы вы прочтете В любви до гробовой доски (Пушк.). 试比较口语的记录：У животных мы никогда не находим намеренной жестокости, В городе не найдешь тишины; В лесах на севере еще находим необжитые места. 由此可见，经过构成带-ся动词阶段，朝向同音异义词迈进：находиться——"быть"，"иметься"，"иметь место" 之义。

动词 ВИДЕТЬ 及其同根词：видать (видал, видали), видывать, видеться, завидеться, 不变的 видать (не видать——"не видно" 之义), виден, видно, видано (не видано) 具有广泛的语义意义范围，在词典中它被描写成数量众多的意义及其"细微差别"。此处，当我们把它变成相互作用的词汇单位的闭合范围时，我们将注意力不是放在语义划分上，而是正相反，将注意力放在使所有这些意义连接起来的事物上、放在什么样的概括意义存在于每个独立的意义和整个"小系统"之中，即在所有在此列举的词汇集合中。接下来将看到，那个意义就是"感受"——感受本身或是在与意义"发现"不可切分的组合中。

纯感官（视觉）感受意义在这些词中存在是当报道中包含身体上感受到某种事物的主体，而且是那个看见、被表示为主语或第三格主体的人的时候。此时只有动词 видеть 自身在语义上没有复杂化；在 видно, видеться 中具有可见事物的远距离成分，在 видать, не видать, виден, видно 中具有可能和不可能成分，在 видеться 中有远距离和模糊不清的成分：[Григорий] С высоты мне виделась Москва, что муравейник (Пушк.); Мне отсюда ничего не видно / не видать; В темноте нам ничего не видно; Вдалеке что-то виднеется. 对于 видел, видно 来说可能性意义使感受本身意义复杂化还表现在不指出感受主体的情况下：Каково! Слышно и видно как трава растет (Л. Толст.); Отсюда далеко видно; Из окна виден лес; Следа не видно.

接下来会出现意义增生和复杂化，它们所依据的是指示性动词воспринять / воспринимать的意义混合。

1）在扩展性文本中发现和感受新的或意外现象的意义使видеть变得复杂起来：Мать и сын теперь на воле. Видят: холм в широком поле, Море синее кругом, Дуб зеленый над холмом (Пушк.); Воротился он к синему морю; Видит: море слегка разыгралось (Пушк.); Видно, на море не тихо: Смотрит — видит: дело лихо (Пушк.); Глядит она тихонько в щелку И что же видит?.. за столом Сидят чудовища кругом (Пушк.).

2）动词видеть (видать, виден, видно)在发现意义基础上形成认识、理解、明白意义：Видно было, что таковые вопросы ему неприятны (Пушк.); Вижу, о чем ты думаешь; Видно, что у тебя на уме; Видно было, что он хочет что-то сказать；试比较：[Загорецкий] Безумный по всему. [Графиня – внучка] Я видела из глаз (Гриб.). 了解意义则固定在插入语видно上：Ты, видно, меня не понял; Я, видно, не туда попал.

3）видеть中了解、理解意义可以因纯思维、认识、评价、主观态度、决断成素而变得更为复杂：Не вижу в этом ничего плохого意为"没有发现、不认为……"：Не вижу для этого никаких препятствий; Он не видит смысла в споре / в том, чтобы спорить; Не вижу причины отказываться("没有发现","不认为有原因")。

4）在видел, видал中形成已获得的认识、经验意义：Он видел жизнь, людей; Видел в жизни всякое; За свою долгую жизнь видел и добро и предательство.

5）在видел的认识、经验意义之上可以添加"由于长期接触、长时间交往而具有、获得"成素：видеть от кого, у кого: Много ли я от него добра видел?; Ничего я у него / от него не видел, кроме упреков; Видел ли я от него хоть какой-нибудь подарок?

使用动词видеть"自身感觉到、整个人感受到，身体和意识同时感受到"意义的情况不常见却十分典型；比较托尔斯泰的一个例子："Так пролежал Василий Андреевич час, другой, третий, но он не видел, как проходило время" («Хозяин и работник»).

如此一来动词видеть及其同根词展示出广泛的语义潜能。提出一个问题：

语言中是否存在其他表达纯感官感受的手段,能使这种手段免去意义增生,成为单义的和确定的？这种可能性在文本中的实现,第一,通过词组 перед кем, перед глазами, перед взором(a)(保有前置词的空间语义),第二,通过带有指示语气词 вот 的结构(b)。

(a) Что за страшная картина! Перед ним его два сына Без шоломов и без лат Оба мертвые лежат, Меч вонзивши друг во друга (Пушк.); Вид ужасный! Все перед ним завалено, Что сброшено, Что сметено (Пушк.); Долго у моря ждал он ответа, Не дождался, к старухе воротился — Глядь: опять перед ним землянка, На пороге сидит его старуха, А перед нею разбитое корыто (Пушк.). 同样的还有带有已过时不用的 в глазах кого 的词组: Все теперь идут в палаты; У ворот блистают латы, И стоят в глазах царя Тридцать три богатыря (Пушк.); [Фамусов] Не надобно другого образца, Когда в глазах пример отца (Гриб.).

直接感官感受意义在文本中可以间接地以非常不同的方式转达,例如: С тех пор, как вечный Судия Мне дал всеведенье пророка, В очах людей читаю я страницы злобы и порока (Лерм.); — Печорин! Давно ли здесь? Оглядываюсь: Грушницкий!(Лерм.); В эту минуту он поднял глаза — я стоял в дверях против него (Лерм.); Окошко поднялось, старуха показалась (Пушк.); Князь подвел гостей к окну, и им открылся прекрасный вид (Пушк.); Германн был свидетелем отвратительных таинств ее туалета (Пушк.).

(b) 在带有 вот 的报道中纯感受意义与间接指出某人所看到的径直发生在眼前的事物的准确地点意义结合: Еще страшней, еще чуднее: вот рак верхом на пауке, Вот череп на гусиной шее Вертится в красном колпаке (Пушк.); [Курбский] Вот, вот она! Вот русская граница! (Пушк.); Он приложил лицо к стеклу. Лампадка отсвечивала и светилась везде в стекле. Он приставил ладони к обеим сторонам лица и вгляделся. Туман, мгла, дерево, а вот направо — она. Да, женщина в шубе с белой длинной шерстью, в шапке, с милым, милым, добрым испуганным лицом, тут, в двух вершках от его лица, приткнувшись к нему (Л. Толст.).

上述列举的所有情况在其各种不同体现中都存在感受、"承受"意义。

动词 СЛЫШАТЬ 及同根词 слышаться, слышен, слышно, слыхать (俗语),区别于动词 видеть,可以表示除视觉之外的全部感官感受。见达利的解释:

"слышать——有时完全是感觉、特别是обонять（嗅觉），说的是除视觉外的四种感觉"；达利词典中的例子有：Я нигде почти угара не слышу；Язык не лопатка, слышит, что горько, что сладко；У кого-то нос слышит ярмарку；У слепых осязание бывает так тонко, что они пальцами слышат, где очко на карте；Перец слышен на языке；Слышен запах дегтя. 就嗅觉而言这种使用在标准俄语中是规范的：И как они могут не только хохотать, но жить тут, — думал Ростов, все слыша еще запах мертвого тела, которого он набрался в солдатском госпитале (Л. Толст.)；От него слышался запах водки (С. - Щ. БСл.). 在托尔斯泰作品中我们找到了"触觉"意义的слышать：И еще большее чувство жалости, нежности и любви охватило Пьера. Он слышал, как под очками его текли слезы и надеялся, что их не заметят.

在слышно, слышен, слыхать（不变化的、俗语）中，以及在видеть, видно, видать中具有感受的可能性成素：Отсюда хорошо слышно / ничего не слышно；А зори здесь тихие, далеко слыхать (Б. Васильев).

Слышать对理性或感性感受的表达不比видеть更常用，但却是规范的；达利的记录是非常有代表性的：Душа видит, сердце слышит；Сердце слышит горе. 比较：В его словах слышу / слышен упрек, слышится недоверие. 增生认识、熟悉情况意义成素也是规范的：Он рыбачил тридцать лет и три года И не слыхивал, чтобы рыба говорила (Пушк.)；О нем давно ничего не слышно.没有否定——关于没有把握的、不确切的认识：Слышно / слышали, что / будто бы он приезжает.

文本中意义的两重性，如对видеть而言，会由词组в ушах (стоит, звучит, раздается, звенит) 消除：В ушах стоит шум, грохот, В ушах звенят птичьи трели, 以及带有вот或没有вот但带有对直接感受的描写的结构：Через пять минут — колокольчик!.. и фельдъегерь бросает ему на стол свою подорожную (Пушк.)；Чу... снег скрипит: прохожий (Пушк.)；Вдруг топот! кровь ее застыла (Пушк.).

与其他称名感官感受的词一样，слышать及其同根词都可用以表示存在——在场、具备、可以感知的事物。

我们将简要分析属于该词汇集合的词所具有的这种意义潜能的体现。

动词及其同根词：видеться, слышаться, замечаться, ощущаться, виден, слышен, заметен,видно, слышно, заметно, видать（不变化）, слыхать（不变

化），слыхано, видано能够——在一定的条件下——纳入表达存在的手段范围，即通过感官感受表示存在（某人/某物具备、在场）。这种意义扩展的必要条件是报道中没有直接指出感受主体，以及在大多数情况下，存在构建可感知物体所处空间环境的空间位置评定语。在此可以指出几种这类报道的类型。

1) 带有动词видеться, слышаться, 表示所感受事物是遥远的、不明晰的，或——较少情况——占有空间优势的事物：Стою печален на кладбище, Кой-где чуть видятся кусты (Пушк., БСл.); Не виделось кругом никаких знаков человеческой жизни (Ф. Бородин, БСл.); Но беглый след горящего камина На потолке расписанном дрожал И на стене, где виделась картина (А. К. Толст.,БСл.); В комнате слышался слегка запах росного ладану (Даль); Сильный дух рома слышался по всей комнате (Пушк.); В кабинете слышался сильный запах табаку и собак (Л. Толст.).

2) 带有виден, слышен, заметен的报道所具有的意义潜能是相似的：Остров малый На взморье виден (Пушк.); Там виден камень гробовой В тени двух сосен устарелых (Пушк.); Повсюду стали слышны речи: «Пора добраться до картечи!» (Лерм.).

3) 带有含纯存在意义的述谓词видно, слышно, заметно的报道：
Что слышно нового?(Даль); Не хвались еще заране! — молвил старый Шат. — Вон на севере в тумане Что-то видно, брат! (Лерм.). 这些报道通常带有否定意义——直接否定或隐性否定：[Дон Гуан] Где ж видно тут обдуманность, коварство? (Пушк.); С тропинки сбилась я: в глуши Не слышно было ни души (Пушк.); Но в них не видно перемены: Все в них на старый образец (Пушк.); Река течет так смирно, хоть и пышно, На ней стоят большие города, И никогда за ней таких проказ не слышно (Крыл.); В лесу было почти жарко, Ветру не слышно было (Л. Толст.). 参见达利有代表性的解释：«Его тут и не слышно (他生活安静、俭朴)»。

4) 同样的意义存在于带有不变化的видать (не видать), слыхать (не слыхать)的报道中：Но он ехал, ехал, а Жадрина было не видать (Пушк.); В лесу никого не слыхать.

5) 带有слыхано, видано (не слыхано, не видано)的有修辞色彩的报道，否定存在、具有某物的可能性本身并同时确认从未有过相似的事物：Где это слыхано?; Где это видано?; Слыхано ли / видано ли это?; [Пушкин] Ну,

слыхано ль хоть при царе Иване такое зло? (Пушк.). 这里还包括：не слыхивали, не видывали, слыхивали ли?, видывали ли?

6) 在扩展性文本中当主语带有泛指意义时,以及当出现不确定人称时（мы встречали, нередко видали кого-что, находим, видим）带有感受动词的报道中含有"быть"、"бывать"意义：На свете много мы таких людей найдем, Которым все, кроме себя, постыло (Крыл.); Но не о всех волках ведь злые толки. Видали и таких волков, и много крат, Примеры эти не забыты, Которые ходили близко стад смирнехонько — Когда бывали сыты (Крыл.).

所有这些情况中报道中都具有具备、存在意义,并与感受——感官的或内心的、思维的感受——意义结合起来。

上述分析的材料以实例对目前存在的一种意义交汇与错合类型进行说明。正是通过这些意义复杂化阶段构成词的词汇意义——带有独特的形式性能、组配性能及自身特有的同义词关系。

II
СТОИТЬ — УДОСТОИТЬСЯ — ПОЛЬЗОВАТЬСЯ — ОБЛАДАТЬ

在含有概括的应该意义的情态词中占有特别地位的是含有"遵守、应当"意义、以述谓语достоин为代表的词组群：достоин (кто чего), заслуживает (кто чего), заслужил (кто что), подобает (что кому), полагается (что кому), следует (что кому), сподобился (кто чего), стоит (кто чего), удостоен (кто чего), удостоить (кого, чем), удостоился (кто чего)。概括的遵守意义（следует, нужно, должно）在此,如同在其他情态词中一样,位于前面的制约性意义、从中得出结论的那个事物的存在使其复杂化,但因此这一结论一定与评价、结语结合起来。语言外情景在这里以要求报偿（惩罚或奖励）的行为出现,而且这种行为（或状态、性质、特征）可以与一定的主体相关联或概括地加以体现,比较：храбрость достойная уважения 和 за свою храбрость он достоин награды (ему следует, полагается награда)等。在所有情况中对此都有来自外部、侧面的关系,结论,熟悉情景并以这样或那样的方式对情景做出评价、具有关于情景的成熟认识的人的结语。

从其内含的意义观点出发这些词分成三组：1) «стоит, достоин кто чего»,

2)«удостоить кого чем» 和 3)«удостоился кто чего»。

第一组包括的词有：достоин (кто чего), заслуживает (кто чего), следует (что кому), стоит (кто чего), полагается (что кому), подобает (что кому), причитается (что кому)。它们含有遵守意义，对由前面某个事物决定的、应该做的事情的结语，而主体，理应做某事、需要做某事的人是情景的消极参与者，研究、结论、评价的对象：他以自己的动作或状态不由自主地预先决定这种情景的建立。构成第二组的词有：удостоить (кого чем), воздать (что кому), сподобить (кого чем; 已过时不用)；这里包含报偿意义并因此报偿主体退后，而值得、应该得到某种报偿的主体同时还是感受主体。构成第三组的词有：удостоиться (чего), сподобиться (чему; 已过时不用), заслужить (что)；应该得到某种事物的主体在此处同时还是获得他应得事物的主体。针对第三组要加强收获主体、感受主体、使用主体的意义成素；相应要削弱报偿主体、得出结语、结论、评价的主体的意义成素。

意义 "заслужить"、"удостоиться (удостоен)" 要以拥有为先决条件；正是因此出现下一个步骤——去 "получить"、"иметь"、"пользоваться"，比较：достоин уважения кто — удостоить уважением кого — удостаиваться уважения — пользоваться уважением; заслуживает (достоин, стоит...) доверия — удостоен доверия — удостоился доверия — пользуется доверием кого-н. — имеет доверие чье-н.; достоин (стоит) славы — удостоен славы — заслужил славу, удостоился славы — пользуется, обладает славой; достоин (стоит) любви — заслужил любовь — пользуется любовью (чьей, кого); достоин награды — удостоен награды — имеет награду 等。

意义 "обладать"、"пользоваться чем-н." 就关系、评价、来自外部报偿的感受而言，在一贯性意义使其复杂化的同时，会体现在称名声望、在很多人中间业已固定的对某人的看法、赋予他的特点和特征的词和固定词组中。这里，由于人类乐于评价他人的本性，在语言中有整整一批与评价相关的单位：1) слывет кто как кто / кем; известен кто чем / как кто, известно что о ком; славится кто как кто / кем; прославился кто как кто / чем; идет слава о ком, какая, пользуется славой кто какой / кого, вошел в славу кто как кто (已过时不用); имеет репутацию кто какую / кого 和 славят кого кем / как кого (已过时不用); почитается кто кем / как кто / за кого, 2) Идет слава на кого какая.

在带有评价名词的使用中中立关系和赞许的意义相互作用，而且它们之间的界限常常是模糊的。下面是经典文学作品中的几个例子：[Фамусов] ... свободен, вдов, себе я господин, Монашеским известен поведеньем (Гриб.); Молва приписывала ей любовников, но по снисходительному уложению света она пользовалась добрым именем (Пушк.); Наталья Гавриловна славилась на ассамблеях лучшей танцовщицей (Пушк.); Он славился во всем округе гостеприимством и радушием (Пушк.); Грушницкий слывет отличным храбрецом (Лерм.). 在克雷洛夫的寓言中：«Я знаю, — говорит она, — худую славу, Которая у вас, людей, Идет про Змей Что все они презлого нраву; Из древности гласит молва, Что благодарности они не знают...» (农夫和蛇); Обилием и чистотою вод И пользу приношу и в честь вхожу и славу (池塘和河流); При том и в храбрости за чудо почитался, И словом, слава шла, Что Крот великий зверь на малые дела (饲养狮子).

意义"пользоваться известностью"、"слыть кем"、"быть известным"与来自所有人、很多人的报道的意义联合起来；这种融合体现在带有不定人称述体的报道中：говорят о ком что, зовут, называют кого как / кем 或词组 молва идет о ком, толки идут о ком, только и речей (разговоров, толков), что о ком (1) 和接下来，在同样的不确定人称的情况下，带有评价成素：любят, уважают, ценят, бранят, хвалят 等(2)。

1) — Что говорят обо мне в Оренбурге? — Да говорят, что с тобою сладить трудновато: нечего сказать, дал ты себя знать (Пушк.); В журналах звали его поэтом, а в лакейских сочинителем (Пушк.); [София] Вот так же обо мне потом заговорят (Гриб.); Но не о всех волках ведь злые толки (Крыл.); А тем вошел в такую славу Он в муравейнике своем, Что только и речей там было, что о нем (Крыл.); Не минуло и году, Как все узнали кто Осел: Осел мой глупостью в пословицу вошел. И на Осле уж возят воду (Крыл.).

2) Над ним смеялись как над шарлатаном (Пушк.); Но долго ль был Мешок в чести и слыл с умом, И долго ли его ласкали? (Крыл.); Не говоря уже, что красть и грех, и стыдно, И что бранит тебя весь свет (Крыл.); От всех за соты я любовь себе сыскал: От поселян и до вельмож (Крыл.).

在这篇札记中我们尝试用实例说明一条语言意义交叉、组合、融合的途径：从报偿意义到获得报偿者的感受，接下来，从这种感受到拥有对自己、对总的评价的看法,到把这种评价固定在重复的报道和成熟的社会特征描述中。

由构成特殊的完整系统的语言指示单位所表示的概括语言意义的交叉和组合存在于语言的所有层次并且涵盖整个语言系统。

2003 年

俄语表意词典的理论构想
(节选自《俄语表意词典纲要"人的世界与周围世界中的人"》)

§1. **作为语言意义体系基础的语言指示系统**。俄语词汇系统中有一个比较小的、数量有限的词和成语类别,这些词和成语已丧失称名(指物)功能,用于表示最概括的、总体性的语言意义。这就是**指示功能**(代词性的、指示意义的)**词和成语**,它们的功能是表示不仅与词汇学和成语学,而且还与语法学、词素学、文本结构有关的意义,这些意义将**语言的意义体系**牢固地联结起来,形成这个体系的核心。这一类别的单位构成一个由两个部分组成的系统,属于"静止范围"的词与属于"存在、运动、过程范围"的词(和成语)的对立将之组织起来。归入这个系统第一部分的是所有指出情景(каково, как¹, что¹)、本质及本质特征(кто, что², каков)、可以发现和补充的特征(какой, чей, как²)、数量、计数、度量、计算时的顺序等方面的特征(сколько, насколько, который)、地点、与空间的关系方面的特征(где, куда, откуда, докуда)、时间、与时间的关系方面的特征(когда, с каких пор, до каких пор)、目的方面的特征(зачем)、原因、条件或结果方面的特征(почему, при условии чего, вследствие чего)的代词。所有这些可以称之为"**意义初始**"的单位(连同指示系统第二部分的单位)每一个都具有自己的、建立在"确定性、不确定性和无体现性、不存在"基础上的聚合体(见下文)。归入语言指示系统第二部分的是表示存在(быть, существовать, иметь место, находиться及其他)、在时间中持续的情景(делаться, происходить, случаться)、动作、行为(делать, поступать及其他)、不可逆转的动作、行为结果(сделано)的动词性单位,表示"承受某种状态"、"处在某种状态"、"处于某种境地"意义的动词性成语,表示态度、和某人/某物的关系、与某人/某物的联系的单位(относиться, иметь отношение к кому-чему-нибудь及其他)(参见[Шведова 1995; 1998])。

语言指示系统所包含的全部意义,如前所述,每一个都以"确定性——不确定性——无体现性、不存在"的三位一体形式存在(例如:кто — кто-то, кто-нибудь, кто-либо, кое-кто — никто, некого; быть — был, будет, был бы — не был; имеет место — имело место, будет иметь место, имело бы место — не имеет места)。这些意义涵盖语言系统的所有层次(即它们既可以存在于词、成语中,也可以存在于词素、词组、句子、特定的表述、文本组成、语调之中)。

依据维日彼茨卡的观点,许多代词和"代词性动词",即语言指示系统的单位,是语义的"原始物"。"原始物"这个术语有两重含义:它可以理解为"首要的事物"和"原生物"。对于指示词而言所说的只是第一个意义上的"原始物":从自身的意义潜能和功能的广泛性角度看它们是最为基本的。但这个第一性不是"原生物":指示词中含有高度的抽象、最大限度的终极总结,并且,如同所有的抽象那样,这种单位排除任何形式的简化。

已阐述的对语言指示系统的理解推导出语言意义的定义。作者们所依据的论点是,根据该论点语言涵义不能与指示词所表示的那个总体性(总体的、通用的)概念分离,它是语言涵义的基础而且包括在该意义成分之内。从而,语言意义被理解为本身含有某种最概括的总体性概念和在语言的某个单位中具体化的纯词汇(以及语法、构词)意义的客观现实。总体性概念作为语言意义的生成基础在指示词中获得物质表达:它由那种向层次不同但语义上有联系的语言单位开放一定"意义空间"的词来表示。在用这样的单位(称名单位本身或它们的结合,语法及其他手段)填补该空间的条件下形成语言的意义范畴,这些范畴具有不同的抽象程度。

前述全部说明推导出语言意义的定义。**语言意义**——这是一个最概括的总体性概念,它首先由初始代词表示、由初始代词所固有的代词手段按确定性(这是初始代词本身)——不确定性——无体现性三位一体特征进行分节,并借助于那些不同层次的语言单位具体化,这些语言单位的语义(语言涵义)本身包含着相应概念并把所有这些单位统合成某个语义集合。语言意义被整合到该集合中的每一个单位的意义之中。

§2. "人的世界"和"人周围的世界"。对现代通用俄语词汇的全面研究以及在《俄语语义词典》中将其作为自然的多层次系统所进行的描写说明了占据这个系统中心位置的是将那些对人、他本人、他的生活、他的身体、生理状态、头脑、感情、意志、他的才能和潜能、举止和行为、劳动及劳动成果、工作、消遣、彼此之间的联络和关系进行称名的单位(词和成语)统一起来的词汇类别。在自身组成方面,这些类别在数量上数倍超出对有生命和无生命自然界的现实事物、与劳动和人的活动产物无关的事物进行称名的词的类别。但问题不仅仅在于数量的相互关系方面。与这个人、与其形式多样的生活有关的词的类别表现出自身一贯的开放性,第一,向最为多样的补充(以及相应地——去除)开放,第二,向不那么多样的评价和评定开放。还有(而且这点非常重要),这些类别之间的关系和联系完全不同于那些称名现实事物的词的类别之间的关系和联系,这些现实事物不与人的生活和人们对这些现实事物的态度直接相关。在第一种情况中这些联系有时是如此地密切和复杂，以至于确定词在这个或那个类别组成中的地位显得十分困难和受限；试比较，例如属于思维和情感、意志和感情、举止和交往范围的词汇。在其范围内进行着人的生活的那些"世界"（环境），由语言本身描绘成人的环境、人存在和活动其中的有机的自然环境。

"世界"这个名称在我们的表述中是有条件的：这是人的生活环境之一——全部都是决定人存在的事物，是人的认识赖以存在、人的活动得以实现和这种活动及其结果的应用的可能性得以发展的那个广阔环境。与其说认识没有界限，不如说人赖以生存并与之相互作用的环境从对它们的认识、对人类的智慧和人的活动的开放性角度看是不等同的。

将上述准则作为决定性准则来使用，可以说出**六种**作为人类生存环境的**世界**，这是：1) 人可以感受到的一种至高无上、不可思议或不可理解的、神秘莫测的事物的世界或是一种自古以来就赋予人、混沌初开时就业已存在的事物的世界；2) 人可以感觉到、认识到的作为存在、发展和相互作用的万物的世界；3) 环绕在人的周围、被他不断认识和积极开发的世界；4) 人本身的世界，他本人；5) 人所建立的、直接围绕在他身边并与他直接相互作用的世界；6) 人用头脑和精神创造的与所有实体的、物质的事物截然相反的世界。

应该附带说明一句，这种"世界"的排列在某种程度上是有条件的，而且，根据前面说过的词汇类别，词典本可以被"人本身的世界"所揭示。但是这并不能反映出人类的认识水平和途径并且把扮演着似乎是万物缔造者、万物基原的人放在首要位置。《俄语表意词典》所认同的这种"世界"排列反映出人从无知到有知、从消极幼稚地感受和接受到认识和积极行动并最终到最高级的头脑和精神活动的途径。词典中所说明的"世界"以词典六个组成部分的标题形式出现。

词典的每一个部分都分成若干章。以最概括（但非最终）的形式体现的划分如下：

1) 人可以感受到的一种至高无上、不可思议或不可理解的、神秘莫测的事物的世界或是一种自古以来就赋予人、混沌初开时就业已存在的事物的世界。 根据这样的名称在该部分（在建立在§1中所阐述的观点基础上的各个词条中）所描写的单位，第一，是与整个宗教和虚无彼世、与来世、与所有神奇的事物、与先兆和预兆、与魔法、魔力、与未卜先知、与令人不解的类人生命有关的单位，以及第二，与自古沿袭的不可动摇的道德观念（善与恶、真理与谎言、正义与非正义、良心、品德）、与机缘、劫运的理解方式、以及与始终伴随着人的生活（体验）

或与人的存在不可分割、没有它就没有人本身的事物(故乡、异乡)相关的单位。

2) **人可以感觉到、认识到的作为存在、发展和相互作用的万物的世界**。词典的这个部分所描写的单位是与所有存在事物的存在(与没有它就既不可能有人本身的生命、也不会有他周围一切的事物)、与时间及其流逝、与空间及其延展性、与有生命和无生命物质在空间中的状况、与运动及其形式、与物质及其性质(尺寸、数量、颜色、气味、品味、声音、冷暖)相关的单位。

3) **环绕在人的周围、被他不断认识和积极开发的世界**。这里所描写的单位,首先是与宇宙、与整个宇宙、与天空、与天文现象和天体,以及与火、光明和黑暗有关的单位;第二是与作为宇宙的一个部分的地球、与地球环境、陆地、水、发生在地球上的自然现象、与天气有关的单位;以及第三,与作为人的生命源泉的有生命和无生命的自然界、人的生命活动所附着的环境有关的单位。

4) **人本身的世界,他本人**。词典的这一部分所包含的是与人本身相关的材料:第一,与人本身及他的体质和生理寿命、生命的各个时期相关的材料;第二,与人的精神世界、心理特征(性格、头脑、情感、思维、意志)、与人的行为举止相关的材料;第三,与他的个人生活和与他有关的生活中所发生的令人高兴或痛苦的事件相关的材料。

5) **人所建立的、直接围绕在他身边并与他直接相互作用的世界**。该部分的内容组成,一方面是与人距离最近的环境(家庭、亲人、朋友、敌人;有直接接触的人)、与人的社会地位、与人的劳动、工作、与基本和必要的劳动成果、与他的生活习惯、与必要的生存条件(衣、食、住、财产)相关的单位;另一方面是与社会、国家和政权、战争与和平,以及与作为庙宇的教堂、教堂提供的服务和仪式相关的单位。

6) **人用头脑和精神创造的、与所有实体的、物质的事物截然相反的世界**。在这一部分描写的材料,第一,是与宗教信仰、信念、教理有关的材料;第二,是与语言、说话的声音(语言本身、言语;语流)有关的材料;第三,是与艺术(文学、音乐、歌曲、舞蹈、造型艺术、民间文学)有关的材料;第四,与已经形成于民族意识中的美学范畴(美、丑)相关的材料。

§3. 观念的理解与确立[1]。观念是词典的描写单位。众所周知,这一术语目前已经开始得到广泛运用,在许多语言学著作中是作为其核心概念出现的。一部分研究者,在使用这个术语时,完全不给出它的定义,认为读者自己知道它是

---

[1] 为加以区分,文中术语"концепт"译为"观念","понятие"译为"概念"(译者注)。

什么。另外一部分研究者给出了定义,但这个定义在多数情况下是有缺陷的或是不明确的,不能算是术语的定义。这是因为对观念的理解存在于不同的认识领域(认知语言学、逻辑学、哲学、文化学,以及,正如一些研究者所初步证实的那样,——数理逻辑学)中;关于这一点参见《简明认知语言学术语词典》(M.,1996),斯捷潘诺夫的著作[2001:44]和波波娃与斯捷尔宁的著作[2001],(后者主要是面向大学生和语文学专业的研究生的);此外,我们在大量研究与观念相关的各具体单位的文章中找到相对完整或部分对"什么是观念"定义的概述。

该纲要的任务不是对含有"什么是观念"这个定义和"如何理解它在其他相近学科范围中的地位"的著作进行概述。所附的有关这个问题的文献清单(大多数都是俄文文献)部分地为读者补偿这种概述的缺失。然而,承担起编写《俄语表意词典》这一任务,以纲要第五页上就此所阐述的理解,并在§2中所说明的那些"世界"的框架内描写观念,我们就无法摆脱观念定义、相应的术语定义。解决这一问题时我们自然而然应该寻找那些前辈,他们对观念的看法,一方面,在最概括的意义上讲是最易理解的、结构性的和论据充分的,另一方面,最先使我们得出观念是一个直接与语言相关的复杂的多平面单位的结论。

国内文献中这里首先应该指出三个研究者,他们的著作可以认为是在定义观念是一个与语言学领域相关的单位方面的奠基之作。这首先是阿斯科利多夫的文章《观念与词》(首次发表在谢尔巴主编的Русская речь, «Academia»,1928),第二是利哈乔夫以这篇文章为依据并对其思想进行发展的文章《俄语的观念域》[Лихачев 1993]以及第三是斯捷潘诺夫在其[Степанов1997; 2001]著作中的绪论文章《文化》、《观念》、《常项》。

阿斯科利多夫(当然,他十分了解当时不能引证的施佩特的著作)使我们回想起历史上形成的三个流派对观念的不同理解:唯心论(其实质是起源于中世纪唯实主义),唯名论(把观念解释为"只被赋予概括意义的个体认识")和,最后一个,概念论;否定前两个流派否认观念是纯理性的"共同性"的存在,作者接受第三个流派的观点,不过附带说明一句,"概念论通常并不比存在于人脑中的观念观点走得更远,而且它们的本质迄今为止在相当程度上仍然是令人费解的"(第31页)。从理性主义的立场出发确定观念的本质时,阿斯科利多夫写道:"观念是同思维活动相关的产物,它为我们在思维过程中补充不定数量的同一种属的事物"(第31页)。接下来我们读到:"当然,不应该认为观念始终是现实事物的替代者。它可以是事物或现实行为的某些方面的替代者,例如,'正义'观念。最终,它可以成为各种哪怕是十分准确、但是纯思维功能的替代者。这样的观念有,例如,数学观念"(第31页);作者认为观念是这些长时间思维运行**的替代者**。"思维领域观念的替代作用在目的和意义方面大体与现实生活方面的各种替代功能相吻合。而这种替代现象在生活中是非常之多的"(第32页),——阿斯科利多夫写道,他接下来又写道:"观念替代事物或具体的认识。在表述某种对花的结构的分析或综合判断时,我似乎立刻去思考所有具体的花的种类,把它们的基本要素联系起来或分离开来。那种我实际上不能在一个不确定的集合上得出的东西是我在它们的某个替代物上得出的"(第32-33页)。在研究分析作为思维运行的"萌芽"的观念时,阿斯科利多夫写道:"**观念这是几近成熟的思维具体化的花序**"(第34页),接着又写道:"在惯性思维中我们仅限于舍弃这些对心理观察而言完全没有定形、但同时其本身却含有一个最复杂的潜力结构的幼芽"(第33页)。深入思考这一定义并要记住,我们是在与观念——一种十分特殊、独特的现象打交道,我们可以在选定的句子中用"языковой"一词替换"мысленный",于是我们将观念准确地理解为一个复杂的并即将被揭示出来的数量众多并可不断补充的语言单位的结合,这些语言单位围绕同一个概念进行分类(此刻我们忆起施佩特关于"普通的词是一朵盛开的语言之花",参见:[Шпет 1927: 19])。

  在理解和发展阿斯科利多夫关于观念是某种存在于人的头脑中的共同性的思想观点时,利哈乔夫引入表示"在单个人及整个语言的词汇储备中所提供的潜能集合"的"观念域"概念[Лихачев 1993: 5]。他写道:"……语言的词汇储备中存在四个层次:1)词汇储备本身(包括成语);2)词典类型的意义,比方说,它们的词典意义;3)观念——某些意义的代换、隐含在文本中的'替代物'、某种使交流变得轻松并与人及其民族、文化程度、职业、年龄和其他经历紧密相关的**意义'潜能'**;4)彼此依赖、组成某些整体、被我们定义为"观念域"的词的具体意义观念"(第6页)。接下来论证了俄语的丰富多样性是在下列四个层次上形成的:1)词储备本身的层次上(……);2)意义和意义差别的多样性、词汇使用的多样性等层次上;3)各单个观念的层次上;4)观念集合——观念域的层次上(第8页)。从自身对观念域的理解出发,利哈乔夫整体上认为斯捷潘诺夫著作中采纳的方针是有效的。

  斯捷潘诺夫在自己著作[Степанов 1997; 2001]中的绪论文章《文化》、《观念》、《常项》里汇总了对观念的不同看法并把这个概念与更为明确的"文化中的常项"概念进行对比,"文化中的常项"被看作是一个"基本的"、"始终或至少在非常长的时间中"存在着的概念[Степанов 1997: 84]。在这本书的第一版中斯捷潘诺夫根据"大观念"和"小观念"的对立列举出后者(小观念)的详细清单,按表意原则将它们进行分类。

采纳利哈乔夫关于观念域是"在单个人及整个语言的词汇储备中所提供的潜能集合"的观点,及在上述三部著作中所阐述的那些结构方面的观点,以及根据在§1中形成的语言意义是语言指示系统潜能的体现的理解和由此得出的关于存在作为整体的语言意义体系的思想,我们提出如下的观念定义。

观念——这是词汇符号的内容方面(一个意义或某种关系最近的意义综合体),其后所存在的概念(即确定"大脑所理解的"实际事物与现象的本质特征,以及它们之间的关系),属于人的脑力、精神或生存所需的最重要的物质环境,由民族的共同社会经验形成和确立,在人的生活中具有历史根源,社会上和主观上都可以理解并——通过这样的理解阶段——确定它与其他与之关系最近或在很多情况下与之对立的概念的相互关系。作为观念基础的概念,具有自己独特的潜能,它能够被区分出来:各种词典把这种能力的基本反映解释为构成不同词汇差别和转移的趋向。

观念的这个定义完全适用于那些在专业文献中称作"重要观念"或"大观念"、"基础观念"、"基本观念"的单位。然而不应该忘记,这些基本观念周围是伴随着它们的那些单位——"小的"、"非基本的"、"非基础的"观念,它们之中常常会缺少某些前面所列举的特征,诸如必要的历史渊源、用符号表示的传统等;在"小的"观念中既可能没有历史上形成的社会评价抑或主观评价、也可能没有与其他单位的对立比较。然而,这些带有"残缺"的观念特征系统的小观念并没有从基本观念的范围消失:它们建立起一个(观念赖以存在的)有机环境。

在此我们应该就"形象观念"、"艺术观念"做一重要的补充说明(比较前面提到过的著作中的那些类似"罗马帝国的衰落"、"罗密欧与朱丽叶"、"叶甫盖尼·奥涅金"、"奥勃洛莫夫"的"形象观念")——类似的观念并非我们表意词典的描写对象。

提出一个问题:所提出的观念定义是否适用于词的任何一个意义以及其身后的概念? 对这个问题的回答是否定的:观念并非存在于"自由的翱翔"之中——置身观念身后的思想必定包含在某个"世界"的范围之内(参见§2)、人的某种思维活动和认识活动的范围之内,并且,从这一观点出发,置身观念之后的思想不是简单概括对任何事物、任何现实的认识。术语"概念"和"观念"的对立本身就在说明,观念比任何一个可能的概念都更深刻、更复杂。这种复杂性是由如下事实决定的:作为脑力、概念范围现象的观念的存在范围本身及其与该范围紧密相关的自身特征和性质受到这个现象的本质的限制。观念——世界概念化的直接结果，**即世界的理性幻象和理解的直接结果**，正是这一点使观念有别于作为逻辑上形成的有关事物、现象类别思想的概念。

对大量跨度为三百年的新时期文学和近文学词汇的多年前沿研究（参见《俄语语义词典》I-V卷）使我们得出存在某些词汇单位，伴随着它们的单位要围绕它们进行分类的结论。这些基本单位的数量较少；然而统计它们的任务——不是语言学家的任务，因为这些基本单位不可以脱离于这些单位身后的概念而将非基本的、伴随的单位吸引到自己身边。试问：哪个是第一位的——是基本单位身后的概念，还是作为概念形成基础的那个单位？回答与问题紧密相关：哪个是第一位的——是语言还是思维。正是因为对这个问题的这种或那种回答在任何情况下都可能遭到驳斥，所以我们在此所进行的研究并不打算回答这个问题，而是把词用作不脱离于概念的那个单位。

由于其上述全部特征观念是一个尚未形式化的范畴，然而它能够被物质化。观念的物质化是通过从属于观念并受之吸引的语言单位与包含在语言指示系统中的总体性（总体的、通用的）语言意义之间的相互关系来实现的（参见§1）。观念及其全部直接环境（即为观念所吸引并构成观念先兆的"大量的语言具体性"）与总体性语言意义之间的这种合乎逻辑且客观上存在的相关性是观念**意义聚合体**的基础，也是表意词典中词条构成的物质基础。由此可见，观念的意义聚合体——这是总体性（最概括）的、属于基本观念及其伴随单位的语言意义系统；包含观念意义聚合体的整个单位综合体对观念意义结构整体、观念的意义填充进行了描写。观念的意义聚合体以其整个集合使观念具体化为内容上十分复杂的多结构单位。

应该即刻指出，从自身与整体性语言意义关系角度来看观念是各不相同的：在一些情况下——而且是压倒多数的情况下——我们将观念的意义结构完全叠加在指示词的意义系统之上，在另外一些情况中某些包含在语言指示系统中的整体性语言意义在观念聚合体中却并不存在：这是由概念的本质决定的，它恰恰成为观念，与语言的观念域、语言的观念、认识范围相得益彰。观念的意义构成在专门描写它的词条中得到反映。

2004年

参考文献

Адамец Прус. К вопросу о синтаксической парадигматике // Ceskoslovenskú rusistika.1966. 2.

Аксаков К. С. Критический разбор «Опыта исторической грамматики» Ф. И. Буслаева // Аксаков К. С. Соч. филологические. Ч. I. М., 1875.

Алисова Т. Б. Семантико-коммуникативный субстрат безличных предложений // Инвариантные синтаксические значения и структура предложения. М., 1969.

Алисова Т. Б. Опыт семантико-грамматической классификации простых предложений // ВЯ. 1970. №2.

Алисова Т. Б. Очерки синтаксиса современного итальянского языка М., 1971 а.

Алисова Т. Б. Структура простого предложения в современном итальянском языке. Автореф. дис. ... д-ра филол. наук. М., 19716.

Апресян Ю. Д. Дистрибутивный анализ значений и структурные семантические поля // Лексикографический сборник, V. М., 1962.

Апресян Ю. Д. О сильном и слабом управлении // ВЯ. 1964. №3.

Апресян Ю. Д. Экспериментальное исследование семантики русского глагола. М., 1967.

Апресян Ю. Д. Лексическая семантика. Синонимические средства языка. М., 1974.

Апресян Ю. Д. О структуре значений языковых единиц // Tekst i zdanie. Zbiór studiów / Red. T. Dobrzyńska, E. Janus. Wrocław: Ossolineum, 1983.

Апресян Ю. Д. Новый объяснительный словарь синонимов: концепция и типы информации // Новый объяснительный словарь синонимов. М., 1995а.

Апресян Ю. Д. Образ человека поданным языка: попытка системного описания //Апресян Ю. Д. Интегральное описание языка и системная лексикография. М., 19956.

Апресян Ю. Д. Дейксис в лексике и грамматике и наивная модель мира//Апресян Ю. Д. Избранные труды. Т. П. М., 1995в.

Апресян Ю. Д. Лексикографические портреты (на примере глагола *быть*) // Апресян Ю. Д. Избранные труды. Т. I. Интегральное описание языка и системная лексикография. М., 1995. С. 503–537.

Арутюнова Н. Д. О значимых единицах языка // Исследования по общей теории грамматики. М., 1968.

Арутюнова Н. Д. Бытийные предложения в русском языке // Изв. АН СССР. Сер. лит. и яз. Т. 35. 1976а. № 3. С. 229–238.

Арутюнова Н. Д. Предложение и его смысл. М., 19766.

Арутюнова Н. Д. Лингвистические проблемы референции // Новое в зарубежной лингвистике. М., 1982. Вып. XIII.

Арутюнова Н. Д. Типы языковых значений: Оценка. Событие. Факт. М., 1988.

Арутюнова Н. Д. Языки мир человека. М., 1999. С. 740–741.

Арутюнова Н. Д., Ширяев Е. Н. Русское предложение. Бытийный тип (структура и значение). М., 1983.

Аспекты семантических исследований. М., 1980.

Ахманова О. С. Очерки по общей и русской лексикологии. М., 1957.

Бальцер О. А., Горбенко В. Н. Полисемия глагола *быть*, ее происхождение и конститутивно-информационные особенности связанных с ней лексических сочетаний // Лексические аспекты в системе профессионально-ориентированного обучения иноязычной речевой деятельности. Пермь, 1988. С. 21–28.

Белоусов В. Н. Глаголы с неполной знаменательностью и их синтаксические характеристики//Слово и грамматические законы языка. Глагол. М., 1989.

Белоусова А. С. Русские имена существительные со значением лица (лексический класс и вопросы его словарного описания) // ВЯ. 1981. № 3.

Белякина Е. И. О сущности наклонений // Сб. научных работ аспирантов. Вып. 2. Душанбе, 1965.

Белякина Е. И. Сослагательное наклонение в современном русском языке. Автореф. дис. ... канд. филол. наук. Воронеж, 1966.

Бенвенист Э. Общая лингвистика / Пер. с фр. М., 1974.

Билшиович Н. П. Префиксальное глагольное словообразование в современном русском литературном языке // Русское словообразование. Тр. Самаркандск. ун-та. Новая серия, 209. Самарканд, 1972.

Блумфилд Л. Язык/ Пер. с англ. М., 1968.

Боголюбов А. Н. Об изучении литературных языков. Методологический очерк // Уч. зап. Казанск. ун-та, год LXXXT, кн. 3, март. Казань, 1914.

Бозова С. А. Системные семантические связи глаголов *быть* и *бывать* в современном русском языке. Автореф. дис. ... канд. филол. наук. Л., 1994.

Бондарко А. В. Предикативность и функционально-семантические категории // Теоретические проблемы синтаксиса современных индоевропейских языков. Тезисы докладов. Л., 1971.

Бондарко А. В. Теория морфологических категорий. Л., 1976.

Бондарко А. В. К интерпретации понятия «смысл» // Словарь. Грамматика. Текст. М., 1996.

Бондарко А. В. Грамматическое значение и его смысл. Л., 1978.

Бондарко А. В. Принципы функциональной грамматики и вопросы аспектологии. Л., 1983.

Бондарко А. В. Функциональная грамматика. Л., 1984.

Бондарко А. В., Буланин Л.Л. Русский глагол. Л., 1967.

Бондарко А. В., Кодухов В. И. О новой модели описания грамматического строя русского языка//ВЯ. 1971 .№ 6.

Бородина М. А., Гак В. А. К типологии и методике историко-семантических исследований (на материале лексики французского языка). Л., 1979.

Бубрих Д. В. Грамматика литературного коми языка. Л., 1949.

Будагов Р. А. Система и антисистема в науке о языке // ВЯ. 1978. № 4.

Буланин Л. Л., Откупщикова М. И., Пеньковский А. Б., Сидоренко Е. Н., Смирнов Ю. Б. Библиография работ по русским местоимениям // Русские местоимения: семантика и грамматика. Владимир, 1989.

Булаховский Л. А. Иностранные элементы в русской художественной литературе и отношение к ним в первой половине XIX в. // Научные записки Харьковского гос. ин-та иностр. языков. Т. I. Харьков, 1939.

Булаховский Л. А. Потебня — лингвист//Уч. зап. МГУ. 1946. Вып. 107. С. 47.

Булаховский Л. А. Русский литературный язык первой половины XIX в. Фонетика. Морфология. Ударение. Синтаксис. 2-е изд. М., 1954.

Булыгина Т. В. Некоторые вопросы классификации частных падежных значений (На материале сочетаний с генитивом в современном литовском языке) // Вопросы составления описательных грамматик. М., 1961.

Булыгина Т. В. Проблемы теории морфологических моделей. М., 1977.

Булыгина Т. В., Крылов С. А. Понятийные категории // Лингвистический энциклопедический словарь. М., 1990.

Булыгина Т. В., Шмелев А. Д. Лицо и время в наивно-языковой модели мира // Булыгина Т. В., Шмелев А. Д. Языковая концептуализация мира (на материале русской грамматики). М., 1997.

Бюлер К. Теория языка / Пер. с нем. М., 1993.

Васильев Л. М. Семантические классы глаголов чувства, мысли и речи // Уч. зап. Башкирского гос. ун-та, 1971. Вып. 43.

Вестник АН СССР. 1972. № 4.

Виноградов В. В. Проблема сказа в стилистике // Поэтика: Сб. I. Л., 1926.

Виноградов В. В. К построению теории поэтического языка// Поэтика: Сб. III. Л., 1927.

Виноградов В. В. Русский язык. Грамматическое учение о слове. М.; Л., 1947.

Виноградов В. В. О категории модальности в русском языке // Труды Ин-та русского языка АН СССР. Т. II. М.; Л., 1950.

Виноградов В. В. Итоги обсуждения вопросов стилистики // ВЯ. 1955. № 1.

Виноградов В. В. Из истории изучения русского синтаксиса. М., 1958.

Виноградов В. В. Всегда ли система системна?//Система и уровни языка. М., 1969.

Виноградов В. В. О некоторых вопросах русской исторической лексикологии// Виноградов В. В. Избранные труды. Лексикология и лексикография. М., 1977.

Виноградов В. В. История слов. М., 1994.

Винокур Г. О. «Горе от ума» как памятник русской художественной речи // Уч. зап. М ГУ. Вып. 128. Тр. кафедры русского языка. Кн. 1. М., 1948.

Винокур Т. Г. О некоторых синтаксических особенностях диалогической речи в современном русском языке. Автореф. дис. ... канд. филол. наук. М., 1953.

Винокур Т. Г. О некоторых синтаксических особенностях диалогической речи // Исследования по грамматике русского литературного языка. М., 1955.

Воейкова М. Д. Семантическая вариативность глагольных бытийных конструкций в современном русском языке. Автореф. дис. ... канд. филол. наук. Л., 1987.

Володин В. Т. Ирреально-гипотетическое наклонение в современном русском литературном языке // Уч. зап. Куйбышевск. пед. ин-та. 1948. Вып. 9.

Володин В. Т. Условно-желательное (гипотетическое) наклонение в современном русском языке. Автореф. дис. ... канд. филол. наук. Куйбышев, 1961.

Вольф Е. М. Грамматика и семантика местоимений. На материале иберо-романских языков. М., 1974.

Вопросы описания лексико-семантической системы языка: Научная конф. Тез. докл. М., 1971.Ч. 1.

Вопросы описания лексико-семантической системы языка: Научная конф. Тез. докл. М., 1971. Ч. 2.

Вопросы языкознания. 1971. № 6; 1972. № 3.

Ворт Д. Морфонология нулевой аффиксации в русском словообразовании // ВЯ. 1972а. №4.

Ворт Д. Морфотактика и морфофонемика//Актуальные проблемы русского словообразования. I. Материалы республиканской научной конференции (12—15 сент. 1972 г.). Самарканд, 1972б.

[*Востоков А. Х.*] Русская грамматика Александра Востокова, по начертанию его же Сокращенной грамматики полнее изложенная. Ч. II, гл. II, § 125. Изд. 3. СПб., 1838.

Гак В. Г. Очерки по сопоставительному изучению французского и русского языков. М., 1965а.

Гак В. Г. Использование лексических средств при синтаксических трансформациях// НДВШ, Филол. науки. 1965б. № 4.

Гак В. Г. Проблемы лексико-грамматической организации высказывания: Дис. ... д-ра филол. наук. М., 1967; То же: Автореф. дис. ... д-ра филол. наук. М., 1967.

Гак В. Г. К проблеме синтаксической семантики (семантическая интерпретация «глубинных» и «поверхностных» структур) // Инвариантные синтаксические значения и структура предложения. М., 1969.

Гвоздев А. Н. Очерки по стилистике русского языка. М., 1952.

Германович А. И. Синтаксис междометий и их стилистическое значение // Изв. Крымского пед. ин-та. Т. XIV. Кафедра русского языка. Симферополь, 1949.

Германович А. И. Глаголы типа «толк», «шасть» // Изв. Крымского пед. ин-та. Т. XIV. Кафедра русского языка. Симферополь, 1949а.

Глаголевский П. Синтаксис языка русских пословиц. СПб., 1873.

Глазман М. А. Зависимость глагольной сочетаемости от лексического значения глагола (на материале глагольных связок). Автореф. дис. ... канд. филол. наук. Алма-Ата, 1964.

Голицына Т. Н. Дистрибутивные свойства связочных глаголов *быть, являться* и их лексических омонимов // Семантика служебных слов: Межвузовский сб. науч. тр. Пермь, 1982.

Горшкова К. В., Панов М. В., Попов А. С. К проблемам грамматики современного русского литературного языка // ИАН ОЛЯ. 1972. № 4.

Грамматика 1952—1954: Грамматика русского языка / Ред. коллегия: акад. В. В. Виноградов, чл.-корр. Е. С. Истрина, чл.-корр. С. Г. Бархударов. Т. I. М., 1952; Т. II. М., 1954.

Грамматика 1970: Грамматика современного русского литературного языка / Ин-т русского языка АН СССР. Отв. ред. Н. Ю. Шведова. М.: Наука, 1970.

Грепль М. К сущности типов предложений в славянских языках // ВЯ. 1967. № 5.

Гумбольдт В. О родстве наречий места с местоимениями в некоторых языках // Труды историко-филологического отделения Берлинской Академии наук, 1829.

Гумбольдт В. О различии строения человеческих языков и его влиянии на духовное развитие человечества // Гумбольдт В. Избр. труды по языкознанию / Пер. с нем. М., 1984.

Гухман М. М. Грамматическая категория и структура парадигм // Исследования по общей теории грамматики. М., 1968.

Гуцу–Ромало В. К проблеме классификации глаголов // Revue de linguistique, VIII, 1963, 2.

[*Давыдов И.*] Опыт общесравнительной грамматики русского языка. СПб., 1852.

Даль В. И. Пословицы русского народа. М., 1957.

Данеш Фр. Опыт теоретической интерпретации синтаксической омонимии // ВЯ. 1964. №6.

Данеш Фр., Гаузенблас К. Проблематика уровней сточки зрения структуры высказывания и системы языковых средств // Единицы разных уровней грамматического строя языка и их взаимодействие. М., 1969.

Денисов П. Н. Лексика русского языка и принципы ее описания. М., 1980.

Деянова М. и Станишева Д. Изменения на морфологическом уровне, обусловленные явлениями синтаксиса. София, 1976.

Дискуссия о книге «Основы построения описательной грамматики современного русского литературного языка // Ceskoslovenská rusistika, 1967. № 2.

Добиаш А. В. Опыт семасиологии частей речи и их форм на почве греческого языка. Praha, 1897. То же: Изв. Ист.-филол. ин-та кн. Безбородко в Нежине. Т. XVI. Нежин, 1898.

Дурново Н. Н. Формальная грамматика//Дурново Н. Н. Грамматический словарь. М.; Пп, 1924.

Егорова (Кручинина) И. Н. Позиционные эквиваленты слов в составе предложения // Русский язык. Грамматические исследования. М., 1967.

Ельмслев Л. Можно ли считать, что значения слов образуют структуру? // Новое в лингвистике. II. М., 1962.

Ермакова О. П. Семантика, грамматика и стилистическая дифференциация местоимений // Грамматические исследования: Функционально-стилистический аспект: Суперсегментная фонетика. Морфологическая семантика. М., 1989.

Ермакова О. П. Составные местоимения в русском языке // Словарь. Грамматика. Текст. М., 1996.

Залевская А. А. Проблемы организации внутреннего лексикона человека. Калинин, 1977.

Зарецкий А. И. О местоимении // Русский язык в школе. 1940. № 6.

Иванов Вяч. В. Языкознание //Лингвистический энциклопедический словарь. М., 1990.

Известия АН СССР. Отделение литературы и языка. 1972. № 4.

Исаченко А. В. К вопросу об императиве в русском языке // Русский язык в школе. 1957. №6.

Исаченко А. В. Грамматический строй русского языка в сопоставлении с словацким. Морфология. Ч. 2. Братислава, 1960.

Исследования по семантике. Лексическая и грамматическая семантика: Межвузовский науч. сб. Уфа, 1980.

Исследования по семантике. Лексическая и синтаксическая семантика: Межвузовский науч. сб. Уфа, 1981.

Камынина А. А. О синтаксической зависимости падежей, распространяющих предложение в целом // Исследования по современному русскому языку. М., 1970.

Караулов Ю. Н. Общая и русская идеография. М., 1976.

Караулов Ю. Н. Лингвистическое конструирование и тезаурус литературного языка. М., 1981.

Караулов Ю. Н. Ассоциативная грамматика русского языка. М., 1993.

Карский Е. Ф. Белорусы. Язык белорусского народа. Вып. III. М., 1956.

Касилова М. Ф. К вопросу о побудительных предложениях // Вестник МГУ. Сер. VII. 1962. №4.

Касимова Г. К. Русские глаголы со значением информации и их субъектные связи. Автореф. дис. ... канд. филол. наук. М., 1986.

Категория бытия и обладания в языке. М., 1977.

Категория падежа в структуре и системе языка. День Артура Озола. Рига, 1971.

Кацнельсон С. Д. Типология языка и речевое мышление. Л., 1972.

Кибрик Е. А. Язык//Лингвистический энциклопедический словарь. М., 1990.

Киселев А. Е. Лексическое повторение как грамматическое средство русского языка. Автореф. дис. ... канд. филол. наук. М., 1954.

Классы слов и их взаимодействие. Свердловск, 1979.

Ковтунова И. И. О порядке слов в русском языке // Русский язык в нац. школе. 1971. № 4.

Ковтунова И. И. Порядок слов и актуальное членение предложения. М., 1976.

Кондратенко Г. И. Лексико-семантическая группа глаголов со значением бытийности (На материале глаголов нахождения). Автореф. дис. ... канд. филол. наук. М., 1985.

Кондратенко Г. И. Опорные семантические компоненты лексико-семантической группы глаголов со значением бытийности и их синтагматика // Вопросы структуры предложения: Сб. научных трудов. Ульяновск, 1983.

Копорская Е. С. Архетип глаголов движения//Словарь. Грамматика. Текст. М., 1996.

Костинский Ю. М. Вопросы синтаксической парадигматики // ВЯ. 1969. № 5.

Котелова Н. З. О логико-грамматическом уровне в языке // Язык и мышление. М., 1967.

Кравченко А. В. Загадка рефлексива: избыточность или функциональность? // Филол, науки. М., 1995. № 4.

Краткая русская грамматика. М., 1989.

Крейдлин Г. Е. Об одной лакуне в системе русских местоимений: восклицательные местоимения русского языка // Русистика сегодня. М., 1994.

Кржижкова Е. Еще о форме сослагательного наклонения в современном русском языке// Филол. науки. 1963. № 1.

Кржижкова Е. П. Первичные и вторичные функции и так наз. транспозиция форм// Travaux linguistiques de Prague. 2. Prague, 1966.

Кржижкова Е. Адвербиальная детерминация со значением места и направления // ВЯ. 1967а.№2.

Кржижкова Е. Проблемы простого предложения // Československá rusistika. 1967б. № 2.

Кривенко Б. В. Сказуемое, выраженное глаголами в форме повелительного и сослагательного наклонений, в памятниках русской публицистики первой половины XVIII в. //Труды Воронежского гос. ун-та, 1961. Т. LXIII.

Кристенсен А. К вопросу о двусоставности / односоставности простых предложений типа *Тишина* // Scando-Slavica, XVII. 1971.

Кротевич Е. В. Члены предложения в современном русском языке. Львов, 1954.

Кротевич Е. В. О связях слов в словосочетании и в предложении // Русский язык в школе. 1958. № 6.

Кручинина И. Н. Конструкции с местоимением *который* в современном русском языке // ВЯ. 1968. № 2.

Кручинина И. Н. [Хроника симпозиума, посвященного обсуждению «Грамматики» 1970г.]//ВЯ. 1972. № 3.

Крылов С. А., Падучева Е. В. Местоимение // Лингвистический энциклопедический словарь. М., 1990.

Крылов С. А., Падучева Е. В. Местоименные слова // Лингвистический энциклопедический словарь. М., *1990.*

Крылов С. А., Падучева Е. В. Общие вопросы дейксиса // Человеческий фактор в языке: Коммуникация. Модальность. Дейксис. М., 1992.

Кубик М. К вопросу о классификации простого предложения в новой академической грамматике русского языка // Československá rusistika, XVII, 1972. № 2.

Кузнецов А. М. Глагол to be и его эквиваленты в современном английском языке // Категории бытия и обладания в языке. М., 1977.

Кузнецова А. И. Понятие семантической системы языка и методы ее исследования. М., 1963.

Кузнецова Э. В. Категория типичных идентификаторов как основа для выделения лексико-семантических групп глагола//Актуальные проблемы лексикологии. Ч. 1. Томск, 1971.

Кузнецова Э. В. Части речи и лексико-семантические группы слов // ВЯ. 1975. № 5.

Кузнецова Э. В. О принципах и методах выделения объема семантических классов русских глаголов // Классы слов и их взаимодействие. Свердловск, 1979.

Кузнецова Э. В. Русская лексика как система: Уч. пособие. Свердловск. 1980.

Кузьмина С. М. Семантика и стилистика неопределенных местоимений // Грамматические исследования: Суперсегментная фонетика. Морфологическая семантика. М., 1989.

Кузьмина И. Б., Немченко Е. В. К вопросу об употреблении «есть» в русских говорах // Материалы и исследования по общеславянскому лингвистическому атласу. М., 1968.

Курилович Е. Основные структуры языка: словосочетание и предложение (1948) // Курилович Е. Очерки по лингвистике. М., 1962.

Курилович Е. Проблема классификации падежей (1949) // Курилович Е. Очерки по лингвистике. М., 1962.

Лайонз Дж. Введение в теоретическую лингвистику / Пер. с англ. М., 1978.

Лешка О. Место трансформационных отношений в языковой структуре // Československá rusistika. 1966. 2.

Лингвистический энциклопедический словарь. М., 1990.

Лихачев Д. С. Концептосфера русского языка// Изв. РАН. Сер. лит. и яз. 1993. Т. 52. № 1.

[*Ломоносов М. В.*] Российская грамматика М. Ломоносова. Спб. Акад. наук, 1755.

Ломоносов М. В. Российская грамматика //Ломоносов М. В. Полное собрание сочинений. Т. 7. М.;Л., 1952.

Лосев А. Ф. Введение в общую теорию языковых моделей. М., 1968.

Люкшин Ю. В. Обсуждение «Грамматики современного русского литературного языка» на кафедре русского языка ЛГУ// Филол. науки. 1972. № 4.

Майтинская К. Е. Местоимение в языках разных систем. М., 1969.

Малащенко В. П. Детерминанты как общий второстепенный член предложения // Русский язык в школе. 1971. № 5.

Малащенко В. П. Свободное присоединение предложно-падежных форм имени существительного в современном русском языке. Ростов-на-Дону, 1972.

Малащенко В. П., Антонова Т. Я. Второстепенные члены, относящиеся к предложению в целом // Сб. науч. работ, I. Волгоград, 1964.

Маковский М. М. Теория лексической аттракции: (Опыт функциональной типологии лексико-семантических систем). М., 1980.

Малащенко В. П. О связи слов в словосочетании и предложении. Дис. ... канд. филол. наук. М., 1961.

Мельничук А. С. Понятие системы и структуры языка в свете диалектического материализма // Ленинизм и теоретические проблемы современного языкознания. М., 1970.

Мельничук А. С. Язык и мышление // Лингвистический энциклопедический словарь. М., 1990.

Мельчук И. А. Опыт теории лингвистических моделей ' смысл — текст' : Семантика, синтаксис. М., 1974.

Мещанинов И. И. Понятийные категории в языке // Труды Военного института иностранных языков. 1945а. №1.

Мещанинов И. И. Члены предложения и части речи. М.; Л., 19456.

Милых М. К. Побудительные предложения в русском языке // Уч. зап. Ростовского-н/Д гос. ун-та. 1953. Т. XXII. Тр. историко-филол. ф-та. Вып. 4.

Михлина М. Л. Из наблюдений над синтаксисом диалогической речи. Автореф. дис. ... канд. филол. наук. Л., 1955.

Михневич А. Е. Некоторые вопросы изучения синтаксических (подчинительных) связей слов в работах советских и чехословацких лингвистов // ВЯ. 1968. № 5.

Моисеев А. И. Грамматика современного русского литературного языка // Русский язык в школе. 1972. № 4.

Морковкин В. В. Опыт идеографического описания лексики. М., 1977.

Мучник И. П. О значении форм повелительного наклонения в современном русском языке // Уч. зап. МОПИ. 1955. Т. XXXII. Вып. 2.

Некрасов Н. О значении форм русского глагола. СПб., 1865.

Немешайлова А. В. Повелительное наклонение в современном русском языке // Уч. зап. Пензенского гос. пед. ин-та. Сер. историко-филол., 1958. Вып. 5.

Новиков И. Тургенев — художник слова. М., 1954.

Новиков Л. А. Семантика русского языка. М., 1982.

Общее языкознание. Внутренняя структура языка. М., 1972.

Овсянико-Куликовский Д. Н. Синтаксис русского языка. 2-е изд. СПб., 1912.

Опыт общесравнительной грамматики русского языка. СПб., 1852.

Оравец Я. К вопросу о глагольной интенции и глагольном управлении // Единицы разных уровней грамматического строя языка и их взаимодействие. М., 1969.

Орфоэпический словарь русского языка: Произношение, ударение, грамматические формы / Борунова С. Н., Воронцова В. Л., Еськова Н. А.; Под ред. Аванесова Р. И.; АН СССР. Ин-трус. яз. М., 1983.

Основы построения описательной грамматики, 1966: Основы построения описательной грамматики современного русского литературного языка. М., 1966.

Откупщикова И. Местоименные слова в новом академическом словаре // Очередные задачи русской академической лексикографии. СПб., 1995.

Падучева Е. В. Высказывание и его соотнесенность с действительностью. М., 1985.

Падучева Е. В., Крылов С. А. Дейксис: Общетеоретические и прагматические аспекты // Языковая деятельность в аспекте лингвистической прагматики. М., 1984.

Пешковский А. М. Русский синтаксис в научном освещении. 6-е изд. М., 1938.

Плоткин В. Я. О форме сослагательного наклонения в современном русском языке // Филол. науки. 1962. № 2.

Плотникова (Робинсон) В. А. Местоименные слова // Русский язык: Энциклопедия. Изд. 2-е, перераб. и доп. М., 1997.

Покровский М. М. Семасиологические исследования в области древних языков // Покровский М. М. Избранные работы по языкознанию. М., 1959.

Попов А. В. Оборот *что за...* (*was für ein*) и сродные с ним // Филол. зап. 1879. Вып. II.

Попова З. Д. [рец. на кн.:] «Грамматика современного русского литературного языка». М., 1970 // Русский язык в нац. школе. 1972. №2.

Попова З. Д., Стернин И. А. Лексическая система языка. Воронеж, 1984.

Попова З. Д., Стернин И. А. Очерки по когнитивной лингвистике. Воронеж, 2001.

Попова И. А. Неполные предложения в современном русском языке // Труды Ин-та языкознания АН СССР. Т. II. М., 1953.

Потебня А. А. Из записок по русской грамматике, Т. II. Харьков, 1874.

Потебня А. А. Из записок по русской грамматике. Т. III. Харьков, 1899.

Потебня А. А. Из записок по русской грамматике. Т. IV. М.;Л., 1941.

Принципы и методы семантических исследований. М., 1976.

Принципы классификации в лексической семантике (имя существительное): Научно–аналитич. обзор ИНИОН. М., 1982.

Проблемы семантики. М., 1974.

Прокопович Н. Н. Некоторые вопросы теории синтаксиса (Объем синтагмы — словосочетания) // Труды первой научно-методической конференции Московского зонального межвузовского объединения кафедр рус. яз. педагогических институтов. М., 1961.

Проспект «Русской грамматики» / Н. С. Авилова, С. Н. Дмитренко, В. А. Ицкович и др. М., 1972.

Распопов И. П. О так называемых детерминирующих членах простого предложения // ВЯ. 1972. №6.

Рассел Б. Человеческое познание: его сфера и границы. М., 1957.

РГ-80: Русская грамматика: В 2 т. / Редкол.: Шведова Н. Ю. (гл. ред.) и др.; М.: Наука, 1980. Т. I–II.

РГ-89: Краткая русская грамматика / Белоусов В. Н., Ковтунова В. Н., Кручинина И. Н. и др.; Под ред. Шведовой Н. Ю., Лопатина В. В.; Ин-трус. яз. АН СССР. М., 1989.

Российская грамматика, сочиненная Императорскою Российскою академиею. СПб., 1802.

Русский язык и советское общество. Проспект. Алма-Ата, 1962.

Савицкий Н. О синтаксическом типе *Деньги есть / денег нет* в русском и украинском языках // Československá rusistika, XVII. № 4.

Светлышев Д. С. Состав и функции эмоционально-экспрессивных частиц в современном русском литературном языке. Дис. ... канд. филол. наук. М., 1955.

Седельников Е. А. Структура простого предложения с точки зрения синтагматических и парадигматических отношений // НДВШ, Филол. науки. 1961. № 3.

Седельников Е. А. О грамматических категориях простого предложения в современном русском языке // Исследования по современному русскому языку / Под ред. Лом-тева Т. П., Камыниной А. А. М., 1970.

Селиверстова О. Н. Компонентный анализ многозначных слов (На материале некоторых русских глаголов). М., 1975.

Селиверстова О. Н. Семантический анализ экзистенциальных и посессивных конструкций в английском языке // Категории бытия и обладания в языке. М., 1977.

Серова Л. К. Диахронно-сопоставительный анализ глагола «быть» в русском и романских языках. Автореф. дис. ... канд. филол. наук. М., 1982.

Симпозиум по теории русской грамматики. Хроника // ВЯ. 1972. № 3.

Системные отношения в лексике и методы их изучения: Межвуз. науч. сб. Уфа: Башк. ун-т, 1977.

Скобликова Е. С. Местоимения: различия трактовок // Русский язык в школе. 1996. № 6.

Сланский В. Две экскурсии в область русской грамматики // Семья и школа. 1876. № 2, 4,5, 10.

Сланский В. Коренная ошибка грамматик // Семья и школа. 1878. № 4, 5.

Сланский В. Грамматика — как она есть и как должна быть. СПб., 1887.

Слесарева И. П. Проблемы описания и преподавания русской лексики. М., 1980.

Слово в системных отношениях: Сб. науч. трудов. Свердл. гос. пед. ин-т. № 314. Свердловск, 1979.

Смирницкий А. Я. Синтаксис английского языка. М., 1957.

Соколовская Ж. П. Система в лексической семантике. Киев, 1979.

Степанов Ю. С. Семиотическая структура языка. Три функции и три формальных аппарата языка // Изв. АН СССР. Сер. лит. и яз. 1973. Т. 32. № 4.

Степанов Ю. С. Имена. Предикаты. Предложения. Семиологическая грамматика. М., 1981. Изд. 2-е, М., 2001.

Степанов Ю. С. В трехмерном пространстве языка. Семиотические проблемы лингвистики, философии, искусства. М., 1985.

Степанов Ю. С. Индоевропейское предложение. М., 1989.

Степанов Ю. С. Понятие // Лингвистический энциклопедический словарь. М., 1990.

Степанов Ю. С. Константы: словарь русской культуры: опыт исследования. М., 1997.

Степанов Ю. С. Язык и метод: К современной философии языка. М., 1998.

Сумникова Т. А. Местоимение // Древнерусская грамматика XII—XIII вв. М., 1995.

Теоретические проблемы синтаксиса современных индоевропейских языков. Тезисы докладов. Л., 1971.

Теория функциональной грамматики: Введение. Аспектуальность. Временная локализованность. Таксис / Отв. ред. А. В. Бондарко. Л., 1987.

Теория функциональной грамматики: Темпоральность. Модальность. Л., 1990.

Теория функциональной грамматики: Персональность. Залоговость. СПб., 1991.

Теория функциональной грамматики: Субъективность. Объективность. Коммуникативная перспектива высказывания. Определенность / неопределенность. СПб., 1992.

Теория функциональной грамматики: Качественность. Количественность. СПб., 1996а.

Теория функциональной грамматики: Локативность. Бытийность. Посессивность. Обусловленность. СПб., 1996б.

Тимченко Е. К. Функции генитива в южнорусской языковой области. Варшава, 1913.

Тихонов А. Н. О построении и содержании раздела «Словообразование» в «Грамматике современного русского литературного языка» // Русское словообразование. Тр. Самаркандск. ун-та. Новая серия, 209. Самарканд, 1972а.

Тихонов А. Н. Русская морфемика // Русское словообразование. Тр. Самаркандск. ун-та. Новая серия, 209. Самарканд, 1972б.

Тихонов А. Н., Емельянова С. А. Виды, способы действия и словообразование // Русское словообразование. Тр. Самаркандск. ун-та. Новая серия, 209. Самарканд, 1972.

Трофимов В. А. К вопросу о выражении отрицания в современном русском литературном языке // Уч. зап. ЛГУ. № 156. Сер. филол. наук. Вып. 15. Л., 1952.

Устин А. К. Текстообразовательныйдейксис. СПб., 1995.

Уфимцева А. А. Опыт изучения лексики как системы. М., 1962.

УфимцеваА. А. К вопросу о лексико-семантической системе языка // Тез. докл. на дискуссии о проблеме системности в языке (30 янв. — 2 февр. 1962 г.). М., 1962.

Уфимцева А. А. Слово в лексико-семантической системе языка. М., 1968.

Уфимцева А. А. Типы словесных знаков. М., 1974.

Уфимцева А. А. Лексическая номинация (первичная, нейтральная) // Языковая номинация: Виды наименований. М., 1977.

Ушакова Л. И. Местоимения и их аналоги // Русский язык в школе. 1998. № 1.

Фортунатов Ф. Ф. О преподавании грамматики русского языка в средней школе // Труды 1-го съезда преподавателей русского языка в военно-учебных заведениях (22–31 дек. 1903 г.). СПб., 1904.

Хрычиков Б. В. Формы и значения сослагательного наклонения в современном русском литературном языке. Автореф. дис. ... канд. филол. наук. М., 1954.

Хрычиков Б. В. Значения форм сослагательного наклонения в простом предложении в современном русском языке // Уч. зап. Новгородск. пед. ин-та. 1956. Т. I.

Чаирова В. Т. Русские бытийные предложения и их эквиваленты в сфере предложений характеризации. Автореф. дис. ... канд. филол. наук. М., 1991.

Человеческий фактор в языке: Коммуникация. Модальность. Дейксис. М., 1992.

Чернышев В. И. Отрицание *не* в русском языке. Л., 1927.

Чернов В. И. К вопросу о детерминантах // ВЯ. 1969. № 1.

Чернышев В. И. Описательные формы наклонений и времен в русском языке // Труды Ин-та рус. яз. АН СССР. Т. I. М.; Л., 1949.

Шапиро А. Б. Очерки по синтаксису русских народных говоров. М., 1953.

Шахматов А. А. Синтаксис русского языка. 2-е изд. Л., 1941.

Шахматов А. А. Очерк современного русского литературного языка.

Шведова Н. Ю. Некоторые виды значений сказуемого в современном русском языке // Исследования по грамматике русского литературного языка. М., 1955.

Шведова Н. Ю. Из истории родительного квалитативного в русском литературном языке XVIII—XIX вв. (К проблеме лексических ограничений в синтаксисе) // Мат. и исслед. по истории русского литературного языка. Т. V. М., 1962.

Шведова Н. Ю. О некоторых активных процессах в современном русском синтаксисе // ВЯ. 1964а. №2.

Шведова Н. Ю. Детерминирующий объект и детерминирующее обстоятельство как самостоятельные распространители предложения // ВЯ. 1964б. № 6.

Шведова Н. Ю. Типология односоставных предложений на основе характера их парадигм // Проблемы современной филологии: Сб. статей к 70-летию акад. В. В. Виноградова. М., 1965.

Шведова Н. Ю. Активные процессы в современном русском синтаксисе. М., 1966а.

Шведова Н. Ю. Построение раздела «Синтаксис простого предложения» // Основы построения описательной грамматики современного русского литературного языка. М., 1966б.

Шведова Н. Ю. Парадигматика простого предложения в современном русском языке (Опыт типологии) // Русский язык: Грамматические исследования. М., 1967.

Шведова Н. Ю. О разграничении простого предложения и сходных с ним конструкций // Otázky slovanské syntaxe, II. Brno, 1968а.

Шведова Н. Ю. Существуют ли все-таки детерминанты как самостоятельные распространители предложения? // ВЯ. 1968б. № 2.

Шведова Н. Ю. Некоторые вопросы синтаксиса простого предложения в их отношении к синтаксису слова и словоформы (доклад на заседании Международной грамматической комиссии, прочитанный в апреле 1968 г. в Берлине // Zeitschrift für Slawistik. 1969. №5.

Шведова Н. Ю. Согласование и координация: их сходство и различия // Проблемы истории и диалектологии славянских языков: Сб. ст. к 70-летию В. И. Борковского. М., 1971.

Шведова Н. Ю. Входит ли лицо в круг синтаксических категорий, формирующих предикативность // Русский язык за рубежом. 1971а. № 4.

Шведова Н. Ю. О синтаксических потенциях формы слова // ВЯ. 1971б. № 4.

Шведова Н. Ю. О соотношении грамматических и семантических характеристик предложения // Otázky slovanské syntaxe, III. Brno, 1973а.

Шведова Н. Ю. О соотношении грамматической и семантической структуры предложения // Славянское языкознание. Доклады советских ученых на VII Международном съезде славистов. М., 1973б.

Шведова Н. Ю. К спорам о детерминантах: (Обстоятельственная и необстоятельственная детерминация предложения) // Филол. науки. 1973в. № 5.

Шведова Н. Ю. О долженствовательном наклонении // Синтаксис и норма. М., 1974а.

Шведова Н. Ю. Синтаксическое желательное наклонение // Современные проблемы литературоведения и языкознания. М., 1974б.

Шведова Н. Ю. Объектная форма в субъектной позиции // Otázky slovanské syntaxe, IV. Brno, 1976.

Шведова Н. Ю. Однотомный толковый словарь: специфика жанра и некоторые перспективы дальнейшей работы // Русский язык: Проблемы художественной речи, лексикология и лексикография. Виноградовские чтения IX—X. М., 1981.

Шведова Н. Ю. Типы контекстов, конструирующих многоаспектное описание слова // Русский язык: Текст как целое и компоненты текста. Виноградовские чтения. XI. М., 1982.

Шведова Н. Ю. К понятию вариативности в языке: (На примере лексического множества) // Изв. АН СССР. Сер. лит. и яз. 1983а. Т. 42. № 3.

Шведова Н. Ю. Лексическая классификация русского глагола (на фоне чешской семантико-компонентной классификации) // Славянское языкознание: IX Международный съезд славистов. Докл. сов. делегации. М., 1983б.

Шведова Н. Ю. Об активных потенциях, заключенных в слове // Слово в грамматике и словаре. М., 1984.

Шведова Н. Ю. Один из возможных путей построения функциональной грамматики // Проблемы функциональной грамматики. М., 1985.

Шведова Н. Ю. Парадоксы словарной статьи // Национальная специфика языка и ее отражение в нормативном словаре: Сб. статей. М., 1988а.

Шведова Н. Ю. Лексическая система и ее отражение в толковом словаре // Русистика сегодня. Язык: система и ее функционирование. М., 1988б.

Шведова Н. Ю. Русские бытийные глаголы и их субъекты // Слово и грамматические законы языка. Глагол. М., 1989.

Шведова Н. Ю. Смысловой строй языка как основа его жизнедеятельности // Русский язык и современность: Проблемы и перспективы развития русистики. Доклады Всесоюзной научной конференции. Ч. I. М., 1991.

Шведова Н. Ю., Белоусова А. С. Система местоимений как исход смыслового строения языка и его смысловых категорий. М., 1996.

Шведова Н. Ю. Местоимение и смысл: Класс русских местоимений и открываемые ими смысловые пространства. М., 1998.

Шведова Н. Ю. Теоретические результаты, полученные в работе над «Русским семантическим словарем» (доклад, прочитанный на заседании ученого совета Института русского языка им. В. В. Виноградова РАН 7 мая 1998 г.) // ВЯ. 1999. № 1.

Шведова Н. Ю. Русская дейктическая форма *сделано* и означаемый ею тип сообщения // Слово в тексте и в словаре: Сб. статей к 70-летию академика Ю. Д. Апресяна. М., 2000.

Шведова Н. Ю. Еще раз о глаголе *быть* // ВЯ. 2001а. № 2.

Шведова Н. Ю. Опыт описания типов сообщения в опоре на дейктические единицы языка *(делать — делаться — иметь место — каково)* // Русский язык в научном освещении. 2001б. № 2.

Шмелев Д. Н. Внеимперативное употребление формы повелительного наклонения в современном русском языке // Русский язык в школе. 1961. № 5.

Шмелев Д. Н. Очерки по семасиологии русского языка. М., 1964.

Шмелев Д. Н. Проблемы семантического анализа лексики (на материале русского языка). М., 1973.

Шмелев Д. Н. Современный русский язык. Лексика. М., 1977. С. 183—293. Гл. «Системные отношения в лексике».

Щерба Л. В. Восточно-лужицкое наречие. Т. I. Приложение. Пг., 1915.

Щерба Л. В. О частях речи в русском языке // Русская речь: Сб. П. Л., 1928.

Щерба Л. В. Опыт общей теории лексикографии // Изв. АН СССР. ОЛЯ. 1940. № 3.

Щур Г. С. О некоторых основных понятиях теоретического языкознания // Вопросы английской филологии и методика преподавания иностранных языков: Уч. зап. Омского гос. пед. ин-та им. А. М. Горького. Омск, 1972. Вып. № 65.

Эрелып М. Новые течения в русской грамматике // Язык и литература. Таллин, 1972 [на эст. яз.].

Юрик В. А. Формы и значения предположительного наклонения глаголов латышского и русского языков в сопоставительном освещении. Автореф. дис. ... канд. филол. наук. Рига, 1955.

Юрик В. А. К вопросу о составе и функционировании форм сослагательного наклонения глагола в современном русском языке // Уч. зап. Латв. гос. ун-та. Т. 30. 1959. Вып. 4. Рига, 1959.

Языковая номинация. Общие вопросы. М., 1977а.

Языковая номинация. Виды наименований. М., 1977б.

Языковые единицы и контекст. Л., 1973.

Якубинский Л. П. О диалогической речи // Русская речь / Под ред. Л. В. Щербы. I. Пг., 1923.

Янко-Триницкая Н. А. Проблема номер один // Развитие грамматики и лексики современного русского языка. М., 1964.

Ярцева В. Н., Арутюнова Н. Д. [рец. на кн.:] «Грамматика современного русского литературного языка», М., 1970 // Вестник АН СССР. 1972. № 4.

«Я», «Субъект», «Индивид» в парадигмах современного языкознания: Сб. научно-аналитических обзоров. М.: ИНИОНРАН, 1992.

Př. Adamec. K vyjadrován š modální významů možnosti a nutnosti v současné ruštině // Sborník pedagogické Fakulty University Karlovy v Praze, 1970.

Czermak W. Die Lokalvorstellung und ihre Bedeutung für den grammatischen Aufbau afrikanischen Sprachen // Festschrift Meinhof. Hamburg, 1927 // Československá rusistika, 1971. № 5; 1972. № 2.

Daneš Fr. Sémantická structura větného vzorce // Otázky slovanské syntaxe, II. Brno, 1968a.

Daneš Fr. Some Thoughts on the Semantic Structure of the Sentence // Lingua. Vol. 21. Amsterdam, 1968b.

Daneš Fr. Semantic Considerations in Syntax // Actes du X-e Congrès International des linguistes. Bucarest, 1970.

Daneš Fr. Pokus o strukturní analýzu slovesných významů // Slovo a slovesnost. 1971. № 3.

Dimitrescu Fl. Ein Modalität zur Klassifikation der Verben // Revue de linguistique, VIII. 1963, 2.

A. W. de Groot. Les oppositions dans les systèmes de la syntaxe et de cas // Mélanges de linguistique offerts à Charles Bally. Génève, 1939.

Fillmor Ch. The Case for Case // Universals in Linguistic Theory. New York etc., 1968.

Hausenblas K. Subjekty v promluvě // Sesja Naukowa Międzynarodowej Komisji Budowy Gramatycznej Języków Słowiańskich, 3—5 grudnia 1969. Wroctaw — Warszawa — Kraków- Gdańsk, 1971.

Karcevski S. Introduction à l'étude de l'interjection // Cahiers Ferdinand de Saussure. 1. 1941.

Kořenský J. K problému větněsemantický funkc nédějových významu českého slovesa // Slovo a slovesnost. 1971. № 3. XXXII.

Křížková H., Leška O. K nové sovětské mluvnici současné spisovné ruštiny // Československá rusistika, XVI. 1971. № 5.

Leška O. K otázce tzv. trabspozice // Sborník vysoké školy pedagogické v Praze. Jazyk a literatura, II. Rusko-ceské studie. Praha, 1960.

Мартынов В. В., Шуба П. П., Ярмош М. И. Опит за семантична класификация на русския глагол // Език и литература. София, 1965. № 3.

Mlko Fr. K menným jednočlenným vetám // Jazykovedný zborník venovaný VI slavistickému kongresu. Bratislava, 1968.

Michalk Fr. Der Genitiv der Substativs in der OS Schriftsprache. (Auszug aus dem Kapitel über den Kasus) // Diskusijny material za Komisija za přepytowanje gram. Struktury slwjanskich rečow při MKS. Budyšin, 1975 (ротапринт).

Mrázek R. Syntax přacích vět v ruštině // Československá rusistika, 1958. № 1.

Mrázek R., Brym I. Sémantika a funkce ruského genitivu s předložkou *u* (Se zřetelem k češtine) // Sborník prací filosofické fakulty Brněnské university, XI. Řada jazykovědná, A 10. 1962.

Hausenblas K. Subjekty v promluvě. — Sesja Naukowa Międzynarodowej Komisji Budowy Gramatycznej Języków Słowiańskich w Krakowie, 3—5 grudnia 1969 r. Wrocław — Warszawa — Kraków — Gdańsk, 1971.

Puzynina J. [рец. на кн.:] «Грамматика современного русского литературного языка». М., 1970 // Slavia orientalis. 1972. № 2. Рец. на разделы «Введение в морфемику» и «Словообразование».

Rybák J. Poznámky k ireálnej potenciálnej a reálnej podmienke // Československá rusistika, XVII. 1972. № 2.

Slovo a slovesnost. 1971. № 3.

Slovo a slovesnost. 1975. № 1.

Sekaninová E. Nove pohl'ady na kategóriu slovesného vidu // Jazykovedný časopis, XXIII. 1972. № 2.

Straková Vl., Skoumalová Zd. K oddilu tvoření slov v nové sovětske mluvnici ruštiny // Československá rusistika. 1972. № 4.

Vědecká synchronní mluvnice spisovné češtiny, 1974 / Ред. Фр. Данеш, М. Грепль, М. Комарек [ротапринт].

Wawryńczyk J. [рец. на кн.:] «Грамматика современного русского литературного языка». М., 1970 // Język rosyjski, 1971. № 3.

Worth D. S. The Role of Transformations in the Defmition of Syntagmas in Russian and Other Slavic Languages // American Contributions to the V International Congress of Slavists. The Hague, 1963.

Zimek R. O nové sovětské akademické gramatice ruštiny. Olomouc, 1971.

Словари:

БАС: Словарь современного русского литературного языка в 17 т. М.; Л. 1950—1965.

Даль: Толковый словарь живого великорусского языка Владимира Даля. Изд. 3-е / Под ред. И. Н. Бодуэнаде Куртенэ. Т. 1–4. СПб.; М., 1903–1909.

[*Кузнецов С. А.*] Большой толковый словарь русского языка / Автор и руководитель проекта, гл. ред. С. А. Кузнецов. СПб., 2000.

МАС: Словарь русского языка: В 4-х т. / АН СССР. Ин-т рус. яз. Под ред. А. П. Евгеньевой. 1-е изд. М., 1957–1961; 2-е изд., испр. и доп. М., 1981–1984.

Ожегов С. И. Словарь русского языка. Изд. 1—21. М., 1949—1989.

Ожегов С. И., Шведова Н. Ю. Толковый словарь русского языка. 1-е изд. М., 1992; 2-е изд., испр. и доп. М., 1994; стереотип: 3-е изд. М., 1995, 1996; 4-е изд. М., 1997.

Словарь русского языка XVIII века. Вып. 6. Л., 1991 (с. 82–84, статьи *«ДЕЛАТЬ»* и *«ДЕЛАТЬСЯ»*).

Ушаков: Толковый словарь русского языка: В 4 т. / Под ред. Д. Н. Ушакова. Т. I—IV. М., 1935–1940.

作者学术成果编录

1948

Возникновение и распространение предикативного употребления членных прилагательных в русском литературном языке XV— XVIII вв. // Докл. и сообщ. Ин-та рус. яз. АН СССР. М.: Л., 1948. Вып. I.

К изучению омонимов: The Conflict of Homonyms in English by Edna Rees Williams. London: Oxford University Press, 1944 // Докл. и сообщ. филол. фак-та МГУ. 1948. Вып. 6.

Русский словотолк и словотворчество Н. Г. Курганова. Рукопись. (Краткое изложение содержания см.: Вести. АН СССР. 1948. № 8)

1949

Соотношение именных и членных форм прилагательных при предикативном их употреблении в художественной прозе Карамзина // Материалы и исследования по истории русского литературного языка. М.: Л.: Изд-во АН СССР, 1949. Т. 1.

1950

К итогам дискуссии по вопросам языкознания // Пропагандист и агитатор: Журнал Главного политического управления Военно-Морских сил СССР. 1950. № 3.

1951

Методологические ошибки сторонников «нового учения» о языке в исследованиях по вопросам русского синтаксиса // Против вульгаризации и извращения марксизма в языкознании: Сб. статей. М.: Изд-во АН СССР, 1951. Ч. I.

Общественно-политическая лексика и фразеология в «Путешествии из Петербурга в Москву» А. Н. Радищева // Материалы и исследования по истории русского литературного языка. М.: Л.: Изд-во АН СССР, 1951. Т. 2.

1952

Имя прилагательное // Современный русский язык: Морфология. М.: Изд-во МГУ, 1952.

Имя прилагательное // Грамматика русского языка. М.: Изд-во АН СССР. 1952. Т. I.

К вопросу об общенародном и индивидуальном в языке писателя // ВЯ. 1952. № 2.

Полные и краткие формы имен прилагательных в составе сказуемого в современном русском литературном языке // Учен. зап. Моск. ун-та. 1952. Вып. 150.

1953

Принципы исторической стилизации в языке повести Гоголя «Тарас Бульба» // Материалы и исследования по истории русского литературного языка. М.: Изд-во АН СССР. 1953. Т. 3.

Вопросы составления описательных грамматик // ВЯ. 1953. №4 (совместно с В. А. Аврориным, Р. А. Будаговым, Ю. Д. Дешериевым, Б. А. Серебренниковым, Е. И. Убрятовой).

1954

Именное сказуемое // Грамматика русского языка. М.: Изд-во АН СССР, 1954. Т. 2, Номинативные предложения // Там же.
Литературный язык // БСЭ, 2-е изд. М., 1954. Т. 25.

Библиографический указатель литературы по русскому языкознанию с 1825 по 1880 г. Вып. 1 // М.: Изд-во АН СССР, 1954 (совместное Н. С. Авиловой и Е. Т. Черкасовой).

Библиографический указатель литературы по русскому языкознанию с 1825 по 1880 г. Вып. 2 // М.: Изд-во АН СССР, 1954 (совместное Н. С. Авиловой и Е. Т. Черкасовой).

1955

Библиографический указатель литературы по русскому языкознанию с 1825 по 1880 г. Вып. 3 // М.: Изд-во АН СССР, 1955 (совместно с Н. С. Авиловой и Е. Т. Черкасовой).

Некоторые виды значений сказуемого в современном русском языке: (Наблюдения и материалы) // Исследования по грамматике русского литературного языка. М.: Изд-во АН СССР, 1955.

1956

Библиографический указатель литературы по русскому языкознанию с 1825 по 1880 г. Вып. 4 // М.: Изд-во АН СССР, 1956 (совместно с Н. С. Авиловой и Е. Т. Черкасовой).

К изучению русской диалогической речи: Реплики-повторы // ВЯ. 1956. № 2.

Развитие синтаксического строя // Очерки истории русского литературного языка XIX в.: Проспект. М.: Изд-во АН СССР, 1956.

1957

Библиографический указатель литературы по русскому языкознанию с 1825 по 1880 г. Вып. 5 // М.: Изд-во АН СССР, 1957 (совместное Н. С. Авиловой и Е. Т. Черкасовой).

Междометия как грамматически значимый элемент предложения в русской разговорной речи // ВЯ. 1957. № 1.

Библиографический указатель литературы по русскому языкознанию с 1825 по 1880 г. Вып. 6 // М.: Изд-во АН СССР, 1957 (совместно с Н. С. Авиловой и Е. Т. Черкасовой).

1958

Библиографический указатель литературы по русскому языкознанию с 1825 по 1880 г. Вып. 7 // М.: Изд-во АН СССР, 1958 (совместно с Н. С. Авиловой и Е. Т. Черкасовой).

О некоторых типах фразеологизированных конструкций в строе русской разговор-нойречи//ВЯ. 1958. № 2.

Очерки по синтаксису русской разговорной речи: (Вопросы строения предложения) // Автореф. дис. ... докт. филол. наук. М.: 1958.

1959

Библиографический указатель литературы по русскому языкознанию с 1825 по 1880 г. Вып. 8 // М.: Изд-во АН СССР, 1959 (совместно с Н. С. Авиловой и Е. Т. Черкасовой).

1960

Очерки по синтаксису русской разговорной речи. М.: Изд-во АН СССР, 1960.

Проблема лексических ограничений как одна из проблем изучения истории синтаксиса русского литературного языка XVIII—XIX вв. // ВЯ, 1960. № 6 (Тезисы работы см.: в кн.: Тезисы докладов на совещании по проблемам изучения истории русского литературного языка нового времени. 27-30 июня 1960 г. М., 1960).

1962

Из истории родительного квалитативного в русском литературном языке XVIII—XIX вв.: (К проблеме лексических ограничений в синтаксисе) // Материалы и исследования по истории русского литературного языка. М.: Изд-во АН СССР, 1962. Т. 5.

1964

Детерминирующий объект и детерминирующее обстоятельство как самостоятельные распространители предложения // ВЯ, 1964. № 6.

Изменения в системе простого предложения в русском лит. языке XIX в. // Очерки по истории грамматике русского литературного языка XIX в.: Изменения в системе простого и осложненного предложения в русском литературном языке XIX в. М.: Наука, 1964.

Некоторые тенденции развития простого и осложненного предложения в XIX в. // Там же.

О некоторых активных процессах в современном русском синтаксисе: (Наблюдения над языком газеты) // ВЯ. 1964. № 2.

Тенденции развития разговорной речи: (Активные процессы в современном русском синтаксисе) // Тезисы и план докладов на VII Международном методическом семинаре преподавателей русского языка высших учебных заведений социалистических стран. М., 1964.

1965

Виктор Владимирович Виноградов: (К семидесятилетию со дня рождения) // Проблемы современной филологии: Сб. статей к 70-летию акад. В. В. Виноградова. М.: Наука, 1965.

Типология односоставных предложений на основе характера их парадигм // Там же.

1966

Активные процессы в современном русском синтаксисе: (Словосочетание) // М.: Просвещение, 1966.

Об аналитических конструкциях в системе словосочетаний // Вопросы культуры речи. М.: Наука, 1966. Вып. 7.

Построение раздела «Синтаксис словосочетания и простого предложения» // Основы построения описательной грамматики современного русского литературного языка. М.: Наука, 1966.

1967

О понятии синтаксического ряда // Историко-филологические исследования: Сб. статей к 75-летию акад. Н. И. Конрада. М.: Наука, 1967.

Парадигматика простого предложения в современном русском языке: (Опыт типологии) // Русский язык. Грамматические исследования: Сб. статей. М.: Наука, 1967.

1968

О разграничении простого предложения и сходных с ним конструкций // Otázky slovanské syntaxe, II. Brno, 1968.

Существуют ли все-таки детерминанты как самостоятельные распространители предложения? // ВЯ, 1968. № 2.

Изучение грамматического строя русского языка // Теоретические проблемы советского языкознания. М.: Наука, 1968 (совместное В. В. Лопатиным, И. С. Улухано-вым и В. А. Плотниковой).

1969

Некоторые вопросы синтаксиса простого предложения в его отношении к синтаксису слова и словоформы: Тезисы // Zeitschrift für Slawistik. Berlin, 1969. Bd. 14, n. 5.

О взаимоотношении структурной схемы и ее реализаций // Единицы разных уровней грамматического строя языка и их взаимодействие. М.: Наука, 1969.

О понятии «регулярная реализация структурной схемы простого предложения» // Мысли о современном русском языке: Сб. статей. М.: Просвещение, 1969.

О структурной схеме сложного предложения // Единицы разных уровней грамматического строя языка и их взаимодействие. М.: Наука, 1969.

1970

Виктор Владимирович Виноградов // Русская речь. 1970, № 3.

Труды В. В. Виноградова по «Русской грамматике» [в составе некролога, без подписи] // ВЯ, 1970. № 1.

Несколько замечаний по поводу статьи Ю. Д. Апресяна «Синонимия и синонимы» (ВЯ, 1969, № 4) // ВЯ, 1970, № 3.

Подчинительные связи слов и словосочетания (раздел) // Грамматика современного русского литературно го языка. М.: Наука, 1970.

Простое предложение (раздел) // Там же.

1971

Входит ли лицо в круг синтаксических категорий, формирующих предикативность?

// Русский язык за рубежом. 1971, № 4.

Категориальные свойства слова на службе его синтаксических связей // Sesja Naukowa Międzynarodowej Komisji Budowy Gramatycznej Języków Słowiańskich w Krakowie w dniach 3—5 grudnia 1969 r. / Polska Akademia Nauk — Oddzial w Krakowie. Prave Komisji Słowiancznawstwa, Nr. 23. Wroclaw; Warszawa; Kraków; Gdaňsk. 1971.

О синтаксических потенциях формы слова // ВЯ, 1971. № 4.

Согласование и координация: их сходство и различия // Проблемы истории и диалектологии славянских языков: Сб. статей к 70-летию В. И. Борковского. М: Наука, 1971.

1972

Подчинительные связи слов и словосочетание // Проспект «Русской грамматики». М.: Изд. Ин-та рус. яз. АН СССР (ротапринт). 1972.

Простое предложение // Там же.

«Синтаксическое лицо» и его отношение к предикативности // Slavica Slovaca. 1972. Nr. 3.

Проспект «Русской грамматики» (составление) // М.: Изд. Ин-та рус. яз. АН СССР (ротапринт). 1972 (совместно с Н. С. Авиловой, С. Н. Дмитренко, В. А. Ицковичем, И. И. Ковтуновой, И. Н. Кручининой, М. В. Ляпон, В. В. Лопатиным, И. С. Улуха-новым, В. А. Плотниковой, И. П. Святогором).

Авторский текст в 9-ом изд. «Словаря русского языка» С. И. Ожегова // М.: Сов. энциклопедия, 1972. Издания 10—18-ое, стереотипные // М., 1973—1987.

1973

К спорам о детерминантах (обстоятельственная и необстоятельственная детерми-предложения) // НВДШ. Филол. науки, 1973. № 5.

О соотношении грамматических и семантических характеристик предложения // Otázky slovanské syntaxe, III. Brno, 1973.

О соотношении грамматической и семантической структуры предложения: Доклад на VII Международном съезде славистов // Славянское языкознание. VII Международный съезд славистов. Варшава, август 1973 г.: Докл. сов. делегации. М.: Наука, 1973.

Спорные вопросы описания структурных схем простого предложения и его пара-/ ВЯ. 1973. №4.

1974

Место семантики в описательной грамматике (синтаксис) // Грамматическое описание славянских языков. Концепции и методы: Сб. статей. М.: Наука, 1974.

О долженствовательном наклонении//Синтаксис и норма. М.: Наука, 1974.

О значениях единиц разных уровней языка // Всесоюзная научная конференция по теоретическим вопросам советского языкознания. 11 — 16 ноября 1974 г.: Тезисы докладов и сообщений пленарных заседаний. М., 1974. (То же в пер. на чеш. язык: Slovo a Slovenost. 1975. № 3; в пер. на англ. язык: «Problems of the Contemporary World». 1977. № 50: Theoretical Aspects of Linguistics; в пер. на нем. язык: «Probleme der Modernen Welt». 1977. N. 6: Theoretische Probleme der Linguistik).

О функциях простого предложения // Исследования по славянской филологии: Сб., посвященный памяти акад. В. В. Виноградова. М.: Изд-во МГУ, 1974.

Русская научная описательная грамматика в русской Академии наук // ВЯ, 1974. №6.

Синтаксическое желательное наклонение // Современные проблемы литературоведения и языкознания. М.: Наука, 1974.

Выступления по докладам Е. Кржижковой и О. Лешки, В. Грабе на симпозиуме «Проблемы и методы сопоставительного изучения современных литературных языков, преимущественно славянских» (Прага, 29—31 октября 1973 г.) // Československá rusistika, 1974. №4.

1975

Грамматические труды акад. В. В. Виноградова / В. В. Виноградов. Избранные труды: Исследования по русской грамматике. М.: Наука, 1975.

Об основных синтаксических единицах и аспектах их изучения // Теоретические проблемы синтаксиса современных индоевропейских языков. Л.: Наука, 1975.

Предложение // БСЭ, 3-е изд. М., 1975. Т. 20.

1977

О принципах построения и проблематике «Русской грамматики» (К обсуждению 1-го тома): Доклад на Общем собрании ОЛЯ АН СССР 1.111.1977 // Изв. АН СССР. Сер.

лит. и яз. 1977. № 4.

1978

Дихотомия «присловные — неприсловные падежи» в ее отношении к категориям семантической структуры предложения // Славянское языкознание: VIII съезд славистов. Загреб — Любляна, сентябрь 1978: Докл. сов. делегации. М.: Наука, 1978.

Синтаксическое время // НВДШ. Филол. науки. 1978. № 3.

1979

Винительный падеж; Грамматика; Дательный падеж; Именительный падеж; Междометие; Падеж; Предложный падеж; Родительный падеж; Творительный падеж; Частицы // Энциклопедия «Русский язык» М.: Сов. энциклопедия, 1979.

Объектная форма в субъектной позиции: Доклад на Международном синтаксическом симпозиуме в г. Брно, 1976 // Otázky slovanské syntaxe, IV/1. Brno, 1979.

Трудные вопросы представления семантической структуры предложения в описательной грамматике // Реферати од X заседание на Мегународната Комисија за изучу-вање на граматичката структура на словенските литературни јазици. Скопје, 1979.

1980

Введение; Значения падежей; Предлоги; Частицы // Русская грамматика. М.: Наука, 1980. Т. 1.

Введение; Подчинительные связи слов и словосочетания; Простое предложение. Основные понятия; Структурные схемы (типы) простых невопросительных предложений; Формы простого предложения; Регулярные реализации простого предложения; Семантическая структура простого предложения; Распространение простого предложения. Общая характеристика; Распространение внутреннего состава предложения и отдельных его членов; Распространение предложения в целом (детерминация); Распространение предложения включением обращения; Средства формирования и выражения субъективно-модальных значений; Система простых предложений; Невопросительные предложения; Относительно независимые высказывания, непосредственно не опирающиеся на грамматические образцы простого предложения; Синтаксис формы слова (обзор) // Русская грамматика. М.: Наука, 1980. Т. 2.

1981

Об идентификации предложений на основе их стационарных характеристик: (Двух-компонентные предложения с именительным падежом и инфинитивом) //

Проблемы структурной лингвистики. 1978. М.: Наука, 1981.

Однотомный толковый словарь (специфика жанра и некоторые перспективы дальнейшей работы) // Русский язык: Проблемы художественной речи, лексикология и лексикография: (Виноградовские чтения IX—X). М.: Наука, 1981.

1982

Типы контекстов, конструирующих многоаспектное описание слова // Русский язык: Текст как целое и компоненты текста: (Виноградовские чтения XI). М.: Наука, 1982.

1983

К понятию вариативности в языке (на примере лексического множества) // Изв. АН СССР. Сер. лит. и яз. 1983. № 3.

Лексическая классификация русского глагола (на фоне чешской семантико-компонентной классификации): Доклад на IX Международном съезде славистов // Славянское языкознание. IX Международный съезд славистов. Киев, сентябрь 1983 г: Докл. сов. делегации. М.: Наука, 1983.

1984

Об активных потенциях, заключенных в слове // Слово в грамматике и словаре. М.: Наука, 1984.

1985

Один из возможных путей построения функциональной грамматики русского языка // Проблемы функциональной грамматики. М.: Наука, 1985.

1988

Парадоксы словарной статьи // Национальная специфика языка и ее отражение в нормативном словаре. М.: Наука, 1988.

О грамматическом значении и об описании частей речи «от значений» (резюме доклада) // Македонска академија на науките и уметностите. Скопје. Одд. за лингв, и литер, наука. Прилози. 1988.

Лексическая система и ее отражение в толковом словаре // Русистика сегодня. Язык: система и ее функционирование. М., 1991.

1989

Грамматика и ее предмет. Слово: Общие сведения. Категория падежа. Предлоги.

Подчинительные связи слов и словосочетания. Предложение: Основные понятия синтаксиса. Простое предложение // Краткая русская грамматика. М., Наука, 1989.

Русские бытийные глаголы и их субъекты // Слово и грамматические законы языка: Глагол. М.: Наука, 1989.

Авторский текст в 21 —23 изд. «Словаря русского языка» С. И, Ожегова // М.: Русский язык, 1989—1990.

1990

Грамматика//Лингвистическая энциклопедия. М.: Наука, 1990.

Предложение // Там же.

1991

Смысловой строй языка как основа его жизнедеятельности // Русский язык и современность: Проблемы и перспективы развития русистики. Доклады Всесоюзной научной конференции. Ч. I. М., 1991.

1992

Авторский текст в словаре «Ожегов С. И. и Шведова Н. Ю. Толковый словарь русского языка» (1-ое изд.) // М., 1992;

1994

Авторский текст в словаре «Ожегов С. И. и Шведова Н. Ю. Толковый словарь русского языка» // М., изд. 2-ое испр. и доп., 1994; изд. 3-е стереотипн., 1995.

1995

Глагол как доминанта в системе русской лексики // Филологический сборник (к 100-летию со дня рождения академика В. В. Виноградова). М., 1995.

Система местоимений как исход смыслового строения языка и его смысловых категорий. М.: ИРЯ РАН, 1995 (совместно с А. С. Белоусовой).

1996

Русский семантический словарь (опыт описания лексики как системы) // Вестник Российского гуманитарного научного фонда. 1996, № 1.

1997

Авторский текст в словаре «Ожегов С. И. и Шведова Н. Ю. Толковый словарь русского языка» // М., 4-ое испр. и доп., 1997, 1998.

Статьи: Падеж, Именительный падеж, Родительный падеж, Дательный падеж, Винительный падеж, Творительный падеж, Предложный падеж // Русский язык: Энциклопедия. М.: Российская энциклопедия, 1997.

Статьи: Грамматика. Предложение. Детерминант // Русский язык: Энциклопедия. М.: Российская энциклопедия, 1997.

1998

Местоимение и смысл: Класс русских местоимений и открываемые ими смысловые пространства. М.: ИРЯ РАН, 1998.

Предисловие к книге: Русский семантический словарь (Толковый словарь, систематизированный по классам слов и значений)..Том I // М.: ИРЯ РАН, 1998.

Русский семантический словарь (Толковый словарь, систематизированный по классам слов и значений) // Деловая книга, М.: 1998. № 8.

1999

Теоретические результаты, полученные в работе над «Русским семантическим словарем» // ВЯ, 1999. № 1.

2000

«Русская дейктическая форма *сделано* и означаемый ею тип сообщения // Слово в тексте и в словаре. М., Языки русской культуры. 2000.

2001

Опыт описания типов сообщения в опоре на дейктические единицы языка (делать—делаться—иметь место — каково) // Русский язык в научном освещении. М., 2001. №2.

Автор или составитель? (Об ответственности лексикографа) // Культура русской речи: к 100-летию со дня рожд. С. И. Ожегова. Индрик, 2001.

Еще раз о глаголе «быть» // ВЯ, 2001. № 2.

2004

Теоретическая концепция «Русского идеографического словаря» // Проспект: «Русский идеографический словарь». М., 2004.

Три заметки о смысловых пересечениях // Сокровенные смыслы. Слово. Текст. Культура. Сб. статей в честь Н. Д. Арутюновой. М., 2004.

РЕЦЕНЗИРОВАНИЕ

1949

Рец. на «Словарь русского языка», составленный С. И. Ожеговым. М., 1949 // Советская книга, 1949, № 10.

1952

Рец. на «Изв. АН СССР. ОЛЯ» за 1951 г. // Советская книга, 1952, № 2 (совместно с Н. А. Баскаковым).

1968

Рец. на кн.: «Исследования по общей теории грамматики». Под. ред. В. Н. Ярцевой. М., 1968 // ВЯ, 1970. № 1.

1979

Рец. на кн.: «Русская грамматика», т. 1—2. Прага, 1979 (титульный рецензент) // Прага. 1979.

1984

Рец. на кн.: Ласло Деже. Типологическая характеристика русской грамматики в сопоставлении с венгерской. Будапешт, 1984 (титульный рецензент) // Будапешт, 1984.

РЕДАКТИРОВАНИЕ

1952

Словарь русского языка, составл. С. И. Ожеговым. 2-е изд. М., 1952 (научн.–лексикол.ред.).

Грамматика русского языка, т. 1—2. М.: Изд-во АН СССР, 1952—1954 (редакционная обработка) (совместно с А. Б. Шапиро).

1954

Библиографический указатель литературы по русскому языкознанию с 1825 по 1880 г. // М.: Изд-во АН СССР, 1954—1959. Вып. 1—8 (редакционная обработка).

1955

Исследования по грамматике русского литературного языка. М.: Изд-во АН СССР, 1955 (отв. ред.) (совместно с Н. С. Поспеловым).

1962

Материалы и исследования по истории русского литературного языка. Т. 5. М.: Изд-во АН СССР, 1962.

1964

Очерки по исторической грамматике русского литературного языка XIX в. М.: Наука, 1964.

1) Изменения в словообразовании и формах существительного и прилагательного в русском литературном языке XIX в.

2) Глагол, наречие, предлоги и союзы в русском литературном языке XIX в.

3) Изменения в системе простого и осложненного предложения в русском литературном языке XIX в.

4) Изменения в системе словосочетаний в русском литературном языке XIX в.

5) Изменения в строе сложноподчиненного предложения в русском литературном языке XIX в. (совместно с акад. В. В. Виноградовым).

1966

Основы построения описательной грамматики современного русского литературного языка. М.: Наука, 1966 (отв. ред.).

1967

Русский язык. Грамматические исследования: Сб. статей. М.: Наука, 1967 (отв. ред.).

1968

Русская литературная речь в XVIII в.: Фразеологизмы. Неологизмы. Каламбуры: Сб. статей. М.: Наука, 1968 (отв. ред.).

1969

Единицы разных уровней грамматического строя языка и их взаимодействие. М.: Наука, 1969 (отв. ред.)' (совместное В. Н. Ярцевой и В. В. Лопатиным).

1970

Грамматика современного русского литературного языка. М.: Наука, 1970 (отв. ред.).

1972

В. В. Веселитский. Отвлеченная лексика в русском литературном языке XVIII — нач. XIX в. М.: Наука, 1972 (отв. ред.).

Проспект «Русской грамматики». М., 1972.

Словарь русского языка, составл. С. И. Ожеговым. 9-е изд. М., 1972.

1973

Словарь русского языка, составл. С. И. Ожеговым: изд. 10—20-е, с частичным исправлением и стереотипные. М., 1973—1988.

В. В. Лопатин. Рождение слова: Неологизмы и окказиональные образования. М.: Наука, 1973 (отв. ред.).

Е. Т. Черкасова. Русские союзы неместоименного происхождения: Пути и способы их образования. М.: Наука, 1973 (отв. ред.).

1974

Грамматическое описание славянских языков. Концепции и методы: Доклады, прочитанные на Московском заседании Комиссии по изучению грамматического строя славянских языков при МКС 23—25 мая 1973 г. М.: Наука, 1974 (отв. ред.).

1975

В. В. Виноградов. Избранные труды. Исследования по русской грамматике. М.: Наука, 1975 (совместно с М. В. Ляпон).

1977

В. В. Лопатин. Русская словообразовательная морфемика: Проблемы и принципы описания. М.: Наука, 1977 (отв. ред.).

И. С. Улуханов. Словообразовательная семантика в русском языке и принципы ее описания. М.: Наука, 1977 (отв. ред.).

1978

Русский язык: Вопросы его истории и современного состояния: (Виноградовские чтения I—VIII) М.: Наука, 1978 (отв. ред.) (совместно с В. В. Ивановым и М. В. Ляпон).

1979

Энциклопедия «Русский язык». М.: Сов. энциклопедия, 1979 (совместно с Ф. П. Филиным, Р. И. Аванесовым и др.).

1980

Русская грамматика. Т. 1—2. М.: Наука, 1980 (гл. ред.).

1981

Русский язык: Проблемы художественной речи, лексикология и лексикография: (Виноградовские чтения IX—X). М.: Наука, 1981 (отв. ред.) (совместно с В. В. Ивановым и М. В. Ляпон).

1982

Русский язык: Текст как целое и компоненты текста: (Виноградовские чтения XI). М.: Наука, 1982 (отв. ред.) (совместно с В. В. Ивановым и М. В. Ляпон).

1983

Аспектуальные и темпоральные значения в славянских языках: Материалы заседания Комиссии по изучению грамматического строя слав, языков МКС, Москва, 9— 11 дек. 1981 г. М.: Наука, 1983 (отв. ред.) (совместно с М. В. Ляпон и М. С. Сухановой).

1984

Русский язык: Функционирование грамматических категорий. Текст и контекст: (Виноградовскиечтения XII—XIII), М.: Наука, 1984 (отв. ред.) (совместное В. В. Ивановым и М. В. Ляпон).

1987

Русский язык: Языковые значения в функциональном и эстетическом аспектах: (Виноградовские чтения XIV—XV). М.: Наука, 1987 (отв. ред.) (совместно с В. В. Ивановым и М. В. Ляпон).

Слово и грамматические законы языка. Глагол. М.: Наука, 1987 (совместно с В. В. Лопатиным).

Слово и грамматические законы языка. Имя. М.: Наука, 1987 (совместно с В. В. Лопатиным).

1989

Краткая русская грамматика. М.: Наука, 1989 (совместно с В. В. Лопатиным).

С. И. Ожегов. Словарь русского языка. 21-е изд., испр. и доп. М.: 1989; изд. 22-23-е. М., 1990-1992.

1994

В. В. Виноградов. История слов (отв. ред.). М.: Толк, 1994; 2-е изд. М.: ИРЯ РАН, 1999.

1995

Филологический сборник (к 100-летию со дня рожд. акад. В. В. Виноградова). М.: ИРЯ РАН, 1995 (совместно с М. В. Ляпон, Ю. Н. Карауловым).

1997

Русский язык: Энциклопедия. М., Большая российская энциклопедия, 1997 (совместно с В. В. Лопатиным и др.).

1998

Русский семантический словарь. Толковый словарь, систематизированный по классам слов и значений: Том I. М.: ИРЯ РАН, 1998.

2000

Русский семантический словарь. Толковый словарь, систематизированный по классам слов и значений: Том II. М.: ИРЯ РАН, 2000;

2003

Русский семантический словарь. Толковый словарь, систематизированный по классам слов и значений: Том III. М.: ИРЯ РАН, 2003; Том IV. М.: ИРЯ РАН (в печати).

2004

Русский семантический словарь. Толковый словарь, систематизированный по классам слов и значений: Том У. М.: ИРЯ РАН (в печати).

人名索引

Адамец Прж.	阿达梅茨	Винокур Г. О.	维诺库尔
Аксаков К. С.	阿克萨科夫	Востоков А. Х.	沃斯托科夫
Алисова Т. Б.	阿丽索娃	Вяземский П.	维亚泽姆斯基
Амосова Н.	阿莫索娃	Гавранек Б.	加夫拉涅克
Апресян Ю. Д.	阿普列相	Гак В. Г.	加克
Аристотель	亚里士多德	Гаузенблас К.	豪津勃拉斯
Арутюнова Н. Д.	阿鲁玖诺娃	Гвоздев А. Н.	格沃兹杰夫
Аскольдов С. А.	阿斯科利多夫	Германович А. И.	格尔马诺维奇
Бауэр Я.	鲍尔	Глаголевский П.	格拉戈列夫斯基
Белич А.	别利奇	Гоголь Н. В.	果戈理
Белоусов В. Н.	别洛乌索夫	Грабе П.	格拉别
Белоусова А.С.	别洛乌索娃	Грепль М. К.	格列普利
Бельский А.	别利斯基	Греч	格列奇
Бенвенист Э.	本维尼斯特	Грибоедов	格里博耶多夫
Блумфилд Л.	布龙菲尔德	Гумбольдт В.	洪堡特
Боголюбов А. Н.	博戈柳博夫	Даль В. И.	达利
Богуславский Л.	博古斯拉夫斯基	Данеш Фр.	达涅什
Бодуэн	博杜恩	Данилевский	达尼列夫斯基
Бондарко А. В.	邦达尔科	де Гроот	德·格罗特
Брок О.	勃罗克	Денисов П. Н.	杰尼索夫
Бругман К.	布鲁格曼	Державин	杰尔扎文
Брызгунова Е. А.	勃雷兹古诺娃	Добиаш А. В.	多比阿什
Буайе П.	拜耶	Докулил М.	多库利尔
Бубрих Д. В.	布勃里赫	Донкихот	堂吉诃德
Булаховский Л. А.	布拉霍夫斯基	Дурново Н. Н.	杜尔诺沃
Булгаков М.	布尔加科夫	Евгеньева А. П.	叶甫盖尼耶娃
Булыгина Т. В.	布雷金娜	Ельмслев Л.	叶尔姆斯列夫
Бунин	布宁	Есперсен О.	叶斯彼尔辛
Буслаев	布斯拉耶夫	Жуков Г. К.	朱可夫
Бюлер К.	比勒	Заболоцкий Н.	扎博洛茨基
Вежбицкая А.	维日彼茨卡	Зализняк А.	扎利兹尼亚克
Виноградов В. В.	维诺格拉多夫	Иванов Вяч. В.	伊万诺夫

Ивич М.	伊维奇	Мещанинов И. И.	麦夏尼诺夫
Ильенко С.	伊利恩科	Мико Фр.	米科
Ильинская И.	伊利茵斯卡娅	Милых М. К.	米雷赫
Исаченко А. В.	伊萨琴科	Михлина М. Л.	米赫丽娜
Истрина Е. С.	伊斯特丽娜	Михневич А. Е.	米赫涅维奇
Караулов Ю. Н.	卡拉乌洛夫	Мразек Р.	姆拉泽克
Кароляк Ст.	卡罗利亚克	Мухин А.	穆欣
Карский Е. Ф.	卡尔斯基	Мучник И. П.	穆奇尼克
Карцевский С.	卡尔采夫斯基	Некрасов Н.	涅克拉索夫
Касилова М. Ф.	卡西洛娃	Немешайлова А. В.	涅梅沙伊洛娃
Кацнельсон С. Д.	卡茨涅利松	Новиков И.	诺维科夫
Кибрик Е. А.	基布里克	Обнорский С. П.	奥布诺尔斯基
Киселев А. Е.	基谢廖夫	Овсянико-Куликовский Д. Н.	
Клеменсевич З.	克列缅谢维奇		奥夫夏尼科—库利科夫斯基
Кодухов В. И.	科杜霍夫		
Кондратович	康德拉托维奇	Ожегов С. И.	奥热果夫
Копечной Д.	科佩奇诺依	Оравец Я.	奥拉韦茨
Корженский Я	科尔任斯基	Островский А.	奥斯特洛夫斯基
Костинский Ю. М.	科斯京斯基	Падучева Е. В.	帕杜切娃
Котелова Н. З.	科捷洛娃	Педерсен Х.	彼杰尔辛
Кржижкова Е.	克尔仁日科娃	Песков В.	彼斯科夫
Кривенко Б. В.	克里文科	Пешковский А. М.	彼什科夫斯基
Кристенсен А.	克里斯金辛	Поливка Й.	波利夫卡
Кротевич Е. В.	克罗捷维奇	Попела Я.	波佩拉
Крылов С. А.	克雷洛夫	Попов А. С.	波波夫
Кузнецов С. А.	库兹涅佐夫	Попова З. Д.	波波娃
Кузнецова Э. В.	库兹涅佐娃	Потебня А. А.	波捷布尼亚
Курилович Е.	库里洛维奇	Пушкин	普希金
Лайонз Дж.	莱昂兹	Рассел Б.	拉塞尔
Лермонтов	莱蒙托夫	Ревзин И.	列夫津
Лихачев Д. С.	利哈乔夫	Рождественский Р.	罗日杰斯特文斯基
Ломоносов М. В.	罗蒙诺索夫	Ружичка Р.	鲁日奇卡
Лосев А. Ф.	洛谢夫	Саврасов	萨夫拉索夫
Мазон А.	马佐	Свербеев Д. Н.	斯维尔别耶夫
Майтинская К. Е.	迈京斯卡娅	Седельников Е. А	谢杰利尼科夫
Малащенко В.	马拉先科	Сидоров В.	西多洛夫
Мельничук А. С.	梅里尼丘克	Сланский В.	斯兰斯基

Станиславский К. С.	斯坦尼斯拉夫斯基	Филмор Ч.	菲尔墨
Станишева Д. С.	斯坦尼舍娃	Фортунатов Ф. Ф.	福尔图纳托夫
Степанов Ю. С.	斯捷潘诺夫	Франтишек	弗兰吉舍克
Стернин И. А.	斯捷尔宁	Ходова К. И.	霍多娃
Твардовский А.	特瓦尔多夫斯基	Хомский	乔姆斯基
Твардовский Т.	特瓦尔多夫斯基	Чермак В.	切尔马克
Тимченко Е. К.	季姆琴科	Чернышев В. И.	切尔内舍夫
Толстой Л.	托尔斯泰	Чешко Е. В.	切什科
Томашевский Б.	托马舍夫斯基	Шапиро А. Б.	沙比罗
Травничк Фр.	特拉夫尼奇克	Шахматов А. А.	沙赫马托夫
Трифонов Ю.	特里福诺夫	Шишков А. С.	希什科夫
Трофимов В. А.	特罗菲莫夫	Шмелев Д. Н.	什梅廖夫
Тургенев А.	屠格涅夫	Шмилауэр В.	施密劳尔
Ульман	乌尔曼	Шпет Г. Г.	施佩特
Уорт Д. (Worth)	沃斯	Щерба Л. В.	谢尔巴
Уфимцева А. А.	乌菲姆采娃	Эртель А. И.	埃特尔
Ушаков Д. Н.	乌沙科夫	Якобсон Р.	雅可布森
Фасмер	法斯默尔	Якубинский Л. П.	雅库宾斯基

附录

《代词与意义(俄语代词类别及其所揭示的意义空间)》附表
俄语指示系统基本单位图示表

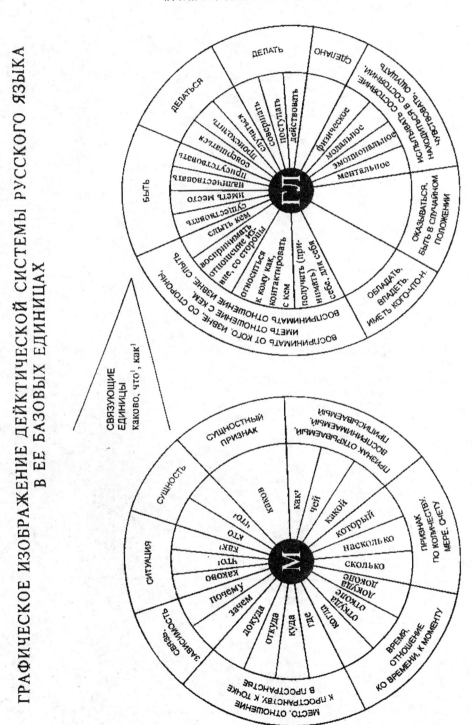